**KARL-MARX
VERLAG**

卡尔·马克思出版社

民族问题与社会民主党
Die Nationalitätenfrage und die Sozialdemokratie

作者: 奥托·鲍尔 Otto Bauer（奥地利）
译者：孔令恺（中国）

✳ ✳ ✳ ✳ ✳ ✳ ✳ ✳ ✳ ✳ ✳ ✳ ✳

✳ ✳ ✳ ✳ ✳ ✳ ✳ ✳ ✳ ✳ ✳ ✳ ✳

ISBN: 978-3-9825536-5-8 (paperback)

字体：宋体（中文）；Times New Roman

印刷：法国巴黎/德国波茨坦
出版方：卡尔·马克思出版社
Karl-Marx Verlag, Burgstraße 23
14467 波茨坦，德国

━ ▪ ━ ▪ ━ ▪ ━ ▪ ━ ▪ ━ ▪ ━ ▪ ━ ▪ ━ ▪ ━ ▪ ━

Die Nationalitätenfrage und die Sozialdemokratie
Author: Otto Bauer
Translator: Lingkai Kong

✳ ✳ ✳ ✳ ✳ ✳ ✳ ✳ ✳ ✳ ✳ ✳ ✳

✳ ✳ ✳ ✳ ✳ ✳ ✳ ✳ ✳ ✳ ✳ ✳ ✳

ISBN: 978-3-9825536-5-8 (paperback)

Type set in Songti & Times New Roman

Printed in Paris, France / Potsdam, Germany
Published by Karl-Marx Verlag
Burgstraße 23
14467 Potsdam, Germany

民族问题与社会民主党

Die Nationalitätenfrage und die Sozialdemokratie

奥托·鲍尔 (奥匈帝国/奥地利) 著

孔令恺 编译

KARL-MARX
VERLAG

[本页留空]
[This page intentionally left blank.]

民族问题与社会民主党

Die Nationalitätenfrage und die Sozialdemokratie

[本页留空]

[This page intentionally left blank.]

目录

作者介绍

奥托·鲍尔（Otto Bauer，1881–1938）是奥匈帝国/奥地利马克思主义的重要理论家和政治人物，曾任奥地利社会民主党（SDAP）的领导人之一。作为 20 世纪初欧洲社会主义运动的关键人物，他的思想深刻影响了中欧社会主义与民族问题的讨论。鲍尔的理论融合了马克思主义分析与对民族问题的独特见解，试图在阶级斗争与民族自决之间找到平衡。他的代表作，也就是本书翻译的原文，《民族问题与社会民主党》（Die Nationalitätenfrage und die Sozialdemokratie，1907）是马克思主义理论中关于民族问题的经典文献之一。

在《民族问题与社会民主党》中，鲍尔系统探讨了多民族国家中工人阶级运动与民族矛盾的复杂关系。他提出"民族文化自治"理论，主张在保持国家政治统一的前提下，通过非地域性的文化自治解决民族冲突。这一理论针对奥匈帝国的多民族现实，试图超越传统的民族自决或同化方案，强调民族文化的平等权利。鲍尔认为，资本主义的发展既激化了民族矛盾，也为无产阶级的国际团结创造了条件，因此社会民主党应推动民族平等以巩固阶级团结。

鲍尔的著作因其历史背景与理论创新而具有双重意义。一方面，它反映了 19 世纪末至 20 世纪初中东欧民族斗争的尖锐性，尤其是奥匈帝国境内德意志人、斯拉夫人和犹太人的紧张关系；另一方面，书中对"民族"的社会建构性分析（如将民族定义为"命运共同体"）预见了后来的现代主义民族理论。尽管其方案在实践层面（如奥地利社会民主党的民族政策）未能阻止奥匈帝国解体，但该书仍被视为马克思主义民族理论的里程碑，影响了从列宁到当代左翼对民族自决权的思考。

译者介绍

孔令恺（Lingkai Kong）先后获得北京外国语大学经济学学士学位和苏黎世大学经济学硕士学位，目前正在伊兹密尔经济大学攻读政治学博士学位，主要研究方向为政治哲学、联邦主义及自然法国家理论，其博士论文聚焦多民族联邦制问题，涉及对阿尔图休斯和蒲鲁东理论的深入探讨。他译有蒲鲁东的《联邦原则，和重建革命党的必要性》（ISBN: 978-1-7393257-4-9），阿尔图休斯的《政治：系统地阐述，以神圣和世俗的例子说明》（ISBN: 978-1-7393257-2-5），以及奥托·冯·吉尔克的《约翰内斯·阿尔图修斯与自然法国家理论的发展——兼论法律体系史》（ISBN: 978-3-9825536-4-1），并编辑整理了蒲鲁东散落文章和书信集《A Collection of Scattered Articles and Letters of Proudhon》（ISBN: 978-3-9825536-2-7），这些译著均与其学术研究紧密相关。

更多详细信息可访问其个人网站：www.kong-lingkai.com

译者序

奥托·鲍尔的《民族问题与社会民主党》是 20 世纪初马克思主义理论界关于民族问题的里程碑式著作。在本书中，鲍尔以奥匈帝国复杂的民族矛盾为背景，提出了"民族文化自治"的理论框架，试图在阶级斗争与民族自决之间寻找一条可行的社会主义路径。一个多世纪过去，尽管世界政治格局已发生巨变，但民族问题依然是全球范围内社会冲突的核心议题之一。鲍尔的思考，不仅具有历史意义，更因其深刻的洞察力而持续引发当代读者的共鸣。

本书写于 1907 年，正值奥匈帝国民族矛盾日益尖锐之际。作为多民族帝国的典型，奥匈境内德意志人、匈牙利人、斯拉夫人、犹太人等群体在语言、文化、政治权利上的不平等，使得民族问题成为社会民主运动无法回避的挑战。鲍尔并未简单套用经典马克思主义的阶级分析，而是深入探讨了"民族"作为一种社会现象的特殊性。他提出，民族不仅是经济关系的产物，更是一个"命运共同体，"其形成受到历史、文化、心理等多重因素的影响。

在此基础上，鲍尔主张"民族文化自治"——即在不改变国家领土结构的前提下，各民族通过自治机构管理本民族的教育、文化等事务。这一理论既不同于激进的民族分离主义，也区别于强制同化的中央集权模式，而是试图在维护工人阶级国际团结的同时，保障各民族的文化平等。尽管这一方案在当时的政治实践中未能完全实现，但其理论价值至今仍值得深思。

今天的世界，民族问题以新的形式持续发酵——从欧洲的少数民族权利争议，到后殖民国家的族群冲突，再到全球化背景下移民社会的身份政治，鲍尔所探讨的问题依然具有惊人的现实性。他的理论提醒我们：民族问题不能仅靠经济平等或政治独立来解决，文化认同与自治权利同样是社会公正的重要组成部分。

然而，鲍尔的方案也面临诸多挑战。例如，在民族边界高度流动的现代社会，"民族文化自治"如何适应多元认同的个体？在民族主义情绪高涨的今天，社会主义运动如何平衡阶级团结与民族自决？这些问题并未在本书中给出终极答案，但鲍尔的思考为我们提供了宝贵的理论工具。

此次中文译本的出版，旨在填补国内对奥地利马克思主义民族理论研究的空白。鲍尔的著作在英语和德语学界已有广泛讨论，但在中文世界仍属相对陌生。希望本书的翻译能促进中国读者对马克思主义民族理论的更深入理解，同时也为思考当代中国的民族问题提供一种可资借鉴的视角。

最后，需要说明的是，鲍尔的民族理论的讨论也是译者博士论文的一个章节，故该翻译也可以被视为译者研究领域的阶段性成果。翻译过程中我力求在学术准确性与语言流畅性之间取得平衡，但鲍尔的文本涉及大量历史与理论概念，难免存在值得商榷之处。欢迎读者批评指正，以期未来进一步完善。

　　谨以此译本，献给所有关心民族问题、社会公正与人类解放的读者。

译者：孔令恺

2025 年 7 月，土耳其伊兹密尔

I. 民族

1. 民族特性

迄今为止,科学几乎将"民族"这个概念完全留给了诗人、小品文作家、以及在民众集会、议会、乃至酒桌旁的演说家们。在这个民族斗争激烈的时代,我们才刚刚开始建立关于民族本质的初步理论。然而,我们迫切需要这样的理论。因为民族意识形态、民族浪漫主义影响着我们每个人。我们之中很少有人能仅仅说出"德意志"这个词,而不带上一丝奇特的感情色彩。无论是想理解还是想批判民族意识形态的人,都无法回避"民族本质是什么"这个问题。

巴杰霍特(Bagehot)曾说,民族属于这样一类现象:当我们不被问及时,似乎知道它是什么;但若要我们简明扼要地解释清楚,却又无法做到[1]。但科学不能满足于此。如果科学要讨论民族,就不能放弃对民族概念的追问。而且,这个问题并不像乍看起来那么容易回答。

民族是同源人群的共同体吗?但意大利人的祖先有埃特鲁里亚人、罗马人、凯尔特人、日耳曼人、希腊人和萨拉

---

[1] 巴杰霍特(Bagehot),《民族的起源(Der Ursprung der Nation)》,莱比锡 1874 年版,第 25 页。

森人；今天的法国人则源于高卢人、罗马人、不列颠人和日耳曼人；今天的德国人则来自日耳曼人、凯尔特人和斯拉夫人。那么，是共同的语言将人们联合成一个民族吗？但英国人和爱尔兰人、丹麦人和挪威人、塞尔维亚人和克罗地亚人说着相同的语言，却并非同一个民族；犹太人没有共同的语言，却依然构成一个民族。是归属意识将民族凝聚在一起吗？难道蒂罗尔的农民因为从未意识到自己与东普鲁士人、波美拉尼亚人、图林根人和阿尔萨斯人属于一体，就不算是德国人了吗？再者，当德国人想起自己的德意志属性时，他意识到的到底是什么？是什么让他属于德意志民族，并与其他德国人联系在一起？在能够产生这种归属意识之前，总得先有某种客观的归属标志存在吧。

民族问题只能从民族特质（*Nationalcharakter*）的概念入手来探讨。假如我们把一个普通的德国人突然送到异国他乡，比如置身于英国人之中，他立刻就会意识到：这是不同的人，是思维和情感方式不同的人，是对同样的外界刺激反应不同于他习惯的德国环境的人。我们暂且将这种区分一个民族与另一个民族的身体和精神特征的总和称为其"民族特质。"当然，所有民族都有共同的特征，让我们认出他们都是人类；另一方面，每个民族中的不同阶级、职业和个体又有各自独特的特性，将他们彼此区分开来。但可以肯定的是，即使德国人和英国人作为人、或作为相同阶级或职业的成员有许多共同点，一个典型的德国人与一个典型的英国人仍然是不同的；同样，无论个体差异或社会差异有多大，一个英国人与另一个英国人在一系列特征上也是相似的。如果有人想否认这一点，那么民族对他而言就什么都不是了。难道一个住在柏林、会说德语的英国人，因此就变成了德国人吗？

如果有人试图从各民族命运的不同、生存斗争的差异、社会结构的区别来解释民族间的差异——例如考茨基（Kautsky）试图将俄罗斯人的坚韧和顽强解释为俄罗斯民众主要由农民构成，而农业在任何地方都会造就迟钝但坚韧顽强的性格[2]——这并不能构成对"民族特质"概念的反对。因为这样做并未否认独特的俄罗斯民族特质的存在，恰恰相反，它是在尝试解释俄罗斯民族的特性。

然而，"民族特质"这个概念之所以让许多人急于解释其形成原因，却不愿花片刻工夫去理解它本身，正是因为这个概念长期被滥用所致。

首先，人们错误地赋予了民族特质一种持久不变的特性，这种观点在历史事实面前根本站不住脚。不可否认，塔西佗时代的日耳曼人确实具有一系列共同特征，使他们区别于同时期的罗马人等民族；同样不可否认的是，当代德国人也展

---

[2] 《新时代（Neue Zeit）》杂志，第23卷，第2期，第464页。

现出某些共同的特质，使他们有别于其他民族——无论这些特质是如何形成的。但即便如此，任何有学识的人都不会否认：今天的德国人与同时代其他文明民族的共同点，要远远多于他们与塔西佗笔下日耳曼人的相似之处。

民族特质是会变化的。这种特质联系着特定时代某个民族的成员，但绝不可能把今天的民族与他们两三千年前的祖先联系起来。当我们谈论"德意志民族特质"时，指的其实是某个世纪或某个十年间德国人共同具有的特征。

人们还常常错误地忽视：除了民族共同特质外，还存在许多其他类型的共同特质，其中阶级和职业的共同特质最为重要。德国工人在某些方面与其他所有德国人相似——这构成了他们的民族共同特质；但同时，德国工人与世界各国同阶级者也有共同特征——这使他成为国际阶级共同体的一员。德国排字工无疑与其他国家的排字工具有某些共同特质，属于国际职业共同体。

若要争论阶级共同特质与民族共同特质孰强孰弱，这纯属徒劳[3]。因为衡量这类共同体紧密程度，根本缺乏客观标

---

[3] 关于德国工人与法国工人的共同特质问题：德国工人与本国资产阶级或法国工人具有更多共同性格特征的问题，并不等同于他们应该采取阶级政治还是民族政治的问题——即是否应该联合各国无产阶级对抗国际资本，或者联合德国资产阶级对抗

准。

但"民族特质"这个概念之所以更受质疑，是因为一些不加批判的思维总想用它来解释一个民族的特定行为方式。比如有人以为，只要说法国人像凯撒笔下他们的高卢祖先那样"总是追求革新，"就能解释法国宪法的频繁更迭。

凯撒当年观察了高卢部落和个人的大量行为：他们如何迁徙、修改政体、缔结或解除盟约。观察者从这些具体行为中找出共性，总结出"他们总是追求革新"——这根本不是因果解释，只是对共同特征的归纳。十九个世纪后，当历史学家看到法国宪法频繁变更时，想起凯撒的这个论断。难道他真用所谓"高卢祖先遗传的民族特质"解释了法国大革命？当然不是。他只是发现当代法国人的行为也呈现相同特征。*这既非因果解释，也非新鲜发现，不过是重复确认前人观察到的现象*。试图用民族特质解释行为，本质上是思维谬误：错误地将观察到的共性当作因果关系。

同样的谬误也出现在用"犹太民族特质"解释个体犹太人行为的尝试中。比如桑巴特（Sombart）认为犹太人具有抽象思维的特殊禀赋，这种特质既体现在犹太教义中，也表现在

其他民族。因为这一决策取决于完全不同的考量，而非对不同群体性格共性强弱的讨论。

犹太学者的思想工作中，还反映在他们将货币视为无差别价值的观念里[4]。但若有人因此以为能用这个"民族特质"来解释某个犹太人的行为，那就大错特错了。桑巴特只是从无数犹太个体的行为中归纳出共性。当我们发现某个犹太人也具有抽象思维倾向时，并非在解释其行为根源，只是再次验证了前人总结的特征。至于这种共性的成因，则完全是另一个问题。

民族是相对的性格共同体。之所以称为"性格共同体，"是因为特定时代某个民族的多数成员确实存在一系列共同特征；尽管所有民族都有作为人类的共性，但每个民族确实存在区别于他族的独特性。之所以强调"相对性，"是因为民族成员除了共有特征外，还存在个体差异（以及地域、阶级、职业等差异）。民族确实具有民族特质，但这种特质只是个体行为特征的相对共性，而非对个体行为的解释。*民族特质本身不是答案，而是待解的课题。*科学确认民族特质的差异性时，并未解决民族问题，恰恰是提出了问题：这种相对的性格共同体如何形成？为何民族成员既存在个体差异又能保持某些共性？为何人类既存在身心共性又表现出民族差异？这些才是科学需要阐释的。

---

[4] 维尔纳·桑巴特（Werner Sombart），《19 世纪德国国民经济（Die deutsche Volkswirtschaft im 19. Jahrhundert）》，柏林 1903 年版，第 128 页及以下。

要解释民族成员之间这种相对的性格共性，本应探究其成因。但有些人却想用神秘的"民族精神"或"民族灵魂"来解释民族及其成员的行为——这非但没有解决问题，反而回避了问题。"民族精神"是浪漫主义者钟爱的老调。历史法学派将其引入学术领域，主张民族精神能在个体中形成法律共识，这种共识要么本身就是法律，要么就是创制法律的力量[5]。后来更有人认为，不仅法律，民族的一切行为和命运都是民族精神的体现。在这种观点里，独特的民族精神或民族灵魂成为民族的基质和实体，是变幻中的永恒，差异中的统一，而个体不过是这种精神实体的表现形式[6]。

---

[5] 关于这一观点（尤其是法律起源问题）的缺陷，参见施塔姆勒（Stammler），《经济与法律（Wirtschaft und Recht）》，莱比锡1896年版，第315页及以下。

[6] 费希特的民族形而上学概念：费希特对这一民族形而上学概念的阐释更为深刻，他指出："在社会中共同生活、并不断从自身中自然和精神地自我繁衍的人类整体，若全部服从于某种特殊的神性发展法则，便构成一个民族。正是这一特殊法则的同一性，在永恒世界——因而也在现世——中将这群人联结为一个自然且自我贯通的整体。"（费希特，《对德意志民族的演讲（Reden an die deutsche Nation）》，莱比锡雷克拉姆版，第116页）据此，每个人不过是神性无数显现形式之一，但神性受不同法则支配——只有服从同一法则的神性显现形式才构成民族。"民族精神"是神性的一种显现形式，而个体又是民族精神的显

显然，这种民族唯心主义同样建立在思维谬误之上。

我自己的心理现象——我的认知、感受和意志——是我直接体验的对象。旧时的理性心理学把这些现象归结为某种永恒实体（即"灵魂"）的显现。但康德极具破坏力的批判证明，理性心理学关于这个实体的一切论断都源于谬误推理。自那以后，试图将心理现象理解为灵魂实体表现的理性心理学便不复存在，取而代之的是经验心理学：它只描述直接体验到的认知、感受和意志等心理现象，并探究其相互关系。

如果说我能直接体验自己的心理现象，那么他人的心理现象则只能通过推断得知。因为我看到的不是他人的认知、感受或意志，而只是他们的行为：说话、行走、站立、争斗或睡眠。由于从自身经验知道身体动作总伴随心理现象，我才推断他人也是如此。在我眼中，他人的身体动作必然是其意志（受认知和感受支配）的体现。

现形式。矛盾之处：尽管费希特早先（雷克拉姆版第 52 页）曾非常接近民族的经验性正确概念，但他最终仍走向了这种民族形而上学。这种后康德独断唯心主义的典型特征是：即使它能正确理解某一经验历史现象，也绝不满足于此，非要将科学界定的经验现象转化为某种超验本质的显现形式。

理性心理学却把这些心理现象也归因于某种特殊实体，就像它把我的心理现象归因于我的灵魂。于是它面临一个问题：一个灵魂实体如何与另一个灵魂实体建立联系？对此，要么采取个体主义立场，将人与人之间的经验关系说成是灵魂与其他同类永恒实体相互作用的表象；要么采取*普遍主义*立场，虚构一个"总体灵魂"——这种精神整体只在个体灵魂中显现。民族唯心主义所谓的"民族精神""民族灵魂，"正是这种"只在个体中显现的总体精神"的后裔。

然而，自从康德的理性批判之后，我们已不再将心理活动理解为某种灵魂实体的运作，而只承认那些彼此相互依存的经验性心理现象。因此，我们既不再把人与人之间的关系视为简单灵魂实体间的互动，也不认为这是世界精神（在个体灵魂中显现的单一实体）的表征。我们的心理学只剩下一个任务：通过直接经验理解我们自身的观念、情感与意志，并通过间接经验理解其他经验个体彼此依存着的观念、情感与意志。在康德对灵魂概念的批判之后，"民族精神"对我们而言不过是个浪漫主义的幽灵罢了。

当我观察到大量犹太人的行为方式在某个特征上呈现一致性时，民族唯灵论试图通过建构一个独立、统一且恒久的实体——"犹太民族精神"来解释这种共性，声称每个犹太个体都是这个民族精神的化身。但这个民族精神究竟是什么？要么是个毫无内容的空词，连科恩先生的具体行为都无法解释；要么当我试图赋予它内容时，就不得不把犹太行为的共性特征重新塞回这个概念里。如果犹太民族精神只是科恩（Kohn）、迈尔（Mayer）、勒维（Löwy）等先生们（其行为需要被解释的对象）抽象特质的集合，那么这个概念根本完不成解释任务：因为科恩和迈尔之所以抽象思考，是由于犹太民族精神在他们身上的体现；而犹太民族精神之所以具有抽象思维的禀赋，又是因为科恩和迈尔在抽象思考。这种民族精神的解释就成了同义反复，成了分析判断：我们试图用已被解释对象本身所构成的原因来解释现象，*所谓的原因不过是待解释效应的抽象提炼罢了。*

民族精神无法解释民族性格的共性，因为它本身就是被形而上学实体化、幽灵化的民族性格。而正如我们已知的，民族性格本身并不能解释任何个体的行为方式，它只是对特定时代民族成员行为相对共性的认知。它并非解释项，而是待解释项。科学真正的任务，正是要解释这种民族性格共性的成因。

2. 作为自然共同体的民族

子女在身体和精神上与父母相似、兄弟姐妹彼此相像，这是自古以来的普遍观察。现代科学试图通过生殖过程的研究来解释这一现象。受精的本质是分别来自男性和女性的两个细胞结合。孩子之所以像父母，是因为它由父母的生殖细胞结合而成；兄弟姐妹之所以相似，是因为他们源自同一对生物体的生殖细胞结合。

自赫特维格（Hertwig）成功观察海胆卵的发育过程后，我们对新生命形成的认识更加深入：一个精子进入卵子后，会脱去尾部，头部在卵内形成小泡状的精核。新形成的精核与卵核相向移动，在卵子中央相遇后紧密贴合，接触面逐渐扁平化，最终突破界限融合为单一的胚胎细胞核——就这样，精核与卵核结合成了最原始的胚胎核。

基于无数观察的古老经验告诉我们子女肖似父母。对不同生物受精过程的观察则证实：新生命源自父母双方体细胞分裂后的融合。科学由此推断：每个生物体的特性，都由形成它的精核与卵核的质量决定。

但关键问题在于：为什么精核与卵核能携带来源个体的特征？为什么它们能将生物特性传递给由它们融合产生的新生命体？科学迄今仍无法通过精确观察解答这个问题，我们只能依赖假说。

达尔文假设：身体所有组织都会释放微小芽体，这些芽体在生殖细胞中聚集结合。因此从广义上说，是父母的整个身体共同孕育了后代——因为父母机体的每个部分都会形成这类微小芽体。这些芽体在生殖细胞内结合，最终形成精子和卵子。而精核与卵核的融合通过细胞分裂生长，最终发育成新生命。这就是达尔文提出的"泛生论临时假说。"

不过，现代生物学已不再坚持达尔文的这一猜想。

现代生物学用魏斯曼的"种质连续性假说"取代了达尔文的"泛生论。"根据达尔文的理论，生殖细胞是由身体组织产生并释放的芽体形成的；而魏斯曼则认为，决定遗传特性的种质是持续不变的。

当精核与卵核融合形成胚胎细胞核后，这种种质（即胚胎细胞核的物质）会分成两部分：一部分是活跃种质，经过一系列我们尚未完全了解的变化，最终发育成孩子的身体；另一部分是不活跃种质，它保持原样不变，形成孩子的生殖细胞。也就是说，按照这个假说，孩子的生殖细胞并非由其身体产生，而是直接源自父母的生殖细胞。活跃种质构建孩子的身体，逐渐消耗殆尽；而不活跃种质则代代相传，在精子或卵子中保持不朽。因此，世代之间的相似性可以用这个假说来解释：所有后代都是同一种物质的产物，都是通过生殖细胞代代相传、永恒不变的种质的产物。

那么，遗传学说对理解民族本质有何启示？让我们从最简单的情况说起。假设一个民族起源于一对夫妇（就像大多数民族的起源传说那样），或者至少起源于一个氏族或部落。

这里的民族特性问题就类似于兄弟姐妹之间的相似性问题：都源于从共同祖先那里继承的相同特征。这样，民族就获得了一个物质基础——种质成为其载体。从达尔文假说的角度看，民族成员与其最古老的共同祖先之间的联系，以及彼此之间的联系，都源于身体组织产生芽体、芽体又形成身体组织这个持续过程。而从魏斯曼的角度看，作为民族特性载体的身体则更为简单明了：正是通过生殖细胞代代相传、永恒不变的种质，承载着民族特性。如果我们满足于这种观点，就可以用"民族唯物主义"来对抗前面提到的"民族唯心主义。"

民族特性——即同一民族成员之间的共性——是一个经验事实，科学需要解释这个事实。民族唯心主义认为民族是神秘的"民族精神"的体现；而民族唯物主义则认为，民族的基础是某种特定组织形式的物质，是代代相传的种质。对民族唯心主义来说，民族历史不过是"民族精神"按其内在规律发展的外在表现；而对民族唯物主义来说，民族历史则是种质变化的表现。于是，整个世界历史似乎只是种质命运的镜像。种族的生育能力决定了民族的历史；保持血统纯正或不同血统的种质混合——这些才是世界历史的重大事件，它们通过个人和整个民族的命运展现出来。

不可否认，民族唯物主义在对民族本质的认识上比民族唯心主义更进了一步。正如我们所见，"民族精神"并不能解释民族共性，而只是对其进行了形而上学的重构，用同义反复取代了因果关系。相反，民族唯物主义立足于一个经验事实：父母通过生理遗传将特征传给子女。民族唯物主义的优越性归根结底在于：自然科学离不开物质概念（作为自然对象持久基础的物质是因果关系的条件），而心理学自康德的理性批判以来已经完全摒弃了"灵魂实体"的概念。民族唯物主义建立在自然科学仍然不可或缺的物质概念基础上，而民族唯心主义则基于已被心理学抛弃的灵魂实体概念。尽管如此，我们也不能满足于民族唯物主义。

民族唯物主义实际上建立在一种已被现代科学发展所扬弃的因果观之上。从历史心理学角度看，因果概念的根源在于人类行为的直接经验。当我投掷石块时，这个行为由我产生——我是原因，行为是结果。作为原因的我持续存在，而行为只在瞬间完成。基于这种直接经验，原始思维描绘出各种因果关系：任何现象背后都隐藏着某个生命体（神、仙女、萨堤尔）作为创造者。人类逐渐扬弃了这种神话因果观，但即使不再诉诸生命体，仍认为某种客体、某种恒存实体是暂时性行为的原因。这就是实体因果观：外在物体承载着产生万物的力量——太阳具有光热之力，石头具有坠落之力，后来地球具有引力，这些力量都永恒依附于特定实体[7]。

---

[7] 冯特（Wundt），《哲学体系（System der Philosophie）》，莱比锡 1897 年版，第 280 页及以下。

显然，民族唯物主义也基于这种因果观。只要找到代代相传的种质作为民族的物质基础、"原初因，"它就心满意足。这种奇特实体是万变中的不变、差异中的共性，具有产生特定个体的神秘力量。只要找到这个"原因"并赋予其永恒创造力（将万物的生成都视为其产物），唯物主义就认为大功告成。但现代科学早已超越这种因果观：力学首先赋予"力"新内涵——它不再是隐藏于实体中的神秘存在（如民间信仰中树神居于树木、水泽女神居于泉水），而是与质量相对应的概念。二者通过量化完全祛除了神话色彩——力是对特定质量产生的加速度，质量是物体对特定力的阻抗。通过比较作用于同一物体的不同力可以测量力，通过比较同一力作用的不同物体可以测量质量。由此，运动现象首次获得量化可比性。基于此建立的力学成为整个自然科学的基础，我们不再像实体因果观阶段那样寻找作为神秘力量载体的特殊物质（来解释热、声、光、电现象），而是将这些现象归结为同一物质基质的运动过程，通过量化变化来理解质变[8]。

我们不再区分恒存实体与其变化作用，而是将刚产生的现象立即视为新原因，它产生的新现象又成为原因，如此循环往复。现代心理学不再研究灵魂能力，而是考察心理现象的相互依存关系；自然科学不再追问作为神秘力量载体的实

---

[8] 冯特，同上，第 285 页及以下。

体，而是探究现象相继的规律（当然差异在于：心理学已完全摒弃灵魂实体概念，而自然科学仍将一切运动视为终极统一物质的运动——实体概念在此退居末位）。

用现实因果观取代实体因果观，为我们的研究指明了方向：不能仅满足于将种质视为民族特性的物质载体、将其神秘力量视为民族生成动力，而应将其置于事件系统中考察——在那里，所有原因本身都需要被理解为结果。具有特定性质的种质不能只是原因，我们必须同时理解其作为结果的面向。如果特定物质是民族共性的物质基础，那么我们要进一步追问：决定这种代际传承物质性质的原因又是什么？如何在自然事件总体联系中因果性地理解联结民族成员的种质特性？达尔文开创的自然选择学说首先为我们指明了一条道路。

达尔文学说的出发点是个体变异这一事实。同一父母所生的子女虽然相似，但绝不会完全相同。我们考察的血缘亲属范围越广，家族谱系分支越复杂，这些血亲之间的个体差异就越显著。造成这些差异的身心特征，部分来自后天获得性——个体因生活环境、教育方式、人生际遇的不同而产生差异。这些变异不仅包括出生后获得的特性，更因为胎儿在母体内的生存条件从来不会完全相同。但可以肯定的是，血缘亲属间的差异不能完全归因于母体内或出生后的环境差异，其中必然存在先天遗传的个体差异。当血缘亲属既相似又不完全相同时，这说明他们源自不同的生殖细胞。现代生物学试图通过研究两性融合的本质与效应、观察减数分裂过程，最终用"种质由众多具有不同形态发生力的异质元素组成"的假说来解释这一现象。我们不必深究这些假说，因为无论如何解释，个体变异都是不可否认的经验事实。而这种变异，正是自然选择发挥作用的前提。

让我们以游牧民族为例。当草场资源充足时，他们的生存空间不受限；但当牧民及其周边部落人口增长时，土地就变得紧张，部落间会为牧场和猎场爆发持久激烈的冲突。显然，那些因个体变异而更具战斗力的成员，更可能存活并繁衍后代。胆小迟钝、臂力不足或眼力不济者，最容易在与邻族的持续冲突中消亡，他们留下后代的机会也最少。最终，整个部落将由善战的成员构成，战斗力弱者会在持续淘汰中近乎绝迹。

达尔文将这种生存竞争的作用，比作育种师的人工选择。就像育种师只选择长尾公鸡配种，最终培育出尾羽六尺长的家鸡品种一样，在自然界中，生存竞争也起到了类似的选择作用，只是没有人为干预——这就是自然选择。对那些游牧部落来说，他们获取生存资源的方式，就像无形的育种师，经过世代更替，逐渐筛选出善战的变种，淘汰不适者。自然选择的效果还会通过性选择得到强化——例如在这些游牧民族中，战斗英雄最受敬重，女性也最青睐这些勇士，这使得善战者获得更多繁衍机会。

因此，当我们运用达尔文的自然选择理论时，遗传学说就获得了新的内涵。民族唯物主义仅仅满足于断言某民族具有某特性是源于遗传——归根结底是该民族成员都由具有特定性状的种质发育而成。但借助自然选择理论，我们就能更深入地理解：某个民族特别骁勇善战确实可能源于生理遗传，但为什么这种特性会被遗传下来？很可能是因为几百年前，这个民族的祖先不得不过着征战不断的游牧生活，战斗力较弱者逐渐被淘汰，只有善战者能够延续自己的血脉。

一个民族遗传的尚武特质，是其数百年历史积淀的产物，是其谋生条件的必然结果。父母将性格特征遗传给子女，不过是让那些谋生条件、那些通过劳动和斗争获得的生存环境，得以在子孙后代身上延续的媒介。这种特质遗传学说与卡尔·马克思所谓唯物史观不仅不相矛盾，反而赋予其新的内涵。一个民族的生产条件决定了其选择方向——最适应这些条件者得以存活繁衍，将其特质遗传给后代；而适应不良者，在长期相同的生产条件下终将被淘汰。因此，后代遗传的性格特征，正是先辈生产条件的镜像。

但这些生产条件并非某种特定物质，而是各类社会现象的总和。历史记录这些现象，社会科学则将其视为规律的个案，阐释其相互依存关系。民族唯物主义满足于将民族历史归结为某种特定物质——具有神秘力量的种质——的作用；它以为只要发现恒常实体，就能解释变化现象。对我们而言，自然遗传不过是先祖多变命运决定所有后代性格、并将这些后代联结为民族共同体的媒介。因此，民族性格共同体不再是某种神秘物质力量的显现——那种孕育所有民族成员并存活于他们体内的物质——而是被置于世界进程之中，在那里，一切原因都需被理解为结果，而刚刚还是结果的事物转瞬又成为原因[9]。

我们此前假设，自然选择和性选择会对一个民族各种遗传变异进行筛选。自然选择确实能决定哪些特性得以传承；但争议在于：那些非先天遗传、而是通过特定生活方式获得的后天特性，是否也能传给后代？

当我们的游牧民族因人口增长陷入与邻族的持久战争时，其成员本就有尚武与怯懦之分。这些差异源自先天遗传，是减数分裂和两性融合的产物。某些个体与生俱来的尚武特质，在特定生存条件下成为竞争优势，通过自然选择最终形

[9] 唯物史观与遗传学说并不矛盾，但与民族唯物主义存在冲突。民族唯物主义不是将"遗传物质"——种质——本身置于祖先历史发展的物质性中来理解，而是以为只要确定民族的物质基础就能解决所有谜题。这再次表明，就现代科学术语的严格意义而言，卡尔·马克思的历史观是多么地"不唯物主义。"

成尚武民族，这是确定的。但拉马克和达尔文认为，生活方式本身强化的尚武特性也能遗传——后代之所以比先辈更勇武，不仅因为怯懦者被逐渐淘汰，更因为父辈在频繁征战中获得的战术谋略、锐利目光和强健臂膀（这些后天习得特性）传给了子孙。若此说成立，特定生活环境对后代遗传特性的影响，将远比单纯依靠淘汰机制来得更显著、更迅速。

某些后天获得的特性不会遗传，这是确定的。日常经验告诉我们，父母因受伤留下的疤痕绝不会遗传给孩子。但同样确定的是，某些非遗传而是后天获得的特性确实能够遗传给后代——即那些直接影响生殖细胞的特性。例如，因酗酒导致的病症无疑会传给子女，因为酒精会毒害滋养生殖细胞的体液，进而毒害种质本身。然而，对于那些并非由偶然事件造成、而是长期影响获得的身体变化（且不直接影响种质营养）是否会遗传，争议仍未平息。

无论这个争议最终如何解决，原则上都不会改变我们对自然遗传在民族本质中作用的看法。

一个民族的遗传特性不过是其过往历史的沉淀，可以说是凝固的历史。祖先生活环境对子孙性格的影响，至少是通过自然选择决定哪些特性得以遗传、哪些逐渐被淘汰来实现的。自然选择的作用或许还会因祖先特定生活条件下获得的特性传给后代而增强。无论如何，遗传特性只由历史、由祖先的过去决定。一个民族的成员之所以在身心上相似，是因为他们拥有共同的祖先，继承了祖先在生存竞争中通过自然选择和性选择获得的特性，或许还包括祖先在谋生过程中习得的特性。因此，我们将民族理解为历史的产物。想要研究民族作为自然共同体的人，不应满足于将某种特定物质（如父母传给子女的种质）作为民族的基础，而应研究祖先生产和交换条件的历史，从祖先的生存竞争中理解后代的遗传特性。

当然，我们对哪些特性可以遗传、以及生活环境变化对遗传特性的影响速度还知之甚少。因此，我们总是首先从民族当前的生活习惯（其影响毋庸置疑）来解释其行为，只有当这种方法无法得出结论时，才会考虑祖先生活环境通过遗传对后代产生的影响。但这种影响确实存在，祖先的历史活在后代的遗传特性中，这是毋庸置疑的。

适用于那些源自一对父母、一个氏族或一个部落的民族的原则，同样适用于血脉中混合了多个民族血液的民族。例如，法国人遗传了高卢人、罗马人和日耳曼人的某些特性。这不过意味着，这三个民族在生存竞争中形成的特性在法国人性格中重现，也就是说，这三个民族的历史至今仍在每个法国人的性格中发挥着作用、活着。祖先谋生和奋斗的条件决定了后代的遗传特性。

3. 自然共同体与文化共同体

假设一场巨大灾难席卷所有德国人，只留下一些最年幼的孩童幸存。随着德国人一同毁灭的还有所有德国文化瑰宝——工场、学校、图书馆和博物馆。但幸运的是，这些不幸民族的孩子们得以成长并建立新民族。这个新民族还会是德意志民族吗？确实，这些孩子继承了德意志民族的天赋禀性，这些特质不会消失。但他们将逐步发展的语言不会是德语，其风俗法律、宗教科学、艺术诗歌都将在缓慢发展过程中重新创造。在完全改变的环境中生活的人们，其性格特征也将与当今德国人截然不同。

这个引自哈切克（Hatscheks）演讲的例子清楚地表明：若仅将民族视为自然共同体——由血缘联系的人群共同体——我们便尚未真正理解民族本质。因为个体特性不仅由遗传禀赋决定，更始终受其生存环境影响：包括谋生方式、劳动所得、所处社会的习俗、所遵循的法律，以及影响他的世界观和文学艺术。具有相同遗传禀赋的人群若自幼处于不同文化环境，终将发展为不同民族。民族从来不仅是自然共同体，更始终是*文化共同体*。

但不仅如此！民族个性的鲜明界限无法仅用自然共同体来解释。因为*所有自然共同体都受持续分化趋势支配*。莫里茨·瓦格纳曾指出地域隔离如何导致新物种产生。例如德意志各部落确实源自共同祖先，但这些部落后裔通过迁徙分布到广阔地域。各部落的生存条件已截然不同——阿尔卑斯山居民与低地居民不同，波希米亚边区居民与沿海居民相异。不同的生存条件培育出各部落的不同特性。由于地域隔离阻碍部落间通婚，这些差异无法消弭。照此发展，部落本应演变为不同民族，其遗传特性终将完全相异。正如远古时期凯尔特人、日耳曼人和斯拉夫人从共同祖先分化而来，德意志民族最终也应分裂为若干独立民族，而这些民族又会立即进入新的分化过程，经过数百年形成完全不同的支系。但历史表明，与这种分化过程同时存在着相反的融合过程。当今德意志民族的整体性远超中世纪——如今波罗的海沿岸居民与阿尔卑斯山区居民的联系远比 14 世纪时紧密。这种部落融合为民族的现象无法用遗传的自然规律解释（这些规律只能说明民族的分化），而只能从共同文化的影响来理解。我们将在下文详细讨论：生活在不同环境且不通婚的部落如何形成统一民族。

当我们既将民族视为自然共同体又视为文化共同体时，并非在区分决定民族特性的不同原因。实际上，人类特性永远只由其命运决定；民族特性不过是民族历史的沉淀。人们谋生和分配劳动成果的条件决定每个民族的命运；特定的生产和分配方式基础上也产生特定的精神文化。这种民族历史通过双重方式影响后代：一方面通过生存竞争培育特定体质特征并经自然遗传传给后代；另一方面通过创造特定文化成果并经教育、习俗法律和人际交往传承给后代。*民族从来只是命运共同体。但这种共同命运通过两种途径发挥作用：一是经自然遗传传递民族共同命运培育的特性；二是传承由民族命运塑造的文化成果。*因此，我们分别考察民族的自然属性和文化属性时，并非在区分不同决定因素，而是在考察同一根源（祖先生存竞争条件）影响后代性格的不同途径——既通过特定特性的自然遗传，也通过特定文化成果的传承，祖先的命运就这样决定了后代的特性。

现在，如果我们想要将民族视为文化共同体，即展示民族特性如何通过共同传承前代遗留的文化成果而形成，那么我们立足的基础就比试图用体质特性的自然遗传来解释民族性格共同体的形成要稳固得多。因为当我们探讨后者时，只能依赖相对有限的可靠观察和假设，而前者则立足于人类历史的坚实根基。我们将在本书框架允许的范围内，以德意志民族文化共同体的形成为例，尽可能详尽地阐明民族作为文化共同体的本质。

然而，这里的重点不在于确定具体内容的德意志民族特性是如何形成的——即不去分析构成德意志民族特性的具体要素，也不去探究这些特性在德意志民族历史中的具体起源；我们的目标仅在于通过德意志民族的实例，展示民族特性（无论其具体内容如何）如何能够通过历史形成的文化成果之传承而确立。正如我们在讨论民族作为自然共同体时，并非要解释某个具体民族特性的形成过程，而只是试图说明民族特性总体上如何通过生存竞争中培育的特质之自然遗传而产生。*我们的任务不是探讨某个具体民族特性的起源，而是证明文化成果的传承如何能够形成民族性格共同体。* 我们关注的是从文化共同体中产生民族特性的形式过程，而非推导任何具有具体内容的民族特性。

4. 氏族共产时代日耳曼人的民族文化共同体

日耳曼人社会制度的基础是氏族或亲族组织。在我们最早了解日耳曼人详细情况的罗马作家所记载的那个时代，氏族由一大群父系血亲组成。

氏族首先是日耳曼经济组织的基础。在凯撒与日耳曼人交战的时期，他们已达到游耕农业的经济阶段。他们并不年复一年耕种同一块土地，而是每年开垦新的荒地——因为无主的未开垦土地十分充裕。每年，部落首领会给各氏族分配土地，由氏族集体耕种。因此，每年获得新土地的是整个氏族；在农业初期，氏族成员共同耕作土地。

日耳曼人的军事组织也建立在氏族基础上。同一氏族的男子在战场上并肩作战。

氏族还负责维护成员间的和平。若一个日耳曼人伤害或杀害了另一个，受害者的整个氏族都会追讨凶手。而凶手的氏族则会保护被追讨者。因此，每次破坏和平的行为都会引发两个氏族之间的世仇。只有当两个氏族达成和解协议，世仇才会结束。凶手的氏族要向受害者的亲族支付赔偿金。后来，虽然氏族间的自由和解协议被法庭和解协议取代，但原告和被告仍会带着其氏族成员作为宣誓辅助人出庭。

日耳曼人分裂成的这些小共同体——部落——就是由这样的氏族组成的。部落与土地没有任何固定联系；它不是地域性团体（即定居在某片土地上的所有人的联合——在那个日耳曼人尚未完全超越游牧文化阶段的时代，这怎么可能呢？），而是相互关联的氏族的联合。我们在部落内部发现的那些组织——军队编制的百人队和千人队，以及逐渐从氏族世仇中发展出来的司法制度基础——也不是地域限定的，不是司法区或兵源区，而是人的联合，是部落内部更紧密的氏族联盟。

各部落之间没有联合。它们是独立的政治实体，像独立国家一样自主发动战争、结盟或相互仇视。

那么，那个时代的民族体现在哪里？我们当然不能寻找民族国家，因为各部落没有共同的政治权力。我们在哪里能找到民族？

首先，*共同的祖先血脉是那个时代将日耳曼人凝聚为民族的关键因素*。当时所有的社会联结都建立在共同血缘之上：氏族是每个社会群体的牢固基础。若干同源的氏族组成部落，所有部落共同构成民族；民族就像是部落的氏族联盟，是所有源自日耳曼始祖部落的共同血脉的联合。这也是古代日耳曼人自身的观念。塔西佗告诉我们："在他们古老庄严的歌谣中——这是他们唯一的历史记载形式——他们赞颂大地之子图伊斯托神（Tuisto）及其子曼努斯（Mannus），将他们奉为民族的奠基者。"

　　当然，日耳曼人和其他印欧民族也有共同的血缘联系。他们最近的亲属可能是凯尔特人和斯拉夫人。但凯尔特人从共同始祖部落分离的过程，早已湮没在远古历史的迷雾中。日耳曼人与斯拉夫人的分化似乎发生得更晚，他们最初在奥德河与维斯瓦河之间、波罗的海沿岸共同生活。从共同的日耳曼始祖部落到凯撒和塔西佗所记载的那些部落的形成，必定经历了漫长的世纪。

　　共同的血缘催生了共同的文化。所有从原始始祖部落逐渐分化出的日耳曼部落，都继承了祖先传下的共同语言、共同的道德观念、共同的法律体系、共同的宗教信仰，以及传统的生产形式。波罗的海沿岸始祖部落的命运创造了一种特定文化，成为所有这些部落的共同遗产。因为这些部落的生活都深深植根于传统之中。对于没有立法概念、将传统法律视为神明恩赐（不是人为制定而是由武装男子集会发现的）的民族，法律变迁极为缓慢；对于没有系统科学研究、只通过父子或舅甥相授学习简单技术的民族，农业和手工业的进步也同样迟缓。因此，这些人的整个文化代代相传，尽管各部落已完全分离并在不同地域经历不同命运，但其文化元素中仍以始祖部落遗传下来的共同成分为主。

因此，所有日耳曼人都具有相似的性格特征。正如塔西佗记载的那样，他们体格相似——强健的身体、红金色的头发和蓝色的眼睛，他们的思维方式、情感倾向和意志特征也彼此相仿。我们可以说那个时代存在一种日耳曼民族性格：它是由他们共同祖先的孤独命运塑造的。始祖部落的共同命运造就了共同性格，这种性格通过两种方式遗传给所有日耳曼亲族和部落：一是自然遗传，如同子女总是肖似父母；二是通过始祖部落文化的传承，这是所有后裔文化的基础。正如那个时代的日耳曼人是一个自然共同体（始祖部落的命运通过父母传给子女的种质力量，在所有部落的性格中得到体现），他们也是一个文化共同体（始祖部落的文化在所有部落中依然鲜活，使这些部落拥有相似的生产方式、社会关系、法律制度、宗教观念、语言习俗）。共同的血缘和源自同一始祖的文化传承，在他们身上塑造了那种使其成为民族的性格共同体。因此，日耳曼人的性格共同体牢固建立在共同血缘之上，这种血缘作用于每个个体，形成相似的先天禀赋，又通过统一的文化传统塑造每个人的性格。

这种文化传承确实为所有日耳曼人所共有。首先，在部落内部，没有人被排除在外，所有人都平等地参与其中。基于氏族公有制的部落社会不存在导致文化差异的阶级分化：每个日耳曼人都参与决定战和、迁徙与定居的民众大会；每个人都出席依据古老传统原则（其起源已湮没在远古迷雾中，因而被视为神授）调解氏族纷争的司法集会；每个日耳曼人都平等掌握农耕技艺，以相同方式从父母那里学习畜牧、纺织和狩猎的法则。尽管某个氏族世代为部落提供国王，尽管不同氏族轮流推选最勇猛者为军事首领，但在民族原始文化中人人有份，传统文化成分以同等力量影响着每个人，在每个个体身上产生相同效力，塑造着他们持久不变的本质——性格。

从另一层意义而言，当时也存在泛日耳曼民族文化。因为后来成为德意志民族祖先的部落，与其他日耳曼部落之间尚未形成明确界限。若在此氏族共产时代谈论"德意志民族，"就是将后世发展结果强加于那个时期。建立在共同血缘基础上的文化共同体，仍使所有日耳曼人构成单一民族。

但显然，这种以共同血缘和始祖部落文化传承为纽带的民族，内部已孕育着分裂的种子——原本统一的民族将逐渐分化为不同民族的趋势。这是普遍规律：*任何仅以共同血缘*

维系文化共同体的民族，都面临民族分化的威胁。

让我们以熟悉的家庭为例说明。同父同母的子女彼此认同为兄弟姐妹。他们外貌相似，性格受相同家庭经历、父母影响和类似命运塑造。下一代或许仍保持联系：表亲之间因血缘关系和相似影响仍存在某些共性。但随着代际更替，相似性逐渐消逝。现代德语中甚至没有专门指代表亲孙辈的称谓，当我们遇见某人时，谁还能认出那将彼此相连的血缘纽带——仅仅因为双方族谱在六代、八代或十代前指向同一祖先？

对于民族而言同样如此——当它们真的仅靠共同血缘维系时（即使这种血缘联系不仅通过基因遗传，也通过共同文化元素的传承发挥作用）。

首先，*即便是自然共同体也逐渐松动*！确实，在日耳曼人的共同始祖部落中，相同的命运塑造了相似的性格：在生存竞争中，不适应那个部落生活条件的人被淘汰，因此相同的生活环境促使相似的个体存活下来，造就了后代的同质性。这种形成的相似类型继续遗传：无论是在北海沿岸还是上莱茵地区的日耳曼人身上都得以延续。但如今，不同力量开始作用于地理上分隔的各部落。各部落的外部生存条件已完全不同；生存竞争仍在持续，但对居住在海边的弗里斯人（Friesen）、卡滕人（Chatten）或切鲁西人（Cheruskern）

的影响各不相同，东西部有别，与罗马人连年征战的部落和受无边原始森林保护免受罗马军团侵扰的部落也迥然不同。因此，各部落的自然禀赋本身开始分化：几个世纪后，他们的后代已彼此不同。这种差异无法通过通婚消除，因为广袤的地理区域已将日耳曼各部落分隔，没有任何交往能再将他们联系在一起。

如果说自然禀赋的遗传尚且如此，文化传承的分化就更为显著。几个世纪以来，影响各部落文化的因素变得多么千差万别！这些事实必然导致各部落文化随时间推移而分化。一个共同核心虽经数世纪传承得以保留；但时间逐渐消磨这个核心，在不知不觉的持续发展中，为各部落增添越来越多不再相同而是分化、相异的文化元素。卡滕人与弗里斯人之间没有交往；两者的经历和命运完全不同。难道卡滕人的语言不会逐渐与弗里斯人越来越不同吗？难道两者的劳动方式、法律制度、观念习俗、宗教信仰不会日益相异吗？因此，统一的日耳曼民族面临真正的分裂威胁：他们扩张的疆域越广，转向定居农业、扎根土地的程度越深，彼此间的联系、交往和通婚就越少；命运差异越大，性格变化越大。影响他们的外部差异越大，分隔他们的地域越广，他们的语言分化就越严重，最终连共同交流的工具也逐渐丧失。于是，日耳曼民族面临分裂为多个独立民族的风险。

然而，日耳曼民族开始分裂形成的这些民族，并非不计其数的日耳曼小共同体——部落，而是部族。部落——主要源自共同祖先，比邻而居，未被大河山脉阻隔，受相同文化影响，经历某些共同命运，保持多方面交往，尤其通过通婚联姻——会越来越相似，形成相似的部族性格。持续交往维系共同语言；频繁通婚创造血缘共同体；定居同一片土地，与相同敌人作战，经历相同命运，塑造相似性格；持续交往使邻近相关部落的经验相互传递，从而日益形成统一的部族文化。当联结所有日耳曼人的纽带越来越松时，部族作为具有共同血统和教养的部落共同体，与邻近部族的区别越来越明显。日耳曼人变成了阿勒曼尼人、法兰克人、撒克逊人、巴伐利亚人、哥特人和汪达尔人。

部族分化最初是由转向定居农业、部落地域隔离所促进的日耳曼全民族内部代代增长的差异所致。政治组织的重大变革也推动了这一进程，而其根本原因同样在于经济变革。改变日耳曼人旧有政治组织的两大历史现象是：一方面再次是向定居农业的过渡，另一方面是日耳曼人在东方民族压迫和自身人口增长压力下的土地渴求。

即便在塔西佗的时代，土地也尚未匮乏；"土地绰绰有余（et superest ager），"塔西佗如此写道！但随着人口增长，耕地逐渐不足，粗放耕作方式已无法在日耳曼人古老的垦殖地上养活日益增多的人口。难怪这些惯于征战的部落开始渴望土地。然而，还有比垂暮的罗马帝国那广袤而浸透古老文明的土地更容易征服的地方吗？这个帝国腐朽的边境城墙根本无法抵御蛮族的冲击。但单个部落对抗罗马人实在势单力薄。于是，那些血缘相近、文化相似的部落首先结成军事联盟，这种联盟逐渐演变为更持久的政治共同体。在部落国王领导下，日耳曼人的部落共同体形成了。即使对那些并非因与罗马人作战而促成政治统一的日耳曼人来说，定居生活也使部落联合成为必要。因为现在已不能像游牧时代那样，所有成年男子都出征作战。部落军事力量因此削弱，因为总有部分战士被农事羁绊在家乡；若要在与敌人的战斗中立足，就必须与邻近部落联合成政治统一的部族。因定居而军事削弱的部落联合起来，形成了部族联盟，并最终发展为政治共同体。约公元 350 年，阿勒曼尼人还由至少十位国王分治；一个世纪后，他们已形成统一政体。不久，法兰克人克洛维用计谋和武力清除各部落的小王，建立了其家族的部族王权 [10]。

民族大迁徙的风暴使这些部族结合得更加紧密。那些战乱年代的共同命运逐渐抹去了部族内部的部落界限，使部族成为统一的民族。但同时，日耳曼人古老的文化共性也迅速消失。那些成功征服罗马帝国分裂地区的部族，置身于古老而优越的文明中，很快与留守故土的部族完全疏远。而留守

---

[10] 兰普雷希特（Lamprecht），《德国史（Deutsche Geschichte）》第 1 卷，第 276 页及以下。

的部族自定居以来，彼此间的鸿沟也越来越深。正是在这一时期，语音变化开始将高地德语与低地德语区分开来，在留守故土的民族两部分之间撕开了一道至今仍未弥合的语言鸿沟。还有什么比语言的分裂更能鲜明地体现各部族日益疏远、完全缺乏交往的状况呢？在定居生活使日耳曼人彼此日益分离、而领主制基础上的统治阶级共同文化尚未形成的时代，既不存在日耳曼民族，也尚未出现德意志民族：古老的民族已分裂为多个彼此日益陌生的部族。这些部族的子孙因父辈不同命运而带着不同禀赋降生，青年从父母那里继承的是各异的文化，部族间通婚日益稀少，交往联系断绝，很快每个部族都形成了与邻族不同的语言。*若要那些今天被视为德意志民族祖先的部族重新达成民族统一，仅靠源自日耳曼始祖部落的共同文化遗产已不够，必须首先形成新的文化共同体。这一新的文化共同体最初正是在领主制土壤上诞生的。*

5. 领主制时代的骑士文化共同体

山丘上矗立着一座城堡，四周环绕着领主的土地。不远处有一个村庄。农民们被迫无偿在领主土地上劳作（即服徭役），并定期向领主缴纳赋税，在死亡和婚嫁时还需缴纳特别费用；领主在庄园法庭审判农民；他本人或其代理人——总管，管理公共林地与牧场的分配；当敌人入侵时，他负责召集村民武装。这便是中世纪德意志社会制度所依托的领主庄园制的基本图景。

领主庄园制建立在农民的无偿劳动与剥削之上。不过这种剥削有其严格限度。因为农民在领主土地上收获的粮食、作为贡赋缴纳的牲畜通常并不出售：当时农产品尚无市场，粮食都是自产自用。因此农民只需为领主生产其家族及仆役能够消耗的量。"领主的胃就是剥削农民的界限。"

但领主阶级在剥削农民劳动的同时，也承担着保卫领地的社会责任。这与军事制度的变革密切相关——自从转向定居农业后，农民与土地的绑定日益紧密。我们在部落形成过程中已看到这种变革的推动作用。随着耕作集约化，征召农民远征变得越来越不现实。于是农民不再出征，转而通过劳动供养领主及其武装侍从，由后者代为作战。旧军事制度就这样被新经济制度瓦解。只有当敌人入侵时，农民才会亲自拿起武器。但进攻部队已不再是塔西佗时代日耳曼人那种步兵为主力的军队。在加洛林帝国那样幅员辽阔（涵盖法兰西、德意志和意大利）而交通闭塞的时代，领主们怎么可能徒步集结来对抗共同敌人呢？正如他们的敌人（阿拉伯人、阿瓦尔人、马扎尔人）都骑马作战，由领主及其随从组成的军队也变成了骑兵。生活方式由此将民众分为两部分：一边是早已扎根土地的农民；另一边是以骑士方式生活的领主及其侍从，他们唯一的社会职责就是保卫领地。骑士阶级自然成为统治阶级：农民将武器托付给他们，也就将权力工具交到了他们手中，甘愿接受其统治。

我们在此不关心日耳曼旧社会制度演变为领主庄园制及骑士-农民分化的漫长历史过程，也不关心中世纪期间领主制度本身的变化。我们只探讨：在领主制时代，民族体现在何处？

此刻我们必须警惕，不能再将共同血统视为维系民族的普遍纽带。因为一方面各部落的地域分隔，另一方面对外来元素的吸收，早已摧毁了日耳曼文化共同体所依赖的原始自然共同体。

首先是地域隔绝！它对农民的影响最为强烈。不同地区、不同部落的农民之间不再有任何交通纽带相连。异族通婚也不再混杂他们的血统。自然选择在每个国家的作用各不相同——因为各地农民的生存环境、命运和生存斗争都存在差异；而缺乏混血使得这些差异无法消除。于是几乎每个山谷的农民都形成了独特的人种，生存斗争造就了独特的类型，即使与邻近民族通婚也无法改变。数百年来，不同部落、不同支系的血统差异（这些支系早已与其他地区的农民隔绝，过着独立生活）产生的影响，远比同源民族的共同血统更为强烈。上弗兰肯人与萨克森人，甚至与下弗兰肯人之间，究竟还有什么共同点呢？

然而除了导致民族部落日益分化、使统一民族演变成无数血统与天性各异的小族群的地域隔绝外，还要加上与异族的混血——这种混血必然愈发模糊了古老自然共同体的特征，因为在德意志各地区的混血情况截然不同。

　　就现有历史记载而言，第一个为日耳曼人（即现代德意志民族）注入新鲜血液的异族是凯尔特人。关于这两个民族最古老交往的历史研究已湮没在黑暗之中；墓葬发现证明，日耳曼人曾与凯尔特人交换各类武器和家居用品，并从对方那里学习了布料加工（尤其是金属加工）的多种工艺。即使远在北方，日耳曼人也受到那些凯尔特文化圈的影响——我们从哈尔施塔特和拉坦诺的考古发现中已了解这些文化。语言比较研究也表明，某些凯尔特词汇必定很早就进入了日耳曼语系。但当日耳曼人开始侵入凯尔特领地时，两个民族的关系变得更为紧密。奥得河与维斯瓦河之间很可能是日耳曼人最早的聚居地。从这里，他们逐渐推进到莱茵河与奥得河之间的土地，不久甚至越过莱茵河。但这片土地并非无主之地；早在他们到来之前，凯尔特人就定居于此。我们不清楚这两个民族最初的关系形态，只知道最终日耳曼人成为了凯尔特人的主宰。这可能与凯尔特人的大迁徙有关——公元前4世纪他们入侵意大利，公元前3世纪又进犯色雷斯、马其顿、希腊和小亚细亚。由于大量人口迁出今日西德地区导致势力削弱，留守的凯尔特部落很可能因此被日耳曼人征服。恺撒也曾记载：在日耳曼人统治德意志之前，曾存在过凯尔特人在军事和政治上强于日耳曼人的时期[11]。

那么日耳曼人是如何进入凯尔特领地的？毫无疑问，他们经常进驻凯尔特部落先前撤离的区域。比如在今天的符腾堡和巴登地区，日耳曼人发现原本属于赫尔维蒂人的土地已空无一人；同样当比利时人迁出时，日耳曼人占领了那片土地。但同样确定的是，日耳曼人也征服过仍有部分凯尔特人留守的地区，并使这些凯尔特人处于不同程度的依附关系中。至今仍存在的凯尔特地名与河流名让我们推测：日耳曼人占据的土地并非荒无人烟，而是曾有凯尔特人居住。人们还从定居方式和田地划分中识别出了凯尔特渊源。

那么当日耳曼人进驻凯尔特领地时，凯尔特人的命运如何？我们能否认为日耳曼氏族与凯尔特人发生了融合？在后世，尤其是大迁徙时代，这种情况确实屡见不鲜。辛布里人的军队中就包含大量凯尔特战团。摧毁罗马帝国的东日耳曼部落，始终携带着外族——其中很多是凯尔特——成分。未被日耳曼氏族吸纳的凯尔特人，最初作为半自由民或奴隶过着隔离生活。他们被安置在土地上，向日耳曼人纳贡并受

---

[11] 布勒默尔（Bremer），《日耳曼部落的民族志（Ethnographie der germanischen Stämme）》，载于保罗《日耳曼语言学基础（Grundriss der germanischen Philologie）》第 3 卷，第 787 页及以下。

其共同体管辖。塔西佗记载的半自由民与奴隶中，无疑存在大量凯尔特成分。这对理解日耳曼人的血统至关重要，因为这些半自由民与奴隶最终完全融入了德意志民族。即使在日耳曼时期或大迁徙时代尚未完成凯尔特成分的彻底吸收，中世纪阶级形成过程中，随着奴隶阶层分化为骑士与农民两大社会阶级，凯尔特元素的同化也最终完成。而且奴隶阶层及其包含的凯尔特成分，同时渗透到了这两个阶级——既进入农民阶级，也混入了骑士阶层。

中世纪的阶级形成终结了一个早已开启的进程：从日耳曼人定居凯尔特土地开始，历经大迁徙时期与异族混血，最终实现了凯尔特元素的彻底同化。此外奴隶阶层中除了日耳曼和凯尔特成分，无疑还存在其他元素——尽管数量必定少得多。罗马战俘也曾被日耳曼人奴役；就连定居在日耳曼边境的罗马老兵，也逐渐沦入日耳曼统治。这些被奴役的多元成分——想想罗马军团在帝国时期已由地中海各族混编而成——逐渐与日耳曼血液相融合。即使未被早期同化，所有这些异质元素也必定通过中世纪的阶级形成过程，最终被纳入德意志民族。

但中世纪融入德意志血液的异族成分，除上述元素外还有另一个重要部分——斯拉夫元素。这与德意志骑士和农民向东德地区的殖民密切相关。正是通过这场向东向南的大规模殖民运动，德意志民族将大量斯拉夫血统的人口纳入了自身肌体。

自塔西佗记载土地尚丰沛的时代起，直至中世纪最后几个世纪，德意志民族的整部历史都贯穿着对本民族疆土缓慢而坚韧的开拓历程。农业技术的渐进发展严格限制着土地分割——若农户要靠自家小块耕地维持生计。而无地继承权的农奴之子则通过开垦森林中的无主荒地或领主猎场，为自己创建新农场。但随着故土可垦之地日渐枯竭，一场规模空前的农民子弟迁徙潮便向东北与东南方向涌去——当今德意志疆域中，足足五分之三的土地正是由此归入德意志民族囊中。这场殖民运动多由骑士贵族主导。他们先以武力征服斯拉夫部族，迫其纳贡并施行德意志伯爵领地制度。在其庇护下，德意志农民子弟（后期亦有市民）逐步迁入。广袤的斯拉夫公有林地被没收开垦，德意志殖民者最终形成人口优势。由此开启的融合进程中，斯拉夫特质逐渐消融于德意志特性。传播日耳曼文化最重要的媒介正是教会：使斯拉夫人皈依基督教，在当时即意味着令其臣服于德意志文明——各教区成为渐进日耳曼化的据点。异教斯拉夫人既受德意志基督教影响，便逐渐同化于殖民者，通婚更使两族血脉交融。在图林根边区、迈森侯爵领、现今萨克森王国全境及美因河畔文德故地，斯拉夫元素就这样消融于德意志特质中。梅克伦堡、波美拉尼亚、西里西亚及波希米亚边境的殖民进程亦大抵如是，唯当地斯拉夫王公主动招徕德意志殖民者而已。即便在勃兰登堡等地——德意志人不仅夺取斯拉夫人新垦耕地，更以残酷压迫致使大量原住民灭绝——斯拉夫元素也未被彻底抹除，终以较少数量逐渐被征服者吸收。故德意志东北与东南疆域，处处可见日耳曼与斯拉夫血液的混合。中世纪德意志殖民重演了昔日日耳曼人征服凯尔特地的景象：原住民仅部分遭驱逐，先被征服，继而在人口上渐处劣势，最终与新来者融合。当今已无明智者妄图区分纯正日耳曼血统。较之将凯尔特与斯拉夫元素织入德意志肌体的两大历史进程，资产阶级时代带来的后续混血微不足道。现代德意志人身上清晰留存着这些痕迹：根据对四百万普鲁士与巴伐利亚学童的统计，具备纯日耳曼特征（白肤、金发、碧眼）者在普鲁士占 35.47%，巴伐利亚仅 20.36%。值得我们特别关注的是：这种吸收异质元素的宏大进程必然产生分化作用，破坏德意志人古老的血缘共同体——因各地外来血统比例与强度各异。

正如德意志各部族血统日趋分化，其文明形态也必然愈发多元。虽然文化史学家仍能从中世纪德意志文明中发现同源痕迹，但霍亨斯陶芬时代的农民距其共同源头已隔多少世代！各地渐生的新文化元素，日益淹没古老的共同传统。分化特质与文化割据性构成中世纪特征：统一日耳曼法衍生出无数地方法规；语言早裂变为诸多方言；生活习惯与习俗几乎因领地、山谷而异。但吊诡的是——德意志民族统一体恰诞生于这分化时代！凝聚他们的不再是先祖传承的共同文化，而是新兴文化共同体。确切地说，是最初统一全体德意志统治阶层的文化：所有践行骑士精神者构成的共同体，率先将德意志各部族锻造成统一民族。

当农民因定居农业被束缚于土地，仅与村邻、田友维系狭隘联系时，构成德意志民族的各部族骑士阶层间，却形成了紧密的交往共同体。

骑士阶层最初是帝国的军队。皇帝与帝国征召诸侯、帝国封臣和帝国侍从参战，而这些诸侯与封臣又会命令自己的附庸和家臣出征。于是来自帝国各地的骑士们便在军队中集结。正如古时五月原野上的军事集会，后来的帝国议会也聚集了大批骑士。即便抛开封建国家政治生活为骑士交往提供的契机，自愿的往来也将骑士生活者们联结在一起。战乱与派系斗争时而在此处、时而在彼处将骑士们凝聚成同盟或骑士团。大型封臣领地的封臣大会，常于重大宗教节日期间将广大地区的骑士生活者们聚集在同一宫廷。社交往来连接着城堡与城堡、邻里与邻里——就像如今乡间的高级贵族仍通过社交在庄园间往来，而农民只认识本村的邻居。因此骑士生活提供了无与伦比的跨地域交往机会：新观念与习俗在城堡间迅速传播，而被束缚在狭小地域共同体中的农民则完全受传统支配。

不仅在人际交往层面、在各种场合的身体接触使德意志民族形成过程中的各部族骑士阶层建立了紧密联系，更高的精神文化也已成为团结的纽带。

　　高等精神文化——科学、艺术、诗歌——的历史是闲暇的历史。被繁重农活牢牢束缚的农民不可能拥有高等精神文化。因此当民族已转入定居农业，但领地制发展尚未催生大量能欣赏歌者表演的有闲阶级时，全部精神文化都掌握在外来势力——教会手中。修道院与主教区很早就成为拥有数百纳贡佃农的富裕领地，因而免于体力劳作。拉丁语研究为他们提供了（尽管粗糙的）理解古代精神遗产的工具。教会就这样保存着这些珍宝，将其传递到更开明的时代——直到德意志民族自身（更准确说是其统治阶级）能够继承这些遗产。德国诗歌的源头要在修道院与主教宫廷中寻找：修道院学校是德国土地上最古老的学校。韦索布伦（Wessobrunner）祷文诞生于本笃会修道院，最古老的德文福音书出自魏森堡（Weißenburg）修道院修士之手，佛兰德修道院的僧侣吟唱了《路德维希之歌》，圣加仑修道院孕育了埃克哈特（Ekkehards）的《瓦尔特之歌》，诺特克·拉贝奥（Notker Labeo）在圣加仑将诗篇译为德语，甘德斯海姆（Gandersheim）的修女似乎是首位德语女诗人。但这些都只是德意志高等精神发展的零星萌芽。要诞生真正的德语诗歌与艺术，必须先形成能够欣赏并孕育诗人、拥有独立精神生活且不像教会那样深受外来（特别是意大利）影响的庞大阶级。因此德意志精神生活的发展，必然与领地制及建立其上的骑士阶级发展紧密相连。最早的德语诗歌正是骑士诗歌——大迁徙时代将古老日耳曼神话铸就的英雄史诗，先前虽已由"流浪歌者"在村寨间传唱，但直到骑士歌手受各城堡领主"慷慨"款待，用歌谣为骑士贵妇点缀闲暇时，才形成流传后世的史诗形态。很快，骑士歌手又为听众创造了全新艺术形式：它不再植根于全民无差别的文化共同体时期，而是完全生长于骑士阶层特有的习俗与悲欢——这就是骑士抒情诗与宫廷史诗。这种新艺术不受地域限制，它通过所有德意志领地的城堡网络持续传播。

如此紧密的交往将整个骑士阶层联结在一起。出征征战与帝国议会、封臣法庭与骑士同盟、社交往来使骑士们直接产生身体接触；而游走于城堡与宫廷间的吟游诗人所传唱的相同诗篇，更在他们之间编织起无形的纽带。但任何深入交往都离不开共同语言。于是——尽管最初仅限于统治阶层的骑士阶级——开始出现一股强劲的反向趋势，对抗着数百年来导致各地方言差异日益加剧的分化倾向。虽然德意志骑士阶层从未真正形成过通行于全德所有城堡的、完全统一的宫廷用语（即所谓"文书体"），但密切交往必然使各地骑士的语言远比农民方言更为接近——那些被完全禁锢在封闭地域、失去交通联系、扎根于方寸之地的农民，始终过着与世隔绝的生活。因此宫廷诗歌的语言差异，远小于流传的民间歌谣之间的差别。当霍亨斯陶芬时代（此时德意志部族领导权已落入施瓦本人之手）骑士精神达到鼎盛时，在上德意志地区以施瓦本方言为基础（虽掺杂法兰克元素）发展出了那种宫廷语言：骑士时代的诗人用它吟诵，最古老的德意志文书用它书写，甚至低地德意志的歌手也尝试使用——其主导地位明显体现在低地德语方言吸收了大量该语言的词汇。语言在此清晰映照着民族的命运。自从日耳曼原始部族分化为不同族群以来，曾经共同的语言日益分裂为无数迥异且差异不断扩大的方言；而骑士阶层的交往与文化共同体首次逆转了这种分化趋势，为所有德意志部族带来共同语言。

正如骑士文化共同体的出现催生了统一德语的形成趋势，它也推动了德意志普通法的发展。中世纪总体上是个法律发展极度地方分权的时代。各地区法律差异日益扩大，研究者需费尽周折才能从纷繁复杂的地方法律中辨认出共同的日耳曼法渊源。特别是农民阶级特有的地方法律，更展现出强烈的地方分权特征。流传的村规民约显示，法律差异从地区到地区、从山谷到山谷、甚至从领地到领地不断扩大。正因如此，骑士阶层跨越地域隔阂逐渐形成的特殊法律才显得尤为重要——尽管各地区存在某些差异，但整体上已成为全国性的德意志法律。当中世纪在土地法、城市法、服务法和庄园法领域既不再承认共同的日耳曼法，又尚未形成统一的德意志法时，却在骑士法律建构的核心领域——封臣法方面实现了真正统一的发展：存在着一部统一的德意志封臣法。

但比骑士法律制度的这种集权化趋势更为重要的，是统一德意志骑士礼仪的形成。当然，肤浅的观察可能在此提出异议。确实，只要有德意志骑士生活存在的地方，中世纪就盛行着固定的生活习惯、生活礼仪和无人能逃避的常规礼节。但这种骑士"教养"的民族性或许会受到质疑——因为德意志骑士精神很大程度上借鉴了外国骑士传统，尤其是十字军时代对德意志骑士生活产生深远影响的法兰西骑士文化。然而这些骑士礼仪的外来渊源，并不影响它们对统一德意志民族形成的重要意义。

　　或许我们可以通过个体案例来更好地理解这一点。假设有两个截然不同的个体——他们的血统、教养、情感方式和知识结构都不同——让他们结伴旅行，接受相同的外部影响。毫无疑问，在共同旅程中他们会看到相同的事物、相同的风景和文化遗迹。他们意识中吸收的内容和观念会是相同的。但这就意味着他们变成同样的人了吗？绝非如此。正如人体不会简单地摄取食物，而是会加工、消化食物一样，任何新观念进入人类意识时也不会原封不动地从外部植入，而是被吸收、加工、消化——被统觉同化。因此同行的两人虽然看到相同事物、接收相同观念，但由于各自接收和加工意识的截然不同，他们处理这些观念的方式也完全不同：每个人在旅途中会学到不同的东西，对所见事物会有不同的记忆，相同观念对每个人的影响也各不相同。仅从内容来看，两人观念储备的增长可能几乎一致，但这些观念对整体意识、思维、情感和意志的影响却大相径庭。

当不同民族吸收相同的文化内容时，情况也完全类似。骑士礼仪的内容在德意志人和法兰西人之间或许差异不大，但继承法国人生活习惯和习俗的德意志骑士，就其血统和文化传承而言与法国人本质不同。他并非简单地照搬法国礼仪，而是将其内化为自身特质——这些外来习俗必须与他既有的意识内容相融合。因此法国的礼仪在德意志土地上终究演变成了与法国原貌不同的新事物。相同礼仪规范的文化影响，对德意志骑士必然不同于对法国骑士。德意志特质与法国礼仪的结合，必然催生出明显区别于法国原型的新骑士精神。而这种德意志化的新骑士精神近乎为全体德意志人所共有：它盛行于所有德意志城堡，以相同方式影响着男女贵族整个生存方式和性格特征。正是这种外来元素被吸纳进德意志民族性格、并经过德意志本质改造的过程，成为了强有力的民族粘合剂——形成了一种统一的德意志生活礼仪，这种礼仪对当时德意志统治阶层的性格产生了一致性影响，从而超越了既往的所有分化。

一旦有机会将自身的文化共同体与其他民族进行比较，德意志骑士阶层必然会意识到这种民族认同。瓦尔特·冯·德·福格尔魏德（Walter von der Vogelweide）的著名诗篇就鲜明表达了这一点：

我曾游历四方，
遍寻世间至美，

若我违心宣称，

喜爱异邦风俗，

愿遭厄运报应——

何须谎言矫饰？

德意志教养冠绝天下。

兰普雷希特正确地指出，瓦尔特在诗中所表达的"并非普遍的民族意识，而是一种骑士阶层特有的、职业化的民族意识"——这种意识强调德意志宫廷礼仪与"异邦习俗"的差异[12]。

但兰普雷希特的论述可能让人误以为，当时的民族意识仅以有限的方式认识到自身的独特性。错误的提问方式使他未能充分挖掘自己为德意志民族形成史所搜集的丰富材料：核心问题不在于民族如何逐渐意识到自身的特殊性，而在于民族最初是如何形成的。*民族意识只能从民族存在中理解，而非相反*。当兰普雷希特指出霍亨斯陶芬时期的民族意识具有骑士-传统特性时，他无疑是正确的；但这种民族意识超越此阶段的发展，不能归因于民族意识内在的演进规律（仿佛所有民族意识都必然从低级向高级阶段普遍发展），而只能理解为民族存在变化的反映。在斯陶芬时代，民族仅体现为骑士的文化共同体——它联合了德意志各部族（自由与非自

---

[12] 兰普雷希特，前引书，第 1 卷，第 16 页。

由的）骑士阶层，同时将他们与所有外族区分开来；若要形成其他形式的德意志民族意识，前提必须是德意志民族以另一种意义作为民族诞生。解释德意志民族意识后来超越瓦尔特·冯·德·福格尔魏德所达阶段的原因，不在于某种普遍的心理发展规律，而在于商品生产的发展。

现在，我们或许能理解德意志民族是如何形成的了。它的根源既不在于对日耳曼原始民族的共同血统继承，也不在于对这个原始民族所传文化的共同传承。因为与其他民族的混血和地域隔离早已破坏了古老的共同体；各个部分截然不同的命运对身体和精神继承的特征产生了改造作用。同样，传承下来的技术、语言、习俗和法律文化也日益分化。在共同的日耳曼传统之上，早已覆盖了一层浓厚的新生文化沉积，而日耳曼民族的每个部分在这方面都各不相同。阻止德意志部族分化趋势（这种趋势最终必然会使他们变成完全不同的民族）并将德意志人联合为一个民族的，不是共同血统，而是一种全新形成的共同文化。但这种文化最初只是一个统治阶级的文化，即骑士阶层的文化。*这种文化影响的同质性所产生的统一民族性格，仅仅是一个民族阶级的性格。*

当然，骑士阶级的文化建立在剥削农民的基础上。但农民并未分享骑士文化。宫廷与乡村早已区分开来；不参与骑士习俗的农民在统治阶级眼中显得粗野无知，成为嘲笑的对象。宫廷诗人讥讽农民，取笑那些不愿接受乡绅追求村姑的

"乡巴佬。"因此，骑士与农民之间早已存在一道宽阔的文化鸿沟。农民被排除在一切凝聚民族的因素之外：当宫廷语言统一骑士时，农民方言却日益分化；当宫廷礼仪成为联结德意志骑士的纽带时，乡村习俗却因地而异；当骑士阶层形成统一的封臣法时，农民庄园法却越来越地方化。当时的德意志农民并不构成民族，他们只是民族的依附者。民族仅凭文化共同体而存在；但这种共同体局限于统治阶级；供养统治阶级的广大劳动群众却被排除在外。这是一个关于民族文化共同体的关键概念。因为尽管参与民族文化（这种文化在民族内部统一各部族与地区，并与其他民族区分开来）的圈子比斯陶芬时代扩大了许多，但本质上，至今民族文化仍是统治阶级的文化，广大民众并不属于民族（民族仍只能被理解为文化共同体），而只是民族的依附者——尽管民族文化的辉煌大厦建立在剥削他们的基础上，但他们自己仍被排除在外。

6. 商品生产与资产阶级文化共同体的萌芽

中世纪的地主和农民都不是商品生产者，他们生产的物品并非用于交换或出售。农民从土地收获的谷物是为了自家食用；所需的亚麻由自己种植，妻子和女仆在漫长的冬夜将其纺成麻布。农奴在领主土地上收割并送入谷仓的粮食也不是为了出售，而是供领主及其仆从食用。只有少量剩余的农产品偶尔会被出售，农民和地主用所得钱财购买那些无法自产的少量物品。因此，在中世纪前期，商品生产和交换的作用微乎其微。相应地，商品生产者（手工业者）和交换中介（商人）在民族整体生活中的地位也微不足道。那些人口稀少的城镇，几乎淹没在领主庄园和村社联合体的汪洋之中。中世纪社会尚未意识到这些小镇蕴含的力量——这种力量终将颠覆建立在庄园制基础上的社会结构。市民阶层仍被归入等级体系，与教士、骑士和农民并列；城市市民尚未形成自己的文化，即便达到较高文明程度，也只是分享骑士阶层的文化共同体。我们常发现城市贵族世家与乡村骑士家族联姻。在德国南部城市，某些贵族世家组成兄弟会，模仿并接纳骑士礼仪。宫廷史诗的伟大诗人中，就有一位痴迷骑士精神的市民——斯特拉斯堡的戈特弗里德（Gottfried）大师。

商品生产及其载体——城市——地位的逐步提升，与农业劳动生产率的提高密切相关。农民能从家乡土地（尤其是新征服的殖民地区较大份地）获取越来越丰厚的收成，因而更愿意用部分劳动成果交换其他商品。不仅劳动产出增加，其分配方式也更有利于商品生产发展。在殖民时代，东部广袤土地向每个农民开放，这缓解了故土庄园制的压迫。领主只能获取传统贡赋，农业增产的成果主要归农民所有。如果说早期只有少量农民和较多领主参与商品购买，那么到 13 世纪已出现生活优渥的农民阶级，他们愿意用可观的生产剩余交换手工业品。这种发展直接惠及德国商人。随着本土需求增长和重要中转贸易的出现，德国商人的数量和业务范围不断扩大。北方城市充当东西方贸易的枢纽——连接高度发达的尼德兰、英格兰与斯堪的纳维亚、斯拉夫东部地区；南方城市则沟通北欧与早期资本主义发展的意大利城邦（后者将东方珍宝输入欧洲）。意大利城市的早期资本主义发展也提升了德国商人的地位。

不仅商人，手工业者也因此受益。当大多数德国农家子弟仍向东北迁徙开拓斯拉夫土地时，向城市迁移的潮流也已开启。这些移民的农家子弟成为手工业者：学徒成为帮工，帮工成为师傅。当时尚未出现终身雇佣劳动阶级，丰厚的帮工报酬使每个人都能攒足独立开业所需的小额资本。这个缓慢壮大的手工业者阶级拥有稳定的销路：城市日益富裕的商人和乡村殷实的农民都是他们的主顾。至此城市发展呈现高度一致性。虽然我们谈论的这个时期恰逢手工业行会与城市世袭贵族争夺政治权力的激烈斗争，但不应过分夸大市民阶层内部的文化分野。手工业特性主导着整个城市，世家与工匠师傅间的文化差距起初并不显著。这是一个建立在简单商品生产（生产者同时占有生产资料）基础上的城市文化低分化时期。

然而新的发展正悄然兴起。德意志民族"巨大的粮仓"——那些尚未开垦的荒地正逐渐枯竭，古老耕地上的居民日益稠密。作为农民家庭传统生产单位的胡符地（Hufe）被不断分割，至 15 世纪许多地区已普遍出现四分之一胡符的规模。与此同时，众多非长子的农家子弟逐渐形成茅舍农阶层。微薄的土地再难维持农民家庭往日的温饱，为弥补生计缺口，他们不得不开辟双重途径。

农民首先想到利用全家以往闲置的劳力。几个世纪来"万事不求人"的传统，使农民掌握了多种手工业技能——纺纱织布、缝制衣衫皆可自给自足。如今何不将这些祖传家艺服务于资本家以换取银钱？于是资本主义家庭手工业在乡村萌芽，尤以农民和茅舍农为包买商代工的纺纱织布业为甚。但即便全家为包买商劳作，狭小的田产仍难以供养众多子嗣。而无地继承权的农家子更无缘东部无主荒地，只得涌入城市。随着东部殖民运动终结，移民潮逐年膨胀，令城里世袭工匠对竞争者充满恐惧。工匠们很快哀叹：

> "农家子弟蜂拥而至，尽数学做手艺活计。谁来劈柴垦荒？"

行会组织遂日益严苛地限制从业资格与晋升门槛，进城农民子弟再难指望成为独立师傅。这引发双重效应：一方面帮工逐渐丧失未来成为师傅的期待，阶级意识觉醒催生出抗争性的帮工运动；另一方面城郊聚集起被手工业拒之门外的无产者，他们只能靠出卖劳力换取糊口工资。15世纪下半叶，汉堡20%、奥格斯堡12-15%的人口已沦为无产阶级。精明的资本家——商人、放贷者及因城市地租暴涨而致富的地产主——很快嗅到商机，雇佣他们成为工人。资本主义作坊由此诞生，德意志南部城市率先出现了资本主义手工工场。

但城市的兴起正逐渐改变着古老的乡村制度。因为一个巨大的农产品市场已然形成：城市需要从乡村获取粮食和肉类供应；资本主义手工工场必须从农村购买亚麻和羊毛。如果领主们能够提高庄园产量，出售更多谷物、牲畜、亚麻和羊毛，就能获得丰厚利润。但要实现这一点，他们需要两样东西：更多土地和更多劳动力。于是领主们开始侵占农民的土地。起初他们圈占古老的公地：

"诸侯强取豪夺，
田地、矿场、水域与森林。"

而后变本加厉：他们"清理"农民，将农民全家从世代居住的宅院田产上驱逐。如此扩张领地后，残存的农民被迫在更大的领主土地上服更重的劳役。古老的只为满足领主需求的庄园制，就这样转变为生产商品——即用于出售的农产品——的现代领主制，为封建旧壳注入了资本主义新酒。被驱逐的农民起初流落乡野，沦为乞丐、强盗和小偷，尽管加洛林时代的严刑峻法也无力遏制。渐渐地，社会将他们驱赶进城——投入犯罪的深渊、卖淫的火坑，最好的情况也不过是新的剥削。因为在城市里，资本家正等待着他们：被"清理"农民的儿子将成为资本家的工人。

我们刚才粗略描绘的这场发展究竟带来了怎样的变革？早期资本主义的发展取代了那些人口稀少、由手工业者和经营手工业式商业的商人组成的小城市，取而代之的是社会差异鲜明的城市：其顶端是资本家——商人、放贷者，以及那些已经开始在手工工场剥削城市工人、在家庭手工业剥削乡村小农的资本家；然后是行会，它们对外来者严加防范；与师傅不断斗争的帮工；城市手工工场的工人；最后是大量在劳动与犯罪之间摇摆的无业游民。但乡村的变化同样巨大：家庭工业使乡村与城市更接近，矿工和织工使数百年来与世隔绝、远离一切外来文化影响的农民与城市孕育的新思想、新愿望紧密相连。农民越是热切地接受这些新价值，因为早期庄园制发展让他们比 13 世纪和 14 世纪上半叶的先辈更强烈地感受到领主的压迫——领主已经开始侵占公地，试图增加赋税和劳役。早期资本主义发展在城乡引发的是一场多么巨大的革命！

但这场全面变革之所以更加重要，不仅在于它直接改变了城乡的社会关系，还在于它间接催生了现代国家。中世纪的政治共同体建立在封建关系之上。受封伯爵将职位传给儿子。而伯爵的收入——主要是农民缴纳的伯爵税——归伯爵自己所有，而非帝国。伯爵有义务出席帝国议会并参加帝国军事行动；除此之外再无其他义务。他不是行政官员，而是其辖区内的无冕之王。在一个没有交通工具、没有情报系统、除了封建军队别无他选、除了封地别无报酬的时代，公共职位沦为世袭封地，这摧毁了古老帝国的统一。诸侯们首先确保在其领地内集中最重要的权力：除自己外，领地内无人享有伯爵权力；无人能成为本地骑士的封君，无人能支配本地家臣，无人能统治本地农民。于是，各种不同的权利集中到一人手中，形成领地统治权。渐渐地，领地统治者各项权力的不同起源被遗忘：从中产生了一种对领地内所有骑士、市民和农民的统一权力，领地统治权演变为领土主权，帝国分裂为大量领地。这些领地开始利用商品生产的新发展；因为它为国家提供了封建时代闻所未闻的权力手段。唯有商品生产才能建立不依赖封建关系的行政体系和军队。中世纪的财富由使用价值——谷物、羊毛、亚麻和牲畜——构成。商品生产的发展让金钱流入每个人手中：首先是城市商品生产者，但庄园主和农民也开始拥有金钱。领地统治者可以通过税收分享这一新财富，将各阶层相当部分的货币收入纳入国库。税收由此成为他最有力的统治工具：用金钱雇佣的官员可随时撤换，因而远比昔日世袭伯爵更顺从新领主；金钱使他能够雇佣无产者和农民子弟组成雇佣军，从而完全摆脱传统骑士军队的封建义务。现代国家对民族文化共同体的发展也至关重要：它首先创造了一个出卖脑力劳动换取工资的阶层——官僚，即新式官员；通过建立雇佣军，它同时打击了民族原有的统治阶级——骑士阶层的根基。这一切都建立在以货币经济为基础的税收体系上，而货币经济本身又是商品生产普遍化的表现——用马克思的话说，作为资本主义商品生产，它"越来越成为社会生产的普遍形式[13]。"

对骑士阶层而言，雇佣军的发展自然意味着巨大灾难。殖民时代地租的下降已使其经济受损；领土主权的发展使其在政治上屈从于诸侯；雇佣军的发展又剥夺了它的军事力量；随着这一切，骑士阶层对民族文化共同体的重要性也随之下降；但与此同时，城市市民的数量和财富却在增长。德意志文化的领导权如今落入他们手中。

骑士文化的根源在于：骑士阶层通过剥削农民而摆脱劳动之苦，得以享受闲暇。而市民文化的根基恰恰在于市民的劳动。因此，市民文化从一开始就具有截然不同的特质。其核心要素不是宫廷礼仪，而是商人和手工业者谋生所需的知识与技能。于是，读写算数能力首次成为高等教育的首要要求。这些技艺对骑士阶层曾十分陌生。连沃尔夫拉姆·冯·埃申巴赫（Wolfram von Eschenbach）都承认：

> "书中写就的一切，
> 我皆一窍不通。"

---

[13] 马克思（Marx），《资本论（Kapital）》第 1 卷，第 132 页；第 2 卷，第 13 页；第 2 卷，第 87 页。

若一位骑士能被赞颂为：

"如此博学的骑士，
竟能阅读书籍。"

那已是极为罕见。但市民却离不开这些技能。随着市民阶层的发展，教育事业也同步兴起。高等学府纷纷建立，城市商人的子弟不仅学习读写，还要掌握拉丁语——这仍是超越地方方言进行交流的通用语言，既是文书用语，也是商业信函的语言；这些学校使商贾子弟既能经营远途贸易，也能管理城市并与各地诸侯的办公厅往来。与此同时，德语书写学校也应运而生，手工业者的子女在此学习德语读写。

阅读技艺如今成为高等精神文化的基础。在印刷术发明前，就已出现资本主义式的抄写坊，雇佣抄写员复制古老手稿。15 世纪时，已有大量商业化运作的抄写作坊。它们有的采用行会组织形式，如"共同生活弟兄会"的抄写坊；有的则是资本主义经营，如哈格瑙为书商迪波尔德·劳伯（Diepold Lauber）工作的抄写坊——劳伯已将他的出版目录推广到德意志大部分地区[14]。印刷术随后使书籍得以廉价制作，从而进入更广泛的群体。路德的圣经译本仅售一个半古尔登。廉

---

[14] 施泰因豪森（Steinhausen），《德意志文化史（Geschichte der deutschen Kultur）》，莱比锡 1903 年版，第 461 页。

价的印刷还使得通过海报和配有木刻插画的廉价传单影响大众成为可能。

当市民阶层尚未明显分化、手工业者与商人之间文化鸿沟尚浅之时，市民艺术与文学已初现端倪。诗歌从骑士城堡走向民间，在手工业者的名歌手传统中扎根。反映市井生活的讽刺文学与市民戏剧的萌芽紧密相连。手工业技艺逐渐升华为工艺美术，最终发展为真正的艺术。这种精神文化虽比骑士文化简朴贫乏，却不再局限于骑士统治阶级，而成为更广泛市民阶层的共同财富。

但随着资本主义发展将简单商品生产时代社会统一的市民阶层迅速分化为资本家、手工业师傅、帮工、雇佣工人和流氓无产者等阶级，市民文化也日益分化。上层市民创造了高雅文化。当时最发达的意大利民族文化开始影响德国市民上层，文艺复兴与人文主义传入德意志。资本主义发达的意大利已使古典文化在资本家及高度发展的现代国家所培育的宫廷官僚阶层中复兴。这种文化如今也开始影响德意志市民社会的上层。富裕市民的拉丁文学校成为高等文化的传播媒介。意大利新艺术影响着这些市民阶层的艺术趣味。脱离中世纪传统的人文主义学术也成为德国富裕市民的专属财富。与市民上层吸收的这种高雅文化相比，手工业者的简陋文化黯然失色——城市内部产生了"有教养者"与"无教养者"的分野，前者享有从意大利移植来的新文化，后者则因繁重体力劳动与经济窘迫被排斥在这种文化之外。

我们的任务并非描述德国市民阶层的新文化，而只关注这种文化如何成为凝聚德意志民族的纽带。商品生产拉近了人们的距离。商人穿梭各城推销货物，手工业者也出现在异地市集——科隆织工在法兰克福市集出售布料。帮工走遍德意志各地，雇佣兵随战事辗转四方。资本主义已开始展现其大规模快速迁移人口的能力：新兴资本主义采矿业在数年内就使新矿区聚集起来自四面八方的混杂人口。农民也与市民建立更紧密联系：他们进城赶集，出售劳动所得，向城市资本家借贷，作为家庭工业者为城市包买商劳作。城市的一切都以全新方式影响着他们。

但比这些实体联系更有效的，是联结全体德意志人（尤其是市民阶层）的无形精神纽带。新兴德意志文学影响着在"德语学校"学会阅读的广大民众。若非书籍与廉价小册子对城市大众乃至部分农民的强大影响力，宗教改革时期的思想巨变何以能如此迅速广泛地发生！此外，新兴国家为行政需要建立的定期邮政系统很快向公众开放，使大规模规范通信成为可能，德意志报业由此萌芽。16世纪，大城市已出现接收并传抄各地消息的代理人；印刷术普及后，这些消息汇编被批量复制，价格低廉得以深入民间。16世纪后半叶，这类印刷新闻汇编已定期以半年刊、月刊形式发行[15]。书籍与小册子、信件与报纸，将大量民众从封闭的地域生活中解放出来，与全国各地建立起紧密联系。

正如骑士阶层在早先世纪的密切交往催生了德语统一化的趋势，商品生产和现代国家时代更为紧密的交流，必定以空前强大的力量再次激发这一趋势。正是对地域隔阂的突破，孕育了新高地德语标准语。它并非承袭中古高地德语宫廷语言——那种语言已随骑士阶层在经济、政治和军事上的没落而被遗忘。如果说骑士文学鼎盛时期已明显呈现出德语宫廷语言统一化的趋势，那么骑士阶层衰落的数百年间，德语方言的分化又再度加剧。直到商品生产的发展，才真正催生出语言统一的全新趋势。对于相互往来的国家和城市办公厅、对于商业信函连通德意志各处的商人、对于意图通过文字作品影响全德各地区的作家而言，德语方言的碎片化都是重大障碍。这正解释了拉丁语何以保持活力——它某种程度上弥补了统一德语的缺失。

但随着德意志文化日益市民化，参与文化的群体越广泛，仅以外来拉丁语作为德意志城市和领地间唯一交流媒介的弊端就越发明显。市民阶层越是崛起，德语地位就越发凸显：13世纪它便征服了司法领域。诸侯效仿城市办公厅采用德语

---

[15] 兰普雷希特，前引书，第6卷，第8页及以下。

公文和文书。政治鼓动家若要影响大众，就必须使用德语。
正如乌尔里希·冯·胡滕（Ulrich von Hütten）所言：

> "往日拉丁文书写，
> 众人难解其意；
> 今以祖国语言，
> 向德意志民族呐喊，
> 誓为公义伸张。"

　　德意志商业信函和办公厅文书语言，最初承载着语言统一运动的使命。特别是在那些统辖着方言迥异、彼此难以沟通地区的大邦国办公厅里，消除方言差异的诉求尤为强烈——这些邦国需要与德意志各部落领地的城市和国家往来。因此，同时统治着低地、中部和上德意志地区的卢森堡王朝，发展出一种迥异于任何特定方言的办公厅用语。1330 年，特里尔大主教办公厅开始摒弃纯粹的本地方言。世纪中叶，马格德堡大主教办公厅亦步亦趋。哈布斯堡的腓特烈三世竭力消除其办公厅文书的方言特征。自马克西米利安一世起，无论诞生于德意志何处，帝国办公厅文书都使用同一种语言。15 世纪，选帝侯萨克森办公厅使其语言向帝国文书靠拢[16]。各大领地的办公厅率先发展出人工书面语，随即被意图影响

---

[16] 贝哈格尔（Behaghel），《德语史（Geschichte der deutschen Sprache）》，载于保罗《基础丛书（Grundriss）》，第 682 页。

全德各地区的作家们欣然采纳。马丁·路德曾言："我使用的不是某种特定的德意志方言，而是通用的德意志语，以便高低地地区民众都能理解；我遵循萨克森办公厅用语，全德诸侯君王皆效法之。所有帝国城市、诸侯、宫廷都仿效萨克森及我们君主的办公厅文书，因而这实为最普遍的德意志语。"路德的语言首先成为作家的语言。早期德语语法学家以路德圣经译本为范本归纳德语规律。首部德语语法书题为《约翰·克拉尤斯·希尔茨贝格氏德语语法：辑录自路德德语圣经及其他著作（Grammatica Germanicae linguae M. Johannis Claji Hirtzbergensis: Ex Bibliis Lutheri Germanicis et aliis eius libris Collecta）》（莱比锡，1578 年）。该语法被学校采用，成为后世德语教材的蓝本[17]。路德的语言很快也成为其他德意志地区的办公厅用语，如 156 年的石勒苏益格-荷尔斯泰因。它进而成为学校教学语言、作家创作语言、教会布道语言。约 1600 年起，整个低地德语区开始用新高地德语布道。几乎同时，新高地德语在整个德意志书面语领域取得决定性胜利[18]——这种学校、办公厅、文学和商业信函的语言，必然首先成为德意志民族"有教养者"的统一语言。

---

[17] 赫尔曼·保罗（Herrn Paul），《日耳曼语文学史（Geschichte der germanischen Philologie）》，载于《基础丛书（Grundriss）》，第 23 页。

[18] 贝哈格尔（Behaghel），前引书，第 673 页。

德语标准语在外观上与路德圣经译本语言一脉相承，这一事实本身便昭示着：商品生产和现代国家孕育的所有力量——那些推动德意志人凝聚为民族的力量，那些在每个成员身上通过持续交流塑造共同民族性格的文化影响力——首次在宗教改革这一重大历史事件中得到最充分的展现。

意大利作为首个经历资本主义蓬勃发展的国度，不仅最早建立现代国家，更在资本主义与国家体制的共同作用下培育出人文主义知识精英阶层。因而意大利也率先爆发了对基督教（不仅是天主教，而是整个基督教体系）的重大背离。中世纪渐次形成的基督教信仰，本质上是固着于土地、与广阔世界隔绝的农民的宗教。深陷传统的农民起初根本不会怀疑其真理性。但意大利资本主义社会的新人类截然不同：他们生动了解拜占庭和伊斯兰教等其他宗教，重新钻研古代哲学经典，由此率先对古老传统产生怀疑。基督教在他们眼中沦为一种需要与其他宗教和哲学体系比较验证的学说。对这些见证经济政治革命在极短时间内颠覆旧世界、重建新秩序的新人类而言，古老传统不再是神圣不可侵犯的，他们敢于以理性——自己的理性——衡量一切。对于那些渴望探索"世界本质"的蓬勃心灵，基督教的世界观有何意义？对于那些依靠惊人剥削成果纵情享受文化盛宴的群体，基督教的传统道德又价值几何？自基督教征服西方以来，从未有哪个社会像文艺复兴时期意大利的诸侯宫廷、富豪资本家、学者艺术家群体这样，在思想和生活方式上如此背离基督教本质。

然而意大利却未曾攻击天主教会的组织体系——原因显而易见：天主教信仰恰是其维系高超经济文化水平的剥削工具之一。若非西欧各国基督徒为灵魂救赎向罗马输送无数财富，利奥十世宫廷的奢华何以维系？若非以基督徒统治穆斯林和异教徒的必要性为借口，如何正当化意大利在地中海殖民地对其奴役民族的残酷剥削？若非借助基督教谦卑的虔诚教义，又如何阻止意大利本土受压迫受剥削的民众揭竿而起？

德意志的情形则截然不同。这个国家在经济和政治发展上都远逊于意大利，其精神革命的深度自然也无法与亚平宁半岛相提并论。即便最辉煌的德意志宫廷，又怎能与美第奇教皇的奢华、佛罗伦萨的壮丽或威尼斯的璀璨抗衡？15-16世纪的德意志既未能孕育出意大利文艺复兴时期那种彻底摆脱传统束缚的资本主义-宫廷精英阶层，也从未经历过与基督教教义的彻底决裂。不过，虽然德意志无法产生异教式的人文主义，但早期资本主义发展对传统秩序的剧烈冲击，仍足以在此引发一场革命：这里的城市商品生产者同样学会了通过自身意志塑造命运；他们的视野同样得以拓展，突破了地域局限；他们亲历的社会巨变同样粉碎了传统的枷锁。于是，传统的基督教教义对他们而言不再是不可触碰的禁区。

当新的精神交流媒介已将广大民众紧密联结，任何对现存秩序的批判都必然在以下社会阶层中引发回响：受资本家压迫的行会手工业者、已展开社会斗争的帮工与工人、城市无产阶级大众、在新秩序中丧失昔日荣光却又因人文主义影响而接纳新思想的乡村骑士阶层，以及那些因与城市联系密切而更易接受新事物、同时比祖先更强烈感受到向商品生产者转型的领主压迫的广大农民群体。这些阶层如何能不关注文学作品、朝圣者、商人和雇佣兵从意大利带来的种种消息——那些揭露教皇宫廷反基督教本质的奢靡堕落行径！德意志人非常清楚，支撑罗马辉煌的财富从何而来。

"看啊，"乌尔里希·冯·胡滕写道，"看这世间最大的谷仓，汇集着从各国劫掠而来的财物；中央盘踞着永不餍足的蛀虫，吞噬着如山堆积的果实。它被无数共食者环绕，先吸干我们的鲜血，再啃噬我们的血肉，如今更深入骨髓，要将残存的内里碾得粉碎。"

在德意志，传统信仰体系的动摇不会以对宗教的异教式冷漠告终，而必然导致公开背离教皇权威。因为如果说异教化的意大利必须维持天主教体系——因其离不开这个剥削各国人民的工具，那么在很大程度上承担着意大利财富成本的德意志，革命情绪必然驱使人们公开反抗教皇统治。德意志的经济利益使社会变革以脱离天主教告终，正如意大利相反的经济利益阻止了那里更为深刻的精神革命走向同样的结局。

德意志突然面临一个震撼全体国民的重大问题——只要这个国民还保有民族文化的认同。此刻，所有将德意志联结为交流共同体的力量都开始觉醒！书籍出版量激增，印刷传单广泛传播，宗教、政治和社会鼓动家奔走全国。高等学府成为宗教斗争的工具，在改革派与耶稣会的推动下不断扩张重组。人们常叹宗教改革使民族分裂为天主教与新教阵营，加剧了政治割据！然而正是在改革风暴中，德意志人首次形成了真正的文化共同体。这一时期首次彰显了政党形成的巨大文化意义：各党派为争取民众不得不运用一切手段施加影响，正是这种双向的文化渗透催生了民族共同体。资本主义商品生产和现代国家的发展创造了物质条件，使广泛阶层通过直接或间接的精神交流结成文化共同体；但要充分激活这些条件，让民族文化真正触及每个德意志人，还需要一场震撼全民族的伟大斗争。宗教改革对民族形成的意义，既不在于脱离意大利教皇体系，也不在于德国教会的独立，甚至不在于新教徒增强了德意志特性的自觉——而在于这场撕裂德意志的党派斗争，迫使各方充分利用新时代的文化工具，从而建立起前所未有的民族文化共同体。最有力的证明莫过于：正是宗教改革推动了德语标准语的胜利！正是宗教改革迫使天主教和新教首次（虽然最初仅限高等教育）发展教育事业！正是宗教改革迫使双方通过演说家影响大众！正是宗教改革迫使双方将书籍和传单作为新式斗争武器！但宗教改革同样表明，并非全体民众都融入了民族文化共同体。虽然以批判传统宗教为形式的社会批判确实深入各阶层，但人文主义改革家的理念难以为大众理解。当农民、城市无产者、小手工业者和乡村家庭工业者试图在这场巨变中发动自己的革命时，改革领袖们便转而镇压他们。没人比马丁·路德更残酷地对待起义农民。"尽可刺杀、砍杀、屠杀！"他在农民反抗压迫者时写道，

"若你因此丧命，实乃大幸——再没有比这更神圣的死法。因为你死于遵从上帝之言，死于拯救邻人的仁爱之举。"

后来他更宣称：

"我马丁·路德在叛乱中屠尽农民，因我下令格杀勿论：他们全部的血债都归在我颈项上。但我将此归于我主上帝，是他命我如此传道。"

路德对待社会革命团体和共产主义教派同样残酷无情——这些由城市无产者、小手工业者以及乡村矿工和织工组成的群体正试图发动革命！他站在利用宗教改革攫取教会财产的诸侯那边，也属于凭借教育背景跻身的资产阶级上层。他与农民和无产者之间的文化鸿沟何其深远！宗教改革传播与整合的，正是这个上层阶级的文化。改革派和耶稣会为他们著书立说，为他们兴办学校，他们的文化生活既体现在新

教教会的精神世界中，也反映在特伦托会议后的天主教和耶稣会体制里。正是这种仅让相对狭小的阶层承载民族文化的局限性，使得反宗教改革成为可能。若信仰之争真是全体民众——尤其是广大农民——切身之事，诸侯岂能擅自决定臣民的信仰？

这清晰揭示了资产阶级文化共同体的边界。

它囊括宫廷侍臣、贵族官僚、富裕市民和城市新兴自由职业者。被排斥在外的不仅是无产者，还有粗鄙无知、终日劳作的农民——正如市民笑话嘲讽的那般：

"农夫与牛无差异，只缺头上两只角。"

资产阶级发展确实比骑士时代吸纳了更广泛人群进入文化共同体；但仍将民族割裂为两大群体：一方垄断民族文化，通过同质文化影响结成共同体；另一方劳动阶级——高等文化正是建立在对他们的剥削之上——却被文化创造力拒之门外。他们操着日益分化的方言难以沟通，而有产者已使用统一德语；书籍传单与他们无缘，因其目不识丁；民族教育事业与他们无分。他们不构成民族主体，仍如封建农奴般只是民族附庸。诚然，他们的劳动孕育了民族文化，但这文化却不属于他们，而属于剥削压迫他们的阶级。

7. 早期资本主义时代知识阶层的文化共同体

德意志民族发展史的一个显著特点是：其早期资本主义阶段并未呈现统一上升态势，而是被一场奇特的倒退运动所中断。德国较早出现了我们描述过的资本主义萌芽，但很快因一场重大经济变革而发生倒退，这种倒退从 16 世纪后半叶持续到 18 世纪中叶，成为民族文化共同体的典型特征。这场倒退始于贸易路线的重大转移。

意大利作为最早经历资本主义快速发展的民族，也最先感受到资本主义固有的扩张剥削领域的冲动。正是意大利人开启了地理大发现时代。15 世纪热那亚人就发现了加那利群岛，也是他们最早尝试寻找通往东印度的海路。即便当大西洋沿岸民族开始探险时，仍雇佣意大利人领航——发现美洲的"哥伦布只是一系列为西方国家探索陌生海域的意大利人中最杰出的代表[19]。"西欧国家中，葡萄牙人率先成功完成大胆的航海探索，1484 年发现刚果海岸，最终于 1498 年找到梦寐以求的通往东印度的航线。由此，世界贸易中心开始从地中海沿岸转移到大西洋沿岸：资本主义国家的领导权先后从意大利转移到葡萄牙和西班牙，再到荷兰，最后到法国和英国。

---

[19] 布克哈特（Burckhardt），《文艺复兴时期的文明（Kultur der Renaissance）》，莱比锡 1904 年版，第 2 卷，第 4 页。

我们知道，南德资本主义发展很大程度上依赖于掌控意大利与北欧国家之间远东珍宝的转口贸易。但葡萄牙人通过一系列战争摧毁了经阿拉伯通往意大利的商路。异域商品不再经西亚陆路，而是通过海路进入欧洲。里斯本取代北意大利大城市成为印度贸易中心。

当然，南德大商号最初成功适应了新形势。很快我们在西班牙和葡萄牙发现其分支机构，即便商路改变后，印度贸易短期内仍由其掌控。富格尔（Fugger）家族从里斯本经营马鲁古群岛贸易，西班牙人开发的美洲财富最初也为德国资本所用。韦尔瑟家族开发委内瑞拉，韦尔瑟与埃林格承包圣多明各铜矿。1576 至 1580 年间，印度香料贸易由德国人掌控，虔诚的德国人还一度垄断黑奴贸易。但德国资本在西班牙统治与剥削中的巨大份额只是延缓而非阻止了德国资本主义的衰落。1575 年西班牙宣布国家破产：外国债权人对西班牙国王的索偿权被宣告无效。这使德国资本家与意大利人一同遭受重创，巨额德国资本就此蒸发。

南德资本主义的宏伟大厦就此崩塌。1611 年，显赫的韦尔瑟（Welser）商行宣告破产；1653 年，富格尔家族结束了在西班牙的业务。1581 年一位传教士生动描绘了南德的衰败景象："商界和金融界处处可闻不幸接踵而至的哀叹，商人、工匠、议员、名门望族乃至伯爵贵族们每日目睹无数曾经显赫的富户沦入贫困潦倒[20]。"

　　几乎与南德商业衰落同时，长期主导英格兰、荷兰与斯堪的纳维亚及北斯拉夫地区贸易的北德商人也遭遇排挤。早自亨利七世起，英格兰就开始为本土商人剥夺汉萨同盟特权。1491 年汉萨虽保住其在英特权，但代价是向英格兰开放波罗的海贸易，特别是但泽的自由贸易。亨利七世开启的政策在伊丽莎白时代完成。1550 年左右，汉萨同盟仍享有英格兰布匹出口特权，年出口约 4.3 万匹粗布及羊毛、铅、锡等货物，换回蜡、布料、亚麻、焦油和南方物产。1567 年，作为英格兰外贸先锋的"冒险商人"成功进驻汉堡，虽不久被驱逐，但英格兰随即取消汉萨商人特权。同时英格兰袭击汉萨船队：短短时间内以向西班牙运送战时禁运品为由扣押 60 艘汉萨商船。1598 年帝国禁止冒险商人在德活动，英格兰便驱逐汉萨商人离开其伦敦古商会馆，且永不准返回，而英国商人1611 年就重返汉堡，使之成为英货输入德国的门户。

　　与英格兰同步，斯堪的纳维亚人也开始反抗汉萨商人的剥削。利润丰厚的北欧贸易从德国商人转入荷兰人之手。而荷兰已非德意志疆域。这场重创全德的商路转移，却暂时使荷兰成为欧洲资本主义最发达的地区。现今荷兰居民虽源出

---

[20] 转引自施泰因豪森，前引书，第 540 页。

三个德意志部落，却形成了紧密的文化共同体；在其丰厚的经济文化基础上，发展出独特的政治宗教体系，孕育了民族性的科学与艺术，并创造出有别于标准德语的统一语言作为文化共同体的工具。他们由此脱离德意志民族母体，不仅建立独立国家，更形成真正独立的民族。世界贸易新格局带给他们的经济利益，自然也无从惠及德意志民族。

德国批发业的崩溃、巨额资本的毁灭和贸易利润的流失，很快波及参与商品生产的各阶层。采矿和乡村家庭手工业发展受阻，工匠失去最具购买力的主顾。雪上加霜的是，欧洲新兴金融国家引发连年战火。那些仍处于领土分裂状态的民族首当其冲，而西方民族已建成统一民族国家。正如意大利当时沦于外族统治，德国成为欧洲列强的战场。特别是三十年战争的破坏严重阻碍了德国发展。某些地区强制推行的反宗教改革，更驱逐了最具资本实力和勤勉精神的群体。

这些阻碍德国资本主义发展、甚至导致自然经济回潮的事件，不仅缩小了民族文化共同体的范围，更改变了其本质。

民族文化共同体的引领者首先是德意志诸侯宫廷和贵族阶层。经济发展对贵族并非全然不利。反宗教改革的动荡和三十年战争的暴行，反而为他们提供了空前压榨农民的机会：将荒芜农田据为领主土地，对毫无抵抗之力的农民横征暴敛。但政治发展却对贵族不利。他们的军事地位一去不返，诸侯凭借强大的雇佣军及后来的征兵制常备军，彻底粉碎了贵族通过等级会议集结的政治力量。贵族再难维持封建领主的独立地位，只能满足于新国家为其保留官僚体系和军队要职的统治手段。他们不再像中世纪那样依靠自身经济政治实力对抗国家，唯有依附国家才能维持统治。这在文化上造成巨大转变——贵族文化彻底宫廷化，全国贵族竞相效仿诸侯宫廷做派，君主的每个奇思妙想都成为各地城堡的时尚律令。而当时德国小邦国的宫廷礼仪，必然以最发达的专制国家——法国宫廷为典范。于是法国礼仪与时尚、轻浮习气与艺术长驱直入，吞噬着德意志传统。赴法游学成为贵族青年教育的必备环节，法语在宫廷贵族圈完全取代德语。腓特烈二世曾向戈特舍德（Gottsched）坦言：

> "自幼未尝阅读德文书籍，德语讲得如同车夫；
> 如今四十有六，更无暇学习德语了。"

法国贵族的流行风尚在德国迅速传播，"世界人"成为贵族阶层的教育理想。这种由内而外的精神蜕变，当时人就已察觉：

> "时髦衣着，时髦思想——外表既变，内心亦
> 然。"

除宫廷贵族外，当时"有教养阶层"的第二大组成部分是自由职业者群体——那些接受人文主义教育的知识分子。其核心是由现代国家培养的官僚阶层，辅以神职人员、中学教师和医生。与宫廷贵族一样，他们也深受外来文化影响，只是法国风尚的冲击不及人文主义教育强烈。高等教育机构不重视德语教学，萨克森选侯邦的学校规章甚至明文禁止在中学使用母语。校方专门设置监督员确保学生之间只能用拉丁语交谈，违者将受处罚。这种"人文主义"教育的理想是使学生熟练运用拉丁语并熟知古典作家作品——当然，历史学兴趣远不及语文学研究受重视。所有学术著作乃至学校规定的文学作品都使用拉丁语。

相较于贵族和人文主义自由职业者，从事生产贸易的市民阶层在民族文化共同体中的参与度太低，难以形成独立的国民教育体系。想要跻身"有教养阶层"和"上流社会"的人，必须努力吸收法式宫廷礼仪和学术拉丁文的教育元素。这确实是德国少数大城市——因对英贸易而富裕的汉堡、因斯拉夫地区贸易而兴盛的莱比锡，以及从法国繁荣中分得残羹的瑞士城市——中那些名门望族的追求。

然而在这些"文明社会"阶层之下，是广大的手工业者、农民和工人群体。他们没有被共同的民族文化纽带联结。他们几乎未受过任何学校教育成长起来，无缘参与公共生活。诗歌艺术触及不到他们——除非通过当时德国戏剧中那些粗俗的"国家大事剧"和小丑闹剧的形式。外部世界的重大事件、西方的经济政治革命、自然科学与政治学的巨大进步，都传不到他们耳中。

德国资本主义从世界经济变革、反宗教改革暴行和三十年战争的重创中缓慢复苏，这得益于国家的有意扶持。现代国家建立在商品生产基础之上，若不能以货币形式征收部分国民劳动成果作为税收工具，用以建立和维持其两大权力支柱——官僚体系与军队，它就既不能产生也无法存续。国家必然要推动商品生产发展，而商品生产只有作为资本主义商品生产才能成为社会生产的普遍形式。因此促进资本主义发展就成为国家的使命，重商主义政策即服务于这一目标。当然，西欧大国重商政策的宏大气魄是德国小邦国所不具备的，但它们仍设法推动了资本主义发展：通过对工业品征收进口税、对原材料征收出口税来促进工业发展；通过行业立法防止行会阻碍资本主义成长；通过农业立法限制领主阻止农村劳动力流向工业；有时甚至用琐碎粗暴的手段人为创造工业品需求。它们通过引进外国资本家和工匠师傅来加速发展；为防工人贪得无厌令资本家不快，又设定最高工资和最低工时，并残酷镇压工人争取人格尊严的任何尝试。就这样，它们用尽一切手段促进资本主义发展。在这种扶持下，德国资本主义逐渐复苏：商人数量与财富增长，手工工场和家庭手工业再度扩展，采矿业重新繁荣。随着资产阶级阶层壮大，那些始终伴随资本主义发展的高层雇员和自由职业者也日益增多和富裕。一个德意志市民社会正在重新形成，市民的自我意识不断增强。几十年前巴登的路德维希还向皇帝奏称"胆怯懦弱是市民的通病，"而到戈特舍德的周刊《正直人（Der Biedermann）》时，已出现这样的宣言：

> "一位信誉卓著的商人，无疑比一个粗野挥霍的容克地主享有更崇高的荣誉，更具有真正的高贵品质[21]。"

这个市民社会也逐渐创造出自己的文化。德语开始在贵族使用的法语和法学家、神学家使用的拉丁语面前重振旗鼓。1730年，德国印刷的拉丁文书籍仅占全国图书总产量的30%，而在1570年，这个比例高达70%。约从1680年起，德语在诗歌创作中已占据优势；1687年，托马修斯首次用德语进行大学授课；在克里斯蒂安·弗里德里希·沃尔夫（Christian Friedrich Wolffs）的影响下，哲学也开始使用德语；医学领域也大致同时发生这种转变。法学家坚守他们钟爱的拉丁语最久，直到1752年，德语法律著作的数量才超过拉丁语著作。德语的新运用本质上意味着对德语的征服，为那些必须从头创建的知识领域塑造了一种统一的德语。但越来越多希望参与民族文化共同体的市民阶层的崛起，不仅必然导致本土语言取代外语，也必将改变精神文化的内容。无论是宫廷

---

[21] 转引自施泰因豪森，前引书，第643页。

贵族的文化还是少数学院派的文化，都无法满足德国市民阶层上升精英的文化需求。这一点在我们的文学中得到了清晰的反映。

即使在外国影响最严重的时期，德意志文学也并未完全消亡。但这一时期的德国文学同样融合了宫廷贵族元素与学术语文学元素。对法国诗歌和古典诗歌的表面模仿，以及这类"诗歌"的说教性质，使奥皮茨（Opitz）的作品与他那个时代用法语或拉丁语写成的著作如出一辙——尽管他使用的是德语。这些德语作家面向怎样的读者群体？韦克赫尔林（Weckherlin）（1584-1650）既天真又明确地给出了答案：

"我既不为所有人而写，也不写所有人，
我的诗句，精巧而有价值，
只应取悦那些博学之士，
和（如他们所行）睿智的诸侯，"

但德意志文学真正的繁荣，必须等到市民阶层从衰落中缓慢复苏。首先需要治愈当时浮夸小说和粗俗戏剧给广大市民阶层带来的审美堕落。于是人们强迫德意志文学先模仿法国古典诗歌的形式，以此唤醒对艺术形式的更高追求。然而当市民阶层足够强大，能够创造自己的艺术时，便立即抛弃了攀登初期使用的拐杖，自由地开创属于自己的艺术。新艺术清醒认识自己的市民根源——它只能在与宫廷文化和学术文化的斗争中诞生。直至今日，文学史家仍能强烈感受到这一点，尽管古典作家对其前辈多有苛评，却也不得不承认他们的历史地位。正如觉醒的市民阶层意识到自己与王公贵族文化的对立，我们的文学通过《爱米丽雅·迦洛蒂（Emilia Galotti）》《铁手骑士葛兹（Götz）》和席勒早期戏剧，向君主掷出了挑战的手套。德意志艺术对其市民起源的自觉，在席勒著名诗篇中表露无遗：

> "没有奥古斯都时代的光辉，
> 没有美第奇家族的恩惠，
> 向德意志艺术微笑；
> 她未被声名滋养，
> 她绽放的花朵
> 未蒙君主恩泽照耀。
> 从最伟大的德意志之子，
> 从伟大的腓特烈宝座，
> 她未获庇护，未得荣耀。
> 德意志人可以自豪地说，
> 他的心可以跳得更高：
> 价值由他自己创造。"

这正是德意志市民阶层的骄傲自觉，为其亲手创造的文化而自豪。

市民阶层的崛起带来了何等深刻的精神变革！当贵族文化带着每年变换的法国时尚主导德意志时，市民阶层仍深陷传统的桎梏。子承父业，子袭父思。即便在那个时代偶见不染宫廷习气、不带学究腔调而纯粹市民思维的诗人，也必定被传统的蛛网紧紧缠绕——如淳朴的低地德意志人汉斯·劳伦贝格（Hans Laurenberg）（卒于 1658 年）所言：

"我愿恪守祖辈之道，

我的风格不应超越，

父亲走过的路途。"

当市民阶层重新崛起时，情况就完全不同了。面对市民经济发展的贵族变得保守，而市民阶层开始用理性之刃审视一切——至少在思想上——重塑传统世界，按自己的意愿改造既有文化。这就是启蒙时代，传统习俗、宗教和国家都必须接受其批判。大量月刊周刊将"自然宗教"、"自然道德"和"自然国家"的思想传播给全德有教养阶层。启蒙秘密社团团结了德国知识界有影响力的群体。尽管与英法大气的思想发展相比，这种启蒙显得狭隘琐碎——英法巨著只能以稀释的形式影响德国大众——但正是这种与德国市民阶层缓慢发展相契合的局限性，使启蒙运动与紧密相关的古典文学一样，成为民族文化共同体的纽带。德语标准语的胜利通过文学发展最终完成。就在德国文学复兴前夕，瑞士还有人提议要摆脱"上萨克森人的专横，"拒绝全盘接受其语言规范，建立瑞士特有的书面语。这种论调如今已销声匿迹，因为脱离新高地德语共同体，就意味着自我剥夺接触德国艺术哲学瑰宝的权利。

试问今日稍有教养者：若从人格形成过程中抹去古典文学的影响会怎样？抹去少年初读《强盗》时热血沸腾的时刻？抹去青年随浮士德初探宇宙奥秘的顿悟？抹去与维特同尝初恋苦涩的共鸣？我们的古典作品已成为每个人最私密的人生体验、最珍贵的个人财富，它在塑造个体生命的同时，也塑造着每个德意志人的生命。这无形纽带将我们紧密相连。我所拥有的，亦为他人所有；它以相同方式影响我们，将我们凝聚成共同体。这才是使我们成为德意志人的本质。需要明确：这里讨论的不是古典文学对民族意识的意义，不是我们想起莱辛、席勒、康德、歌德时的民族自豪感，而是古典文学通过成为每个德意志人的生命体验和决定性命运，锻造了德意志民族的统一品格。

这一论断同样适用于德国启蒙运动。其影响或许更为深远，正因我们通常不如对文学的感知那般清晰。然而！今日随手翻开任何一份德文报纸，聆听任何一场布道或乡村教师的授课——即使那是社会主义报刊、正统天主教神父或普鲁士保守派教师——其中仍回响着自启蒙时代代代相传的余韵，对我们的影响远超想象。当年市民阶层创造并融合外来思想的成果，至今仍是我们的精神财富。18 世纪的经济发展孕育了这种文化；而文化一旦形成，就成为持续作用的活因子，以相同方式塑造后世世代，通过对个体的单独作用，将民族凝聚为文化共同体。

然而现实是：即便今日，德意志市民文化仍未充分影响全体民众，其作用仍局限于有产者和统治阶级。18世纪时这种局限更为显著！对于终日为领主过度劳作的农民，对于开始抱怨资本主义竞争的手工业者，对于在资本剥削下比任何时候都无助的工人，市民启蒙运动和市民艺术能意味着什么？只需考察当时的教育状况，就能看出新市民文化所联结的民族范围何其狭窄。

受宗教改革影响，新教地区主要由国家主导、天主教地区由耶稣会主导建立的中等学校从未完全没落，随着市民文化共同体的进步而焕发新生。但国民教育则截然不同。工场手工业和家庭工业时期的资本主义不需要国民学校。年复一年重复简单工序的工场工人，只需掌握局部操作技能，无需任何知识[22]。为包买商工作的家庭手工业者同样不需要基础教育。而农民接受高等教育在当时领主阶级看来就已构成威胁；正如腓特烈二世所说："...农村地区只需学会基本读写；

---

[22] 舒尔茨（Schulz），《工场手工业时期的国民学校（Die Volksschule in der Manufakturperiode）》，载于《新时代（Neue Zeit）》第20期，第172页及以下。

若懂得太多，他们就会涌向城市谋求秘书等职位。因此农村青年教育应控制在必要范围内，确保他们安守乡土。"

当时国家对民众教育的要求也极低：

"教师须致力于保持民众的宗教热忱，至少确保他们不偷不杀。"

在那个军队以密集队形作战、无需普通士兵自主决断的年代，在那个由学者型官僚或庄园主管理行政、无需大众参与的时期，国家确实不需要更多教育。当时的国民教育状况令人扼腕：教堂杂役兼任教师，乡村校舍匮乏，教学每周轮流在村民家中进行，教师也依次在各家食宿，年薪仅 3 至 20 塔勒[23]。腓特烈•威廉一世的《基本原则（Principia regulativa）》规定："若教师有手艺"——常见的是兼职乡村教师的裁缝——"尚可维生；若无，则允许其农忙时打六周短工。"腓特烈二世为安置退伍伤兵，甚至打算让他们担任乡村教师：

"若伤兵中有人能读会算、适合任教且品行端正，应优先在国王拨款地区聘用。"

---

[23] 约利（Jolly），《教育制度（Unterrichtswesen）》，载于舍恩贝格（Schönbergs）《政治经济学手册（Handbuch der politischen Ökonomie）》第 3 卷，第 1063 页。

但执行这道内阁令时，4,000 名伤兵中仅 79 人具备基本读写能力——这一事实足以说明当时民众的教育水平。而新教地区的教育状况还优于天主教地区！

因此，即便在德国文化共同体看似辉煌的发展中，我们仍看到熟悉的悲剧图景：民族文化共同体依然只是知识市民阶级的共同体，绝大多数民众被排除在外。农民、手工业者和工人仍如霍亨斯陶芬时代一样，不是民族的成员，而是其附属。唯有现代资本主义带来的生产力巨大发展，才能进一步扩大民族文化共同体的范围。

8. 现代资本主义与民族文化共同体

早期资本主义发展将古老的庄园制度转变为封建-资本主义的领主经济，这种混合形态虽保留庄园制的法律形式，却服务于资本主义的逐利本质。而现代资本主义彻底剥离了农业大经营的封建外衣，最终废除了延续千年的德意志农业制度。农民无数次起义未能消除的领主剥削，资本主义发展却实现了：专制国家先为领主经济设限，资产阶级革命则将其彻底铲除。领主经济在资本主义发展初期曾发挥不可或缺的作用：它通过掠夺农民土地造就了无产阶级大军。但这种掠夺自有其限度。当领主扩张土地达到一定程度后，为避免劳动力短缺，不得不保留部分农民，并重新强调农民对土地的依附性——他们注定只为世袭领主而非城市资本家服务。

自此，掠夺农民让位于残酷镇压企图逃离剥削的农奴。领主经济转而阻碍资本主义发展：它束缚农民于土地，要求领主批准农民子弟择业，强制农家子女服役，这些都阻碍工业劳动力供给；强迫劳役并限制精耕细作，既阻碍农民成为商品购买者，又限制工业市场，迫使资本主要投向满足领主需求的奢侈品行业。领主经济不仅违背资产阶级利益，更与其意识形态相冲突。新兴资产阶级在与历史遗留势力的斗争中，对传统权威毫无敬畏，仅以阶级理性衡量一切制度。领主经济因其仅凭历史沿革的合法性而难获宽恕。资产阶级要求解放农民，在此诉求中找到了首个盟友——国家。国家视农民为税源与兵源，而领主则是中央集权的敌人：他们在等级会议中对抗君主，其领地不纳税，司法权阻碍中央官僚体系发展。专制国家虽已限制领主经济，减轻剥削却未根除。唯有资产阶级革命才彻底粉碎封建法律形式：使农民成为自由公民，解除其对领主的人身依附，使其直接受国家司法和行政管辖，成为土地自由所有者并免除劳役。

封建法律形式的废除扫清了资本主义力量影响农村的一切障碍。此时这些力量已通过生产工具变革强化了攻势。资本主义经营从简单协作、手工工场发展到使用机器的工厂。纺纱机、机械织布机、蒸汽机成为工业资本的工具。凭借新武器，资本首先颠覆农村全部社会关系。

现代工厂首先摧毁农民家庭手工业。纺纱机数十年间终结家庭纺纱，机械织布机限制家庭纺织。农民家庭冬闲副业及其收入被剥夺，农民日益成为纯粹农业者。封闭式家庭经济的残余消失，"自给自足"的古训被遗忘，农业生产变为纯粹商品生产——农民必须出售产物以购买工业品。

现代工厂兴起数十年后，这一发展进程又获得新动力。资本主义将最强大的工具——铁路和轮船——纳入麾下。低廉的运输使利用其他大洲的农牧产品养活欧洲民众成为可能。美洲、俄罗斯、西伯利亚的肥沃处女地，澳大利亚、新西兰、南非的广袤牧场，都开始为欧洲服务。欧洲民族不再自行生产所需全部粮食牲畜，而是将部分农业生产转移到海外殖民地，用工业品交换其农产品。

欧洲农业若要避免被海外竞争者击垮，就必须改进生产方式。机器虽未如工业般普及，却也进入农业领域。德国蒸汽脱粒机每年替代两千万个人工劳动日[24]。人工施肥的必要性、精耕细作的转型、与农产品加工业的紧密结合，都提高了农业对资本的需求。大农场主纷纷建立酿酒、制糖等农产加工业，农民则尝试通过农业合作社达成类似目标。这一切使农村人口更深地卷入商品生产。就连蒂罗尔的农民也不再给雇工喝鲜奶当"午后点心，"而是将牛奶送至合作乳品厂加

---

[24] 费尔科夫（Verkauf），《社会立法与统计档案（Archiv für soziale Gesetzgebung und Statistik）》，1903 年，第 258 页。

工销售，转而用购买的烈酒喂养雇工。

这些巨变一方面彻底改变了人口的地域与职业分布，另一方面深刻改变了农民的经济地位及其心理状态。农家子嗣在乡村已无立足之地：父亲不再需要他们秋收打谷——联合收割机在田间就能完成；冬季也不再需要他们纺织——机械织布机终结了家庭手工业。于是他们离开土地，涌向大工业区。农业人口停滞不前，工商从业者却快速增长。大都市和工业区聚集起庞大人口。留守土地的农民则成为纯粹农业经营者，其劳动成果不再自用而是投向市场，再用所得购买所需工业品。这对民族文化共同体意味着什么？资本主义将农村人口连根拔起，挣脱了自农耕定居以来束缚他们的土地，突破了村庄的狭小疆界。农家子弟涌入城市，与来自遥远地区的人们相遇、交融、混血；大都市生机勃勃的生活取代了遵循四季轮回的古老农耕模式，摧毁了一切传统观念——这是个永远变化的新世界。他们在工业盛衰中四处漂泊。现代冶金工人可能今日在莱茵河畔为钢铁巨头效力，明日就被产业变革的浪潮抛向西里西亚，在萨克森娶妻，到柏林育儿——这与他们终生困守阿尔卑斯偏远村庄的祖父何其不同！那些老人每年仅趁集市或宗教节日两度造访小镇，连邻村农民都不相识，只因山岭阻隔了村际往来。而继承山区祖产的那位冶金工人的兄弟又是何等不同！在农业合作社、巡回讲座和展览会影响下，持续变革与尝试取代了古老农耕方式。他已成为精明的生意人，懂得计算作物价格、与城里商人议价、利用商贩竞争；作为商品生产者与销售者，他与城市工商业者毫无二致，通过商业往来与市民紧密相连，早已置身城市文化影响之下。或许他已骑着自行车进城讨价还价，传统服饰也被城里购买的时装取代——这些服装的剪裁即便不是巴黎或维也纳的最新款式，也分明透露出上一季的时尚风潮。

资本主义发展带来的心理变革彻底改变了我们的教育体系，而这种变革本身也离不开教育的发展。学校已成为现代发展的必要工具：现代资本主义需要普及教育，否则大企业的复杂管理体系将无从建立；现代农民需要教育，否则永远无法成为新型农业经营者；现代国家需要教育，否则既不能建立地方行政体系，也无法组建现代军队。因此 19 世纪见证了国民教育的蓬勃发展。当东普鲁士工人子弟与蒂罗尔农家孩童通过同样的读本、以同样的标准德语接受相同文化熏陶时，这对民族文化共同体意味着什么已不言而喻！

学校教育开启的事业，由我们的兵役制度延续。征兵制必然走向普遍兵役制的逻辑终点。在法国革命军击溃欧洲旧势力的战场上，现代军队诞生了——这虽非其宗旨或组织使然，却是由其人员构成决定的。服兵役将农家子弟带出封闭村庄，使其与城市青年及其他地区的战友共同生活，接受驻军地居民的影响。就这样，我们的兵役制度无意中革新了人们的思想！霍普特曼（Hauptmanns）《织工》中点燃反抗火种的角色，正是个刚退伍回乡的士兵——这绝非偶然！

学校教育对儿童、兵役对青年的影响，最终由民主制度在成年人身上完成。结社自由、集会自由和出版自由成为向每个村庄作坊传播时代议题的渠道，使世界大事成为每个人生命中的决定性因素和文化影响力；普选制度要求全民参与决策，迫使各党派争取每一个选民，我们全部历史与文化的伟大成就通过政党口号传递给每个农民和工人；每次集会演说、每份报刊都将精神文化的片段送达最偏远的选民。尽管他们出身、财富、职业和政治立场各异，却被文化共同体紧密联结——因为作为各党派争夺对象，他们都受到同质文化影响，这些影响融入每个人的个性，铸就了共同特质。

在塑造资本主义时代现代民族的所有历史运动中，工人运动无疑最具深远意义。其直接影响已极为巨大：正是工人运动争取到缩短工时，使民族文化得以触及劳动者；提高了工资水平，使工人不致因极端贫困而被排除在民族文化共同体之外。但它的贡献远不止于此！通过唤起受社会主义威胁的有产者的恐惧，它迫使资产阶级甚至容克地主不得不争取群众：他们也开始为自身目的组织工人，联合手工业者和农民对抗工人阶级。于是，围绕财产制度的激烈斗争席卷全社会，波及每个个体——通过报刊、社团和传单，各党派论点影响着每位国民。就这样，尽管可能被稀释，但通过党派斗争，我们的文化之流仍能触及每个人，塑造其性格，将我们凝聚成受同质文化影响的文化共同体。

凯撒时代的日耳曼人曾是一个文化共同体，但随着民族转向农耕定居，这一古老的文化共同体瓦解了。取而代之的是受地域限制的群体——从一地到另一地，从一谷到另一谷，彼此泾渭分明。唯有统治阶级和拥有阶级才能通过高等文化联合成民族。直到现代资本主义才重新创造出真正全民的、突破村庄界限的民族文化。它通过将人口连根拔起、打破地域束缚，在现代阶级和职业形成过程中实现地域和职业的重新分层，从而完成这一伟业。它借助民主制度——这一它自身的产物——通过国民教育、普遍兵役制和普选权实现了自己的目标。

资本主义难道不该为自己的成就自豪吗？这个备受诋毁的制度，通过将民族重建为包含所有阶层（而不仅是有产阶层）的文化共同体，难道不是完成了非凡的壮举吗？确实如此。但资本主义不敢过分夸耀自己的功绩。现代民族文化共同体的形成之所以成为可能，得益于生产力的进步。蒸汽机为我们工作，为我们驱动纺纱机和织布机，我们的巨型高炉和贝塞麦转炉为我们轰鸣，蒸汽船和铁路的发展为我们开辟了遥远大陆的肥沃土地——正是这一切为全体人民开启了共享文化财富的大门，从而将民族凝聚为文化共同体。我们要感谢机器带来的生产力发展和人口重组，它们创造了我们巨大的财富：更丰富的财富已成为将人民团结为文化共同体的文化资产。这种生产力的发展确实是在资本主义制度下实现的；但正因为仅以这种方式实现，它同时也为民族文化共同体的形成设定了界限。我们生产力的增长及由此带来的财富积累，是现代民族形成的条件；但这些生产力迄今为止只能在资本主义制度下、仅为资本服务而发展，这限制了大众对民族文化的参与，为民族文化共同体的发展设定了边界。

生产力的发展意味着民族劳动生产率的巨大提升。但我们劳动创造的日益增长的财富，只有很少部分成为创造财富的民众的财产。生产资料所有权已成为攫取不断增长的巨额财富的工具。工人只在部分工作日生产归自己所有的物品，其余时间则创造成为生产资料所有者财产的财富。而物质财富总会转化为精神文化。因此我们这个时代的规律是：一部分人的劳动成为另一部分人的文化。剥削的事实——表现为工人漫长的工作时间、微薄的工资、糟糕的食物和拥挤的住房——为劳动大众参与民族精神文化的教育设定了障碍。剥削事实因此也阻碍了民族作为文化共同体的形成；它阻止工人融入民族文化共同体；对工人适用的道理，同样适用于被收购资本和抵押资本剥削的农民，适用于被资本主义商人奴役的手工业者。从幼年到老年，他们都在劳作；深夜，他们在太多人共住的狭小住所里难以安眠；对日常生计的忧虑让他们一刻不得自由。这些人怎能了解那些在我们更幸运的人身上起作用、将我们凝聚为民族的东西呢？我们的工人对康德了解多少？我们的农民对歌德知道什么？我们的手工业者对马克思有何认识？

但资本主义不仅通过剥削事实直接阻碍，还通过维护剥削的必要性间接阻碍全体人民发展成为民族文化共同体。确实，它发展了国民教育，但仅限于它所需的范围；它会小心避免创造真正民族性的教育——那种能让大众充分享有精神文化的教育。不仅因为它为了不减少剥削儿童的机会而过度压缩学时，不仅因为它吝啬于教育投入而宁愿将财富用于巩固权力的工具，更主要是因为接受过充分民族文化教育的大众将无法再忍受它一天的统治；它害怕国民学校，因为那里培养它的敌人，因此它试图将教育贬低为统治工具。资本主义必然催生了普遍兵役制；但它并未因此建立一支人民的军队。它将士兵关在军营，尽可能使他们远离民众影响，试图通过外在区别、空间隔离和意识形态灌输，在他们心中培养一种特殊的等级意识，使他们远离大众生活。资本主义创造了民主。但民主曾是资产阶级的青春之恋，当它成为工人阶级的权力工具时，却变成了资产阶级晚年的恐惧。在经济落后的奥地利可以争取普选权，在德意志帝国却可以拒绝工人参与邦议会选举，甚至考虑剥夺他们对帝国议会的选举权。衰老的资本主义害怕出版、集会和结社的自由，视其为敌人手中的权力工具。因此它尽其所能阻碍民族的发展。资本主义无法让民族文化共同体充分形成，因为每一份精神文化都会成为工人阶级手中的力量，成为终将击垮它的武器。

我们当然应该为任何向工人传播科学艺术成果的尝试感到欣喜。但只有空想家才会忘记：虽然个别天赋异禀的工人如今或可成为文化人，但大众要完全掌握我们的文化财富在当下仍不可得。但凡见过我们的工人在九到十小时体力劳动后，如何挣扎着汲取精神文化宝库的片段——如何强忍困倦与疲乏搏斗，如何克服基础教育缺失的障碍（每个外来词都成为难关），如何试图理解社会规律却从未接触自然科学，如何想要领会经济法则却不曾学过数学——就绝不敢奢望能让这些被剥削者真正拥有我们的文化。只有无产阶级的谄媚者才会向工人灌输这样的幻想：他们作为无产者现在就能理解所有科学、欣赏一切美。工人阶级的巨大痛苦恰恰在于：他们无法做到这点，他们被排斥在最珍贵的宝藏之外——尽管最卑微的杂工都为这宝藏的积累贡献过力量，这就是我们的民族精神文化。至今仍是这般景象：唯有老爷们被同质文化联结成民族共同体，而那些用双手维系文化存续的劳动大众、被剥削被压迫的群体，却只能分得这点可怜的文化残渣——没有他们的劳动，这文化一天都无法存在，更不可能诞生。但毋庸置疑的是，这些大众能够染指丰厚文化财富、使精神成果真正成为全民财产的日子，比以往任何时候都更近了。唯有到那一天，真正的民族文化共同体才算诞生。

9. 社会主义对民族文化共同体的实现

正如当年作为封建社会最弱小、最无足轻重的市民阶层，最终冲破封建桎梏建立起自己的社会秩序；如今在现行制度下也崛起了一个与之根本对立的阶级——工人阶级。这个阶级在阶级斗争中逐步壮大，终将以新社会取代当下。这个新社会将呈现何种面貌？让每个工人重新成为生产资料所有者，如同小市民行会时代那般，技术发展已使这成为不可能；在机器时代、庞大交通工具和不断扩张的大企业时代，生产资料不可能归单个工人所有，但全体劳动者可以共同占有生产资料。因此无产阶级建立的社会必将是社会主义社会。它必将建立这一社会，因为现行社会建筑在剥削工人阶级之上，与其利益根本冲突；它能够建立这一社会，因为资本集中使生产资料日益集中于少数企业之手，这恰恰为生产资料公有制创造了条件；它终将建立这一社会，因为工人阶级日益成长为人口多数，其意志终将决定民族命运。

当社会掌握生产资料支配权并计划性指导生产时，首先将带来劳动生产率的巨大提升。资本主义虽率先发展了现代生产力，但其生产方式却成为生产力充分运用的桎梏。

资本主义生产方式首先减少了社会生产性劳动总量——更准确地说，它减少了从事生产性劳动的工人数量。通过供养大批不劳而获者及非生产性劳动者，它让生产性工人背负更沉重负担[25]。

---

[25] 此处"生产性劳动"指技术意义上的劳动，即创造商品和使用

资本主义首先将大批有产者完全排除在社会劳动之外，他们凭借财产即可不劳而活。大小资本家、日益增多的食利者完全脱离社会劳动，坐享其成却不创造价值。还要加上他们的附属群体：妻眷、仆役，以及资本主义国家所需的常备军。这些都削减了生产性劳动者数量。但资本主义社会中，有些人因财产而无须劳动，另一些人则因他人财产而被剥夺劳动权利。资本主义始终维持着产业后备军——失业大军。经济繁荣时或可吸收部分失业者，但即便在景气最好的时期失业也从未消失；一旦危机来临或严重萧条压制经济，失业人数立即激增，劳动总量锐减。更有甚者！资本主义仅在某些季节为整个工人阶层提供工作（农业！季节性行业！），却无力解决技术或经济原因导致的季节性失业问题，无法在淡季将这些工人转移到其他生产部门。

资本主义不仅减少了参与社会劳动的总人数，更特别削减了创造使用价值的劳动者数量。因为它需要一支庞大的勤奋工人大军，迫使他们从早到晚辛苦劳作，但这些劳动却丝毫不能增加社会物质财富。资本主义需要多少人力来进行市

价值的劳动。这不仅包括生产物质商品的劳动，还包括创造非物质商品、提供对消费者具有使用价值的服务性劳动。而经济学意义上的生产性劳动则是另一个概念（参见马克思《剩余价值理论（Theorien über den Mehrwert）》1905 年斯图加特版第 1 卷第 253 页及以下）。

场竞争啊！那些争夺客户的工作对社会财富增长毫无贡献。商人及其助手的工作具有双重性：既包含社会产品分配这种任何社会都必需的劳动，也包含私人生产者竞争所特有的招揽说服工作。从报纸广告到世界博览会，广告吞噬了多少劳动量！

社会主义社会将极大增加生产性劳动者数量。在那里，任何成年健康者都不能不劳而获，因为财产不再赋予剥削他人劳动成果的权利；每个愿意劳动者都能获得岗位，因为社会欢迎所有能增加集体财富的劳动者。所有劳动都将只服务于产品生产和分配，只为增加社会物质财富。

但资本主义生产方式不仅阻碍充分利用现有劳动力，还妨碍采用最高效的生产方式。它永远无法充分运用现代技术成果。社会主义社会能在机器节省的劳动超过其制造所需劳动时就采用它；而资本主义生产方式唯有在机器节省的工资超过其成本时才会使用。工资越低，采用新机器、利用技术进步就越困难。由于工资始终只是劳动力价值的表现形式，而非劳动产品价值的表现形式，资本主义社会永远无法运用那些社会主义社会早已能驾驭的机器。更有甚者！资本主义将社会剩余价值按投入资本比例分配给生产者，个体利润与劳动量无关，而与资本量直接挂钩。资本不仅包含支付工资的可变资本，还包括不变资本即实物资本。钢铁机械制造业属于资本有机构成高的行业；其单位工资资本对应的实物资本远高于其他行业。因此钢铁机械制造商获得的利润超过其工厂创造的剩余价值，他们占有了其他行业的剩余价值。这表现为钢铁机械的价格——其生产价格持续高于价值，因其中包含凭借实物资本规模侵占的其他行业剩余价值，无法真实反映其社会劳动量。资本主义社会只有在机器节省的工资超过其成本时才会使用机器；而机器生产价格持续高于价值（由社会必要劳动时间决定），这进一步阻碍了用手工劳动替代更高产的机器劳动。最后还有垄断因素！煤炭钢铁行业的卡特尔和托拉斯将煤铁机械价格抬得比自由竞争形成的生产价格更高，从而进一步抬高机械化生产成本，成为技术进步的又一道障碍。社会主义生产方式一举扫除所有这些障碍：只要机器节省的劳动超过其自身消耗的劳动，就可以采用。

如果说工资和价格形成规律阻碍工业技术进步，那么资本主义生产方式对农业技术理性化的阻碍更甚。资本主义与理性农业根本不相容[26]。小农经营规模太小，农民技术素养太低，无法充分运用科学成果；而大农场则因劳动力流失陷入困境，雇佣劳动的消极怠工又阻碍了精耕细作。唯有社会主义生产方式才能充分实现农业科学化的伟大成就。

---

[26] 参见马克思《资本论》第 2 卷第 217 页；第 3 卷第 1 册第 98 页；第 3 卷第 2 册第 156 页以下及 347 页。

最后，资本主义生产方式通过阻碍不同经济区域之间的合理商品交换，降低了劳动效能。每个国家若将劳动力投入那些自然和社会条件最能使其劳动高效化的生产部门，并通过产品交换从其他最适合生产所需商品的国家获取所需，其财富将大幅增长。若要提升我们的劳动效能，就必须从土壤最肥沃的国家进口农产品，从矿石最丰富的国家进口铁器，同时向这些国家提供我们能用较少劳动量生产的商品作为交换。但在资本主义生产方式下，决定我们自行生产还是通过国际贸易获取商品的因素，并非如何最大限度增加国民财富，而是统治阶级的特殊利益。因此——一个世纪的历史证明！——自由商品交换在资本主义社会只是偶然现象：只有当整体利益恰巧与统治阶级利益一致时，一个国家才会参与自由贸易并由此增进国民福祉。唯有在社会主义生产方式中，关于应将劳动投入哪些生产部门、哪些商品需从国外交换的问题，才会完全取决于如何最大限度增加国家财富、最大限度提升人民劳动效能这一准则。

资本主义生产方式不仅通过限制人类劳动生产率的提升来削弱社会财富，还持续将人类劳动耗费在这样的事物上：当它最终发现这些产物既不能满足有效社会需求、也不具备商品属性时已为时过晚。在荒野中的孤寂农庄里，家长会统筹分配社会劳动：派遣长子耕田，次子狩猎，幼子纺织。而在社会主义社会，生产指挥中心将把劳动分配至不同生产部门。资本主义社会却将劳动选择权交给个人，唯有通过危机和灾难，劳动分配才能被迫适应多样化的需求。于是我们生产出生产资料却任其闲置，因为我们无处使用；培养出熟练劳动力却无法提供就业；制造出商品却找不到买家。这是何等巨大的人力浪费！

即便劳动产品成为商品并实现销售时，我们的生产方式仍暴露出其荒谬性！它将惊人的劳动牺牲奉献给那些使社会更贫困而非更富足的目标！由于恶劣的居住条件、怀孕女工的工厂劳作、糟糕的儿童营养，每年有多少贫苦儿童在出生后头两年夭折[27]！所有这些经济牺牲丝毫未能增进我们的文明，未给任何人带来欢愉，却给成千上万的父亲造成极度困苦，给成千上万的母亲带来可怕的身心折磨！

因此，将劳动资料从私有财产转化为社会财产，首先意味着社会财富的巨大增长。当然，人们通常持相反观点。资产阶级经济学家看到雇佣工人只在资本家皮鞭下劳作，便断言若资本家退出作坊，所有勤奋劳动都将终止。但这些经济学家混淆了社会生产管理职能与工人剥削权。未来社会仍需要负责维持作坊秩序与勤勉的生产管理者，只是他们不再是

---

[27] 根据赛弗特（Seiffert）的统计，德意志帝国每年要为那些活不过周岁的婴儿的出生和抚养耗费 3800 万马克（参见赛弗特《婴儿死亡率、国民体质与国家财富（Säuglingssterblichkeit, Volkskonstitution und Nationalvermögen）》1905 年耶拿版）。

驱使劳动奴隶牟利的资本家，而将成为工人自身的代表——且不仅是受其监管的作坊工人的代表，更是全体劳动者、整个社会的代表[28]。

通过生产资料社会化和由社会有计划地掌控劳动工具来提高劳动效能，对全体劳动者而言意味着双重福祉：一方面缩短必要劳动时间从而增加闲暇，另一方面丰富物质财富以更充分地满足人类需求。由于生产资料私有制的废除使得剥削与剩余劳动不复存在，工时的缩短与财富的增长将成为全民共享的福利。未来社会的劳动者将比现今的雇佣工人工作更短时间——因为他们无需再供养资本家阶级；同时他们将获得比现在更丰裕的满足——因为社会生产的有计划管理提升了劳动效能，使每工时产出更丰硕的成果。而闲暇与基本生活需求的稳固满足，正是所有精神文化的首要前提。*唯有通过民主社会主义，全体国民才能真正融入民族文化共*

---

[28] 社会制度对劳动生产力的影响问题在此只能简要概述，详尽论述将超出本文范围。需要特别说明的是，这个问题不应与劳动生产力总体趋势问题相混淆——比如全球人口增长是否会导致劳动效能提高或降低。因为我们讨论的核心并非劳动生产力是否随人口数量增减，而是在同等人口规模下，资本主义或社会主义生产方式哪种更能提高劳动生产力。至于生产方式变革对人口数量本身的影响这个老问题，如今已能比过去更冷静地看待：财富增长（同时意味着文明程度提高）最不会引起我们对人口过剩的恐惧！

同体。

在社会主义社会，全民参与民族文化不仅成为可能，更是必然要求。民主制度呼唤每个人的教育，因为它赋予每个人共同决策的权利。因此社会主义文化建设的首要任务，是建立国民教育体系。学校最初作为市民学校诞生于城市；现代资本主义将其扩展为国民学校。但它至今仍带着鲜明的出身烙印：这本应成为劳动大众的学校，却依旧不教授与劳动相关的知识，反而把民众培养得"仿佛所有德国人生来就该进总理府[29]。"

未来的学校首先将是劳动者的学校：劳动教育将成为教学核心。但它不仅是劳动者的学校，更是享受者的学校——因为未来社会将彻底消除劳动与享受的鸿沟。因此它将使精神文化的全部瑰宝成为学生的精神财富。唯有社会主义社会才能实现约翰·戈特利布·费希特的理想：用资本主义社会——它吝啬教育投入，畏惧群众启蒙——永远做不到的方式，建立真正的国民教育。这种教育"绝非像过去那样把知识作为外在财产，而要使其成为受教育者的人格组成部分[30]，"

---

[29] 《德国人与他的学校（Der Deutsche und seine Schule）》1905年柏林版。

[30] 费希特《对德意志民族的演讲（Reden an die deutsche Nation）》雷克拉姆版第 15 页和第 20 页。

通过民族文化的熏陶，在每个国民儿童身上培育出真正的民族特质——"一种稳固的存在状态，它不再处于形成过程，而是已然存在，且不可能异于其现存样态。"

在国民教育基础上将生长出崭新的民族文化。未来社会成员的文化必然具有全新特质——这是劳动者与享受者首次合二为一！文化创造者同时成为文化享有者！这将孕育出截然不同的人格类型，既不同于过去千年里游手好闲的享受者，也不同于缺乏文化的劳动者。他们带着与生俱来的民间气质与质朴本色，铭记着争取新社会的伟大斗争记忆，由此创造出替代传统形式的新文化符号。这些新人不会像中世纪封建主、文艺复兴时期的王公或当代资产阶级那样孤立地享受文化，而将像雅典公民那样集体共享：艺术家不再为银行家的豪宅装饰，而是为工会会议室、剧院音乐厅、学校和工作场所创作。尽管这种文化如此新颖，它仍将继承以往全部文明成果。人类曾经构想、创作、吟诵过的一切，终将成为大众的遗产。几个世纪前吟游诗人献给贵族千年的歌谣，文艺复兴画家为富商绘制的杰作，早期资本主义思想家为少数知识精英创造的智慧，都将成为普通人的精神财富。未来人类将融合历史遗产与当代创造，铸就属于自己的文化。这种文化将成为全民共同财产，塑造每个人的精神特质，从而使民族凝聚成精神共同体。正如新文化总是与旧传统交织融合，其本质也受历史积淀影响，如今民族的传统文化——民族历史的结晶——才真正成为全民族的财产，成为民族特质的决定因素。迄今为止，民族文化史始终是统治阶级的历史；只有当大众征服这些文化成果时，民族历史才真正属于大众，才能真正参与塑造民族的精神品格。

社会主义首次将广大劳动阶层纳入民族文化共同体。但它也通过赋予民族自主决定文化发展的权利，改变了这个文化共同体的本质。这在商品生产时代是缺失的——不仅因为民众意志无法决定民族命运，更因为当今统治阶级同样缺乏文化自主权。如今决定民族未来的不是任何个人的意志，而是无数个体行为背后无意识运作的客观规律。试举一例说明：

人口地域分布的巨变无疑深刻改变了德意志民族的性格！当我们被连根拔起，离开耕耘的土地、徜徉的森林与田野，被抛进满是出租公寓的大都市、弥漫着煤烟味的工业区——在那里最后一朵花、最后一棵树都窒息在煤炭污染的空气中——我们难道没有变成完全不同的人吗？在工业城市成长的新一代，与过去乡村孕育的人们何其不同！但民族可曾商议并决定过这场关乎本质的性格蜕变？绝无可能。诚然，人口迁移过程经过人类意识，由人类意志决定——但非民族整体意志，而是无数彼此孤立的个体意志：由无数资本家在纸上计算哪里生产成本最低、利润最高；由无数工人打听哪里有空缺岗位、哪里的工资勉强能养家糊口。这些基于其他考量的个体决策，最终导致整个民族生存方式的剧变、文化本质的转型、民族性格的重塑。谁赋予个人改变整个民族特质的权力？无人有此权利；但生产资料私有制正意味着民族将命运交予个人意志支配。这些个体决定的只是自身命运，全然不知其抉择对民族整体生存的影响。然而！正是通过数百万个这样漠视民族、对民族无知的个体决策，民族命运被决定了。即便科学家能从看似偶然的孤立意志中发现最终导致人口迁移、改变民族性格的规律，这些规律对决策者而言仍是未知的——用青年恩格斯的精辟表述，这是"在参与者无意识状态下"实现的规律。

社会主义社会则全然不同。新工厂的建立、人口的分布将成为有组织社会的自觉行为。必须由社会机构决议，由组成这些机构的成员审议，并评估其影响。于是人口分布成为自觉行动。未来社会将讨论并决定：是把新鞋厂建在生产成本低廉的产煤区，还是建在森林美景中让制鞋工人享受健康愉悦的生活。对民族性格的影响、对性格变迁的决定权重归社会掌握，民族未来历史将成为其自觉意志的产物。因此未来民族能做到商品社会永远做不到的事：自我教育，自主塑造命运，有意识地决定自身性格的演变。唯有社会主义才能赋予民族完整的自主权与真正的自决权，使其摆脱无意识力量的支配。

社会主义使民族获得自主权、将命运交由其自觉意志塑造这一事实，将导致社会主义社会中民族差异的扩大、民族特性的强化、民族性格的更鲜明区分。这个判断或许令人惊讶——因为无论社会主义支持者或反对者都确信，社会主义会弥合民族差异，甚至消除民族区别。

社会主义社会各民族物质文化内容的趋同是必然的。这一进程现代资本主义已然开启。前资本主义时代的农民数百年来沿袭祖辈的生产生活方式，对邻邦的进步置若罔闻——他们固守拙劣的旧犁，尽管数里之外就有能带来更丰饶收成的改良农具！现代资本主义则教会民族互相学习：每项技术进步数年便成世界共享财富，每次法律变革都被邻国研究效仿，每股科学艺术思潮都影响着全球文明民族。社会主义必将极大强化这种文化世界主义倾向，使物质文化内容以更惊人速度趋同，各民族间的相互借鉴将更为深入。但若据此断言物质文化趋同将使各民族完全同质化，则未免草率。

英国生活的观察者常惊诧于该国国民性格中奇特的保守倾向，诧异他们接受新思想、向其他民族学习之迟缓。这种民族特性使英国人免于许多时髦蠢行，强化了某些重要思想体系的传播力，遏制了煽动政治的泛滥——当然也给包括社会主义在内的进步思想在英伦的传播设置了巨大障碍。此处我们不作价值评判，仅探究其成因。我认为这种现象部分源自英国悠久的民主传统。专制君主可短期内为新思想开疆拓土：他今日的奇想明日便成全国宫廷风尚，他今晨的意志明晨即成举国法律。民主制度则截然不同：新思想唯有赢得每个公民的认同，被每个人吸收掌握，才能征服民主国家；

必须经由数百万个体的意志，才能升华为国家意志——这固然是更缓慢的进步之路，却也无比坚实。因为一旦被接受，思想便扎根于数百万头脑，要将其连根拔起需经历漫长过程。资本主义民主尚且如此，社会主义民主更甚。唯有社会主义才意味着真正的民主，因为其将最重要的权力工具——劳动资料——交予人民；唯有当全体民众结成文化共同体，每个受民族文化熏陶的成员都获得自主决策权时，真正的民治才成为可能。新思想征服社会主义社会别无他途，必须争取每个经由社会主义国民教育培养、充分掌握民族文化的高素质公民的认同。这意味着任何新思想都不能被简单接纳，而需被吸收、适应并融入数百万个体的精神世界。正如个人不会机械嫁接新思想，而需消化吸收使之成为人格组成部分，整个民族也将以同样方式对待外来文化：在吸收过程中加工改造，使其适应民族特质。通过这种"民族统觉"机制，任何借鉴的思想都需先经调适改造才能被吸收。因此各民族不会原样移植他国的诗歌艺术、哲学体系或社会理想，而总是经过创造性转化——这种适应本民族精神文化的调适过程，必然与民族历史传统相融合。正如当今英法德民族接受新价值体系远比日本或克罗地亚民族困难，未来社会主义社会中，任何精神文化成果若不与民族文化传统衔接交融，就难以获得接纳。因此，*尽管物质文化内容趋同，社会主义民族文化共同体的自主性必然导致各民族精神文化差异的扩大。*

将全体民众纳入民族文化共同体，实现民族的充分自决，促进民族精神文化的差异化——这就是社会主义的意涵。继千年阶级分化、民族内部主仆对立之后，大规模民族共同体将重现氏族共同体时代全民文化共同体的盛景。但民族基础已发生根本变化：日耳曼人的文化共同体建立在共同族源基础上，祖先传承的相同文化要素将他们联结为民族；而现代社会主义社会的文化共同体则是社会创造的产物，是全民子女共享教育的成果，是民族在社会劳动中协同作用的结晶。这带来本质区别：基于血统的民族蕴含分裂的种子——当共同祖先的后代因地域分隔面临不同生存竞争条件时，他们渐变为语言不通、体型相异、习俗法律迥异、性情反应悬殊的不同民族；而基于教育共同体的民族则具有统一倾向——所有子女接受共同教育，全体成员在民族工场协同劳动，共同塑造民族集体意志，共享民族文化财富。因此社会主义也蕴含着民族统一的保障：它将使仍是大众外语的标准德语成为母语，使民族命运成为每个决策者的性格决定因素，使民族文化财富成为每个德国人的精神财产。血统共同体意味着分化，教育与劳动共同体则意味着稳固的统一。*民族必须首先成为劳动共同体，才能成为充分真实、自我决定的文化共同体。*

10. 民族的概念

现在我们可以从收集的经验事实中得出普遍结论，从而界定我们所探寻的民族概念。在研究之初，我们首先将民族理解为相对的"性格共同体。"现在我们可以更精确地定义这个性格共同体的本质。

我们最初将民族性格暂定为：一个民族特有的、联结其成员并使之区别于其他民族的身心特征的总和。然而，这些不同特征的价值并不等同。

民族性格确实包含意志的不同倾向。意志在认知过程中表现为注意力——它从众多现象中只选择特定的部分加以感知；当德国人和英国人进行同样的旅行，他们会带着截然不同的收获归国；当德国学者和英国学者研究同一课题，他们的研究方法和结果也会大相径庭。意志在决策中表现得更为直接：德国人和英国人在相同情境下会采取不同行动；他们以不同方式处理同样的工作；追求享乐时会选择不同的娱乐方式；即使同样富裕，也会偏好不同的生活方式、满足不同的需求——这些无疑构成了民族性格的核心。

各民族确实拥有不同的观念体系：对是非、道德与不道德、得体与不得体、美与丑的不同理解，不同的宗教信仰和科学认知。但这些认知差异并非与意志差异简单并列，而是决定着意志差异，并为我们解释意志差异。因为每个英国人接受的教育、学到的知识、受到的文化影响都不同，所以相同刺激在他身上引发的反应与德国人不同。因此，不同观念与不同意志方向之间不是并列关系，而是因果关系。

这同样适用于身体特征。不同的头骨结构或许让人类学家感兴趣，但对历史研究者、社会理论家和政治家来说毫无意义——除非能证明不同体型伴随着不同的心理特征。经验表明，身体结构的差异要么直接导致相同情境下的不同决策，要么导致认知能力和认知方式的差异，进而间接引发意志和决策的差异。反犹主义者之所以在意犹太人的鼻子，只是因为他们认为犹太人的体型特征总是与特定心理特征相关。正是由于人类学特征的差异伴随着心理特征的差异，并最终直接或间接导致意志方向的差异（尽管我们可能无法找到体型与意志之间的因果关系），才使我们对任何人类学类型的身体特征产生兴趣。因此，身体特征的总体差异与意志方向的差异也不是简单并列，而是存在功能关联，其背后可能隐藏着因果关系。

由此我们得出一个更精确的民族性格概念：它首先并非指民族特有的全部身心特征总和，而仅指意志方向的差异性——即相同刺激引发不同反应、相同处境催生不同决策的现象。这种意志差异的根源，在于各民族获得的观念体系不同，或在生存竞争中形成的体质特征不同[31]。

---

[31] 哈里·格拉夫·凯斯勒（Harry Graf Kessler）试图对民族性

我们继而追问：这种性格共同体如何形成？答案是——相同作用因造就了性格的趋同。因此我们将民族定义为"命运共同体。"

现在需要更精确地把握"命运共同体"概念。"共同体"不仅意味着相似性。例如19世纪德国与英国都经历了资本主义发展，塑造性格的根本力量在两国相同，但德国人并未因此变成英国人。因为命运共同体不是指屈从于相同命运，而是通过持续交往与互动共同经历命运。英德两国虽都经历资本主义发展，但处于不同时空，彼此联系松散。相同驱动力可能使它们比过去更相似，却永远不会使其成为同一民族。唯有共同经历和承受命运，即形成命运共同体，才能诞生民族。康德将"共同体"定义为"彼此间的全面互动"（经验第三类比：交互性原则）。唯有在持续互动中共同经历命运，才能催生民族。

格概念作出更狭隘的界定。他同样将对相同外部现象采取不同立场的能力与持有不同观念区分开来，但仅将民族差异特征归结为对外部刺激反应速度的不同——民族性格在其笔下成为独特的"心灵节奏"（《未来（Zukunft）》杂志1906年4月7日）。意志活动性的差异固然属于我们归入意志方向范畴、并视作狭义民族性格的特征之一（法国人的敏捷与荷兰人的迟缓众所周知），但关键不仅在于外部刺激引发反应的速度，更在于反应方向与强度。可见凯斯勒对民族性格概念的把握过于狭隘。

民族不仅源于命运的相似性，更依赖命运共同体中成员的持续互动——这使其区别于其他性格共同体。例如阶级就是另一种性格共同体：各国无产阶级具有相似特征。尽管存在差异，但相同阶级地位在德英法俄美澳工人身上都镌刻了相同印记——相似的斗争热情、革命意识、阶级道德和政治诉求。但这里塑造性格共同体的不是命运共同体，而是命运的相似性。因为德英工人间的联系，远不如英国工人与英国资产阶级的联系紧密——后者生活在同一城市，阅读相同的墙报与报纸，参与相同的政治或体育事件，甚至偶尔直接交谈或通过资本与劳动之间的中介者间接沟通。语言是交往工具。若德英工人间的交往纽带比英国劳资阶级间更紧密，那么德英工人就会拥有共同语言，而非英国劳资阶级共享英语。正是民族成员间存在交往共同体——通过直接或间接方式持续互动——使民族区别于阶级性格共同体。或许可以说：生活方式与命运的作用力，使不同民族工人的相似度高于同一民族的不同阶级；因此各国工人的性格相似度，也高于同一国家的资产阶级与工人。但根本区别在于：民族性格共同体产生于命运共同体，而阶级性格共同体仅源于命运的相似性。

因此可将民族定义为：不是源于命运的相似性，而是产生于命运共同体的性格共同体。这也解释了语言对民族的意义——与交往最密切的人群会形成共同语言，而共享语言者必然交往密切。

我们已认识到两种使人类生存斗争的条件将人们熔铸成民族命运共同体的途径。

其一为自然遗传。祖先的生存条件赋予连接世代的血浆以特定品质：通过自然选择决定哪些特性被遗传、哪些被淘汰。因此祖先的生存条件决定了后代与生俱来的特质。在此意义上，民族是血缘共同体——用民间说法是靠"共同血液"维系，用科学术语则是通过血浆共同体保持。但通过共同血统联结的民族成员，唯有持续保持交往共同体，通过通婚维持血缘联系，才能维系民族身份。一旦民族成员间停止血缘交融，原本统一的民族就会立即出现分化趋势，形成新的差异性格共同体。民族作为自然共同体，不仅需要通过共同祖先获得血缘联系，更需要持续的血缘混合来维持这种联系。

但个体性格从来不仅是遗传特质的集合，它始终还受文化传承的影响塑造——包括所受教育、遵循的法律、生活的习俗、传承的宇宙观与道德审美观，以及作用的宗教、哲学、科学、艺术和政治，尤其取决于其在同胞中谋生的生存斗争方式。这引向生存斗争塑造个体的第二种途径：口耳相传的文化财富传承。民族从来不仅是自然共同体，也始终是文化共同体。在此同样首先是祖先的命运决定个体：儿童必然受现存社会的影响，这个社会的经济生活、法律制度和精神文化构成其成长环境。但唯有持续的交往共同体才能维持性格的同一性。这种交往的核心工具是语言——它既是教育工具，也是所有经济与精神交往的媒介。文化影响力的边界与语言可沟通的边界重合，唯有语言共同体覆盖的范围才能形成紧密的交往共同体。语言共同体与交往共同体互为因果：语言是所有紧密交往的前提，正因交往的必要性催生了共同语言；反之交往共同体的瓦解也会导致语言分化。虽然通过学习外语可掌握异族语言，却不会因此成为异族成员——因为外语从不能像母语那样施加文化影响：通过母语中介的文化在童年可塑性最强的阶段就已塑造性格；后期接受的所有印象都要适应既存个性，在吸收过程中已被转化。何况外语很少能像母语那样完美掌握，其最精微的感染力往往流失——即便对受过教育的德国人，英法艺术作品也很少能产生与德语作品同等的感染力。没有语言这个最重要的人类交往工具，民族作为文化共同体就难以持久存续。但语言共同体本身并不保证民族统一：丹麦人与挪威人虽语言相通却受不同文化影响，天主教克罗地亚人与东正教塞尔维亚人虽语言相同却处于不同文化圈。不过随着宗教文化分隔作用的消退，塞尔维亚人与克罗地亚人正因语言同一性促成的交往共同体及所受同类文化影响，逐渐融合为单一民族。这也解释了标准语战胜方言的民族意义：紧密交往的需求催生标准语，而标准语的普及使所有使用者受到同类文化影响。这种相互影响将他们联结为文化共同体。荷兰人的案例清晰展现了文化分化与语言共同体的关系：这个由三个日耳曼部落分支形成的群体已不属于德意志民族，荷兰国民经济与德意志截然不同的发展轨迹造就了异质文化；经济文化的分离切断了与德意志部落的交往共同体——他们内部联结的纽带过强，而与其它日耳曼部落的联系过弱；于是他们创造自己的语言作为文化工具，不再参与标准德语促成德意志民族文化统一的过程。

自然共同体与文化共同体可能重合：祖先的命运既可通过特质遗传，也可通过文化传承影响后代性格。但二者未必一致——血缘后代与文化后代并不总是同一群体。自然共同体仅联结同源者，文化共同体则涵盖所有持续互动、承受共同文化影响的个体。文化影响愈强，个体吸收的民族文化财富愈丰富，其特性被塑造得愈深刻，就愈可能成为民族成员并共享民族性格——即便其本不属于血缘共同体。因此，人们甚至能自主选择归属于出生民族之外的民族。正如沙米索所言："通过语言、艺术、科学与宗教，我成为了德国人。"

人类是否真被严格划分为互不重叠的民族归属？血缘导致的自然双重归属并不改变民族的严格区分。在两国接壤的边境地区，民族通婚常使不同比例的混血共存于个体血脉中，但这通常不会导致民族融合。正是文化共同体的差异，使民族在血统混合中仍保持泾渭分明。奥地利境内的民族斗争即为明证：若将德裔与捷克人的冲突视为种族斗争，只能暴露历史无知。农民群体或许仍保持较纯粹血统，但参与并承载民族斗争的知识阶层、小资产阶级和工人阶级，历经数世纪通婚早已血脉交融，使所谓"德意志"或"捷克"自然共同体无从谈起。然而民族并未因此融合，语言中介的文化差异使其作为独立民族持续对立。

当个体均衡吸收两种以上民族文化时，情况则截然不同。在多民族混居区，大量个体自幼掌握双语，几乎均等地受双重民族文化塑造，其性格成为双民族成员的特例——或更准确地说，成为不属于任何单一民族的个体。这类受多元文化均衡影响的个体，其性格并非简单叠加，而是如同化学化合物般呈现全新特质。这也解释了为何文化混血者在民族冲突时期常遭猜忌甚至被视为叛徒：文化元素的化合催生的新性格，使其在双方眼中都成为异类。但值得警惕的是，最伟大的灵魂往往诞生于文化交汇处。我们的科学家与艺术家常受多重民族文化均衡滋养。在卡尔·马克思身上，犹太、德意志、法兰西与英格兰四大民族的历史凝结为独特个性，正因如此，其思想才能融入当代所有伟大民族的历史进程——过去数十年的文明国度史，无一能脱离其著作而被理解。

多元民族文化对个体的影响不仅见于特例，也呈现为群体现象。德意志文化对捷克民族的深刻塑造即为例证——称捷克人为"说捷克语的德意志人"虽不完全准确（从民族价值评判看，这非但不是贬低反而是至高赞誉），但大规模吸收异文化元素从未真正消弭民族性格差异，至多减弱其分化程度。因为外来文化元素的影响强度永远无法匹敌原生文化，且在吸收过程中必然经历适应与改造——这正是我们熟知的"民族统觉"现象。

人类为生存而斗争的相同条件，通过两种不同途径——既通过生存斗争所培育的特质遗传给血缘后代，又通过语言和交往共同体将文化财富传承给相关人群——将人们联结成民族，这造就了民族现象令人困惑的多样性，使我们难以辨识其背后的统一动因：有些民族中自然共同体与文化共同体重合，祖先的文化遗产直接传给血缘后代；有些民族存在血统混血却仅属单一文化圈；另一些民族血统纯正却受多重民族文化塑造；还有民族毫无共同血统，仅凭文化共同体熔铸为强大整体。反之，仅有共同血统而无文化联系的群体不构成民族：没有通过共同语言工具和文化传承实现的成员间互动，就没有民族。纯粹的自然共同体或许能作为"种族"引起人类学家兴趣，但无法形成民族。人类生存斗争的条件或可通过自然共同体发挥作用，但必然始终通过文化共同体塑造民族。

我们的研究表明，构成民族的共同文化效力在不同社会结构下差异显著。迄今可归纳为三种基本类型的民族文化共同体。

第一种类型以氏族共同体时代的日耳曼人为代表，其民族成员既通过血缘联结，又共享祖先传承的文化。我们多次提及，随着定居生活开始，这种民族统一性便趋于瓦解：当地域分隔的部落因停止通婚而面临不同生存条件时，遗传特质开始分化；而共同继承的文化也在各部落的独立发展中产生变异。因此这种民族天然蕴含着分裂的种子。

第二种类型是建立在社会阶级分化基础上的民族。民众继续经历已知的分化进程：缺乏通婚使其体质特征日益相异；缺乏交往纽带使共同语渐变为方言；面对不同的生存条件，他们发展出各异的文化，进而催生性格差异。随着遗传特质的原始共同性在世纪更迭中消逝，随着原生文化被后期文化元素覆盖瓦解，民众的民族统一性持续流失。维系民族的不再是大众的血缘与文化统一，而是高踞民众之上、榨取其劳动成果的统治阶级的文化统一。这些统治阶级及其附庸通过通婚和各种文化交往相互联结：中世纪的骑士、近代的知识阶层构成了民族实体。而用双手支撑民族存续的广大民众——农民、手工业者、工人——不过是民族的附庸。

第三种类型则由未来的社会主义社会代表，它将再次把所有民族成员统一为自治的民族整体。但此时维系民族的已非共同血统，而是教育共同体、劳动共同体和文化共享共同体。因此这种民族不再面临分裂危险——教育共同体、文化共享参与以及公共生活和社会劳动中的紧密联系，为民族统一提供了坚实保障。

对我们而言，民族不再是僵化实体，而是由人类谋生与繁衍的斗争条件所决定的生成过程。民族并非诞生于人类仅靠采集而非劳动获取食物、通过占有无主物维持生计的阶段，而是形成于人类通过劳动向自然索取所需物资的时期。因此民族的形成及其特殊禀赋，取决于人类劳动方式、所用劳动工具、掌握的生产力以及生产中结成的相互关系。将每个具体民族的形成理解为人类与自然斗争的一部分——这正是马克思历史方法赋予我们解决能力的重大课题。

对民族唯物论者而言，民族是某种特殊物质实体，具有神秘力量能从自身产生民族性格共同体。因此人类历史被简化为永恒不变的种族物质、遗传物质间的斗争与混合史。尽管这种非科学观点近年来——特别是受戈比诺影响——经历了奇特的复兴，但达尔文主义已有效消解其影响。即便在强调种族遗传特性重要性的人士中，"不能仅满足于确认种族差异，还必须尝试解释其成因"[32]的观点也日益普及。若认真贯彻这一思想，种族不过是生存斗争条件发挥作用的中介之一，是人类与自然斗争中所用生产力塑造民族性格共同体的工具。

---

[32] 沙尔迈尔（Schallmayer），《民族生命历程中的遗传与选择（Vererbung und Auslese im Lebenslaufe der Völker）》，耶拿 1903 年版，第 174 页。

民族唯心论则将民族神秘化为"民族精神，"将民族史视为民族精神的自我展开，将世界史看作由内在特性决定其亲疏敌友关系的诸民族精神之争。即便如兰普雷希特这般将民族意识发展置于民族史中心的学者，虽自信能发现民族精神发展的普遍规律，却仍将民族意识变迁——从象征主义时代到敏感时代民族灵魂的发展——归因于民族经济的变化；民族灵魂的发展对他而言不再是推动力，而是民族劳动方式变革的结果。然而当他不满足于从人类生产力发展、生产关系变革规律中理解民族生成过程，还试图将民族意识、民族灵魂的发展纳入无法解释具体史实、仅能描述发展共性的所谓"普遍规律"时，这已非真正的规律——正如齐美尔所言，不过是"规律的预备阶段，"是"对历史典型现象的初步归纳，对大量具体事实的初级定向[33]。"

一方面受克服了民族唯物论的达尔文主义启发，另一方面得益于将民族形成动因从神秘"民族精神"转向具体经济进程的历史研究，唯物史观得以将民族理解为永未完成的生成过程——其根本动力始终是人类与自然的斗争条件、生产力的演变及劳动关系的变革。这一认识使民族成为我们身上的历史印记。正如达尔文主义教会我们解读有机生命史刻写在身体上的密码（伯尔歇（Bölsches）的生动论述展现了人体

---

[33] 齐美尔（Simmel），《历史哲学问题（Die Probleme der Geschichtsphilosophie）》，莱比锡 1905 年版，第 84 页及以下。

器官如何讲述动物祖先的历史），如今我们也能如是解读民族性格：每个个体与同胞共有的特性（正是这些特性将他们熔铸为共同体），铭刻着其（血缘与文化）祖先的历史，其性格就是凝固的历史。我们每个人特质的形成，都源自过往共同体在生存斗争中的积淀——正是这种同源性构成了民族性格共同体。

若将民族性格理解为历史的结晶，便能理解为何史学能驳斥"民族性格永恒不变"的谬见。民族历史从未定格，不断变迁的命运持续重塑着其性格（这本就是过往命运的沉淀）。同一时代民族成员因性格共性而联结；不同时代民族成员的联结则非因性格相似，而因代际承续与互动——前代的命运塑造后代的性格，而非前代与后代性格雷同。这种关系在语言史中同样明晰[34]：由交往共同体联结的同代人共享语言，而非前后世代。后代虽受前辈命运影响，却非其复刻。

唯有从命运共同体中探寻性格共同体的起源，才能完全

---

[34] "纵使数世纪后的子孙因过渡环节湮灭而无法理解祖先的语言，但从初始就存在持续渐变——没有跳跃，当下始终难以察觉，唯有通过新增过渡环节才显现为突变。从未存在过同时代人突然无法相互理解的时刻。"（费希特，《对德意志民族的演讲（Reden an die deutsche Nation）》，雷克拉姆版，第 53 页）。

理解后者的意义。我们研究始自其直接经验表象：同胞的性格相似性，即普通德国人区别于普通英国人，却近似其他普通德国人。但这只是相对普遍的命题——谁不认得几个毫无所谓"德国民族性格"特质的德国人？当我们从经验性的性格相似，上升到产生性格共同体的命运共同体时，便抵达了与单纯相似性截然不同的、更深层的性格共同体概念。

个体性格是多种力量的合成产物：其中既有民族命运共同体对每个人的塑造，也包含其他因人而异的性格形成力量。唯有当后者强度适中时，民族命运共同体的影响才能造就相似的个体性格；若个体受到与其同胞截然不同的强力塑造，则会产生虽经民族命运共同体熏陶、却与同胞迥异的性格。即便如此，他仍是民族性格共同体的一员——因为纵使与同胞毫无相似，塑造他的力量中仍有一种与塑造其他同胞的力量同源；他是民族之子，因为若在相同个体条件下，由其他民族的血统与传统塑造，他必将成为另一个人。由此我们获得更深层的性格共同体概念：它不再意味着同民族个体的相似性，而指每个个体性格中都贯注着同一种力量（纵使其他伴生力量千差万别）。此刻性格共同体概念才真正成立，而单纯经验仅能呈现相对的性格相似。这种相似性或仅见于多数同胞，但性格共同体（即所有人无例外地受同一种力量塑造的事实）却是全体成员共同的根本属性。这种塑造力量、我们身上的历史性、我们内在的民族性，正是将我们熔铸为民族的根本纽带。

当我们把性格中的民族性理解为内在的历史性时，就能更深刻地把握民族作为社会化现象的本质。在个人主义者眼中，人是孤立的原子，仅凭契约外在地维系；而我们认为人是社会的产物——即便是孤岛求生的鲁滨逊，之所以能生存，正因其继承了祖先的禀赋，通过教育获得了马克思所说的"社会力量[35]。"民族不是个体的简单集合，而是作为每个个体的特质（即民族性）内在于所有人之中。民族性格特征虽表现为个体特质，却是社会化的产物：它源自历代祖先在与同胞持续互动中形成的遗传特质与文化传承，其本质是社会创造的结果。将民族成员联结起来的，正是他们共同被相同的社会力量所塑造——他们遗传特质中的生存斗争筛选机制同源，个体性格都受同一人类共同体在生存斗争中形成的文化熏陶。因此，民族作为社会现象，其根基绝非外在契约。民族不是个体的总和，相反，每个个体都是民族的产物；正是这种同源性使他们结成共同体。当仅表现为个体特征的属性成为全体成员共同的社会创造物时，个体就凝聚为民族。故民族不依赖外在契约而存在——在逻辑（而非历史）顺序上，它先于一切契约[36]。

---

[35] 马克思，《政治经济学批判导言（Einleitung zu einer Kritik der politischen Ökonomie）》，《新时代（Neue Zeit）》第 21 卷第 1 期，第 711 页。

[36] 参见马克斯·阿德勒博士，《科学论争中的因果性与目的论

然而，当共同体成员要建立联系、开展协作时，语言就成为必需。作为人类交往的核心工具，语言的重要性正如圣经故事所示：巴别塔的停工恰因语言混乱所致。但说同种语言未必构成民族，没有共同语言却绝无可能形成民族。语言本质是"原始约定[37]，"其效力基于"外部规范"——此处采用施塔姆勒引入科学的广义概念。当然，语言并非人为立法或社会契约的产物，但词语与概念的对应关系确实依赖约定。儿童从母亲唇舌习得的正是这种根本约定。施塔姆勒将外部规范视为社会现象构成要素的观点固然有误——民族现象

（Kausalität und Teleologie im Streit um die Wissenschaft）》，《马克思研究（Marx-Studien）》第 1 卷，第 369 页及以下。

[37] 施塔姆勒，《经济与法律（Wirtschaft und Recht）》，莱比锡 1896 年版，第 103 页。

清晰表明：所有社会现象的基底是共同体，即个体特质同时构成共同体其他成员特质的现象（因每个个体性格都在持续互动中形成，都是相同社会力量的产物）。但正是外部规范使结成共同体的个体能够协作、组成社会、维系并创造新的共同体。外部规范本质是共同体成员社会协作的形式[38]。

民族性格差异是经验事实，唯有固执的教条主义者才会视而不见。但总有人试图否认这种差异，声称民族区别仅在于语言。这种观点见于许多天主教理论家，后被资产阶级启蒙思想吸收，也成为某些社会主义者的理论遗产——他们想借此支撑无产阶级世界主义（后文将论及这是工人阶级对资产阶级民族斗争最初级的立场）。这种"民族虚无论"在奥地利社会民主党报刊的用语中仍有体现：他们偏好用"说德语/捷克语的同志"而非"德国/捷克同志。"将民族差异简化为语

---

[38] 本文使用的"共同体"与"社会"概念异于滕尼斯（Tönnies）在其杰作《共同体与社会（Werke Gemeinschaft und Gesellschaft）》（莱比锡 1887 年版）中的界定。笔者认为社会本质是人在外部规范下的协作；共同体本质则是个体在身心层面都是与共同体其他成员无数互动的产物，其个体性格即共同体性格的体现。当然共同体形成需以外部规范（至少如施塔姆勒所言的语言）即社会存在为前提；反之社会又预设了共同体（至少如马克斯·阿德勒揭示的"一般意识"共同体）的存在。国家终究只是社会形态之一，正如以强制力为后盾的法律仅是规范类型之一。现代国家概念更为狭隘——它随商品生产出现，也将随之消亡。

言差异的观点，根植于原子化的个人主义社会观——把社会看作个体的外在集合，将民族视为通过语言外在地联结的人群。持此论者重复着施塔姆勒的错误，将外部规范和法律契约当作社会现象的构成要素。而我们眼中的社会绝非个体总和，每个个体都是社会的产物；民族也不是通过语言联结的个体集合，个体本身就是民族的造物——其性格在与其他个体持续互动中形成，正如他人性格也在此互动中被塑造。这种交往决定了每个个体的性格，从而将他们联结为性格共同体。民族性体现在每个成员身上，表现为其性格由共同体全体成员共同经历的命运所塑造。语言仅是这种互动的工具（尽管是不可或缺的工具），正如外部规范本质是共同体成员协作的形式。即便有人不愿相信亲眼所见的民族性格差异，理论思辨也能使其理解：持续交往中经历的不同命运，必然催生不同的性格共同体。

但我们对民族本质的洞察，不仅彻底否定了个人主义者对民族性格真实性的否认，更消解了对这一概念的滥用。民族性格不过是共同体成员因共同命运而形成的意志取向。一旦形成，它便显现为独立的历史力量——民族性格差异即意志取向差异，使不同民族在相同外部条件下呈现不同行为模式。例如资本主义发展在英、法、德三国引发了相似却存在细微差别的社会运动。民族性格因此表现为历史势能：理论视其为历史的产物，日常经验却误认其为创造历史的力量；理论揭示其为人际关系的沉淀，直观感受却错觉其支配着人际关系。这正是民族性格的拜物教。我们的理论一举驱散了这种幻象：当认识到每个民族成员都是民族的造物，民族性格不过是共同命运在个体身上铸就的特定意志取向时，其支配成员行为的表象便不再神秘；当理解民族性格是民族历史的沉淀时，其独立性假象也随之消散。我们由此明白：民族性格所谓的历史能动性背后，不过是祖先历史、生存斗争条件、掌握的生产力和结成的生产关系仍在规训后裔行为的真相。先前我们将自然遗传与文化传承视为先辈命运塑造后代性格的工具，如今更认识到民族性格本身只是祖先历史持续影响后代思维、情感与行为的媒介。恰是通过承认民族性格的真实性，我们剥去了其虚假的独立性，将其还原为其他力量的作用中介。由此，民族性格也丧失了看似实体的特征——那种在现象流变中恒常不变的假象。作为历史的沉淀，它随民族经历的每个新事件时刻变化，如同其反映的世事般无常。置身世界进程中的民族性格，绝非恒定存在，而是永恒的生成与消逝。

最后，我们通过对比既有民族理论来佐证自身的民族本质界定[39]。关于形而上学的民族理论（民族唯心论与唯物论）前文已论及，心理学理论（将民族本质归于归属意识或归属意志）容后探讨。此处只需将我们的理论与"要素集合论"对

---

[39] 弗·J·诺伊曼（Fr. J. Neumann）在《民族与国家（Volk und Nation）》（莱比锡 1888 年版）中汇集了多种民族定义。

照——后者认为若干要素的叠加构成民族。意大利社会学家提出以下要素：

1. 共同居住地；
2. 共同血统；
3. 共同语言；
4. 共同风俗习惯；
5. 共同历史经历；
6. 共同法律与宗教[40]。

显然，这种理论将若干特征简单罗列，实则它们绝非并列关系，而存在内在依存性。若暂搁置第一个所谓民族要素"共同居住地，"其余要素中第五项"共同历史"最为关键——它决定并催生其他要素。共同历史赋予共同血统实质性内涵，通过自然选择决定遗传特质的存废；它塑造共同风俗习惯、法律与宗教（即我们术语中的文化传承共同体）。共同血统与共同文化不过是共同历史锻造民族性格的工具。第三要素"共同语言"则属于次级媒介：当共同文化成为历史塑造民族性格的中介时，语言又是文化发挥作用的中介——既是创造和维护文化共同体的工具，又是社会成员协作并再生产共同体的规范形式[41]。由此我们构建起要素体系：共同历史为动

---

[40] 诺伊曼（Neumann），前引书，第 54 页。

[41] 语言不仅是文化传承工具，其本身也是文化产物。法国人区

因，共同文化与血统为作用媒介，语言则兼具文化载体与生成者的双重身份。这种系统观使我们能理解要素间的复杂关系——为何这些要素能以不同组合出现，时而缺失某项仍构成民族。既然共同血统与文化是同一动因的不同工具，民族显然不依赖两者同时生效：民族可基于血统共同体而非必然，但仅有血统只能形成种族而非民族。文化共同体各要素间关系亦然：共同法律虽是塑造性格共同体的重要手段，但当其他要素足够强大时，缺之仍可形成文化共同体。宗教差异能使同语民族分化为不同民族（如阻碍文化共同体形成的塞尔维亚与克罗地亚案例），但当宗教分裂无法阻断总体文化共同体时（如德意志民族），民族统一性仍能保持。最后我们也能把握语言与其他要素的关系：无语言共同体则无文化共同体，故亦无民族[42]；但单凭语言共同体（如克罗地亚与塞尔维亚的宗教差异，或西班牙与南美西语国家的血统及社会政治差异）无法自成民族。

别于德国人不仅因语言传递的文化内容不同，更因语言作为传承物本身通过其特性决定着言说方式、思维模式与性格特征。法国修辞学与德国演讲艺术的差异，部分正源于语言特质的不同。

[42] 所谓"瑞士民族"之说：若仅指瑞士国民同属某国，实为国民与民族的混淆；若断言德、法、意及罗曼什语区瑞士人存在性格共同体，则是误将任何性格共同体都等同于民族。

现在需探讨首项"要素"——共同地域。我们多次论及地域分隔如何撕裂民族统一体：作为自然共同体的民族会因地理隔离逐渐消亡——不同生存条件使地域分隔的群体发展出相异特质，且缺乏通婚使差异无法弥合；作为文化共同体的民族同样会因地域隔离瓦解——分隔群体在独立发展中将原生文化分化，交往断绝使统一文化裂变为多元文化（最显著表现为统一语言因交往薄弱分化为不同语种）。因此，共同地域诚然是民族存续的条件，但仅因其是命运共同体的前提。只要文化共同体（甚至理论上包括血统共同体）能跨越地域分隔，地理隔离便不构成民族性格共同体的障碍。旅美德国人通过德文书籍报刊保持文化影响，给予子女德语教育，便仍是德意志民族成员。唯有当共同地域成为文化共同体的必要条件时，它才是民族存续的前提。在印刷术、邮政、电报、铁路与轮船时代，这种必要性已大幅减弱。若不将共同地域视作与其他要素并列的"要素，"而理解为其他要素生效的条件，就能界定"共同地域是民族存续前提"这一流行命题的边界。此认识意义重大——它关乎民族与最重要疆域实体（国家）的关系理解，后文将结合案例详述。此处我们仅需证明：相较于旧理论对民族"要素"的机械罗列，我们的理论能将其理解为系统化的作用力网络，揭示其依存与协作机制。

但我们的理论还需解决历来民族理论都未能解决的难题——如何界定民族与内部地域/部落共同体的区别。命运共同体确将德意志人联结为性格共同体，但萨克森人、巴伐利亚人、蒂罗尔人与施蒂利亚人不同样如此？每个阿尔卑斯山谷的居民不也因祖先的不同命运、定居模式、土地肥力与气候差异，形成鲜明的区域性格共同体吗？独立民族与民族内部次级共同体的界限何在？

此刻我们必须回想起，这些更小范围的性格共同体正是我们已认知的、基于血缘共同体的民族之分解产物。当日耳曼部落的后裔因农耕被束缚于土地，彼此隔绝生活且缺乏通婚交往时，他们便日益分化。虽然源出同一自然与文化共同体，却逐渐形成各自独立的自然与文化共同体——每个从母民族分离出来的小群体都有发展为独立民族的趋势。界定这些小规模性格共同体与民族概念的困难，恰恰源于它们本身正处于向民族发展的阶段。

如我们所知，与这种民族分裂趋势对抗的，是另一种致力于强化民族凝聚的反向趋势。但这种反向趋势最初仅作用于统治阶级：它将中世纪的骑士阶层、早期资本主义时期的知识分子联结为紧密的、与其他文化共同体泾渭分明的民族，促使他们建立密切的经济、政治与社会交往，创造统一语言，使其接受相同的精神文化与文明教化。这种紧密的文化共同体纽带首先将统治阶级凝聚为民族。任何人都能明确判断某位学者属于德意志还是荷兰、斯洛文尼亚还是克罗地亚——民族教育与民族标准语即使对最亲近的民族也划出清晰界限。然而对于某个村庄的农民应归属于低地德意志人还是荷兰人、斯洛文尼亚人还是克罗地亚人，却难以非武断地判定。唯有民族成员的边界是清晰的，每个民族的附庸群体则不然。

现代资本主义逐渐为各民族下层阶级也划出更鲜明的分界——因为他们也开始参与民族教育、分享民族文化生活、使用民族标准语。统一化趋势同样席卷劳动大众，但唯有社会主义社会才能使其彻底实现。社会主义社会将通过民族教育与文明的差异，使各民族间的界限如同当今各民族文化精英间的界限般分明。社会主义民族内部固然仍存在较小范围的性格共同体，但不可能形成独立的文化共同体——因为即使地方群体也处于整体民族文化影响下，与全民族保持文化交往与思想交流。

至此我们获得民族的完整定义：民族是通过命运共同体联结的性格共同体总和。"命运共同体"这一特征使其区别于职业、阶级或国家公民等国际性性格集合体（后者基于命运相似性而非命运共同体）；"性格共同体总和"则使其区别于民族内部的次级性格共同体（这些次级群体从未形成自我决定的、由自身命运塑造的自然与文化共同体，而是始终与整体民族紧密互动并受其命运制约）。在氏族共同体时代，民族边界极为清晰——所有源自波罗的海部落、其精神本质经自然遗传与文化传承被该部落命运塑造的人群总和即构成民族。社会主义社会的民族边界将同样明确——所有接受民族教育、享有民族文化财富、其性格因此被决定这些文化内容的民族命运所塑造的人群总和即构成民族。而在生产资料私有制社会，统治阶级（中世纪的骑士阶层或现代的知识分子）构成民族——他们通过标准语和民族教育所获得的、由民族历史形塑的相同教养，造就了性格的亲缘性。广大民众则不属于民族构成——既因古老的血缘共同体已不足维系其紧密联系，也因新兴的教育共同体尚未完全吸纳他们。寻找令人满意的民族定义之困难（所有既往尝试均告失败）由此获得历史性解释：人们试图在阶级社会中发现民族，而此社会中，古老的明确血缘共同体已分解为无数地方性与部落性群体，新兴的教育共同体尚未能将它们整合为民族整体。

我们对民族本质的探索，揭示出一幅恢弘的历史图景。初始阶段——氏族共产主义时代与游耕时代——民族作为血缘共同体而统一。随着定居农业发展与私有制出现，旧民族分裂为统治阶级的文化共同体与作为民族附庸的广大民众，后者被禁锢在狭小地域圈内，成为旧民族的分解产物。进而，当社会生产采取资本主义形式，民族文化共同体逐渐扩大——劳动与被剥削阶级虽仍是民族附庸，但基于民族教育的统一趋势，已逐渐压倒古老血缘共同体分解为日益隔绝的地域群体的离心倾向。最终，当社会生产挣脱资本主义外壳，统一的民族将作为教育、劳动与文化共同体重生。民族发展史映照着生产方式与所有制的变迁：正如氏族共产主义社会制度演变为生产资料私有制与个体生产，再发展为公有制基础上的协作生产；统一民族先分裂为民族成员与附庸，再碎化为狭小地域群体，又随社会生产发展重新聚合，终将在未来的社会主义民族中实现统一。私有制与个体生产时代分裂为民族成员与附庸、分解为众多地域小群体的民族，既是过去共产主义民族的解体产物，也是未来社会主义民族的生成素材。

民族在双重意义上呈现为历史现象。就其物质规定性而言，每个成员身上的民族性格都是历史发展的沉淀，个体的民族性折射着社会历史——人正是这种历史的产物。就其形式约束而言，不同历史阶段通过不同方式、以不同媒介将不同范围的群体联结为民族。社会历史不仅决定构成民族性格的具体特征，更决定着历史力量塑造性格共同体的具体形式。

将民族斗争视为历史动力的民族史观，试图构建民族力学模型。民族被看作不可再分的元素、刚性实体，在空间中碰撞挤压。而我们则将民族本身解析为过程——历史映现的不是民族斗争，民族反倒是历史斗争的镜像。因为民族唯有通过民族性格、通过个体的民族性才能显现；而个体的民族性，不过是社会历史对其规定性的一面，是劳动方式与劳动关系发展对其塑造的维度。

11. 民族意识与民族情感

当人们只接触本民族同胞时，往往意识不到彼此间的共性，而只注意到差异。若我始终只与德国人交往、只听闻德国人的事迹，就根本无从察觉我所认识的人们在某方面具有共性——即他们都属于德意志民族；相反，我看到的永远只是差异：他是施瓦本人，我是巴伐利亚人；他是资产阶级，我是工人；他金发碧眼，我黑发褐眸；他性情阴郁，我天性开朗。唯有当我接触异族时，才会恍然醒悟：这些人才是真正的异类，而我与所有过往交往者乃至千百万素未谋面者，都因同属一个民族而血脉相连。认知异质文化是民族意识觉醒的前提。我们最古老的民族颂诗开篇即道：

"我曾游历四方。"

这绝非偶然。民族意识最易萌发于流落异乡的商人、军人与劳工之中；在多个民族接壤的边疆地带，这种意识也最为普遍。

孤立地看，民族意识不过是对以下事实的认知：我与同胞在某些特征上（体质特性、文化禀赋、意志取向）具有共性，从而区别于异族成员——更深层而言，是意识到我们同为特定历史的产物。民族意识绝不等于对本民族的热爱，也不等同于追求民族政治统一的意志。要准确把握社会现象，必须严格区分这些心理建构，并通过恰当术语固化这种区分。因此，民族意识应仅被理解为对民族归属、民族特性及民族差异的纯粹认知。

作为性格共同体的民族始终制约着成员的行为，即便当事人尚未形成民族自觉。个体的民族性本就是历史社会力量影响个人决策的中介之一。但唯有通过民族意识的觉醒，个体才能意识到这种民族性对自身的塑造。正是民族意识，使得民族性成为人类行动（尤其是政治行动）的自觉驱动力。

正是基于此，人们往往过分强调民族意识对于民族存续与本质的重要性。有人甚至将民族意识视为民族的构成性特征——认为民族就是那些意识到彼此同属一体、并区别于其他民族的人群总和。如吕梅林（Rümelin）所言："我的民族就是那些我视为同胞、称之为自己人、感觉与之被不可分割纽带联结的人群。"这种民族心理学理论之所以看似合理，正是因为人们找不到民族的客观特征——所有试图通过语言、血统或国家归属来界定民族纽带的尝试，似乎都在民族现象的多样性面前败下阵来。然而这种心理学理论不仅难以令人满意，更是根本错误的。其不令人满意之处在于：即便假设"民族由具有共同归属意识的人群构成"这一命题成立，我们仍无法回避核心问题：为何我独独与这群人而非那群人产生归属感？联结我与同胞的"不可分割纽带"究竟是什么？当我意识到自己的民族属性时，我究竟意识到了什么？是什么力量迫使我与遍布世界的德意志人（而非英格兰人或法兰西人）产生认同？但该理论不仅是欠完善的，更是谬误的——难道所有民族成员都始终意识到彼此归属吗？只有产生过"属于德意志人"观念的人才算德意志人吗？那位终生未曾想过与柏林工人存在关联的瑞士教师，就因此不算德意志人了吗？任何意识观念都源于经验。只接触本民族成员的德国人，既无从认知本民族与其他民族的差异，也就无法意识到自己与同胞的共性及民族归属——他缺乏民族意识。但恰恰因此，他的性格可能比任何其他受德意志文化熏陶者都更纯粹，他完全可能是个地道的德意志人。

当今或许可以说，凡是属于某民族文化共同体者，都对其归属有所意识。但这种民族意识的普及本质上是资本主义时代的产物——空前密切的民族交往使任何分享本民族文化者都不可能完全隔绝于异族文化。即便从未直面异族成员者，也能通过文学报刊（哪怕是扭曲的呈现）认知异族，并由此萌生民族自觉。唯在此种时代，才会产生"民族意识缔造民族"这种谬见。

民族意识之所以能成为人类行为的决定因素，在于其与独特情感——民族情感——的关联。心理学表明，即使最简单的意识现象（如感觉）也常伴随特定情感基调：红色带来的感受异于黑色或蓝色。同样，更复杂的心理建构也会唤起我们或愉悦或厌恶、或紧张或释然的情感。那种始终伴随民族意识（即对本民族特性及异族差异的认知）的独特情感，我们称之为民族情感。

当我初识某个异族时，所见所闻首先呈现为新奇陌生之物。异族成员的体型特征往往与我的同胞迥异；其风俗习惯、精神文化令我感到隔阂，常需缓慢适应；深入交往后更发现，他们在相同情境下会作出不同于我所熟知人群的选择与决断，其工作方式与娱乐偏好也别具一格。

人类意识受惯性法则支配。在我们的精神成长过程中，已建立起一套观念体系。当新认知试图颠覆这一体系时，意识的惯性会产生抗拒——学者们多年坚信的学术命题被新事实推翻时，总会感到强烈不适。同样，观察异族特性时也常伴随不快情绪。意大利美女的异域风情或许初时吸引我，但很快又会思念故土的金发佳人。意大利文化可能最初令我欣喜，却难以长久适应其陌生的观念习俗；异族的独特行为方式起初或令我愉悦，但当我发现相同刺激在他们身上产生的反应，与我在故乡千百次观察同胞所预期的效果不同时，不快便油然而生。当对异族特性的认知突然袭来（被动统觉），几乎总伴随着不快；即便有所准备（主动统觉），意识惯性也会很快唤起不适——因为人类意识很难毫无抵触地适应异质文化，难以欣然接纳与数十年习得观念相悖的新认知。因此，认知异族特质常引发不快，而这时对本族特性的认知便自然伴随着愉悦。异族认知往往催生对本族的热爱，民族情感正是源自那"可怕而危险"的守旧力量，源自人类精神面对新异事物时惯性产生的抗拒：

平凡至极的，

是那永恒的昨日，

循环往复永不息。

今朝既有效，明朝仍延续。

因凡人皆由平凡铸就，

习惯被他称作乳母。

谁敢触动祖传珍宝——

那神圣古老的家什！

岁月赋予神圣力量，

古老之物便是神明。

这种对本族之爱的驱动力，在不同阶级和个体间强度各异。只认识寥寥村民、只遵循古老习俗、只持有从母亲、教师和牧师那里学来（与每个邻居如出一辙）的观念、除了四季轮回别无变化的农民，最不习惯接受新事物。他们的统觉惯性最强，观察任何异质文化都伴随剧烈不适——异域服饰习俗总会激起猜疑，极易引发刻骨仇恨。农民的民族情感，其根源无外乎固守传统者对一切异质事物的仇恨。现代资产阶级与产业工人则截然不同。大都市的万象更新、流行风潮与报刊杂志，早已使他们习惯不带强烈抵触地看待异质文化。他们的民族之爱有着仇恨之外的源泉。

其中一个源泉在于：对本民族的认知在时空上与其它观

念相关联，这些观念的情感基调会渗透到民族观念中。当我追忆民族，便想起亲切的故乡、童年的老宅与游戏、启蒙老师、初恋爱人的吻——所有这些观念蕴含的愉悦情感，都会流向与之紧密相连的、我所归属的民族观念。

但远不止于此！我的民族意识并非对异己的认知，而是对自身民族特性、自我本质的体认。当我意识到自己属于某个民族时，便洞悉了与这个民族紧密相连的性格共同体——是它的命运塑造了我，它的文化定义了我，它本身作为能动力量存在于我的性格之中。民族对我而言并非异己，而是自我本质在他人身上的复现。因此，民族观念与自我观念紧密交织。诋毁民族即是诋毁我自身；颂扬民族则让我分享荣光。因为民族只存在于我和同类人之中。最强烈的情感愉悦由此与民族观念绑定：并非如某些人臆测的那般源于与同胞真实或假想的利益共同体，而是源于对性格共同体的认知——意识到民族性即自我本质的延伸——这种认知为民族观念注入愉悦，唤起我对民族的热爱。我热爱自己，因动物性的自我保护本能驱使；而民族在我看来正是自我的延伸，民族特性即我性格的组成部分——故而我爱民族。因此，民族之爱并非道德成就，非值得夸耀的道德斗争结果，不过是自我保存本能的产物，是对无论何种状态下自我的爱，这种爱扩展至所有与我相似、通过共同体联结的人们。

除上述驱动力外，还有歌德所言历史激发的热忱。对通晓历史者而言，民族观念与民族命运、英雄抗争、对知识与艺术的不懈追求、胜利与挫败的记忆紧密相连。人们对历史斗争者倾注的全部共情，都转化为对这个多重命运承载者——民族——的热爱。本质上这并非新要素，而是前述两种动因的延伸：正如民族观念的情感丰富性部分源于其与个人青春记忆的联结，它与历史所教我们热爱、敬仰之人的关联，也点燃了新的热爱。当我从民族特性中认出自我本质时学会爱民族；当我从追溯至远古的民族命运中，发现那些为遥远祖先（其特质已铭刻于我）的后代塑形的力量时，民族历史便令我珍视。所有对往昔的浪漫情怀，都成为民族之爱的源泉。瓦格纳（Wagners）《纽伦堡的名歌手（Meistersinger）》等民族艺术作品之所以能唤起民族情感，正因其教会人们热爱民族历史的片段，进而热爱民族本身。

民族历史的认知首要激发知识阶层的强烈民族情感。但随着国民学校、报刊、讲座和书籍传播民族命运，更广泛民众的民族情感也由此点燃。

这种民族情感催生独特的民族价值评判。由于"德意志民族"的观念与愉悦感绑定，人们很快将一切引发愉悦的事物冠以"德意志"之名。当称某人为"真正的德意志人"时，已不仅是表明其民族属性，更是颂扬与赞美。"好的德意志品质"成为褒奖，"非德意志"则成贬斥。民族名称转化为价值尺度——将行为称为"好的德意志"即是褒扬，斥为"非德意志"即是谴责。这正是俾斯麦所言当我们谈论德意志民族时，那种奇特的浪漫余韵。

科学既能解释民族情感如何从民族意识中产生，这种独特民族价值评判又如何从民族情感中诞生；更能批判性地审视民族价值评判——这项任务意义重大。因为唯有对民族意识形态的批判，才能营造出冷静理性的氛围，使有益的民族政策研究成为可能。

12. 民族价值的批判

这种独特的民族价值评判现象——即我们认定凡属德意志的事物皆为善（无论其实际如何），又将善的事物冠以德意志之名来颂扬——源于个体与民族的因果关联。正因个人是民族的子嗣与造物，母族的一切特性在他看来皆为善，因那正是他自身的本质；他唯有克服强烈抵触才能接纳与这种本质相悖之物，因改变民族特性即意味着自我重塑。

但人不仅是认知存在（能意识到与民族的因果联系），更是意志与行动主体，会设定目标并选择手段。由此产生另一种与民族价值评判相冲突的评判方式。

理性根据合目的性评估手段：若卫生学家以个人或群体健康为目标，则凡促进此目标者皆有价值；若经济政策制定者追求劳动效能最大化，则凡提升劳动生产率者为善，凡削弱者为恶。但我们不满足于手段评判——健康、劳动效能等直接目标本身也需被评判，看其能否作为手段服务于更高目的。这个终极目的或许各异：有人以最大多数人的最大幸福为圭臬，有人以自由意志者的共同体为理想；但一旦确立理想，人类一切意志行为皆据此被判定价值与道德——视其能否作为手段服务于这个终极伦理理想。

由此我们获得另一类价值标准：凡作为特定目的之有效手段者为善为正当；而特定目的本身，当它能作为手段从属于终极目的或理想时，亦为善为正当。这种源于理性选择手段、明智选择目的（作为伦理理想之手段）的评判方式，即理性主义的价值评判。

那么这种理性主义评判与源自民族情感的民族评判是何关系？

二者可能重合。例如莱辛抗击法国文化对德意志教育的影响时，这场反法斗争既源于民族价值评判（表现为捍卫民族特性的斗争），也符合理性主义评判——对新兴德意志市民阶级而言，法国宫廷文化既不符合其审美理想，也有悖道德理想。当时德意志市民阶级的代言人捍卫德意志特性，正因他们认为德意志方式更有价值、更优越，德意志文化能更有效地服务于其伦理与审美理想。此时理性主义与民族价值评判完全一致。

然而这两种评判方式的契合只是历史偶然，绝非必然。因为民族特性是民族命运的产物——而民族命运中并无理性世界精神主导（使合理者成为现实，使现实者合乎理性），只有生存斗争的盲目必然性。因此，若某民族在生存斗争中形成的特质被后世视为有价值、视为达成目标的合适手段，纯属巧合。例如一系列沉重打击（早期资本主义衰败与世界商路转移导致的市民阶级没落、绝对主义国家兴起、农民遭受领主制压迫、三十年战争苦难）使奴性谦卑成为17世纪德意志人的民族特性。但对后世而言，这种民族特性绝非有价值的手段，由此产生的行为也绝非通向理想的途径。

因此民族价值评判与理性主义评判不必一致。对理性主义者而言，唯有服务于其目的（最终是其终极理想）者才有价值，若评判特性时不问其效用而只问是否属于本民族，则显得荒谬。因而他们嘲笑除了"我是优秀德意志人"便无话可说的民族浪漫主义者。如赫尔德所言："我们抱怨中世纪分隔民族的狭隘思想；谢天谢地，如今所有民族特性都已抹除。"莱辛（Lessing）则认为民族评判方式是"英勇的弱点。"

海涅如此讽刺民族价值评判：

我不是罗马人，不是斯拉夫人，

我是德意志蠢驴。
和祖先一样，他们如此正直，
如此草木般生长，如此多愁。

哦，做驴子多么快乐，
做这些长耳者的后代，
我愿向所有屋顶呼喊：
我生来就是头驴。

我是驴子，愿忠诚如父辈，
那些古老的驴子，
坚守古老可爱的驴性，
持守驴子之道。

民族与理性主义评判皆植根于人性。前者源于人与民族的因果关联——人是民族的造物；后者基于人是设定目的、选择手段的存在，能以自觉行动融入因果性的自然联系。两种评判同属人性本质，同样根深蒂固，并存于每个人心中相互斗争。当然其强度因人而异：易受传统影响、传统观念能引发强烈情感、而理性选择难以抗衡情感作用者，倾向民族评判；反之，理性强大而情感贫乏的清醒者，以及意志坚强、能摆脱传统束缚自主择路的自由精神，则难以理解民族评判

[43]。

---

[43] 民族价值评判源于民族情感，可从心理学角度解释，却无法获得哲学辩护。然而近期海因里希·李凯尔特在其名著《自然科学概念形成的界限》（蒂宾根 1902 年版）中尝试为民族价值评判提供哲学基础。他首先试图建立个体主义伦理学，将康德绝对命令的著名公式替换为：

"若欲行善，你应凭借自身个性，在现实世界所处的独特位置，完成唯你能胜任之事——因在这全然个性化的世界里，无人与你肩负完全相同使命；你更应如此规划整个人生，使其形成合目的性发展，其整体可视为你独一无二生命使命的完成。"（第716 页及以下）

李凯尔特进而赋予这种个体主义伦理学民族性阐释。他所谓"个体"不仅指具体个人，也包括具体的个体共同体——民族。每个民族都有独特使命，而履行这一使命、彰显民族特性便是道德义务（第722 页）。这种构建个体主义兼民族性伦理的尝试极具启示性，因其清晰展现了当今哲学运动的历史根源。鉴于闵斯特伯格与 M·阿德勒已对其认识论基础进行批判，此处无需详加批驳。仅需指出李凯尔特的论证显然陷入循环：他通过"行动者永远作为特定条件下的个体（而非人类物种范例）行动"这一认知推导出个体主义伦理，认为道德行为法则应源自个体的历史性概念（而非人类的种属概念）。但李凯尔特笔下的"个体"异于日常用法——所谓"历史个体"并非指不可分割之物（如任意一块可燃烧的煤），而是因其独特性而珍贵之物（如科希诺尔钻石）。民族并非因具有区别于他者的特性就成为历史个体，唯有当这种特性具备价值时才成立。"人人应保持并发展其个性"

— 145 —

这种存在于每个人内心的民族价值评判与理性主义评判的对立，由于阶级矛盾和政治斗争对其的利用，获得了重大的社会意义。

民族特性始终是既有社会制度的产物。当革命运动试图推翻现存社会秩序、建立新秩序时，维护现状的统治阶级和有产阶层立即指出：民族特性由现存社会秩序塑造并维系，任何对其权利与财产的颠覆都将摧毁或改变传统民族特性。于是他们将民族价值评判转化为阶级斗争工具。当资本主义威胁封建秩序时，容克地主阶级宣称封建制度植根于民族"精神，"资本主义是必将毁灭民族特性的异域产物，因此每个正直的德意志人都应维护农奴制这一民族法律制度，抵御外来资产阶级法律平等的侵蚀。当民主思潮席卷中欧时，当权者讥讽其为异域（英法）产物，与德意志民族性格格不入且将摧毁之，故每个爱国者都应支持专制与封建统治。直

并不意味着无论优劣皆应发扬，而仅指其中有价值的部分。但何谓有价值？既然价值使特性成为历史个体，价值标准便不能源于个体性本身，而必须来自超个体的普遍人性。民族应保持其特性，但唯有有价值的特性才值得保存。李凯尔特的法则最终仍需要先于一切个体性的客观价值标准，这使其理论自我驳斥。若按李凯尔特的本意理解"每个民族都应保持和发展其个体性"这一命题，它不过是空洞的同义反复："人人应保存值得保存之物。"但究竟何物值得保存？

至今日，反对农民土地自由分割者仍以"源自异教罗马法"为由抨击之，而要求确立德意志传统的长子继承制。

但民族评判方式作为反动斗争武器，在俄国获得了最大成效。数十年来，任何效仿西欧的改革都遭到某派别抵制——该派别将农奴的悲惨无知、官吏的专横、沙皇威权与东正教迷信炮制成斯拉夫民族特性秘方，声称必须不惜代价抵御西方影响。数十年来，斯拉夫派以各种形态对抗西化派，其思想至今仍活跃于俄国文学流派与政治观念中，甚至一度影响改革派与革命政党。

当所有担忧统治权与财产受损的阶级都标榜珍视民族特性与价值时，所有争取社会权力的新兴阶级则秉持理性主义。因他们不珍视任何历史遗产——那正是其斗争对象。对他们而言，民族特性不过是统治剥削阶级的特性；所谓契合民族性格、维系民族存续的制度，实则是敌对阶级统治与剥削的堡垒。1848 年前的德意志民主主义者，何等蔑视那些将难以忍受的政治社会状况美化为"基督教-日耳曼民族精神"体现的论调，蔑视那个"用昨日的卑鄙为今日的卑鄙辩护，只要鞭子是陈年的、世袭的、历史的鞭子，就将农奴反抗鞭笞的每一声呐喊都定为叛乱"的民族历史学派[44]。如果说民族

[44] 马克思，《黑格尔法哲学批判》，载梅林编《卡尔·马克思、弗里德里希·恩格斯和斐迪南·拉萨尔文学遗著》，斯图加特

价值评判是所有保守阶级的珍宝，那么所有革命阶级的评判标准则必然是理性主义的。

这同样适用于当今的工人阶级。正如青年马克思所言：

"……一个戴着彻底锁链的阶级，一个并非资产阶级社会阶级的资产阶级社会阶级，一个表明一切等级解体的等级，一个由于自己遭受普遍苦难而具有普遍性质的领域……它不要求享有任何特殊的权利，因为威胁着它的不是任何特殊的不公正，而是一般的不公正……它不能再求助于历史的权利，而只能求助于人的权利……它不是同德国国家制度的后果处于片面的对立，而是同这种制度的前提处于全面的对立……最后，它若不从其他一切社会领域解放出来并同时解放其他一切社会领域，就不能解放自己……总之，这样一个领域就是表明人的完全丧失，并因而只有通过人的完全恢复才能恢复自己。这个社会解体的结果，作为一个特殊等级来说，就是无产阶级[45]。"

由于工人阶级尚未成为民族的阶级，它也就不再是民族的阶级。被排除在文化财富享受之外，这些文化财富对它而言只是异己的财产。当别人看到民族文化辉煌历史时，它看

1902 年版，第 1 卷，第 386 页。

[45] 马克思，同上，第 397 页。

到的是自古老氏族共产主义消亡以来，所有民族文化都建立在其宽厚肩膀上的那些人的苦难与奴役。它的理想不在于维护民族特性，而在于推翻一切现存社会制度——唯有如此它才能成为民族一员。因此它对一切历史遗产都持批判态度。任何事物不能因其古老而获得价值，必须证明对阶级斗争有益才有价值。它嘲笑那些以"违背民族特性"为由反对其斗争的人——正是这场斗争才能使它成为民族一员。既然民族文化财富不属于无产阶级，民族价值评判也就不属于无产阶级评判标准。工人阶级被排斥在民族文化之外是其痛苦根源，却也铸就了其尊严。他们的祖父曾被地主逐出家园以扩张领地；父辈被迫离开祖先生活数百年的村庄（或许自民族定居以来就居住于此），从而与传统彻底割裂；他们自己则被抛入大都市的动荡漩涡，卷入各种时代潮流，因经济波动在全国各地漂泊。工人阶级由此失去根基，比以往任何阶级都更彻底地摆脱了传统的桎梏。它几乎成为理性主义的化身——不因事物古老、传统或习以为常而视其为神圣，拒绝一切传统遗产，唯以斗争目标及实现手段为衡量标准。它欢迎一切新生事物，从中择取有用部分；传统民族特性对它而言只是亟待克服的局限。俄国工人从德国汲取理想，德国工人向比利时和俄国学习斗争方法，模仿英国工会运动与法国政治斗争；任何新思潮都立即引起关注——甚至常因新思潮的闻所未闻、与所谓民族文化财产和民族特性相悖而高估其价值。没有任何阶级能像无产阶级这样彻底摆脱民族价值评判——它被资本主义破坏力解放了传统的束缚，被剥夺了享受民族文化的机会，在反抗一切历史遗留势力的斗争中崛起[46]。

然而，工人阶级愈趋理性主义，其直接对手资产阶级就愈热衷民族价值评判——尽管从资本家口中说出这种评判显得格外怪异。正是资本的力量摧毁了所有民族的传统特性，改变了每个民族的本质。资产阶级年轻时同样疏离民族价值评判，那时它鄙视历史遗留的废墟，梦想按照本阶级理性蓝图重建社会。但随着无产阶级力量的增长，资产阶级就像接受历史主义一样，越来越青睐民族评判方式。

无产阶级与资产阶级的斗争本质上是关于所有权的斗争。私有制在远古时代曾体现"按劳分配"的原则，但在资本主义工厂中已异化为"占有他人劳动成果"的制度。即便如此，它尚未完全丧失意义——生产资料所有权不仅意味着对剩余价值的索取权，还包含着组织生产的社会职能。然而这种职能也日益与所有权分离：在股份公司、卡特尔、托拉斯和银行体系中，所有者完全丧失社会职能，不再参与劳动管理，

---

[46] 或许有人诧异我将无产阶级称为理性主义的化身——毕竟无产阶级的理论即马克思主义，正是反对社会科学中的理性主义，教导我们理解现存事物的历史条件性。但此处需明确区分：马克思教导科学界从历史依存性和条件性把握现存与生成之物，但从未因证明某事物具有历史渊源就使其免于理性批判或为之辩护。他对"历史法学派"荒谬论的批判比任何人都尖锐！正是马克思从历史维度让我们理解了无产阶级理性主义的生成！

仅保留对他人劳动成果的索取权。至此所有权彻底异化：从保护劳动者对劳动产品的占有，蜕变为纯粹的剥削凭证。所有者不能再以社会职能自辩，其权利依据只剩历史继承——除了历史传统赋予的合法性外，已无其他权利基础。

年轻的资产阶级曾反抗传统国家制度；而衰老的资产阶级畏惧民主，将君主制与官僚体系视为对抗无产阶级的盟友。年轻的资产阶级构建"理性国家；"衰老的资产阶级则捍卫君主制的历史权利。

因此，当今资产阶级珍视一切历史遗产，因其统治仅凭历史传统维系；既然珍视历史，自然也珍视我们身上的历史印记——民族性。它日益成为民族特性的捍卫者，愈发认同民族价值评判，相信通过证明现存制度源于民族特性且维系民族特性所需，就能为其辩护。当代资产阶级理论家重提守护民族特性是道德义务，民族唯心主义死灰复燃，法学与经济学领域历史学派统治大学讲堂，小说与艺术热衷民族特色——这些现象绝非偶然。

民族价值评判与理性主义评判源于人性的不同侧面，必然共存于每个人内心相互冲突。但这一内在矛盾通过阶级斗争转化为社会的外部对立。民族评判日益成为统治阶级的价值观，理性评判则成为工人阶级的价值观。不同的价值观必然催生不同的政治路线。

13. 民族政策

我们最重要的任务之一，是要严格区分那些被统称为"民族政策"却又相互混杂的不同意志取向。这项工作必须在此展开——甚至在讨论民族与国家关系之前就应开始。

价值评判催生意志。若我认为民族特性（无论其具体形态）具有价值，就会产生维护这种特性的意志。因此民族价值评判催生民族政治——此处指为保存民族特性而有计划的协同行动。为区别于其他同样冠以"民族政策"之名的意志取向，我们可称其为"保守型民族政治。"它是保守的，因其旨在维持现状的民族特性；它也是保守的，因其实质上总是统治阶级和有产阶层的政治——这些阶级天然倾向于维护现存社会秩序。

民族特性与社会制度紧密关联。一方面，每种社会制度都塑造特定的民族心理结构：资本主义民族的特性本质上不同于封建民族；另一方面，特定民族特性的存续又是特定社会制度的前提——例如群众特定的精神结构是专制官僚统治的前提，当这种民族心理发生变化时（无论缘何），该统治便难以为继。既得利益阶级必须维护作为其权力根基的民族特性；他们声称要维持权力和社会制度，只因这是保存"宝贵"民族特性的唯一途径。资产阶级维护工人的奴性、"该死的无欲无求"及对苦难的逆来顺受，因这保障了剥削可能；却伪称维护对工人的统治是为保持所谓的"节俭美德"、"虔敬信仰"及"劳资间的家长式关系。"这就是保守型民族政治的内在虚伪：它假装为民族特性而维护社会制度，实则为巩固特权、权力和剥削而维护民族特性。

但民族能否完全摒弃维护特性的冲动？这难道不类似生物体的自保本能吗？文化世界主义不满足于保存民族特性，而要从所有民族汲取精华——这会否危及民族独特性的存续？难道它不会将人类推向单调混沌的深渊，吞噬所有民族多样性？

对此我们多次援引"民族统觉"现象加以反驳。历史上各民族不断吸收异质文化元素：古日耳曼人先后受高度发展的凯尔特文化和罗马文化影响；基督教带来东方、希腊和罗马文化元素；领主制时代南法文化影响深远，十字军东征又引入意大利和东方元素；资本主义商品生产伴随意大利人文主义和文艺复兴的冲击；随后几个世纪法国影响显著；新兴市民阶级受古希腊文化及法、英、荷科学与艺术熏陶；19世纪连异洲文化都丰富了我们的文明宝库。然而民族特性从未因此消亡！这正是民族统觉的作用：任何民族吸收外来元素时都会加以改造，使其适应自身特质，在消化过程中赋予新形态。法式文化元素被英德两国吸收后，在两国思想界呈现完全不同的形态。物质文化内容的趋同绝不意味着民族独特性的消失。尽管当代各民族相互学习的速度与规模空前，但民族特性意识之强烈，恰是史无前例的。

即便不考虑外来影响，民族特性本身也在持续变迁，但这从未使民族丧失其区别于其他民族的性格共同体特质。19世纪对德意志民族特性的改造何其深刻！我们仅以其中一方面为例：

当西方各国资产阶级与专制国家和容克阶级展开激烈斗争时，德国因经济落后和政治压迫使资产阶级难以抬头。斯塔尔（Staël）夫人曾言，在德国若不关心天下大事便无事可做。当时德国知识界吸纳了时代全部智慧：荷英法发展出的现代自然科学、法英政治学说及由此衍生的哲学都在德国被吸收。但这些西方概念在德国的消化过程与法英截然不同——德国尚未展开的阶级斗争使思想界无需偏离原则；也不像革命后的英法那样迫于实践需要而妥协。因此德国成为系统化思考原则、彻底推演结论的典范国度。这种土壤孕育了我们的哲学，催生了那种严密的理性主义——它认为唯有将行为纳入宏大目的体系才能证明其正当性。唯有在德国，费舍尔才会断言"不研读黑格尔逻辑学就无法从政。"这种思维不仅限于知识精英，还通过教师、牧师、报刊和政治鼓动渗透到大众之中。正如费希特所言："显而易见且公认的是，这个时代的所有努力都在于驱散蒙昧感觉，确立明晰认知的统治地位。"若不理解这种时代特性，就无法理解1848年革命。

至今德国工人仍保留着这种思维痕迹，印证了恩格斯的名言：德国工人是德国古典哲学的继承者，德国社会主义者是康德、费希特和黑格尔的后裔。

但资本主义及容克资产阶级主导的君主立宪制彻底改变了德意志民族的这一特质。枯燥的经验主义与历史主义、对琐碎研究的沉迷、对成功的崇拜、以及马克思所言"将眼前所见当作现实"的实用政治，已成为当代德国精神文化的标志。资产阶级理性主义不复存在，无产阶级理性主义被资产阶级通过国家机器压制——任何"思想可疑者"都被排除在实践领域之外。与当今德国知识界精神相通的，反是19世纪30-40年代的俄国知识分子。这种民族特性的转变绝非仅限于知识阶层，新思潮正通过多种渠道渗入大众。德国社会民主党内的修正主义便是其产物：它源于对一切"不实用"原则的背离，源于取代旧理性主义的投机政治，源于那种不再将行动视为实现理论确认之终极目标的手段，而仅以眼前微小成效为正当性依据的思维。

短短数十年的资本主义发展就如此深刻地重塑了民族特性。但德意志民族因此丧失特性了吗？德国人因此变成英国人或美国人了吗？民族特性的变迁绝不意味着特性的消亡。

由此衍生出另一种民族政治的构想。我们不应强求后代模仿当代人，而应确保子孙通过性格共同体结成民族。但未来构成民族的范围将有多广？通过有计划地协作使全体民众共享民族文化共同体、受民族文化塑造从而形成民族性格共同体——这同样堪称民族政治。为区别于已知的保守型民族政治，我称之为"演进型民族政治。"称其为"演进"的，首先因其摒弃了"维持历史形成的民族特性不变"的陈旧观念，代之以民族性格发展进化的新认知；更深层的"演进"意义在于：它不仅要推动民族特性发展，更要使全体民众发展为真正的民族[47]。这不仅关乎民族的发展，更是全民向民族形态的演进。

这种演进型民族政治正是现代工人阶级的政治路线。工人阶级推行此政策非为民族，而为自身解放。但由于无产阶级必然要争夺其劳动创造并赖以生存的文化财富，该政策客观上必然促成全民参与民族文化共同体，从而使民众整体发展为真正的民族。

无产阶级的民主政治已服务于该目标。普选制成为民族发展的强大杠杆，迫使各政党争取最底层的短工，在宣传纲领时将民族文化片段传递给大众。出版、集会与结社自由为文化影响大众提供了可能。工人组织中的目标明确的协作，

---

[47] 此处"进化论"一词显然与"革命"并不对立。革命作为骤然的剧变，只是发展的特定方法、手段和演进阶段。

将工人从仅满足劳作、睡眠与原始感官享受的生存状态中解放，即便有限度地，也使其接触到民族文化元素。

无产阶级的教育政策具有相同功效。国民教育始终是工人阶级的关切，却日益被资产阶级漠视甚至猜疑。而每所新学校的建立，都是对民族疆域的新开拓！

但比民主政策与教育政策更深刻的，是其经济政策的间接影响。

保守型民族政治支持经济反动政策。小资产阶级（尤其是农民）被其视为民族特性的守护者。农业保护政策常需借助民族价值评判作为辩护工具。

农民深陷于其部落与村庄的狭隘传统之中，固守旧俗，敌视一切新生与异质事物。若说农民最难被异族统治同化——阿尔萨斯农民未成法国人，特兰西瓦尼亚萨克森人未变马扎尔人——这正源于其顽固保持的地域与部落特性：他们保存的并非德意志性，而仅是阿尔萨斯性或萨克森性。虽然阿尔萨斯与特兰西瓦尼亚萨克森农民的文化确有共性，但数百年来沉积的新文化早已覆盖了祖先遗传的共同底色。数十年前我们尚可断言：德国农民本质上不属于民族，因其未参与德意志文化共同体，与民族的纽带只剩被历史发展掩埋的血缘与传统联系——那源自共同日耳曼祖先的遗产。企图维持农民这种状态，实则阻碍着覆盖全民的民族文化共同体的形成。

当资本主义开始改造农业时，情形截然不同。它将部分农村人口转化为产业工人，使农家子弟摆脱地域束缚，更强烈地接受统一民族文化影响；同时深刻改变留居农村者的本质——迫使农民转向集约农业，使其成为与其他商品生产者无异的纯粹农业经营者。现代农民参与合作社管理、根据市场需求调整技术、阅读报刊、加入"农民联盟，"其作为民族文化共同体成员的意义已与往昔判若云泥。

维护旧式农民阶层、阻挠资本主义变革者，实际阻碍着民族向紧密文化共同体的聚合。德意志帝国的粮食关税可视为保守型民族政治的手段，而演进型民族政治必须摒弃之。

所谓"中产阶层政策"亦复如是。手工业者与小商人确曾充当民族文化共同体的载体——那是在商品经济萌芽期。但我们已知，唯有资本主义商品经济能瓦解封建旧秩序；也目睹资产阶级随资本主义发展分化为"有教养者"与"无教养者"阶层，小资产阶级由此被排除出民族文化共同体。汉斯·萨克斯的时代一去不返。如今小资产阶级与农民同样游离于民族文化影响之外：受资本主义压迫威胁，其工时之长、收入之微不亚于雇佣工人，却无缘享受无产阶级从阶级地位与斗争中汲取的文化养分——他们孤立劳作，不像工人在工厂协作；极少或完全不受组织生活的熏陶；缺乏工人自由迁徙带来的地域局限突破；未经历阶级斗争的文化洗礼。小资产阶级在全民向民族演进的进程中参与甚微，通往民族文化共同体之路，正铺设在资本主义摧毁的手工业废墟之上。

当无产阶级为自身利益反对人为维持旧式农民与小资产阶级时，它正是在推动全民向民族文化共同体发展——其阶级政策即演进型民族政治。

但无产阶级不愿阻碍资本主义发展这一事实本身还不够，它还必须确保资本主义发展的成果能为广大民众所用。工人阶级的社会政策正服务于这一目的：劳工保护立法与工会斗争。工资增长与工时缩短是让广大民众成为民族文化共同体成员的必要前提。因此，19世纪最伟大的民族壮举莫过于为缩短工时进行的英勇斗争——五一国际劳动节的伟大运动。

然而工人阶级深知，无论其斗争取得多大成就，在资本主义社会中永远无法充分享有民族文化。唯有社会主义社会才能使民族文化成为全民财富，进而使全体人民凝聚为民族。因此，一切进化论式的民族政策必然都是社会主义政策。

保守派与进化论者在民族政策上的对立，也鲜明体现在对民族内部地域及部落群体的态度上。从民族价值评判的立场出发，主张保留方言以对抗统一语言、维护传统服饰等特殊形态的做法看似合乎逻辑。但我们认为，这类民族内部的特殊性恰恰是文化共同体的障碍：对德语统一语言感到陌生者，便无法分享我们的民族文学、科学与哲学，传统文化无法塑造其精神，也不能使其融入德意志特性共同体。方言研究固然值得重视，地域特色带来的审美愉悦也不难理解；但切不可忘记，所有这些源于农民地域局限性的特殊形态——正被资本主义、雇工的自由迁徙、民主制度和现代学校有力消解着——都是民族文化共同体的障碍，更是民族统一的绊脚石。若保守的民族政策企图维护这些内部特殊性，那它实质上是反民族的：对一切传统特殊性的浪漫迷恋，只会撕裂民族的文化统一性。我们推行民族政策的方式，绝非不加批判地推崇和保留所有传统形态，而在于努力使每个民族成员都能内化民族文化，从而真正成为民族的产物与儿女。

II. 民族国家

14. 现代国家与民族

中世纪的国家建立在封建制度之上。封臣必须向领主履行军事效忠义务并随侍宫廷，作为回报可获得封地。这种基于习惯法而世代相承的双边关系，构成了中世纪国家的根基。德意志国王是诸侯的封君，诸侯则是其他自由领主的封君。因此国王召集诸侯、诸侯召集自由领主履行军事义务和宫廷侍从职责；在封建法庭上，国王审判诸侯，诸侯审判自己的封臣。军队与司法体制皆源于封建制度；而军事与司法几乎涵盖了中世纪国家的全部职能——这个时代的国家除了维持内外和平之外，并无其他职责。

现代国家是商品经济的产物。只有当劳动产品转化为商品并通过货币流通时，社会劳动产品的一部分才能以税收形式维持国家运转，使国家得以建立雇佣军队和领取薪俸的官僚体系，从而摆脱封建束缚。

但现代国家的诞生与民族国家无关。资本主义商品经济最早萌芽的意大利，正是现代国家的发源地。那些富庶的意大利城市共和国是最早的现代国家形态，统治阶层的资本家首次懂得将国家作为资本主义利益政策的工具。然而伴随现代国家出现的雇佣兵制度，很快催生了依靠武力建立的军事化小邦国。任何有财力雇佣军队者，都可尝试自立为小国君主；这笔投资物有所值——暴君用武力迫使臣服的市民成为纳税群体，不仅要供养军队，还得补偿其建国成本。意大利无数小邦国的建立不再依赖封建法理，而是赤裸裸依靠武力。这些军事专制政权与城市共和国同样具有现代国家特征。由于臣民的纳税能力是其权力源泉，暴君必须满足市民阶层的经济需求，必须动用国家手段促进资本主义剥削；这是真正的现代国家，其特征不仅在于全体公民直接隶属于国家，更在于国家职能的普遍性——不再局限于维持和平，而是有计划地推行促进资产阶级经济发展的内外政策。

现代国家的形成过程耐人寻味。有钱就能靠雇佣军建国；而用武力统治国家者，通过掌控臣民的纳税能力维持统治。因此现代国家最初并无自然疆界。它不必局限于城市范围，但也未形成民族大国。正是这种形态将意大利撕裂为众多大小邦国，使其后来沦为西班牙、法国和奥地利异族统治的牺牲品。

因为西方各大民族的现代国家发展走了另一条道路。这里的变革依托于封建国家的原有组织：封建国家的最高权力中心——王权，成功为民族王权的古老法律机构注入了新内容。曾是封建国家顶端的王权，懂得利用商品经济的新手段，依靠领薪官僚和雇佣军镇压封建领主，使其作为臣民服从国家，从而大规模实现意大利城邦小国模式的升级。法国这一进程始于"普罗旺斯巨额嫁妆"（但丁语），即阿尔比派战争期间法国王室对南法的征服。到腓力六世时期（1328-1350年），大采邑仅剩佛兰德斯、勃艮第、吉耶讷和布列塔尼；新封爵已非独立诸侯，而是臣服于王权。此时王权开始将伴随货币经济兴起的税收、官僚和雇佣兵制度转化为统治工具。它建立直属国王的常备军，军官均由国王任命；三级会议被迫批准"永久军税，"即不再限于战时短期征收，而是持续缴纳以维持王室军队；同时国王严禁贵族向臣民勒索佣兵费用，违者严惩。贵族反抗虽引发多次叛乱，均被迅速镇压。很快国王就能用永久军税维持七八千人的常备军。这个开端虽微不足道——其意义在路易十一时代显现，他镇压了相当于德意志大邦国规模的强大采邑，最终在法国建立起中央集权的民族统一国家。

德意志的现代国家形成则与法国完全相反。

德意志帝国源于加洛林帝国。在分割查理曼涵盖罗曼与德意志地区的庞大帝国时，民族边界绝非划分标准。但最终在西部与北法接壤处，帝国疆界与民族边界大致重合。这源于法兰克人在罗马文化定居区与日耳曼人原生聚居区之间的巨大文化差异——体现在农业、土地分配、宪法和法律等领域。这种文化差异必然影响分国界线；由于定居罗马故地的日耳曼人已与高卢罗马化凯尔特人融合，而原生聚居区的日耳曼人保持民族特性，西法兰克王国必然演变为法国，东法兰克王国则成为德意志。

但这远非德意志民族国家的形成。被加洛林王朝镇压的部落王权，很快以部落公爵形式复兴。最强大的部落公爵通过武力或条约迫使其他部落承认其德意志国王地位，于是法兰克尼亚、萨克森、施瓦本公爵相继成为德意志国王。统治阶级贵族总体上支持王权——对采邑领主而言，远方的国王比邻近的公爵威胁更小。而当外敌威胁各部族时，王国总能证明统一指挥全国骑兵的价值：奥托一世在莱希菲尔德战胜马扎尔人，巩固了对整个东法兰克的统治；康拉德二世唯有成功向斯拉夫人索回陈年贡赋后，才真正赢得萨克森人的臣服。

德意志王权此时已征服古老的部落公国，其统治主要依靠教会力量。教会诸侯无法像部落公爵那样建立世袭统治——主教区和修道院的任免权完全掌握在德意志国王手中。国王们通过扶持教会势力来巩固自身权力，依托拥有广袤领地与众多封臣的帝国教会，最终粉碎了部落公国体系。这一进程始于比隆家族在萨克森建立公爵领地，终结于狮子亨利倒台后的重大变革：古老的部落公国被瓦解，取而代之的是诸多新诸侯领地。即便这些领主仍沿用公爵头衔，其权力已与昔日几乎完全独立于帝国的旧公国不可同日而语。当富强的教会不再甘于充当王权工具时，这种发展将德意志卷入教权与皇权的激烈冲突，但也阻止了帝国彻底分裂为若干独立部落公国。

当商品经济在德意志兴起时，初期似乎有利于帝国统一。城市成为统一运动的推动者，理论上国王本可借助城市力量扫平诸侯割据，建立统一的民族国家。但商品经济发展产生的中央集权化趋势，最终并未惠及帝国，反而强化了各邦国实力。

霍亨斯陶芬王朝是最早认识到商品经济对王权价值的德意志君主。但他们并未利用尚处萌芽阶段的德意志资产阶级，而是企图以意大利发达的货币经济为权力支柱。腓特烈一世和二世试图通过掌控意大利来获取资产阶级的税源。为实现这个目标，他们不断向德意志诸侯妥协让步：将城市统治权拱手让与诸侯，放弃王室最有利可图的权力。经过漫长斗争，霍亨斯陶芬的意大利政策终遭惨败。此时德意志王权再想收回让渡给诸侯的城市权利为时已晚——资产阶级与商品经济的发展反而增强了诸侯而非国王的实力。正如我们曾论述的，德意志诸侯最终将伯爵的公共权力与封建特权融合为对臣民的统一邦国主权。因此德意志帝国进入资本主义时代时，已成为松散邦联。尽管帝国曾为对抗胡斯派组建雇佣军，各等级也批准征收"普通芬尼"税，但皇帝始终未能像法国那样获得常备军与固定税收的授权。自查理五世时代起，帝国军队完全由各邦提供的分遣队组成，所谓"德意志民族神圣罗马帝国"除维持帝国法院的微薄"金库税"外，从未建立常规税收体系。帝国未能利用商品经济带来的新权力工具，发展红利尽归各邦所有。当资产阶级发展使德意志民族以全新形式凝聚时，帝国却分裂为无数互不关心的独立邦国，唯有兵戎相见时才会相互关注。同样的历史进程在西方造就了民族统一国家，在德意志却固化了政治分裂。

德法发展历程的对比表明：封建国家内部的权力分配差异，最终决定了现代国家是完成民族统一，还是导致领土分裂。因为欧洲主要民族的现代国家形成路径在于：当商品生产日益成为普遍社会形态时，封建国家势力得以赋予旧制度新的活力。封建国家内部的权力格局决定了究竟由国王还是诸侯能够建立以税收、官僚和雇佣军为基础的现代国家。这种权力分配的差异在当时自有其合理性，但今人视之不过偶然。现代民族不会容忍政治体制与时代需求脱节——即便这些体制在数百年前有其存在依据。因此 19 世纪民族国家形成时期爆发大规模体系变革，实属历史必然。

15. 民族原则

19 世纪传统国家体系的变革，始终以民族性原则为旗帜。每个民族都应建立自己的国家！每个国家只应包含单一民族！德国统一运动与意大利解放战争、希腊/罗马尼亚/塞尔维亚/保加利亚脱离土耳其统治、爱尔兰争取自治、波兰谋求复国、南美诸国脱离西班牙等斗争，都是实现民族性原则的不同表现形式。

这一现象如此显著，以致许多理论家将"建立独立政治共同体的意愿"视为民族的根本特征。如勒南（Renan）[48]和基希霍夫（Kirchhoff）[49]都认为：民族是愿意共同生活、捍卫并为之牺牲的人群集合。这属于民族的心理认知理论。但不同于将民族意识视为民族特征的理智主义理论，这种将政治统一意愿作为民族本质的学说属于意志论[50]。

我们对这种理论的质疑，与之前对心理认知理论的批判如出一辙。该理论同样未能解答核心问题：为何我们只愿与特定群体而非其他人建立政治共同体？其谬误还在于：并非所有渴望共同生活者都能构成民族（比如认同奥地利存在的

---

[48] 勒南（Renan）《何谓民族？（Qu'est ce qu'une nation?）》，巴黎 1882 年版。

[49] 基希霍夫（Kirchhoff）《关于"民族"与"民族性"概念的阐释（ Zur Verständigung über die Begriffe "Nation" und "Nationalität"）》，哈勒 1905 年版。

[50] 现将已讨论的民族理论分类如下：形而上学的民族理论（民族唯心论与民族唯物论）；心理学的民族理论（心理认知论与心理意志论）；经验主义的民族理论（仅罗列民族"要素"）。我们则基于唯物史观，提出将民族视为"命运共同体塑造的性格共同体"的理论。

捷克人并不因此成为"奥地利民族"），也非所有同民族者都追求政治统一（瑞士德裔和奥匈帝国许多德意志人并无实现民族统一的愿望）。

将民族国家视为常态、多民族国家看作例外的观念，已导致政治术语的严重混乱。"民族"常被等同于全体国民或经济区居民。在德国，"民族政策"指向现有阶级国家提供军备拨款；在法国则指向殖民扩张与复仇政策。"国民经济学"研究的并非跨境民族（如所有德意志人）的经济活动，而是特定经济区（包含多族裔的德国领土）的经济运行。所谓"保护民族劳动"也仅针对本国经济区的劳动者。这种概念混淆了民族与国家/经济区人口的本质区别[51]。

在探讨民族与国家关系时，理论界往往简单断言"每个民族都渴望建国"是"天经地义"的。但这恰恰是科学需要解答而非回避的问题。我们必须追问：为何人们认为"单一民族建立独立政体"具有天然合理性？民族原则显然包含双重诉求：一是摆脱异族统治的"民族独立"要求（"每个民族都应建国！"），二是克服地方割据的"民族统一"要求（"全民族统一建国！"）。现在需要解释的是，这些诉求如何在 19 世纪产生并强大到足以颠覆传统国家体系。

---

[51] 关于"人民（Volk）"与"民族（Nation）"的区别，参见前引 F·J·诺伊曼著作。

民族国家运动最初确实源于反抗异族统治的诉求。当异族统治意味着全民族的压迫与剥削时（如塞尔维亚革命），反抗动机不言自明。土耳其统治者通过民族与宗教的严格区隔，对作为"拉雅（Rajah）"（牲畜般的存在）的塞尔维亚农民实施军事封建压迫：攫取大部分劳动成果、征收人头税、禁止佩剑或骑鞍马。一旦土耳其帝国衰败与俄国干预创造契机，被压迫民族必然揭竿而起。希腊的情况则显示：即便存在分享统治红利的官僚贵族阶层，但受西欧启蒙思想影响的资产阶级知识分子仍成为民族革命领导者——因为他们必然在新国家获得统治地位。

但当异族统治未损害（甚至改善）民众经济地位时，情况则完全不同。波兰起义最初只是贵族（什拉赫塔（Schlachta））的叛乱，因惧怕恢复农奴制而遭遇农民抵制。这类民族革命本质是被压迫民族统治阶级的复辟运动，因为丧失国家意味着丧失其统治地位，而广大劳动者在民族国家中的处境可能更糟。然而即便在此类情况下，民族国家意识仍会在群众中扩散。拿破仑统治下的德意志同样呈现这种矛盾：法国统治虽然废黜了德意志本土统治阶级，却给民众带来《拿破仑法典》等革命成果。但令人费解的是，解放战争仍发展为全民运动——为何民众会反抗未损害其利益（甚至改善其处境）的异族统治？为何他们仅仅是用新主人替换旧主人？

小市民、农民和工人在任何国家——即便是民族国家
——都处于异族统治之下，受地主、资本家和官僚的剥削压
迫。但这种统治被巧妙掩盖，需要理性认知才能察觉。而民
族压迫则直观可见：当工人面对异族官员和法官时，当农民
子弟在异族军官指挥下服役时，当劳动者为外国资本家劳作
时，被异族统治的事实便赤裸裸地呈现，变得令人难以忍受。
民族统一的表象下，统治阶级尚能伪装成民族利益的代表；
但异族统治者直接撕破了这层伪装，使所有剥削压迫都变得
触目惊心。

更深层的原因在于：幼稚思维总是将灾难的直接实施者
视为根源。解放战争时期的德国农民不会思考是德意志诸侯
勾结反法同盟招致战祸，他们只看见法国士兵蹂躏家园的暴
行。正如原始部落将肇事者等同于罪魁祸首，民众的仇恨自
然指向直观可见的外国侵略者。战争激发的全部怒火——对
子弟被杀、妻女受辱、田产被毁的愤懑——都倾泻在异族身
上，而非真正策动战争的本国统治阶级。这种仇恨成为追求
民族自由的原始动力。

反抗异族统治的诉求贯穿 19 世纪所有民族国家运动：
欧洲君主对法国革命的围剿迫使法国人民为保卫革命成果
而战，反法战争由此升华为民族事业；拿破仑征服德意志后，
阿恩特的反法檄文先于申肯多夫的帝王颂歌响起；意大利统
一运动、爱尔兰独立斗争、巴尔干斯拉夫人解放战争无不如

此。"青年欧洲"的民族自由理想正源于这种对异族统治的仇恨。

民族统一的诉求同样萌发于这种仇恨。只有凝聚全民族的强大政体才能杜绝异族统治的威胁。正如特赖奇克（Treitschkes）所言"诸侯割据导致全民奴役，"德意志人因而渴望建立统一强大的帝国。民族分裂被视为招致外侮的祸根，统一则被想象成抵御压迫的盾牌——这种认知虽未触及阶级压迫的本质，却成为推动历史变革的澎湃激情。

然而，推动现代资本主义发展的力量同样朝着这个方向发挥作用。资本主义需要庞大且人口稠密的经济区域；资本主义发展的必要性因而与民族的政治分裂相矛盾。如果资本主义国家之间能通过自由贸易相互联系、融合为一个经济区域，资本主义或许能够容忍民族分裂为多个独立国家。但实际上，在资本主义世界中，国家几乎总是成为一个相对独立的经济区域：通过关税保护、税收政策、铁路运价体系以及法律差异，国家间的商品交换受到限制。一个国家生产的大部分商品也用于满足该国消费者的需求。因此，资本主义对大型经济区域的渴望转化为对大型国家的渴望。让我们尝试概述 19 世纪推动大国发展的原因。

一个经济区域的人口越多，生产某种商品的企业的数量和规模就可能越大。众所周知，企业规模意味着生产成本的降低和劳动生产率的提高。但更多同类企业的存在也具有相同效果：一方面，企业内部可以实现分工和专业化，从而显著提高劳动生产率。例如，毫无疑问，北美美国工业的飞速发展在很大程度上得益于其经济区域的规模，这使得比欧洲国家更深入的分工成为可能。另一方面，大量同类企业的并存降低了生产设备更新和维修的成本：在兰开夏郡，纺纱厂彼此相邻，所有企业共用维修车间，所需的维修成本远低于那些必须自行维护维修车间的独立纺纱厂。同样，当染色、整理等前期和后期工序能同时为多家同类企业服务时，其成本也会更低。最后，更多同类企业的存在使得交通设施的改进成为可能，从而进一步降低生产成本：在工厂密集的地区，运河和铁路得以修建，而这些交通设施若仅为少数工厂服务，要么无法修建，要么因使用强度较低导致单位运输成本更高。此外，从工厂经理到技术工人的招聘成本，在拥有大规模工业的职业学校服务的地区也远低于仅为少数企业填补相对有限岗位的地区。生产废料的经济利用也只有在大型工业提供足够数量废料的情况下才成为可能。

不仅如此！如果兰开夏郡是一个庞大经济区域的一部分，它就可以将资本和劳动力集中投入到那些具备特别有利条件的行业：棉纺和织造、机械制造和煤炭开采。它将大量生产这些商品，并通过生产规模提升劳动效率；而其他需求则通过交换其产品来满足。相反，如果该郡是一个独立的经济区域，与联合王国其他地区的贸易往来有限，它不仅只能以更小的规模生产棉纺织品、机械和煤炭（从而降低这些行业的劳动生产率），还必须通过自身生产满足其他需求，将劳动力投入到自然条件不利的行业。相同的劳动投入将带来少得多的商品回报。对任何经济区域而言，将劳动集中投入到自然条件更有利的行业，并通过交换获取其他商品，比自行生产所有满足消费者需求的商品更为有利。

在直接商品生产中，我们发现大型经济区域具有双重优势：首先，劳动生产率通常随生产规模扩大而提高；其次，各地区通过自由贸易比自行生产所有商品更能充分满足需求[52]。然而大型经济区的优越性不仅体现在生产优势上，更在于资本流通的稳定性。

单个邮筒每日投信量充满偶然性，但整座大城市的投递总量却惊人地稳定——某个站点的偶然超额总被其他站点的不足所抵消。村庄的自杀事件看似毫无规律，而全国统计却呈现精确的周期性——局部波动在整体中归于平衡。这个"大数定律"对资本流通至关重要：小国可能因冰雹火灾打乱资本循环，而大经济区总能通过区域互补化解局部危机。当

---

[52] 需特别注意：我们探讨的并非"土地集约化生产能否提高劳动生产率，"而是"多个地区合并为统一经济区能否提升劳动效率。"因此土地收益递减规律、地租上涨影响等问题不在讨论范围内。

小国某地突发需求时，全国企业立即面临资金短缺与利率飙升；大国却因资金池深厚而波澜不惊。反之，小国局部市场停滞会立即引发全国流通梗阻，而大国对区域性扰动几乎免疫——只有影响整个资本主义经济的规律才能撼动其运行态势。

这些优势如此显著，以致小国永远无法维持完全独立的经济体系。即便实行最严苛的贸易保护，它们仍不得不开展国际贸易。但小国的对外贸易面临重重障碍：货币制度、税收法规、民商诉讼等差异构成天然壁垒。各国自成信息体系，导致对外国市场的了解永远不及本土。只有大国能统筹交通体系与铁路运价政策，而多小国共管的铁路线往往徒增运输阻碍，无法通过系统运价政策促进经济发展。

各国试图通过各类条约克服这些障碍：货币同盟、贸易协定、关税联盟、司法互助协议、商标专利保护公约、跨国铁路运价协定皆为此设。但小国在缔约谈判中仍处劣势。

"小规模经济区的外贸占其生产比重较大，故对其至关重要；但对贸易对象国而言，该贸易量相较其产量微不足道。因此小国更难在条约中维护利益，更难促使他国调整贸易政策以适应其需求[53]。"

---

[53] 许勒尔（Schüller）《保护关税与自由贸易（Schutzzoll und

小国不仅在经贸领域，在政治上也处于弱势。资本主义扩张始终需要国家武力护航：若无国家战舰为后盾，德国资本如何敢赴海外谋利？德国商人怎敢开拓异域市场？无法为海外公民提供充分保护的小国，在资本家眼中只是残缺的统治工具。更何况小国行政成本通常更高——在同等条件下，大国行政效率更优，税负压力更轻。

19 世纪各民族亲眼目睹了大国的优势：法国自废除省际关税后经济腾飞的事例尽人皆知。难怪德意志和意大利人强烈渴望建立统一的大经济区。

于是我们看到德国资产阶级率先推动建立统一经济区：在李斯特领导下争取关税同盟和全德铁路系统。1833 年普鲁士、黑森诸邦、巴伐利亚、符腾堡和萨克森组建关税区。1847 年中断多年的统一法律重现——极具象征意义的是，首部全德通用法律竟是《德意志汇票条例》，随后《德意志商法典》也推广至各邦。

然而大经济区的优势仅解释了德意志人追求大国地位的动因，为何偏要以民族边界作为国界？这里经济需求与政治变革的影响相互交织。

Freihandel）》，维也纳 1905 年版第 247 页。

我们已多次论及：当资产阶级与传统国家制度斗争时，它总是理性主义的——历史传承的法理依据毫无价值，现存事物必须在资产阶级阶级理性的法庭上自证其合理性。这个与专制国家抗争的阶级，其领袖遭禁锢、子弟被监禁、言论受钳制、著作被查禁、结社遭取缔，自然蔑视历史遗留的国家体制，转而追寻"自然国家"与"理性国家。"拿破仑时代的大变革更强化了这种对历史遗产的轻视：吕内维尔和约让众多德意志小邦黯然消亡，幸存者何以独存？当维也纳会议重绘欧洲地图时，用陈旧器具阻碍发展岂非荒谬？于是"自然国家"理念勃兴。但何为国家的自然疆界？

此时，资产阶级发展传播的、经拿破仑战争强化的民族意识，将民族指认为国家"自然"基础，并升华为民族原则："每个民族建一国！每国只容一民族！"对地主农民而言，领土是立国之本，自然疆界即国界；但对资本主义时代的市民工人来说，国家首先是实现目标的人类组织——区隔人群者自当划分国界。国家从外部施令，民族却内在于我，是命运塑造的性格中活跃的力量。民族似自然造物，国家如人工制品。当传统国家既不能抵御外侮，又难满足大经济区需求时，改造人工制品以适配人类历史的自然产物——民族——岂非顺理成章？多民族国家的语言障碍与民族仇恨，不正是其反自然性的明证？在国界内凝聚民族特性共同体，岂非最自然合理的安排？

赫尔德对此有清晰表述。民族是自然生长的植物：

"民族既是自然的植物，也是家族的延伸。违背政府宗旨者，莫过于国家非自然的扩张，以及将不同人种粗暴糅合于同一权杖之下[54]。"

让我们解析这段话的深层逻辑。其核心显然是要求作为人类意志产物的国家必须顺应自然。这是卢梭时代对斯多葛派"遵循自然"原则的复兴。自然永恒不变，国家变动不居，故国家须顺应自然要求。而民族恰是自然的造物[55]，因此国家必须追随民族，将整个且唯一的民族政治性地统合起来。

"民族是自然造物，国家是人工产物"这一命题是否正确？对我们而言，这种区分已失去原有意义。自柏拉图、亚里士多德以来存在的政治理性主义（视国家为按理性要求构建的人工产物）与政治自然主义（认国家受永恒法则支配的自然产物）的对立，已被现代认识论所超越。如今我们明白

---

[54] 赫尔德《人类历史哲学观念（Ideen zur Geschichte der Menschheit）》第 9 卷第 4 章。

[55] 按赫尔德的理解（狭义的自然观），民族是血缘共同体。但即使我们将民族视为人类通过生存斗争（不仅依靠自然遗传，还包括文化遗产传承）形成的产物，这一理论框架仍具有根本适用性。

这只是视角差异而非非此即彼的选择。从事科学研究时，国家与其他现象一样是受规律支配的自然产物；我们的任务是探索国家兴衰存亡的法则。而从事政治实践时，国家当然成为人类意志的改造对象。科学虽能追溯国家形成的主观动因并预测未来政治意志走向，但这不改变其双重属性。民族同样如此：对科学家而言，它是命运共同体通过遗传特性和文化传承形成的自然产物；对政治家来说，它却是意志的造物——可通过行动改变民族特性或调整民族边界。既然国家与民族都兼具自然产物与人工产物的双重属性，赫尔德关于"人工国家应顺应自然民族"的论述是否还有意义？

必须从历史语境理解这个构成民族原则基础的观念。革命时代的资产阶级在与国家及整个传统法统斗争：专制国家保留封建行会制度阻碍资本主义发展；狭小经济区成为生产力桎梏；成熟资产阶级无法忍受政治经济监护；小邦国无力抵御外侮。因此资产阶级既要摧毁现有国家，又需要国家维护财产权——他们要求国家从压迫工具转变为统治手段。但新国家的疆界如何划定？资产阶级发现：即便废除一切现行法律，某些社会现象仍会存续——这些扎根于个体内在、不依赖外部权力的共同体就是民族。帕拉茨基宣称"捷克人在奥地利国家之前存在，在其灭亡后仍将存在，"正揭示了民族原则的核心：这种存在于每个个体中的共同体，独立于任何现行法律与权力。资产阶级的革命理性主义摧毁旧国家时，保留了这些内在共同体作为新国家的基石——他们将待改造的国家视为人工产物，而将持久存在的民族看作自然造物。这实质是外部权力与内部共同体的对立：革命资产阶级要求将敌对的外部权力转化为民族共同体的保护工具，正是民族原则的根源。

尽管这一原则在 19 世纪影响巨大，却未能完全实现。我们需要考察阻碍民族原则胜利的力量——那些维持多民族国家的因素，并研判这些力量能否持续阻挡民族国家取代多民族国家的历史趋势。这要求我们对多民族国家进行剖析。现在让我们转向观察欧洲最发达的多民族国家——奥地利。熟悉外国状况者自能辨别：以下讨论的社会现象哪些是奥地利特有，哪些是多民族国家的共性。

III. 多民族国家

16. 奥地利作为德意志国家

奥地利国家是这场伟大运动的产物——这场运动将德意志农民子弟从日益拥挤的故土，引向东北与东南方向。正如普鲁士国家是东北殖民的成果，奥地利国家则是东南殖民迟熟的果实。

现今奥地利境内的德意志殖民呈现多元面貌：今日德语阿尔卑斯山区的垦殖，不同于南方斯拉夫农民臣服于德意志领主的模式，亦有别于德意志文化渗入波希米亚、波兰与匈牙利的进程。

即便是开拓阿尔卑斯地区的巴伐利亚殖民者，面对的也非无人之境。罗马行省雷蒂安（Rhätien）、诺里库姆（Noricum）与潘诺尼亚（Pannonien）的居民（主要为罗马化的凯尔特人），确有不少挺过民族大迁徙的动荡。此外，伦巴第人撤离潘诺尼亚后，斯拉夫部落迁入此地——最终唯有他们保留了"文德人"或"斯洛文尼亚人"这个原本泛指所有斯拉夫人的称谓。这些斯拉夫人曾广泛定居于现今德语阿尔卑斯山区：在蒂罗尔的普斯特河谷直至西利安与利恩茨之间，在萨尔茨堡的加斯泰因山谷及拉德施塔特以南，在克雷姆斯与施泰尔河谷直至 11 世纪仍有留存。[56]

但稀疏的凯尔特-罗马与斯拉夫人口无力守住这片沃土。德意志农民未遇抵抗便开始了垦殖：大批巴伐利亚人为主，法兰克人、施瓦本人、萨克森人辅之。殖民者逐渐淹没原住民，后者接受更高的日耳曼文化而德意志化。由帕绍与萨尔茨堡等德意志主教区传播的基督教，在此也成为同化异族的工具。短短数世纪间，凯尔特-罗马与斯拉夫民族性在此完全消逝。

唯有在斯拉夫人定居稀少的地区，他们才彻底融入德意志民族；聚居区则另当别论。斯洛文尼亚人自潘诺尼亚沿河谷渗入阿尔卑斯山区，越是上游定居越稀疏；反之德意志人自西北涌入，其势力在多瑙河支流上游最强，向南渐弱。因此东南部的斯拉夫人保存最完整；西北方向德意志化程度递进。现今人口普查数据仍清晰印证这点——蒂罗尔、萨尔茨堡、上奥地利已无斯洛文尼亚人；克恩滕占 25.08%，施蒂利亚达 31.18%，而克赖因高达 94.24%。

然而，即便在斯拉夫人密集聚居的地区，德意志殖民也

---

[56] 斯特拉科施-格拉斯曼（Strakosch-Grassmann）：《奥匈帝国德意志人史（Geschichte der Deutschen in Österreich-Ungarn）》第 1 卷，维也纳 1895 年版，第 312 页及以下。

渗透了进来。即便农民没有德意志化，斯洛文尼亚农民也臣服于德意志领主的统治。这一进程始于查理大帝对阿瓦尔人的战争。795 年，卡兰塔尼亚最后一位斯拉夫公爵被废黜，巴伐利亚公爵开始统治这片土地。广袤的土地落入王室手中：它们被赐予修道院、教会机构、世俗贵族以及王室和教会的臣仆；这些新领主引入德意志殖民者，建立德意志庄园。约811 年，查理大帝划定了帕绍和阿奎莱亚大主教辖区的边界；德拉瓦河成为德意志教会的边界，从而也成为基督教传教活动和德意志殖民者同化影响的界限。820 年，斯拉夫人反抗德意志压迫，但遭到镇压，本土贵族被剥夺土地，由德意志贵族取代。从此，斯拉夫农民也臣服于德意志领主。在斯拉夫土地上，庄园文化德意志化了：残存的本土贵族接受了德意志语言和习俗，逐渐融入德意志领主阶级。直至今日，克赖因的大地主仍是德意志人，而农民则是斯拉夫人；几十年前，贵族在该地区的统治仍意味着德意志人对斯拉夫人的统治。

我们从德意志民族的历史中了解到，在庄园制时代，统一的民族文化是领主阶级的文化。在这里，我们遇到了一个缺乏那个时代唯一能够创造和发展民族文化的阶级的民族。在斯洛文尼亚人身上，我们可以实验性地验证我们此前的论断。这里有一个民族，它不具备那个时代唯一能够承载民族文化的阶级。事实上，斯洛文尼亚人完全没有参与封建时代的整个文化发展。斯洛文尼亚农民并未形成民族文化共同体，而只是狭隘的地方性群体；维系斯洛文尼亚村庄的，并非民族文化的产生和持续发展，而只是在每个村庄贫乏的文化共同体中，那些从斯拉夫先祖继承下来的元素代代相传的惰性延续。这种逐渐被地方差异掩盖的共同性，与那些拥有领主阶级的大民族的强大统一发展力量和蓬勃民族文化生命相比，何其不同！有人称这样的民族为"无历史的民族,"我们沿用这一说法；但这并非意味着这些民族从未有过历史——因为斯洛文尼亚人在 820 年之前是有历史的——也不意味着如弗里德里希·恩格斯在 1848 年所认为的那样，这些民族根本无力进入历史生活，永远无法获得历史生命——因为 19 世纪的历史已彻底否定了这一观点。我们称这些民族为"无历史的,"只是因为在那唯有统治阶级能够承载民族文化的时代，它们的民族文化没有历史，没有发展。

斯洛文尼亚人保持了"无历史民族"的特征长达整整一千年。早期资本主义及其带来的政治、宗教和道德变革虽然也影响了他们，扩大了德意志民族的文化共同体。宗教改革时期，我们看到了斯洛文尼亚文学的萌芽；圣经和许多宗教著作被翻译成斯洛文尼亚语。斯洛文尼亚农民为"古老权利（stara pravda）"发动了大规模农民战争。但那些在德意志导致文化共同体萎缩的相同原因——世界贸易路线的转移、战争动荡、反宗教改革——也很快终结了斯洛文尼亚短暂的民族复兴。斯洛文尼亚农民再次陷入无文化的生存状态，直到 19 世纪，直到资本主义和现代国家通过解放农民、地方自治、教育和普遍兵役制，才将斯洛文尼亚民族从沉睡中唤醒，将其推上历史舞台，也为它提供了通过自身鲜活文化将大众凝聚成民族的可能性。但在庄园制时代，这种可能性并不存在：斯洛文尼亚人是农民，而领主只关心农民的徭役和赋税能否维持领主阶级的文化；农民的民族性对他们无关紧要。因此，南方的德意志领主阶级可以从斯拉夫农民的劳动中获取给养，正如其他地方从德意志农民或比如利沃尼亚的拉脱维亚农民的劳动中获取给养一样。对中世纪的历史生活而言，克恩滕、施蒂利亚和克赖因是纯粹的德意志地区。

与东南部地区截然不同，德意志大殖民运动在德意志帝国边境的民族国家——波希米亚、波兰和匈牙利——产生了完全不同的影响。在这些地区，德意志人并未同化或奴役当地民族，而是渗透进这些民族国家的肌体，引发了多重变革。

在波希米亚，德意志人以市民、农民和矿工身份涌入。城市殖民受到波希米亚国王的有意扶持：他们也意识到商品经济能为王权带来的新力量。由于德意志的商品经济发展领先于波希米亚，国王们便引进德意志商人和手工业者。这些德意志市民要么加入已有城镇，要么建立新城。11世纪时，布拉格就已存在德意志社区。13世纪，许多德意志城市获得王室特许状。随着矿业繁荣，波希米亚的德意志城市迎来新发展，招来的德意志矿工建立了一批纯德意志城镇。14世纪时，富商和上层手工业者几乎全是德意志人，而普通工匠、农民和城市无产者则多为捷克人。城市议会几乎完全由德意志人掌控。他们的财富和特权赋予巨大权力：掌控大学；主教座堂的圣职、主教区和修道院都由德意志人把持，只将微薄的教区职位留给捷克人。1437年胡斯派的一份论战文章生动描绘了德意志市民凭借财富获得的社会地位（或许不无夸张）：

"在波希米亚所有王室城市，谁是市长和议员？德意志人。谁是法官？德意志人。德意志人在哪里布道？在大教堂。捷克人在哪里？在墓地和民宅[57]。"

除市民殖民外，德意志农民也在波希米亚垦殖。自12世纪起，德意志农民在波希米亚边境地区开垦荒野，建立自由村庄和集市；或如奥托卡二世（Ottokar II）在萨兹（Saaz）和埃尔博根（Elbogen）地区那样，由国王安排他们在斯拉夫人聚居区定居。

波希米亚王室和贵族同样深受德意志文化影响。德意志领主阶级的高度文明，对波希米亚人的示范效应，犹如17世纪法国宫廷之于德意志诸侯。普热米斯尔王朝迎娶德意志公主为后妃，操德语交流；赖马尔·冯·茨韦特（Reimar der

---

[57] 引自帕拉茨基（Palacký）：《波希米亚史（Geschichte Böhmens）》，布拉格1854年版，第3卷第3册，第293页。

Zweter）、坦豪泽尔（Tannhuser）、乌尔里希·冯·蒂尔林（Ulrich von Türlin）等德意志诗人出入宫廷；波希米亚骑士模仿德意志骑士礼仪，采用德意志名号，崇尚德意志骑士艺术。

德意志文化在匈牙利和波兰的影响则弱得多。不过匈牙利同样存在各类德意志殖民形式：自 12 世纪起，萨克森农民迁居特兰西瓦尼亚；特别是在蒙古大军入侵后，德意志市民和矿工接踵而至。波兰则以市民殖民为主，所有大城市和多数小城镇都有德意志居民并施行德意志法律。

德意志文化向这些地区的渗透，使它们在文化上彼此接近并与德意志帝国趋同。这为它们联合成一个大国创造了可能。而这一可能性成为现实，则需从德意志帝国内部发展来解释。

我们在探讨德意志基于商品经济的现代国家形成时曾指出，德意志王权如何将建立"家族势力"作为要务——凭借其军事力量，本可将帝国发展成现代国家。我们看到霍亨斯陶芬王朝如何在高度发达的意大利试图建立现代国家，作为其帝国权力的基础。但这一宏图终遭惨败。霍亨斯陶芬为争取诸侯支持其意大利政策，不惜削弱王权传统权利的做法终成徒劳；随着腓特烈二世的陨落，以古罗马帝国理念支撑德意志王权的最后尝试宣告失败。虽然霍亨斯陶芬的大胆计划流产，但其追求的目标仍是每位德意志国王的必然选择。在分裂为无数邦国的传统帝国疆域上，已不可能建立能作为王权基础的强大国家。于是殖民地区成为德意志国王们唯一的希望。自霍亨斯陶芬王朝倾覆起，德意志帝国的重心便转向殖民领地，这一格局延续至今。

这种重心转移绝非偶然。文化上，殖民领地早已与本土趋同甚至超越。我们文学的第一个黄金时代，其丰硕成果正是源自几个世纪前德意志殖民者开拓的土地。但更关键的是殖民领地的政治优势。从一开始，殖民地的诸侯权力就比本土更集中。最初可能源于与殖民地农民份地更大的相同原因，后来则因边疆诸侯需要更强权力守护帝国边境。这种权力不像本土那样被大量豁免权分割。奥地利公爵们强势掌控境内教会，财政充裕，拥有众多臣属及依附骑士。早在腓特烈·巴巴罗萨时代，他们已是帝国最强大的诸侯之一。确保这种强大力量很快成为诱人目标。空位时期，普热米斯尔·奥托卡二世首次将奥地利领地与波希米亚合并，成为帝国最强大的诸侯。自此，通过将奥地利与波希米亚（或许还有匈牙利）联合建立大殖民帝国，成为德意志的未来出路：谁能整合这些强大力量，谁就能问鼎德意志王冠，甚至有望制服几近独立的帝国诸侯，重振王权。击败普热米斯尔家族后，哈布斯堡王朝瞄准这一目标：扎根奥地利后，他们顽强扩张领土，意图建立能确保其统治德意志的大殖民帝国。不久另一家族也确立相同目标：卢森堡王朝同样尝试。德意志历史由此进入两大家族的角逐。卢森堡家族先获成功，但哈布斯堡通过联姻继承了这位幸运对手的遗产。当阿尔布雷希特五世继承西吉斯蒙德皇帝，首次将哈布斯堡与卢森堡领地合二为一时，大殖民帝国初现雏形。哈布斯堡的权力由此稳固：自那时起，皇冠始终掌握在他们手中，直至神圣罗马帝国在资产阶级革命的动荡中黯然消亡。虽然波希米亚和匈牙利曾再度失去，但他们不断努力重接近乎实现的目标。当雅盖隆王朝的路易战死莫哈奇，波希米亚与匈牙利重归哈布斯堡版图并永久与奥地利联合。这个将南德意志殖民地与因深受德意志文化影响而依附帝国的波希米亚、匈牙利王国统一起来的大帝国，其存续由此获得了数个世纪的保障。

唯有从德意志自身的发展脉络，才能理解奥地利国家的形成；其存在的意义原本在于将殖民地的力量转化为德意志王权的支柱。这一目标一旦达成，依托如此强大的力量，德意志国王或许就能像西班牙、法国和英格兰那样，将古老帝国改造为现代国家——这种期望在当时看来未必过于大胆。但奥地利国家的奇特命运在于：它甫一诞生就面临另一项艰巨任务，这项任务将耗尽它的全部精力，使其永远无法完成促成它诞生的原始使命。这项新任务就是保卫基督教欧洲抵御土耳其人。哈布斯堡的阿尔布雷希特继承卢森堡王朝遗产后不过数年，君士坦丁堡便落入土耳其人之手。在与土耳其人的战争中，雅盖隆王朝的路易战死沙场，其遗产由哈布斯堡的斐迪南继承。三年后土耳其人兵临维也纳城下，匈牙利中部长期被土耳其占领，特兰西瓦尼亚总督作为苏丹的附庸统治着匈牙利东部。克罗地亚、内奥地利诸省，甚至波希米亚、巴伐利亚和萨克森都在土耳其的威胁下颤抖。正如恩格斯所言，在这些持续数个世纪的战斗中，"查理·马特的胜利在维也纳城墙下和匈牙利平原上被一次次重演。"通过这些战斗，奥地利获得了新的使命与意义。如果说它的诞生最初只是德意志王权的需要，那么它的存续现在则成为其治下诸邦自身的需求——只有联合起来，它们才感到足够强大以抵抗土耳其人。早在莫哈奇战役前，克罗地亚就已感受到需要依附哈布斯堡势力来对抗土耳其人。马克西米利安一世竞选匈牙利王位时，就得到克罗地亚伯爵们的支持。同一时期，克罗地亚伯爵尼古拉·弗兰科潘（Nikolaus Frangepan）从皇帝和德意志议会获得资金支持，以便"更好地为帝国抵御土耳其人服务。"1509 年，下奥地利五省的等级会议表示愿意援助克罗地亚人抵抗土耳其人[58]。1524 年（即莫哈奇战役前），"克罗地亚领主们"就将统治权献给斐迪南大公。同年斐迪南向"几位克罗地亚伯爵"提供可观资金援助，"以便他们度过这个冬天，更有效地抵抗土耳其人。"1526 年，斐迪南为克罗地亚提供骑兵和步兵支援以对抗土耳其人。内奥地利的等级

---

[58] 奥地利旧式官方文书所称"内奥地利"指施泰尔马克、克恩滕和克赖因三个公国；"下奥地利"则包括上下恩斯河两岸的大公国领地及上述三个内奥地利地区。

会议也多次援助他们抵抗土耳其人[59]。

　　土耳其的威胁如何使奥地利诸邦的联合——这一度只是德意志国王和哈布斯堡家族争夺王权的政治手段——变成各邦自身的迫切需要，从受威胁地区等级会议不断要求联合所有哈布斯堡领地的代表委员会共同筹备对土战争即可清楚看出。1502年，下奥地利五省等级会议的代表首次共同议事。1509年，蒂罗尔和前奥地利的代表也加入其中，与下奥地利各邦缔结攻守同盟。1529年斐迪南召集所有哈布斯堡领地代表在林茨开会；虽然计划中的会议因波希米亚的反对而流产，但受土耳其威胁的各邦代表不断要求再次尝试，甚至指责皇帝没有尽力促成此事。他们单独面对土耳其入侵时无力组织"有效"抵抗，因此必须拉拢波希米亚人。1537年匈牙利、1540年蒂罗尔和前奥地利的等级会议都要求召集所有邦代表共同议事。1541年确实举行了所有邦代表的共同磋商，旨在解放匈牙利摆脱土耳其枷锁[60]。整个等级联合运动的历史清晰地展现了奥地利帝国理念的第一次转变：奥地利存在

[59] 比德尔曼（Bidermann）在《奥地利整体国家观念史（Geschichte der österreichischen Gesamtstaatsidee）》（因斯布鲁克1867-1884年版）第2卷第198页及以下详细论证了土耳其威胁如何促使克罗地亚人紧密依附帝国。

[60] 比德尔曼（Bidermann），前引书，第1卷，第5页及以下；第2卷，第93页及以下。

的理由，不再是为了建立可能成为德意志王权基础的大殖民帝国，而是各邦自身为抵御土耳其人而要求联合。因此奥地利自诞生起就肩负双重使命：一方面是建立强大统一的德意志国家，另一方面是保卫基督教欧洲抵御土耳其人。但后一使命束缚了它数个世纪的力量，致使最初的根本任务始终未完成。德意志帝国最终成为统一国家，不是通过奥地利，而是在数百年后反对奥地利才实现的。1866年奥地利退出德意志邦联，正是这一发展的逻辑终点。

当奥地利进行持续数个世纪的对土战争时，其内部又面临一项重大任务：君主权力与等级会议之间的斗争。理解这场斗争的动力机制至关重要：因为它的结果决定了奥地利各民族两个世纪的命运，奠定了各民族间的关系格局——这种格局直到19世纪的快速发展才被颠覆，但至今仍对各民族的文化发展高度及其相互权力关系具有决定性影响。

哈布斯堡诸领地在统一时期所达到的国家形态，是等级制国家。这种国家形态是封建国家与现代国家之间的奇特过渡产物，它通过逐渐调整建立在封建关系和庄园制度基础上的封建国家体制，以适应基于商品经济的现代国家。在封建国家中，封臣有义务应领主召唤出席宫廷会议并提供建议。这种义务逐渐演变为权利——任何领主在改变封臣法律关系前，都必须听取建议并获得同意。随着领地主权的形成，"领主未经封臣和臣属（即领地权贵）同意不得制定新法"成为帝国宪法原则[61]。现代国家发展过程中，领主对等级会议的要求不断增加：但骑士阶层不会无偿增加军事义务，城市也不会轻易同意提高税赋。君主必须授予等级会议广泛权利，才能获得资源来巩固对封闭领地的统治，并借助雇佣军和官僚机构等商品经济的新手段来支撑权力。由此形成奇特的二元统治和双重行政体系：领主敕令与等级法律并存；诸侯军队与等级军队并立；领主行政系统与等级行政系统平行；领主财政收入与等级征税体系分立。当等级会议批准征税时，这是为特定目的提供的特别援助；领主在税收协议中需声明对等级会议的批准深表感谢，并承诺不再烦扰。征税工作也由等级行政机构负责。《贝格法律书》明确规定："税款分毫不入领主或其官员之手。"因此，领主与等级会议并非如当今君主与议会那样同属一个国家机构，而是本质上两个相互独立的最高权力在同一领土上并存。领地居民一方面是君主的臣民，另一方面又是等级会议所代表和统治的领地的成员[62]。

这种国家-等级双重统治状态是现代国家形成过程中的过渡形态，不可能长期维持。领主与等级会议之间的斗争必然爆发，其结果各不相同：或如法国那样君主彻底压制等级

[61] 1231 年帝国宫廷法庭裁定：诸侯须经"地方显贵"同意方可制定新法。

[62] 贝洛（Below）：《领土与城市（Territorium und Stadt）》，慕尼黑 1900 年版，第 248 页。

会议；或如英国那样等级机构被纳入国家成为议会；或如波兰和罗马-德意志帝国那样，等级会议获胜建立以虚位君主为首的贵族共和国[63]。

哈布斯堡领地同样具有这种特殊的君主-等级双重国家特征。当马克西米利安一世开始建立奥地利官僚体系（即由受薪官员管理的行政系统）时，立即遭到等级会议反对。但仅仅抱怨"博士和代理人"无济于事。等级会议很快决定建立自己的行政体系与之抗衡：原本由领地元帅和副元帅处理等级事务就已足够，现在则设立等级委员会，不久又形成专职的等级官僚群体。一个显著标志是：施泰尔马克等级会议于1494年、克赖因于1511年、克恩滕于1514年相继购置专用建筑作为等级行政机构的驻地[64]。1495年，施泰尔马克和克赖因开始建立等级税收体系。各领地等级会议自筹资金招募军队，由等级军官指挥并发放军饷，领主只能满足于等级军队提供数月的服役。当然，领主仍可自费组建完全听命于自己的军队。直到三十年战争初期，上奥地利和下奥地利的等

---

[63] 耶利内克（Jellinek）：《一般国家学（Allgemeine Staatslehre）》，柏林 1905 年版，第 317 页。

[64] 卢申 （Luschin）： 《奥地利帝国史 （Österreichische Reichsgeschichte）》，班贝格 1896 年版，第 277 页。

级军队还在与帝国军队作战[65]。

这种两个平等主权并立的局面在奥地利自然难以持久。君主们抱怨自己在等级会议面前的无力。1613年皇帝马蒂亚斯致信斐迪南大公称：他只能通过极度让步防止奥地利等级会议公开反叛；匈牙利总督为所欲为；波希米亚若不承认等级联盟就无法召开议会征税；摩拉维亚更像共和国而非公国[66]。在雅盖隆王朝统治下的波希米亚，国王与贵族的关系用一句双关语概括最恰当："您是我们的国王，我们是您的主人。"

那个时代的所有重大斗争，都由国家与等级会议的对立所决定。他们的斗争首先为当时中央集权与地方自治的对抗注入了实质内容。关于哈布斯堡领地之间应被视为君合国还是实合国的争论持续不断。但提出这个问题的人，其实误解了等级制双重国家的本质。就等级统治的权力范围而言，各领地之间根本不存在任何联合：每个领地都是独立国家，可以因特定目的暂时结盟，也能随时解除这种联合。而就君主权力的范围来说，同样谈不上联合：因为对他而言，所有领地构成一个统一国家——只要他在等级制双重国家中尚能行使权力——他就能实施一元化统治，尽管可能为不同领地

---

[65] 卢申，前引书，第464页及以下。

[66] 卢申，前引书，第336页。

设立特殊机构或因地制宜颁布不同政令。看似帝国统一与地方割据的斗争，实则是统辖所有领地、致力于统一的君主权力，与局限于单个领地的等级会议之间的较量。在这场斗争中，君主无疑是更强大的一方：所有推动强大奥地利形成的趋势，都在增强他的力量。这一点在军事领域表现得最为明显——唯有君主权力才能实现各领地对联合成帝国的期待。虽然等级会议间也会相互提供军队支援：1525 年农民战争威胁某些领地时，1528 年克赖因担忧土耳其入侵时，以及后来多次案例中，等级会议确实彼此提供"邻里援助。"但这种军事支援总是临时应急、勉强给予且力量不足。每个领地唯有指望君主的强力，而非邻邦等级会议不情不愿的援助，才能获得抵御外敌（尤其是土耳其人）的充分保护。难怪 1667 年当克赖因请求施泰尔马克提供"邻里援助"时，后者直接声明"保卫各领地是陛下职责[67]。"最后一次"邻里援助"发生在 1706 年，克赖因公国等级会议为保护戈里齐亚（Görz）和格拉迪斯卡（Gradiska）征召民兵。次年，克恩滕和克赖因拒绝了施泰尔马克的求援，这种援助机制从此退出历史舞台。

因此，国家对等级会议的优势，恰恰建立在通过中央集权整合力量的基础上。等级会议也意识到这点，于是试图"以彼之矛攻彼之盾"：原本为联合各邦抗土而设的等级代表会议，变成了反抗君主的大本营；为对抗君主权力，哈布斯堡

---

[67] 比德尔曼，前引书，第 2 卷，第 25、101、167 页。

所有领地的等级会议也联合起来。"等级联盟"这个曾经由皇帝提倡的主张，现在成了反皇帝的阴谋。推动哈布斯堡领地联合的力量如此强大，使得大一统国家相对孤立领地的优势如此明显，以至于等级运动即便违背本意，也不得不服务于中央集权和领地间更紧密的联系。

国家与等级会议的斗争还裹挟了宗教改革时代的宗教纷争。哈布斯堡家族虽不无摇摆，但最终选择支持天主教——他们不愿放弃罗马皇帝对罗马教会的监护权所带来的权势与尊严。于是等级会议抓住了商品经济扩散引发的传统价值重估浪潮：福音书成为等级会议对抗国家的武器。但更重要的是，在哈布斯堡最富裕发达、等级势力也最强大的波希米亚，等级斗争采取了民族斗争的形式。

我们已论述过胡斯战争前德意志人在波希米亚的强大社会地位。德意志势力在波希米亚的根基，既在于当地德意志市民阶层的财富，也在于德意志骑士文化对波希米亚宫廷和贵族的影响，此外还得到卢森堡王朝的支持——这个同时拥有波希米亚王冠和罗马帝位的德意志家族，将布拉格定为帝国首都。但德意志在波希米亚的统治为自己培养了掘墓人。德意志市民阶层的每个进步、其商业和矿业的繁荣，都意味着商品经济的扩展。在波希米亚，从纯粹自然经济向商品经济的转型，也如同在其他地区一样引发了思想的剧烈革命。这场革命来得格外早，因为波希米亚曾一度是欧洲经济最发达的地区；底层阶级的反抗特别强烈，因为对抗社会压迫势力的斗争同时也是反抗异族统治的斗争。于是波希米亚在胡斯战争中经历了自己的宗教改革时期。境内的德意志势力被压制，波希米亚进入纯粹民族文化发展的时代。但这场革命不得不以反抗德意志的民族斗争形式出现，对民族意识形态产生了决定性影响。

这种意识形态如今被等级会议用来对抗君主国家权力。哈布斯堡国王是德意志人，身边围绕着德意志顾问，在中央集权行政体系中任用德意志官员并使用德语。而等级会议则是捷克人，其行政机构和语言都是捷克的。国家权力与等级权力之间的对立，就这样表现为民族对立。在国家与等级会议的斗争中，捷克贵族自然强调其民族属性：他们越来越强硬地坚持捷克语的权利，通过各种立法手段压制德语，试图将等级斗争表现为民族斗争，在民众对异族统治的仇恨中为等级诉求寻找盟友。1611 年，当多纳（Dohna）伯爵试图用德语向波希米亚等级会议传达皇帝诏书时，贵族们呵斥道：在德意志可以说德语，但在波希米亚必须说捷克语。等级会议通过一系列法律，规定捷克语为等级会议、土地登记册、公共文书和等级法院的唯一官方语言，而君主行政机构则使用德语[68]。想要获得贵族身份或城市公民权的人，必须证明

---

[68] 捷克语不仅战胜了德语，更取代了拉丁语。这与德意志地区因市民阶层发展导致德语取代拉丁语的现象几乎同步。在波希

自己通晓捷克语。在等级斗争白热化阶段、大灾难爆发前几年，他们甚至变本加厉：威胁惩罚那些会说捷克语却使用德语的人；要求所有牧师和教师掌握捷克语；强制某些已德语化的教区和学校使用捷克语，违者受罚；甚至规定不懂捷克语者将在继承权方面受到限制。

与其他地方一样，在波希米亚——因而在整个奥地利——国家最终战胜了等级会议。白山战役确立了军事优势，三十年战争中帝国军队巩固了这一胜利果实。但对捷克民族而言，等级斗争的结局是一场可怕的灾难。

反宗教改革的第一项举措就是消灭捷克贵族。起义领袖被处决，其余贵族被剥夺土地并流放。皇帝将这些土地赏赐给在战乱中效力的各国冒险者——通常是代替拖欠军饷赏给将领们——包括德意志人、法兰西人、西班牙人、佛兰德人、意大利人等。对这些人来说，占有骄傲的捷克贵族的土地似乎是件极其冒险的事，1652 年约翰·阿道夫·施瓦岑贝格（Johann Adolf von Schwarzenberg）还写道：

"我本想在皇室世袭领地，尤其是波希米亚定居，但我惧怕圣瓦茨拉夫（St. Wencislav），据说他不容忍外国人在那

米亚和德意志，宗教改革对天主教会的胜利都加速了这一进程。

里[69]。"

但倚仗皇帝武力，这些外国领主很快克服了对圣瓦茨拉夫的恐惧。无论出身如何，他们都适应了这个将富饶的波希米亚土地赐予他们的国家，并德意志化了。从此直到19世纪，波希米亚整个贵族阶层都带有德意志特征——当然，那些与各国贵族联姻、当时几乎只用法语的上层贵族，究竟还有多少民族特性另当别论。残存的捷克贵族也融入同阶层，消逝在德意志化或至少日耳曼化的外国贵族中。

随着贵族的消亡，捷克民族也失去了其中产阶级的上层。那些信奉新教的捷克商人和体面的手工业者不愿屈从天主教压迫，纷纷流亡他乡。与几乎所有地方一样，选择背井离乡而非放弃信仰的，往往是最富有、最有活力的市民阶层。

一系列事件加速了捷克中产阶级的衰落。首当其冲的是三十年战争的毁灭性破坏——16世纪末尚有250万人口的波希米亚，战后仅剩70万居民！世界贸易路线的转移更不可逆转地削弱了捷克市民阶层。君士坦丁堡的陷落、威尼斯的衰落及其黎凡特属地的丧失，对哈布斯堡领地尤为致命，因为这些地区经济价值的重要部分，本在于联通西北欧与这两

---

[69] 引自安德烈（Andree）：《捷克见闻（Tschechische Gänge）》，莱比锡1872年版，第190页。

大贸易中心[70]。灾难的连锁反应席卷各国：在波希米亚，它给了中产阶级最后一击。据贝歇尔（Bechers）和赫尔尼克（Hörnigks）的记载，17 世纪中叶布拉格尚有 1,245 名手工业者，到 1674 年仅剩 355 人；伊赫拉瓦城（Iglau）在战前仅呢绒业就雇佣七八千人，几十年后全城只剩 300 市民[71]。

　　捷克民族既丧失了贵族阶层，又失去了市民精英，如今只剩下贫困潦倒的手工业者和农民。而农民此时承受着尤为深重的压迫：白山战役后的土地没收使自营骑士庄园消失，取而代之的是由管家经营的大领主庄园。这些管家的残暴从 1848 年前农民始终称其为"卡拉巴奇尼基"（源自"卡拉巴奇，"意为皮鞭）便可见一斑。新领主与农民的关系截然不同：旧领主尚按传统方式经营，而这些暴发户新贵经历战争洗礼，作为外来者只知肆无忌惮地压榨。战后荒废的农庄未被重新

---

[70] 1432 年维也纳法令通过是否前往威尼斯经商来区分商人与小贩，生动反映了对威尼斯贸易的重要性："凡小贩为经商赴威尼斯者即为商人；反之，商人若经营小买卖而不赴威尼斯者仍属小贩。"——海伦娜·兰道（Helene Landau）：《奥地利商品贸易发展史（Die Entwicklung des Warenhandels in Österreich）》，维也纳 1906 年版，第 12 页。

[71] 马克斯·阿德勒（Max Adler）：《奥地利重商主义产业政策起源（Die Anfänge der merkantilistisclien Gewerbepolitik in Österreich）》，维也纳 1903 年版，第 16 页。

分配，而是并入领主土地；随着领主土地扩张，幸存农民的劳役时间被迫延长。尽管敕令劝诫领主"给农民留些经营自家田地的时间，上帝必赐福庄园，"却形同虚设。当受压农民在 1679-1680 年起义反抗时，帝国军队镇压了暴动，领主们更借解释新劳役法令之机变本加厉[72]。

如今，除了几千名城市贫民窟的手工业者、佃农、零工和仆役，这些备受压迫的农民构成了捷克民族的主体。这些阶层无力发展民族文化——没有贵族与资产阶级，捷克民族丧失了文化传承，退出历史舞台。1620 年对捷克人而言，恰如 820 年对斯洛文尼亚人的意义：在斯洛文尼亚人沦为"无历史民族"整整八百年后，捷克人也遭遇了同样命运。

首先，这个民族退出了政治舞台，不再有意识地参与国家建构。那些取代捷克贵族的外来家族很快忘记了自己的出身，对赐予他们土地与权力的哈布斯堡王朝也毫无感激之情——但贵族间的阴谋诡计与党派纷争已与民族斗争毫无关联。等级议会中虽保留着某些体现波希米亚旧等级捷克特征

---

[72] 格林贝格（Grünberg）：《波希米亚、摩拉维亚与西里西亚的农奴解放及领主-农民关系解体（Die Bauernbefreiung und die Auflösung des gutsherrlich-bäuerlichen Verhältnisses in Böhmen, Mähren und Schlesien）》，莱比锡 1894 年版。

的仪式，捷克语的使用也勉强维持着有限空间[73]，但这些等级会议已沦为空洞的闹剧。新波希米亚贵族的权力基础不再是反国家斗争，而是其在国家行政与军队中的职位。至于占捷克人口绝大多数的农民，国家根本不予理会——他们完全受庄园法庭与行政管辖。因此在法律层面，捷克民族对国家而言根本不存在，国家也几乎不承认捷克语：庄园管家固然需用捷克语与农民交流，但广大捷克民众根本接触不到国家行政机关与法院。随着捷克贵族与市民上层的覆灭，捷克语很快从政府机关中消失——尽管1627年《更新领地法令》规定德语与捷克语在行政中地位平等，但几十年后政府机构内部已只用德语交流，极少对民众使用捷克语。

正如捷克民族退出国家生活、捷克语退出行政体系，捷克精神文化也走向消亡。白山战役后，境外皮尔纳、德累斯顿、柏林与哈勒等地尚为流亡者印刷捷克语书籍。但随着流亡者后代消逝，捷克文学彻底绝迹——农民与雇工不买书，而能购书的阶层已不属于这个民族。波希米亚境内，所有流通书籍被收缴销毁，因胡斯战争后的捷克文献均被视为异端。

---

[73] 当皇家议会特使提出征税要求时，最高城堡总督用捷克语答复；最高地方法官以"请移步（Račte sestoupiti）"召集陪审团商议——实际讨论和记录仍使用德语。菲舍尔（Fischel）：《奥地利语言法（Das österreichische Sprachenrecht）》，布尔诺1901年版，第28页。

这场焚书运动持续到 18 世纪：1760 年去世的耶稣会士安东尼·科尼亚斯（Anton Konias）还夸耀自己烧毁了六万册捷克书籍[74]。当匈牙利新教徒斯洛伐克人尚维系着文学传统时，波希米亚与摩拉维亚的文学已完全断绝，最多偶尔印行些捷克语祈祷书。

捷克语沦为被剥削底层阶级的耻辱标志。1710 年摩拉维亚史学家斯特热多夫斯基（Středovsky）痛心记载："上层阶级蔑视斯拉夫语，仿佛它只配贱民使用[75]。"难怪任何通过财富、教育或官职晋升者，都以讲这种农夫仆役的语言为耻。

捷克民族文化已然死亡。当 19 世纪捷克民族重新觉醒时，人们虽可追忆往昔文化荣光，复活尘封词汇，借历史荣耀点燃民族情感，但当代捷克精神文化与 1526-1620 年的文化并无传承关系，尽管表面刻意模仿[76]。这两者间隔着两百

---

[74] 德尔韦尔特（d'Elvert）：《奥匈帝国德意志人史论（Zur Geschichte des Deutschtums in Österreich-Ungarn）》，布尔诺 1884 年版，第 474 页。

[75] 德尔韦尔特，前引书，第 445 页。

[76] 即便较清醒的捷克作家也常误解这点。如马萨里克（Masaryk）将人道主义视为捷克特有理念，因他在捷克宗教改革（兄弟会！）和 19 世纪民族复兴先驱（科拉尔（Kollár）、荣格曼（Jungmann）、沙法日克（Šafařik）、帕拉茨基（Palacký））思想中都发现此

年的文化断层，维系民族纽带的不是活的文化传统，而是分散在无数闭塞村庄中农民对先祖文化遗产的机械传承。但捷克历史同样证明：孤立生活的农民无法保持民族统一——缺乏超越村庄的交往，各地民众差异越来越大，不仅文化分化，更显著标志是语言分化。18 世纪已出现摩拉维亚民族与语言的独立认知。到 19 世纪民族复兴时，其边界已模糊不清——摩拉维亚人与摩拉维亚斯洛伐克人是否属于捷克民族成为疑问[77]。尽管复兴后的民族重新吸纳了这些支系，但上匈牙利斯洛伐克人因这两个世纪的隔绝所产生的民族疏离（而不仅是政治分离），至今仍是未解的难题。

从民族层面看，波希米亚等级会议的溃败使捷克民族沦为无历史的蒙昧存在；在政治上，这为现代中央集权统一国家的发展扫清了道路。哈布斯堡王朝很快着手利用胜利成果，

线索。这实为对历史关联的严重误判。19 世纪上半叶觉醒的捷克市民阶层产生的人道思想，与其他欧洲民族处于相同发展阶段的知识分子和小市民阶层并无二致。他们从被遗忘的宗教改革思想中寻找的，不过是与时代共鸣的历史回响。当马萨里克不探究该思想的形成过程或现实价值，仅凭其"捷克特性"就作为评判政党纲领的标准时，恰恰印证了我们熟知的民族价值判断方式。

[77] 为消除歧义，奥地利统计至今仍使用"波希米亚-摩拉维亚-斯洛伐克通用语"的提法。但绝不会有人用"巴伐利亚-法兰克-施瓦本通用语"来替代"德语。"

将波希米亚与世袭领地整合为统一国家。重商主义政策正服务于这一目标——最初每个皇室领地都是独立经济区，但查理六世时期已引入"过境通行制,"规定商品跨越多个领地边界通常只需缴纳一次关税。1775年终于实现波希米亚与除蒂罗尔外的阿尔卑斯领地组建关税同盟。曾局限于地方市场的城市商人专营权，逐渐被覆盖整个经济区的工农业特许权取代。经济区内部分工初现雏形：波希米亚产羊毛与玻璃，摩拉维亚产呢绒，施泰尔马克产铁器，维也纳产精美工艺品。

在重商主义推动经济统一的同时，政治统一进程也在同步推进。首要任务是实现世袭领地与波希米亚的法律统一。虽然利奥波德一世未采纳莱布尼茨编纂民法典的建议，但1720年已统一五省继承法，玛丽亚·特蕾莎时代更开启大规模法典编纂，最终为世袭领地与波希米亚（部分延伸至匈牙利与新获的加利西亚）建立起形式与实质统一的法律体系。

最终，波希米亚与世袭领地开始行政一体化。1749年撤销波希米亚宫廷总理府是关键一步，此后波希米亚与阿尔卑斯领地同样由维也纳直接统治。

白山战役后，专制王权未能立即充分运用胜利果实——在等级会议势力鼎盛后的短短数年间，它既未在宪法层面彻底废除等级权力（仅予限制），也未将各领地锻造成统一国家；民族政策上亦未赋予德语独占地位（仅确认与捷克语平等）。但几十年后国家力量持续增强：征兵制取代雇佣兵强化了军力；重商主义时期工商业复苏开辟了新税源；官僚体系扩张巩固了政治实力。随着国家强盛，统一障碍日渐消弭：等级会议沦为徒具形式的空谈[78]；捷克贵族与资产阶级的消失使该民族退出公共生活，尽管《更新领地法令》仍保障捷克语形式平等。权力格局的演变终使国家能充分消化胜利成果——特蕾莎改革将数十年来既成的社会权力关系转化为成文法：波希米亚与世袭领地结成统一国家，通过松散纽带与其他哈布斯堡领地（匈牙利、尼德兰、加利西亚、意大利属地）相连。奥地利国家的形成过程与德意志诸邦别无二致，同欧陆其他国家的发展轨迹亦相仿。专制主义普遍通过消灭等级会议终结双重政体，以重商主义构建统一经济区，凭统一立法与官僚行政打造法域，最终将零散领地整合为国家。波希米亚法统拥护者谴责这一进程违法，其在形式法律层面的对错姑且不论，但确凿的是：欧陆几乎无一国家不是经由这种革命性道路诞生的。

通过国家对各阶层的胜利，奥地利成为了一个统一国家。

---

[78] 1749 年克赖因等级议会拒绝增加长期军费时，霍特克（Chotek）伯爵宣称"宫廷明确要求等级议会自愿批准，"后者遂屈服。而在克恩滕，当等级议会前一年拒绝增税时，地方政府收入立即被查封，税款改由皇家官员征收。卢申（Luschin），前引书，第 532 页。

但镇压各阶层的同时，也使得捷克民族沦为没有历史的民族——奥地利由此成为德意志国家。波希米亚与世袭领地上非德意志人口的主体是农民。但这些农民并非直接受国家管辖，而是被间接统治。没有国家法官会"以皇帝陛下之名"对他们进行审判，他们的司法权掌握在领主手中！国家通过领主而非直接方式统治他们。那些直接隶属于国家的阶层，其主体要么是德意志人，要么已被日耳曼化。

我们清楚要让奥地利成为德意志国家需要多么漫长的发展历程：德意志人对东南部的殖民、现代国家的形成、它与各阶层的斗争以及经过长期斗争后的最终胜利。然而从世界历史的视角看，波希米亚与世袭领地并入德意志国家不过是特定阶段的暂时现象——这是现代国家形成初期尚未完善时的状态。当现代国家彻底击败等级制二元国家时，奥地利曾是德意志国家；但这种状态仅持续到贵族领主阶级虽已丧失其在等级议会中的联合政治权力，却仍保留对农民的个体统治权之时，持续到民众被剥夺民族文化发展可能、只能通过领主间接服从国家之时，持续到国家尚未建立将每个公民直接纳入管辖的全民臣民体系之前。奥地利作为德意志国家的存在，实质是封建采邑制国家向资本主义商品生产为基础的现代国家转型过程中的特定阶段。当德意志民族主义作家哀叹今日奥地利不再属于德意志国家时，恰恰暴露其历史理解力与捷克国家法爱好者同样肤浅——他们实际上是在悲叹如今大众也能分享文化进步成果，是在抱怨昔日领主的臣民如今都变成了国家公民。

我们的论述正逼近关键点：资本主义发展及其催生的现代国家进程，如何唤醒"没有历史的民族"获得历史生命，从而将震撼欧洲的民族问题提上议程。历史导论已揭示民族发展的驱动力。观察捷克人与德意志人的关系：从自然经济向商品生产的转型，使作为波希米亚首批商品生产者的德意志人在卢森堡王朝时期获得巨大社会权力。伴随商品生产扩张的精神革命，激发了捷克人对德意志统治的反抗——胡斯战争开启了波希米亚民族复兴时期。封建统治阶级通过建立等级制二元国家来适应商品经济催生的新国家形态。当等级议会与中央集权的斗争爆发后，凭借优势资源的国家机器碾碎了民族的上层阶级。捷克民族沦为农民与仆役群体，退出政治文化舞台。直到 19 世纪资本主义掀起的革命唤醒下层阶级参与文化发展与政治决策，这个民族才重获新生。这些推动力并非波希米亚特有，它们与欧洲其他地区同频共振。在多语言的奥地利，现代社会与现代国家诞生过程中的阶级斗争，必然表现为民族斗争并获得民族意义。民族发展与社会发展绝非人类进程中两个可截然区分的领域，而是由经济阶级的斗争、生产工具与生产关系的变革，最终决定民族的兴衰存亡。

17. 无历史民族的觉醒

18 世纪后半叶的政治变革已严重削弱了奥地利国家的德意志特性。失去西里西亚和前奥地利领地减少了德意志臣民数量，而兼并加利西亚、布科维纳、伦巴第、威尼斯、特伦托、南伊斯特拉和达尔马提亚则使斯拉夫人与罗曼语族人口激增。19 世纪初的奥地利（暂不计匈牙利）存在三类历史民族：拥有贵族与市民阶层的德意志人、意大利人，以及凭借贵族维持历史民族特征的波兰人；捷克人、鲁塞尼亚人、斯洛文尼亚人和塞尔维亚人仍属我们熟知的那种"没有历史的民族。"匈牙利境内，仅马扎尔人、克罗地亚人（因其贵族）和德意志人（因其市民阶层）可称历史民族，而斯洛伐克人、塞尔维亚人、罗马尼亚人与鲁塞尼亚人既无统治阶层参与权，在文化上属无历史民族，政治上更毫无宪制权利——斯洛伐克贵族早已马扎尔化，恰如捷克贵族德意志化、鲁塞尼亚贵族波兰化。

过去 120 年的发展彻底改变了这幅图景。资本主义及其衍生的现代国家通过将民众从传统的束缚中解放，并号召他们参与民族文化重塑，普遍扩大了文化共同体范围。在我们这里，这表现为"无历史民族"的觉醒。我们将以完成此进程最快最成功的捷克民族为例，揭示民族斗争最深刻的根源。捷克人之所以能比其他民族更快完成从"无历史民族"到历史民族的转变，并非因其两百年前曾属历史民族（毕竟斯洛文尼亚人受德意志统治阶级奴役已逾千年），而是得益于其聚居地的优越地理位置——他们居住的波希米亚地区恰是奥地利经济最发达区域，因而能更快被卷入资本主义文化发展进程。

我们已知 1620 至 1740 年间捷克民族对国家几乎不存在：贵族与市民阶层皆德意志化；捷克民众仅由农民、佃农、短工和仆役构成，既无公民立法权，也不受国家直接管辖，而是作为领主的附属物被交给所谓"上级权力机关。"18 世纪的国家开始逐渐撼动这种状态，它本身构成奇特的历史过渡形态：既是领主-贵族国家（行政军队要职皆由贵族垄断，民众仍受领主绝对支配），却已具资产阶级国家雏形（为自身存续必须维护市民阶层——尤其是资产阶级上层的利益）。当全欧资本主义高歌猛进时，任何国家都需要富裕资产阶级作为税基，以维持官僚体系与庞大军备。最高立法行政机构的议事记录里，对"皇家纳税人"的关切比比皆是。尽管国家机器仍由贵族领主操控，但为自身计已不得不服务资产阶级利益——这种领主-资产阶级的阶级国家，正是伟大历史转型期的典型过渡产物。

"开明专制"对资产阶级利益的扶持，首先体现于重商主义产业政策：国家构建统一经济区加速资本发展，授予厂商高关税保护与专营特权（常辅以资金补贴），引导贵族建厂并引进外资外劳，废除阻碍资本主义的行会法规，通过禁止结盟、设定最高工资与最低工时保护厂主免受"工人贪欲"威胁，甚至用警察手段强制推广工业技能培训。国家不遗余力在奥推行资本主义工场与家庭手工业，由此催生出大量新行政职能——政府不能再局限于同贵族和少数资产者打交道，而必须介入商人、工匠与工人的日常生活，实施教育、引导与管制。于是广大工商业人口首次成为国家行政的直接对象。

但国家岂能止步于此？比起规范工商业关系，更具深远影响的是它开始触动农业的传统结构。多重动因推动着这一进程：首先，此起彼伏的农民起义（虽屡遭血腥镇压）迫使统治者关注其悲惨处境。"兼并农庄"被视为严重威胁——每失去一个农民就意味着少一个纳税人。沉重的压迫既阻碍人口增长（这关乎兵源与税基），又制约工业发展：领主既通过土地束缚和苛刻许可制度阻碍劳动力流动，又因农奴制导致的普遍贫困限制了工业品市场——被劳役和赋税压垮的农民既无力精耕土地，产出的余粮仅够糊口，更因被排除在商品交换体系外而无从形成消费市场。最终，农业改革也源于国家行政自身需求：唯有使农民直接隶属于国家官吏（而非仰赖领主时灵时不灵的协助），才能实现全域高效统一管理[79]。很快，彻底废除领主制、将庄园土地分给农民并取消劳役的激进设想便浮出水面。耐人寻味的是，这最初竟出自宫廷军事委员会关于征兵制度改革的报告[80]。不过如此激进

---

[79] 关于农民保护政策的动因，参见格林贝格前引书第 1 章第 3 节。

[80] 格林贝格前引书第 3 章第 4 节。

的方案终究未能实施，特蕾莎女皇的劳役条例与约瑟夫二世1781年著名诏书构成了农改顶峰。这些改革深刻改变了国家与民众的关系：农民不再任凭领主摆布，国家通过立法直接干预其处境，并派遣官员监督执行；区级行政机构的设立，更建立起绕过领主、直面农民的治理体系。正如重商主义政策使市民阶层成为行政对象，农业改革也让广大农民被纳入国家直接管辖范围。

这种职能扩张并非奥地利特有，但在我国立刻获得民族维度。因为国家此刻直面的大众，许多恰属非德意志民族——波希米亚的工匠、工人、农民和佃农中有大量捷克人。语言问题首当其冲：国家需要通晓下层语言的官吏。不仅规定领主法庭法官和市政官员必须掌握民间用语[81]，更要求捷克地区的国家官员懂捷克语。玛丽亚·特蕾莎下令："若无特殊原因且条件相当时，应优先考虑通晓波希米亚语读写者。"但捷克语的严重衰败使这难以落实。布尔诺王室法庭重组时，女皇获悉除一名官员外"再无下属能熟练到从捷克文书中提取论据。"于是培养官吏时开始注重捷克语教学：1747年要求皮亚里斯特会在中学加强捷克语课程；1752年维也纳新城军事学院、1754年维也纳工兵学院、1765年布拉格中学相

---

[81] 1781年《臣民诏书（Untertanspatentes）》第18条；1788年6月17日诏书第97条；1787年11月30日宫廷敕令。参见菲舍尔（Fischel）前引书第36页。

继开设捷克语课；1775年维也纳大学设立捷克语教席；1778年维也纳与布尔诺贵族学院跟进。1791年布拉格大学拟设捷克语教席时，教育委员会的反对意见最能说明问题：

"维也纳因别无学习途径故需设教席，布拉格设此实属多余[82]"

——政府扶持捷克语纯粹出于行政工具需求，这种"重视"完全源于国家职能的扩张。

与此同时，另一股力量也在唤醒对捷克民族的关注。西欧发达地区（尤其英法）资产阶级在反抗领主阶级与专制国家时，复兴了人道主义与自然法思想。这种诞生于特定时空的意识形态总会超越其原生环境传播——18世纪法国革命资产阶级的思想就这样渗入奥地利。它们无疑是奥地利工业与社会政策的内在驱力，约瑟夫二世在精神上正是英法革命理性主义资产阶级的产儿。

资产阶级在与贵族进行阶级斗争时，既不能像贵族那样炫耀高贵的血统和祖先功绩，也无法自诩拥有宫廷贵妇绅士们的优雅教养，更不具备广袤领地与数百农奴可供驱使的资本。然而他们仍坚信自身诉求的正当性，要求国家行政为其

---

[82] 菲舍尔前引书第28页及以下，第39页。

服务。当贵族以门第、财富与礼仪自矜时，新兴资产阶级唯有宣称"市民同样是人"来回应。由此他们复兴了"人人生而平等"的古老理念——无论出身贵贱、居所华朴，一切人性本身皆具价值。这种人道主义思想，正是年轻资产阶级的意识形态。

在德国，人道思想已催生出对欠发达民族命运的关注。人们开始怀着温情研究"无历史的民族，"收集其文化遗迹、民谣与传说。这种收集不再仅为猎奇，而是浸透着卢梭时代对自然状态之幸福完美的信仰，体现着对所有人类——无论种族与发展阶段——价值的认同，彰显着人类平等与亲缘的理念。赫尔德对"无历史民族"的关怀正是如此[83]。这类思想在"无历史民族"众多的奥地利自然更易生根。这里涌现出大批文献，引导知识界关注捷克民族并呼吁保护其语言。正如启蒙人道思想使受轻视的农民、工人、仆役重获人格尊严，其被蔑视的民族语言也获得新生。这类著作的集大成者当属多布罗夫斯基（Dobrovský）的著述——他通过研究捷克语规律、文学与历史，堪称为学术界"发现"了捷克民族。这位受德意志教育（如同当时所有波希米亚知识精英）并用德语写

---

[83] 赫尔德对捷克民族"觉醒者"的影响，参见马萨里克《捷克问题（Česká otázka）》（布拉格 1895 年版）；卡伊兹尔（Kaizl）《捷克思想（Česke myšlénky）》（布拉格 1896 年版）第 21 页及以下。

作的学者，虽不相信捷克民族能复兴，却在听众心中播下了对捷克文化、语言与历史的热爱种子，日后结出丰硕果实。

在工场手工业、重商主义政策与农奴制改革的历史阶段，资产阶级尚未开展夺取国家政权的阶级斗争，但其利益已主导国家行政，其意识形态已成时代主流思想。"无历史的民族"在此阶段虽未真正觉醒，但作为仅由被剥削压迫阶级构成的群体，已开始引起国家与知识界的关注。

这种民族发展阶段也为特蕾莎与约瑟夫时代重大教育改革打上烙印。高等教育改革首当其冲：随着德意志资产阶级崛起导致拉丁语在学术领域被德语取代（这段历史我们已从德意志民族发展史中知晓），奥地利中等与高等学校课程也须相应调整。1735 年下奥地利中学已规定拉丁语启蒙教学须使用德语；1764 年德语诗歌进入教材，同年耶稣会中学引入德语作文；耶稣会解散（1773 年）后，大量拉丁学校被德语主干学校取代——波希米亚中学从 44 所减至 13 所，摩拉维亚从 15 所减至 8 所[84]。保留的中学则采用德语授课。约瑟夫二世 1783 年给教育委员会的敕令写道："德语才是真正的国语母语，用它既能书写医案也能阐述哲学三段论与道德

---

[84] 斯特拉科施-格拉斯曼（Strakosch-Grassmann）《奥地利教育制度史（Geschichte des österreichischen Unterrichtswesen）》（维也纳 1905 年版）第 110 页及以下。

准则，法律界诉状本就全用德语撰写，法官判案也使用德语[85]。"当拉丁语从教学语言降格为普通课程时，唯有德语能取而代之——因为只有德意志民族拥有资产阶级、知识阶层与官僚体系。"无历史民族"成员若接受高等教育，就会像获得财产地位者那样被日耳曼化。这场改革实际上将"无历史民族"语言逐出了高等教育领域——原先拉丁语作为教学语言时，低年级启蒙教学采用何种语言纯属权宜之计，斯拉夫语也常被使用；但当德语成为教学语言后，摩拉维亚总督府立即通令拉丁语课程改由德语而非"摩拉维亚语"讲授[86]，约瑟夫二世更规定只有掌握德语者才能入学。不过正如我们已知，由于国家需要通晓斯拉夫语的官吏，这些语言作为课程仍被保留。这种教育改革的双重性完全符合我们熟悉的模式：捷克民族仍是"无历史的民族，"未能跻身精神文化承载阶层，故其语言不能成为教学语言；但新的行政需求使国家开始关注捷克民众，官吏需要与之沟通，因此捷克语必须作为课程出现在教学中。

高等教育改革仅反映民族发展的既有阶段，而国民教育改革则指向未来。1774 年《普通学校条例》在王国首府设立师范学校，其他城市设主干学校，乡村设基础学校。至此广

---

[85] 菲舍尔前引书第 36 页。

[86] 德尔韦尔特前引书第 510 页。

大民众才首次获得教育机会。1775 至 1789 年间，波希米亚学校数量从 1,000 所增至 2,294 所，学生从 30,000 人增至 162,000 人[87]。国民学校自然采用民族语言教学，捷克地区使用捷克语教材。1783 年约瑟夫二世命令确保捷克地区的教师候选人通晓两种官方语言，督学也须掌握捷克语[88]。尽管这些学校教学内容有限，无人期待它们能催生捷克精神文化的繁荣，但通过教授手工业者与农民的子女读写，为日后捷克民族文化新芽萌发时，思想家与诗人能影响更广群体、作品能深入民间，最终将民众凝聚为全新意义的"历史民族"奠定了基础。

工场手工业时代对民族发展意味着过渡期。"无历史的民族"依然存在，仍未参与作为高等文化创造者的统治阶级；但这些民族已引起国家与社会关注，其语言进入学校与衙门，其文化成为学术研究对象，其命运赢得受启蒙思想影响的知识阶层的同情。唯有更巨大的经济进步，才能将这些民族真正推上历史舞台。

---

[87] 斯特拉科施-格拉斯曼（Strakosch-Grassmann）前引书第 130 页。快速增长趋势并未就此停止——1837 年波希米亚在校儿童已达 493,229 人。参见约翰·施普林格（Johann Springer）《奥地利帝国统计（Statistik des österreichischen Kaiserstaates）》（维也纳 1840 年版）。

[88] 菲舍尔前引书第 30 页。

19 世纪上半叶，资本主义生产方式在奥地利迅猛发展。18 世纪仅有的乡村家庭手工业与工场分工制，此时已被以机器生产为基础的工厂取代。蒸汽机数量从 19 世纪初的 1 台激增至 1841 年的 231 台（2,939 马力），1852 年达 671 台（9,128 马力）。1815 年棉纺业首次使用蒸汽机驱动布吕恩的布料缩绒机；首座蒸汽磨坊迟至 1842 年才建成，蒸汽锤更到 1844 年方出现。多瑙河蒸汽船试验始于 1818 年，铁路建设自 1825 年启动，1837 年首条干线蒸汽铁路通车。1835 年奥地利开始自产铁轨（最初为搅炼熟铁，后改用精炼钢）。1830 年维特科维茨引进搅拌炼钢法，因木柴涨价导致蒸汽锅炉燃料革新，煤炭开采量随之飙升——1826 年矿产值仅 40 万古尔登，1868 年已达 2,050 万古尔登。

与动力革命同步的是工作机的演进。纺织业变革最为显著：1799 年莱滕贝格建立首家英式棉纺机械厂后，效仿者纷至沓来；走锭精纺机 1837 年引入毛纺业，20 年代摩拉维亚出现首座亚麻机械纺纱厂；提花机 1820 年用于棉丝织造，1839 年拓展至毛纺领域；布吕恩毛纺厂 1851 年装备机械织机；滚筒印花与土耳其红染制技术最迟 1835 年已传入；维也纳 1810 年建成首家人造革工厂。

食品加工业也迎来技术革新。19 世纪 30 年代，磨坊业从平面研磨转向粗粉精磨；1840 至 1850 年间引进法国磨石技术（前文提及的首座蒸汽磨坊建于 1842 年）。摩拉维亚 1829 年、波希米亚 1830 年相继建成首批甜菜糖厂——奥地利境内糖厂数量从 1836 年的 17 家激增至 1850 年的 84 家，甜菜加工量在 1835 至 1850 年间从 37.4 万公担飙升至 195.8 万公担。马铃薯酿酒技术 1825 年引入，布拉格 1822 年诞生首家榨油厂。

木材加工业同样突飞猛进：1804 年出现首家家具厂，1826 年建立首座工业化建筑木工场。1837 年波希米亚领主庄园开始采用蒸汽锯木机。造纸业 18 世纪末才真正兴起，30 年代印刷业逐步用高速印刷机取代手工印刷。铅笔制造业自 1795 年振兴，1843 年启动钢笔尖生产。

本土工业规模扩大后，生产设备国产化成为可能。如 1813 年布尔诺建立机械车间仿制科克里尔纺纱机，1836 年奥地利已能自产制糖设备。机械制造的进步最终反哺冶铁业：生铁产值从 1826 年的 400 万古尔登跃升至 1868 年的 2,220 万古尔登。冶铁技术基础也彻底革新——1826 年维特科维茨建成帝国首座焦炭高炉，1830 年铸造厂引入冲天炉（同年搅拌炼铁炉投产标志锻铁技术转折点）。波希米亚 1815 年始产坩埚钢，圣埃吉迪地区 1825 年才规模化生产铸钢[89]。

---

[89] 埃克斯纳（Exner）主编《奥地利工商业与发明史论文集（Geschichte der Gewerbe und Erfindungen in Österreich）》（维

从工场手工业到工厂制的转型，放大了资本主义持续发展带来的破坏性影响。

技术进步首先直接冲击工人阶级。工人们首次切身感受到资本主义统治下的悖论：人类征服自然的每次胜利，带来的却是更严重的失业与贫困。主要由童工构成的工厂劳动者，在毫无组织权与罢工权的年代，比任何时候都更深刻地"领教"了资本主义的"福音。"1843 年布尔诺爆发工人骚乱——资本家为压价工资招揽农村劳动力，让工人明白了"自由流动"的真谛。1844 至 1846 年间，棉布印花厂引进佩罗蒂纳机器引发布拉格、比尔森、柯尼希格雷茨、赖兴贝格、波希米亚-莱帕、莱特梅里茨、科莫陶、埃格尔等地工潮。1847 年维也纳发生面包暴动，芬夫豪斯、塞克斯豪斯和加登茨多夫的面包店遭洗劫。"无产者"与"共产主义"早已成为令社会闻风丧胆的名词。

资本主义的发展不仅改造了工人阶级，同样深刻改变了手工业师傅们的生存境遇。随着资本主义每一步推进，他们的谋生空间都在持续萎缩。早在 18 世纪，某些行会工匠就痛陈资本竞争的威胁——1765 年赖兴贝格的织布匠哀叹工

也纳 1873 年版）；《波希米亚德意志工业史论文集（Geschichte der deutschen Industrie in Böhmen）》（布拉格 1893 年版）。

厂摧毁了手艺，1771 年斯特恩贝格的织工师傅们已开始抗议工厂设立。维也纳的"麻布织工"转行棉纺，却很快又被资本家逐出这一领域。1833 年调查报告中写道：

"许多师傅和持证工匠不得不受雇为帮工，有些人甚至要靠打短工糊口。"

更具历史意义的是，资本主义将社会革命浪潮推向农村。为资本服务的机器剥夺了农民和佃农的家庭手工业收入，首当其冲的是手工纺纱业。18 世纪末下奥地利尚有 10 万手工纺纱工，1811 年仅存 8,000 人。1835 年官方工业展览报告指出："从纳霍德到特申的波希米亚边境地区，四分之一人口仍间歇从事纺纱，其中半数为专职纺纱工，总数约 8 万人。仅霍亨埃尔贝领地就有 7,000 纺纱工，纳霍德领地超过 8,000人。由于亚麻布价格低迷和机纺纱的竞争优势，纺纱日薪已跌至 2-3 克鲁泽（有时更低）。"

厄尔士山区的日薪仅 4-6 克鲁泽（Kreuzer）。纺纱机的发明本是人类征服自然的伟大胜利，波希米亚农民付出的代价却是伤寒疫情的蔓延[90]！

---

[90] E•V•岑克尔（E.V. Zenker）《1848 年维也纳革命的社会前提与关联（Die Wiener Revolution 1848 in ihren sozialen Voraussetzungen und Beziehungen）》（维也纳 1897 年版）。

资本主义在农村播下革命火种的同时，农奴制本身也成为滋养不满的温床。法国革命爆发后，政府再未采取任何措施改善受沉重赋税劳役压迫的农民处境——"避免触动旧制度以防范革命幽灵"已成为最高执政原则。1846 年农民背弃起义的波兰贵族时，其积怨之深已显露无遗。当"皇帝为答谢忠诚已废除劳役"的流言在镇压波兰贵族后传开，骚动蔓延至各王室领地，连下奥地利都需派兵强制农民服劳役。

这场社会变革彻底革新了人们的思想。虽然不满情绪仍被掩藏在传统交往方式之下，但新价值观、新思想、新渴望已悄然占据人们的心灵。蒸汽机、纺纱机、机械织布机、制糖厂、蒸汽锯木机和铁路的轰鸣，仿佛惊醒了沉睡的人们，擦亮了他们的双眼。过去人们常为自己的职业和社会地位感到羞耻，将他人统治视为世代相传的天命；如今工匠、工人甚至农民都意识到，自己与傲慢的领主、目中无人的官僚和贪婪的资本家同样是人，而自己的苦难正是社会施加的暴行。

下层阶级自我意识的觉醒，在奥地利必然获得民族维度。农民和仆役的语言曾理所当然地被视为劣等，任何社会阶梯的攀登者都模仿主人的做派与"高贵语言，"并以自己的母语为耻。但如今觉醒的工匠和工人不再模仿压迫者，他们刻意彰显与被剥削者不同的身份，骄傲地展示压迫者试图抹杀的民族特性——通过使用被禁的民众语言，他们使阶级对立变得具体可感。由于统治阶级早已德意志化[91]，所有社会矛盾都表现为民族矛盾：在剧烈经济变革中激发的对官僚、贵族和资本家的仇恨，必然呈现为捷克人对德意志人的仇恨；当底层民众自认与权贵平等时，捷克民族与语言自然要求获得同等地位。在民族复兴初期，"不以母语为耻"成为最流行的口号，绝非偶然。在这场社会变革的风暴中，曾经因自己语言而羞怯自卑的小手工业者，已蜕变为骄傲的爱国者。

资本主义引发的思想革命，对知识阶层影响尤为深远。当这个阶层尚未蜕变为特权集团时，其思想情感总如敏感的琴弦，能折射周遭的每一丝波动。捷克民族朦胧的民族情绪，经由知识分子的加工变得清晰可辨。其中与民众联系最紧密的两个群体——乡村教师和底层神职人员——最先感知并

---

[91] 1816 年博尔扎诺（Bolzano）在《论波希米亚两大民族的关系（Über die Verhältnisse der beiden Volksstämme in Böhmen）》演讲中说道（1849 年由米哈尔·约瑟夫·费尔斯（Mich. Jos. Fels）整理出版）："德意志出身者及其追随者，难道不是在数百个重要领域始终享有特权吗？所有高等学府不都以德语授课？所有官方事务不都以德语处理？……更有甚者，王国权贵、民间富豪，哪一个不是德意志出身或外国裔？即便不是，那些早已抛弃捷克语言习俗者，不也被视同德意志人？说捷克语的民众，不全都生活在可悲的贫困与压迫中吗？最令人愤慨的是，他们各处的上司不都是德意志人或德意志化分子吗？"前引书第 25 页。

引导了这种情绪：他们的职业要求他们在讲坛和课堂上使用民众语言，这使他们成为每个村庄的运动代言人。捷克民族复兴领袖中不乏天主教和新教牧师，绝非偶然。其他知识分子同样无法抗拒觉醒的民族意识：不可将前三月时期的奥地利知识分子与今日德意志帝国的同行混为一谈——后者终日沉溺于学生社团的荒唐活动、预备役军官的可笑傲慢、可耻的阶级司法，以及医生与医保基金的斗争。前者多是农家子弟和手工业者后代，靠微薄收入熬过漫长学业，毕业后成为乡村牧师、医生或小公务员。

这些群体过去总被德意志教育同化，如今却唤醒了捷克民族意识。他们本身具有革命性：憎恶禁锢思想的德意志国家，鄙视从城堡俯视穷医生和小公务员的傲慢领主，更以穷知识分子特有的嫉妒敌视暴发户资本家。

在对德意志统治阶层的仇恨中，知识分子开始与怀有同样仇恨的广大民众产生共鸣，重新记起自己的民族根源。德语在学校和官方的使用，如今在他们眼中成了可憎的社会权力强加的桎梏。他们做出惊人之举——在"上流社会"的舞会上公然说捷克语，以此声援被剥削、被"上流社会"排斥的劳苦大众。他们成为多布罗夫斯基的忠实门徒，研习捷克语、古捷克文学与历史，很快便有人尝试用捷克语写诗。

但仅靠知识分子无法承载鲜活的文化。他们需要那个我们惯称为"公众"的模糊社会阶层——思想家为其思考，诗人为其吟唱，公众的需求与品味决定着文化创作。如今捷克民族也形成了这样的阶层。资本主义腾飞中，部分捷克小资产阶级分得一杯羹：城市扩张抬高地租，增加了房东、杂货店主和客栈老板的收入；消费阶层的出现改善了许多工匠的境遇，甚至使其跻身小资本家行列。捷克人在磨坊业和啤酒酿造业也占有一席之地。资本主义发展瓦解了旧式统一的小资产阶级：在使大批手工业者陷入贫困的同时，也造就了从经济加速发展中获益的小资产阶级上层。这个日益富裕的阶层并未如过去那样德意志化，因为他们同样被时代的革命思想感染，同样憎恨国家与社会中的德意志当权者，"不以民众的母语为耻"的呼声也传到了他们耳中。于是，捷克知识分子身旁出现了能够承载新民族文化的小资产阶级上层。

1848 年风暴中，当捷克民族必须对社会政治问题表态时，其文化的小资产阶级本质暴露无遗。作为首批捷克学者与诗人受众的群众，也是首个捷克政党的追随者。他们的小资产阶级政策印证了整个文化的特质：圣瓦茨拉斯浴场集会提出的经济要求充满小资产阶级色彩；帕拉茨基反对普选权，用"人天生不平等"的老调攻击共产主义，将无产阶级视为时代恐怖；哈夫利切克既反对贵族特权也抵制"金钱贵族，"但同样反对劳动权、抗拒社会主义，要求国家保护自由与财产，虽原则上支持平等选举权却主张设置低财产限制；当克雷姆西耶尔制宪会议讨论议员津贴时，里格尔宣称无需发放，因为"工厂主、大工商业者等"会乐意无偿履职[92]。可见 1848年的捷克政治既敌视领主阶级与资产阶级，也敌视工人阶级——这是典型的小资产阶级政治。小资产阶级与知识分子共同塑造了民族新文化的品格。

这种新文化首先重新发掘捷克历史。帕拉茨基笔下的历史画卷，唤醒了被奴役两百年的民族自尊。最初这些学术著作仍用德语撰写：多布罗夫斯基的论著、科拉尔的代表作、沙法日克的斯拉夫文学史、帕拉茨基的史书都以德语首版。但很快，长期作为仆役农民语言的捷克语被用于学术艺术创作。这需要完成但丁对意大利语、路德对德语完成的使命——将农民方言发展为统一语言，将粗糙变质的日常用语锻造成得心应手的科学工具与珍贵的诗歌材料。19 世纪上半叶的捷克作家完成了这一事业：从荣格曼翻译《失乐园》开始，到科拉尔的诗作达到顶峰。要理解这段历程的历史意义，不应纠结这些作品的文学价值，而应体会一个民族对先驱者的挚爱——这些先驱率先将普遍的思想革命凝聚为个体艺术

---

[92] 施普林格《1848-1849 年奥地利帝国议会制宪会议记录（ Protokolle des Verfassungsausschusses im österreichischen Reichsrat 1848 bis 1849）》（莱比锡 1885 年版）第 316 页。另见马萨里克《卡雷尔·哈夫利切克（Karel Havlíček）》（布拉格 1896 年版）。

创作，引领民族在短短几十年从"无历史"的苦难走向"有历史"的存在。这种新文化成为联结各捷克部族新兴知识阶层的纽带。新的统一语言、共同的诗歌与知识、新生的认同意识与民族情感，很快又加上共同的政治诉求，终结了数百年来暗中侵蚀民族统一的离心进程——捷克人、摩拉维亚人与斯洛伐克人被日益牢固的新纽带重新团结为一个民族。

　　曾经羞于启齿母语的受压迫农民与仆役群体，如今已蜕变为拥有相当规模知识分子与富裕小资产阶级的民族，他们觉醒的民族意识中燃烧着炽热的民族情感。而国家机器却未能适应这种新形势，仍以统治"无历史民族"的方式施政。弗朗茨皇帝统治下的奥地利，依然维持着德意志国家的面貌。特蕾莎与约瑟夫时代的政策被延续：要求与下层民众接触的官吏掌握民族语言，在捷克语及混合语地区中学开设捷克语法与作文课程，以"缓解能胜任政治职务的双语人才短缺[93]。"出于同样目的，神学院与医学院也开设捷克语实践课程。国家扶持捷克语，只因需要能用民众语言沟通的官吏、医生与牧师。捷克民族无权要求保护自己的语言，国家仅在对子民"有益或必要"时才使用它。当权者或许偶尔想过扶持捷克人以制衡革命的德意志资产阶级与知识分子，但奥地利本质上仍是德意志国家——德语仍是官府、法庭、法律与军队的语言。这种状态符合玛丽亚·特蕾莎时代捷克民族的发展阶段，

---

[93] 菲舍尔前引书第 42 页。

到 19 世纪却成了时代错乱。对已觉醒的民族而言，奥地利统治无异于异族压迫。资产阶级革命在奥地利必然同时成为民族革命。

这场革命早有预兆。约瑟夫二世时期 33 名"本土波希米亚人"向等级议会提交抗议捷克语受压迫的请愿书时，还只是引发猎奇关注的孤立事件。但随后几十年剧烈的经济变革唤醒民族后，情况截然不同。希腊人、意大利人、马扎尔人、爱尔兰人的民族革命运动在波希米亚激起强烈共鸣。奥康奈尔时代，"废除联合"成为捷克人热衷的政治口号；当哈夫利切克主编的半官方捷克语报刊被禁止讨论民族压迫时，他转而用整版篇幅报道爱尔兰抗英斗争。

三月革命摧毁旧制度后，国家不得不顺应民族新发展。革命消除了僵化法律与变化中的民族现实间的矛盾。1848 年 4 月 8 日皇室手谕——这份从未生效、内容轻率、形式粗糙，充分反映宫廷混乱的文件——虽被可笑地尊为"波希米亚宪章，"但作为制度转向的首个信号，仍是重要历史文献。

革命不仅迫使国家适应民族文化新发展，更推动这种发展加速深化。新的新闻、结社与集会自由成为吸纳更广泛群众参与民族文化运动的工具。1848 年前仅有的捷克语报刊，在几周内发展为蓬勃的出版业；布拉格社团在地方城镇建立分支，将小城镇居民卷入民族文教运动；政治斗争不仅为运动注入新内容，更以新的激情点燃人们的思想。

这段激情澎湃的岁月之后，反动时期接踵而至。当局再次尝试如同对待"无历史的民族"那般统治波希米亚。但正是这些年月，反而强化了民族发展的力量——这是领主制度最终被废除的时代，农民摆脱劳役成为土地的自由所有者，直接受国家行政与司法管辖；这是扫除资本主义发展障碍的时代，奥地利经济突飞猛进的时代。加利福尼亚与澳洲金矿发现引发的 1850 年代经济繁荣中，奥地利虽只分得微小份额，但正是这个反动十年间，生产力变革与经济转型以前所未有的速度推进，捷克民族由此获得复兴的契机。巴赫专制不同于梅特涅专制：当专制政权成为资本主义发展的工具时，它就为自己掘好了坟墓。即便没有战败加速进程，将奥地利重新作为德意志国家统治的企图也注定失败。索尔费里诺战役后，专制制度土崩瓦解。1859 年，捷克中等教育体系初现雏形——民族胜利至此已成定局。此后捷克人从小学到大学构建起完整的民族教育体系，在政府机关与法院争取语言权利的过程众所周知，无需赘述。我们的任务，在于揭示那承载着捷克民族文化复兴的汹涌澎湃的经济社会洪流。

在所有仅由被压迫阶级构成的奥地利民族中，捷克民族最快被资本主义发展浪潮席卷。因而他们最先登上历史舞台，发出最响亮的声音。但若说其发展曾领先其他"无历史民族，"

这些民族其实也踏上了相同道路。斯洛文尼亚人的觉醒始于拿破仑时代其部分语言区被法国统治时期；鲁塞尼亚人的民族发展最为迟缓——1846年奥地利政府征召鲁塞尼亚农民镇压波兰起义时，受波兰贵族误导的奥地舆论竟称鲁塞尼亚人是"施塔迪翁伯爵的发明"；直到克雷姆西耶尔制宪会议，还在争论鲁塞尼亚民族是否真实存在！即便今日，鲁塞尼亚人既无大学，中等教育也极其贫弱。新选举法对其施加的不公，更印证其政治力量之微弱！这就是"无历史"的纯农民民族的命运。但可以肯定，鲁塞尼亚人正走在捷克人已完成、斯洛文尼亚人早先启程的同一条道路上。国民教育、普遍兵役制、普选权、报纸与民众集会，使鲁塞尼亚大众同样受到文化变革的洗礼；俄国革命在乌克兰激起的震荡，同样在东加利西亚激起回响。农业罢工中，鲁塞尼亚农民找到了民族斗争与经济斗争的双重武器——在奥地利，再没有哪里像鲁塞尼亚农民反抗波兰领主的斗争中那样，经济矛盾与民族矛盾如此紧密交织。意味着"无历史民族"觉醒的社会发展浪潮，终将漫过加利西亚的边界。

各"前无历史民族"在奥地利达到的发展阶段，折射出其经济发展水平。1900年捷克人仅43.1%从事农林牧业，斯洛文尼亚人75.4%，奥地利的塞尔维亚-克罗地亚人86.9%，罗马尼亚人90.3%，鲁塞尼亚人更高达93.3%。将这些数据与各民族文教发展对比，会发现惊人吻合：从事农林牧业人口比例越低，受工业化与资本主义影响越深，民族发展程度就越高。"无历史民族"的觉醒，正是资本主义发展无数表征中的一种。动摇国家根基的民族冲突，是资本主义侵入旧社会肌体引发的阵痛之一。奥地利民族问题，不过是资本主义发展给欧洲文化圈所有民族带来的宏大社会问题的微小切片。

18. 现代资本主义与民族仇恨

"无历史民族"的觉醒，正值经济上从工场手工业向机器大工业转型、社会上废除农奴制、政治上爆发资产阶级革命的时代。而民族发展的后续进程，则折射出现代资本主义在奥地利引发的社会阶层重构与人口地域迁徙——正如维尔纳·桑巴特形象指出的：19世纪上半叶资本主义仅占据社会大厦的若干房间；到下半叶则接管整座建筑，将其彻底改造以适应资本逻辑。尽管奥地利的发展速度较他国迟缓，但唯有参照这场社会变革，才能理解其民族发展与民族斗争的实质。

若要探究各民族在资本主义进程中的参与程度，1900年奥地利职业普查提供了若干线索。资本主义变革最深刻的影响，在于摧毁传统农耕经济、重构社会劳动结构——这既体现为从业者在职业类别间的重新分布，使大量人口转向工商业；也表现为留守农村者蜕变为纯粹的农业生产者与商品提供者。我们首先考察各民族在此进程中的分化：根据职业普查，每千名使用下列日常用语者中，从事主要职业类别的比例如下：

	农业和林业	工业	商业和交通	公共服务、自由职业等
德语	335	383	134	148
捷克语	431	365	93	111
波兰语	656	148	112	84
鲁塞尼亚语	933	25	17	25
斯洛文尼亚语	754	134	35	77
塞尔维亚-克罗地亚语	869	46	38	47
意大利语	501	234	127	138
罗马尼亚语	903	27	25	45

由此可知，德意志人和捷克人从事农林牧业的人口比例不足半数，意大利人则勉强过半。鲁塞尼亚人、罗马尼亚人和塞尔维亚-克罗地亚人仍可视为几乎纯粹的农业民族。波兰人和斯洛文尼亚人则处于这两大群体之间。无论在工业还是商业领域，德意志人都占据首位。工业领域紧随其后的是捷克人，其次是意大利人；商业领域则先是意大利人，后为捷克人。（波兰人在商业上对捷克人的优势仅是表象，这实际上要归因于大量未被完全波兰同化的犹太人自称使用波兰语作为日常用语。）由此可见，德意志人参与资本主义发展的程度最高，其次是捷克人和意大利人。

现在，我们来考察各民族在各职业类别中的社会地位！

在工业领域，每1000名自称使用下列日常用语的从业者中：

	自营职业者	职员	工人	临时工	协助工作的家庭成员
德语	182	30	731	28	29
捷克语	137	14	764	34	31
波兰语	318	17	559	50	56
鲁塞尼亚语	399	6	447	78	70
斯洛文尼亚语	255	4	661	35	45
塞尔维亚-克罗地亚语	299	6	630	26	39
意大利语	253	14	663	17	53
罗马尼亚语	243	5	534	191	27

首先引人注目的是，正如我们已知的那样，受资本主义发展进程影响最小的民族中，独立经营者数量最多：鲁塞尼亚人和波兰人的独立经营者数量最多，而德国人和捷克人在工业领域中的独立经营者最少。工人的情况则恰恰相反：鲁塞尼亚人、罗马尼亚人和波兰人的工人数量最少，德国人和捷克人的工人数量最多。因此，德国人和捷克人每个独立经营者对应的工人数量远多于鲁塞尼亚人和波兰人。鲁塞尼亚人和波兰人的独立经营者主要是手工业者，而在德国人和捷克人的独立经营者中，我们显然可以发现相当数量的资本家。

如果我们尝试将独立经营者中的资本家与手工业者区分开来，雇员人数就提供了一个重要的依据。因为雇员——

工程师、技术员、工长、会计等——只存在于资本主义企业中，而手工业中则没有。因此，资本主义发展程度较高的民族——德国人、捷克人、波兰人和意大利人——比发展程度较低的鲁塞尼亚人、斯洛文尼亚人、塞尔维亚-克罗地亚人和罗马尼亚人拥有更多的雇员。但这些数字还能让我们推断出更多信息！工人的民族对资本家来说无关紧要，而资本家通常会选择与自己使用相同语言的雇员团队。德国工厂主可能会雇佣捷克工人，但他的工厂经理和办公室人员通常会是德国人。如果我们发现德国人的雇员数量远高于其他民族，就可以推断德国人在工业资本家群体中必然占据首位。如果我们从独立经营者与工人的比例中看出捷克民族的资本主义发展程度高于波兰人，但在雇员数量上波兰人却领先于捷克人，那么我们可以推断，在波兰地区，工厂主通常使用波兰语作为日常语言，而捷克人虽然在工业上更发达，手工业者更少，产业工人比波兰人更多，但捷克工人经常为外国（显然是德国）资本家服务。

德国人在资产阶级中的比例高于其在总人口中的比例，这有双重原因。

首先，这是历史事实的结果：在奥地利资本主义工业发展的初期，统治阶级属于德意志民族，奥地利在政治和文化上是一个德意志国家。奥地利的资产阶级如果是从当时的统治阶级中产生的，那么他们从出生起就是德国人；如果是从其他民族中产生的，他们就会被日耳曼化。例如，那些创立了布尔诺羊毛纺织业的来自韦尔维耶的织工，自然接受了奥地利统治民族的语言和文化，而不是当时作为被奴役民族、无历史民族的捷克语。同样，那些从酒馆老板、小商贩和高利贷者转变为工厂主、批发商和银行家的犹太人，也寻求融入德国文化圈。即使是那些成功跻身资本家阶层的无历史民族的后代，也会在新的社会地位中放弃他们的母语——被视为仆人和农民的低贱语言——而成为德国人。因此，无论奥地利资产阶级的起源多么多样，其在文化上无疑具有德意志特征。直到无历史民族觉醒后，这些民族才有可能发展出自己的民族资产阶级。但德国资产阶级领先了一个半世纪，在此期间，奥地利的资本主义发展意味着德国资本家阶级的发展；难怪其他民族的年轻资产阶级无法在发展中赶上德国资产阶级。在 18 世纪和 19 世纪上半叶，奥地利除了德国资产阶级外，只有意大利资产阶级。意大利资产阶级至今仍保持着对南斯拉夫农民民族的经济和文化优势。

奥地利资本家阶级的德意志特性，还与奥地利工业在德意志民族聚居区发展最快有关。这在一定程度上是因为，在手工工场普及之前，德语地区就比斯拉夫地区拥有更多、更大的城市。德国人工业的快速发展也得益于某些历史偶然因素，例如弗里德兰经济政策对德意志波西米亚地区工商业发展的推动。此外，德国人居住的苏台德边境地区也必然促进了其工业发展。随着重商主义关税政策的实施，大规模走私活动开始兴起：那些需要加工外国原材料的资本主义企业纷纷向边境地区靠拢！毫无疑问，北波西米亚的羊毛和棉纺工业因走私英国纱线而得到极大推动。最初的家庭纺织业就这样被束缚在德国边境地区，即使后来从家庭手工业过渡到工厂生产，且外国纱线走私停止，这些地区仍保持着工业优势。

即使不考虑走私因素，德语地区也最早为工业生产提供了有利条件。德国人居住在山区——阿尔卑斯和波西米亚边境山脉——工业所需的水力资源在这些地方得以利用。更重要的是，德语地区很早就发现了丰富的煤矿。

因此，奥地利资产阶级最初的德意志特性有双重原因：资产阶级是德意志的，因为工业由于一系列偶然因素首先在德语地区（尤其是维也纳、苏台德德语区和施蒂利亚）发展起来。此外，即使在捷克和斯洛文尼亚地区，资产阶级也是德意志的，因为在无历史民族觉醒之前，阿尔卑斯和苏台德地区的统治者、有产者和知识分子都是德国人。

这些事实解释了构成我们民族斗争基础的许多现象。资产阶级与人口其他阶层之间普遍存在尖锐对立；在捷克地区，资本家是德国人，而小市民、工人和农民是捷克人，这种社会对立必然以民族对立的形式表现出来。工业发达地区与农业地区之间也存在尖锐矛盾：工业区属于德语区，农村地区属于捷克语区，经济矛盾因此披上了民族外衣。我们想通过一个例子再次说明，在多语言的奥地利，各种社会对立最初以民族对立的形式被大众所认知。我们选择捷克人与德国人在波西米亚的斗争作为例子，正是因为波西米亚是君主国工业最发达的地区，也因此成为民族冲突最激烈的地方。劳赫贝格的杰出研究[94]极大地便利了我们的任务，下文我们将多次引用其成果。

劳赫贝格将波西米亚划分为四个区域。他将"德语区"定义为在上次人口普查中超过 80% 的奥地利公民以德语为日常用语的行政区；"德语占多数区"指 50% 至 80% 的公民使用德语、20% 至 50% 使用捷克语的行政区；"捷克语占多数区"则是 50% 至 80% 使用捷克语、20% 至 50% 使用德语的行政区；最后，超过 80% 公民以捷克语为日常用语的行政区被称为"捷克语区"。在捷克语区内，他单独列出了"布拉格及周边"的数据，因为快速崛起的布拉格工业区在许多方面与其他捷克语区的发展模式不同。

我们首先根据劳赫贝格的数据证明，纯粹或主要德语区确实是波西米亚工业的核心地带。此处暂不列举布拉格及周边的数字，后续将另行分析。

---

[94] 劳赫伯格（Rauchberg），《波希米亚的民族资产状况（Der nationale Besitzstand in Böhmen）》，莱比锡 1905 年版。

1900 年，每 1000 名常住人口中：

	农业和林业	工业	商业和交通	公共服务、自由职业等
德语区	249	527	120	104
德语占多数区	274	536	95	95
捷克语占多数区	445	357	84	114
捷克语区	473	334	83	111

在德语区，大多数人口从事工业，而在捷克语区，工业人口仍少于农业人口。德语区在商业中的占比也高于捷克语区。但不仅体现在工农业人口比例上，工业人口的社会结构本身也表明，德语区已达到更高的资本主义发展阶段。具体表现为，每 1000 名工业从业者中：

	自营职业者	职员	工人	临时工	协助工作的家庭成员
德语区	144	21	788	29	18
德语占多数区	112	19	810	30	29
捷克语占多数区	146	12	762	26	54
捷克语区	180	15	744	23	38

在德语区，雇员和工人在职业人口中的占比高于捷克语区，而独立经营者的占比则更低。因此，德语区每个独立经营者对应的雇员和工人数量多于捷克语区。德语区资本对手工业的胜利更为彻底，其资本集中程度已达到更高阶段。

因此，德语区与捷克语区的对立首先应理解为资本主义先进地区与欠发达地区的矛盾。此类地区间的对立普遍存在：工业更发达地区的资产阶级总是炫耀其财富、文化繁荣以及承担高额直接税收的能力；他们总是以轻蔑的目光看待资本主义欠发达、更贫穷因而文化更落后的地区。莱茵兰-威斯特法伦的工业家对"易北河以东地区"的鄙夷，丝毫不亚于赖兴贝格和奥西希的工厂主对"捷克乡野"的嘲讽。

　　若要从经济学角度把握两个处于不同资本主义发展阶段、但彼此交换商品的地区间的矛盾，马克思的价格理论为我们提供了钥匙。

　　两个地区创造的剩余价值总量由两地工人提供的剩余劳动量决定。但这些剩余价值如何分配给两地的资本家？

　　发达地区的资本有机构成更高，这意味着在资本主义更先进的地区，等量工资资本（可变资本）对应的生产资料资本（不变资本）多于落后地区。马克思教导我们，由于利润率平均化趋势，剩余价值并非由各国工人为本国资本家创造，而是由两地工人共同创造的剩余价值在两国资本家之间分配——分配标准不是两地投入的劳动量，而是两地运作的资本量。由于发达地区等量劳动对应更多资本，其攫取的剩余价值份额也超出本地劳动量应得部分。这就像两地的剩余价值先被堆成一座山，再按资本家各自的资本量瓜分。因此，发达国家的资本家不仅剥削本国工人，还始终占有欠发达国家创造的部分剩余价值。

若仅观察商品价格，每个国家在交换中似乎收支相抵；但若考察价值层面，便会发现交换的并非等价物。资本有机构成较高国家输出的产品，其凝结的劳动量少于从低构成国家输入的商品。因此，发达国家对与之贸易的落后国家实际付出的劳动，少于后者为前者付出的劳动。更发达国家资本占有了欠发达国家的一部分劳动。

在先进地区输出工业品、落后地区输出农产品的交换过程中，地租的存在确实会削弱对农业国的剥削。土地所有权使农业国能够以地租形式预先截留部分剩余价值，使其免于按资本量在资本家间分配。但毋庸置疑的是，即便地租也无法阻止农业国创造的部分价值产品，通过工业品的高生产价格流向工业国的资本家阶级。这无疑也是德意志波西米亚与捷克波西米亚之间的经济关系。若非如此，德意志波西米亚资本家占有的剩余价值量，本应与捷克地区剩余价值量保持同步，正如两地投入的社会劳动之比；更因捷克波西米亚工资水平更低、剩余劳动占工作日比重更大，当地工人人均利润理应高于德意志波西米亚。但现实中，德意志波西米亚资本家阶级的利润显然超出了其雇佣工人数量应得比例。换言之：德意志波西米亚的工人人均利润高于捷克地区。这一经济事实体现为德意志波西米亚居民更普遍富裕的城市发展更繁荣、平均文化水平更高。那些被德意志民族主义作家津津乐道的"德意志波西米亚更高文明"和"捷克地区的低劣性,"无非是资本主义竞争法则的必然结果——发展程度更高的地区总会攫取欠发达地区的部分价值产品。

德意志波西米亚更强的税收能力也源于此。由于它能按资本投入而非工人数量参与整个奥地利经济区的剩余价值分配,且因其资本有机构成更高,等量工人对应更大资本与更高利润,故其人均直接税负能力远超捷克地区。

德国资产阶级由此得出结论:税负更高的地区理应在国家和地方获得超越其人口比例的政治权力。但这纯粹是资产阶级国家观的体现。假设政治权利真应与税负挂钩,为何只计直接税而忽视由大众承担、构成国家财政支柱的间接税?更何况,难道权利真应与纳税额严格对应?若劳动才是价值源泉,税负荣誉应归于占有他人劳动成果者,还是创造价值的真正纳税人?难道捷克劳工滋养德国资本家的事实,竟能成为德意志波西米亚特权的依据[95]?

---

[95] 我们德意志民族主义者的全部论证浸透着资产阶级精神,以下引文便是明证:

"波希米亚德意志人直接——即作为雇主和官员——每年要供养 196,750 名捷克雇员,金额达 1.938 亿克朗。考虑到这些捷克尽管认识到捷克波西米亚用部分劳动支撑着德意志波西米亚的物质精神文明，绝不能为德意志民族主义者的政治诉求辩护，但这确实为我们理解捷克与德国资产阶级政党的历史主张提供了钥匙。

波西米亚的德国资产阶级需要整个奥地利市场。他们希望奥地利成为统一的法律、交通和经济区——在帝国层面他们是中央集权派。但同时，他们要通过更高的税负能力确保对剩余价值的占有不被用于补贴税负较低的捷克地区——因此在地方层面他们主张联邦制，要求明确划分德意志与捷克波西米亚的行政边界，企图将前者升格为自治领地。捷克人则相反：其农产品对苏台德以外市场的需求远低于德国工业，故对奥地利作为统一法律经济区的兴趣有限。但他们既需要苏台德内部的德国市场，又企图让德国工业区的税负服务于自身需求——于是在帝国层面主张联邦制，在地方层面

人的家属，这意味着至少有 70 至 80 万捷克人不经任何中间环节依赖德意志人生活，这超过了波希米亚全体捷克人口的五分之一。"《作为经济强权的德意志波希米亚（Deutschböhmen als Wirtschaftsgroßmacht）》，赖兴贝格（Reichenberg）1903 年版，第 1 卷，第 22 页。

果真是资本家在"供养"工人吗？难道不恰恰相反——是工人的劳动维系着整个社会，而劳动资料的私有制只不过赋予资本家攫取工人部分劳动成果的权力？

却坚持中央集权，捍卫领地统一。至此我们触及了德捷宪法之争的深层根源：工业区比农业区更需要统一大市场——故德国人在帝国层面是中央集权派，捷克人则是联邦派；更发达的资本主义地区具备更强税负能力，问题在于这种能力应专属本地区还是惠及历史关联的农业区——因此德国人在地方层面主张联邦制，捷克人反而坚持中央集权。

德语区工业发展程度更高这一事实，也赋予了波希米亚人口流动现象重大的民族意义。与其他地区一样，这里也发生着人口迁移：部分居民离开农业区迁入工业区。从民族角度看，这意味着捷克人向波希米亚德语区的移民。劳赫贝格对此现象进行了详细描述。我们在此仅引用其研究结论——波希米亚人口流动的总体情况。他通过比较各语言区现居人口与出生人口数量，计算出各语言区的迁入与迁出数据。

首先让我们对比德语区与其他语言区之间的人口流动情况：

地区	迁入	迁出	绝对增减	占常住人口的百分比增减
	德语区			
德语占多数区	26.307	31.502	− 5.195	− 0.3
捷克语占多数区	23.860	7.548	+ 16.312	+ 0.9

| 捷克语区 | 127.510 | 46.678 | + 80.832 | + 4,6 |

"迁入德语区"一栏显示，从其他三类行政区分别有多少人迁移至德意志人口占比超80%的地区。"迁出德语区"一栏则反映从"纯德语区"外迁的人口数量。第三栏数据呈现德语区与其他三类行政区之间人口流动的净差值，即整体迁移的最终结果。数据显示：德语区仅在50%-80%德意志人口的混合区呈现人口净流失；而在捷克语区向德语区的移民规模，则显著超过反向流动。特别是捷克人口超80%的地区，其向德语区的移民数量无论绝对值还是相对比例都极为可观。50%-80%德意志人口的混合区，其人口迁移格局也呈现高度相似的特征。

地区	迁入	迁出	绝对增减	占常住人口的百分比增减
	德语占多数区			
德语区	31.502	26,307	− 5.195	+ 0.3
捷克语占多数区	13.049	5.653	+ 7.396	+ 1,8
捷克语区	54.116	13.683	+ 30.433	+ 9,9

这类行政区的人口流动在所有区域间均呈现净流入态势。德意志人口占多数的地区从其他语言区吸纳的人口数量始终超过其流失人口。其中来自捷克语区的移民净增量尤为显著。主要是农业为主的捷克语区，将其过剩人口输送至德

意志工业区。

让我们更细致地考察这种从捷克农业区向德意志工业区的迁移及其民族影响。

移民主体是工人。由于传统家庭手工业的消亡和农业技术的变革，捷克农民子弟和农业工人已无法在家乡谋生。劳动力过剩与农村无产阶级缺乏工会自救能力，导致其生活水平持续下降。而工业区因资本持续快速积累（剩余价值转化为资本），对劳动力的需求不断增长。此外，工会斗争抬高了当地工资水平。更高的工资吸引捷克无产者涌入德意志地区。在工业缓慢渐进发展的区域，捷克工人只是零星出现，通常很快就会被周围环境同化。但在劳动力需求激增的地区，捷克工人会大规模涌入，紧密团结并保持其民族特性。

来自低工资、低生活水平地区的捷克工人，最初是作为压低工资者，甚至罢工破坏者进入这些地区的！他们引发德国工人的仇恨与愤怒并不奇怪。至今，无论多么德意志民族主义的波西米亚德国工厂主，仍经常试图用"可悲地缺乏需求意识"的捷克工人取代"要求过多"的德国工人。这既保障了他们的利润（以德国工人为代价），又滋养了德国工人对捷克移民的仇恨——当充满民族仇恨的工人被资产阶级民族政党蛊惑时，德国资本家视之为意外之喜。不过这种把戏如今已难奏效。德国工人早已明白，唯有将捷克工人争取到工会组织中来，教育他们参与工会斗争，才能有效抵御工资压榨者和罢工破坏者。捷克工人运动的进步，也使无产阶级认识到所有工人利益的团结性。值得庆幸的是，捷克工资压榨者已成为罕见例外。捷克移民确实最初在德国工人中激发了民族仇恨与愤怒，但这种仇恨未能形成政治诉求：现代产业工人不可能要求取消迁徙自由（这是阻止捷克移民的唯一手段）。严酷的现实教育了德国工人：只有与捷克工人肩并肩共同对抗资本，才能赢得胜利。

正是捷克向德意志工业区的移民，使德国工人理解了全体工人利益的团结性，以及各民族工人共同斗争的必要性。但捷克工人移民对小资产阶级的影响截然不同。尽管德国工人利益最初因捷克移民受损，这种移民在经济上却有利于德国小资产阶级。人口增长意味着商人和手工业者利润增加，房东的地租收入上升。然而几乎整个德国小资产阶级仍对捷克少数群体充满狂怒。何以如此？

首先源于定居者——那些深深扎根于祖传故土的小市民——对任何外来者、"迁居客"（如维也纳人所称）的不信任与厌恶。正如我们在他处所述，这种认知惰性、对一切陌生与非常规事物的排斥，正是民族情感与仇恨的根源。小市民生于斯、婚于斯、死于斯，其视野局限于狭小的地域圈层。资产阶级的目光虽未必放眼世界，至少能覆盖广阔经济区域；无产者虽被资本主义周期裹挟，却也流动不居；唯独小市民与农民固守方寸之地，憎恶任何侵入其封闭圈子的异质与新生事物。

地方派系正利用这种民族本能。每个社区都存在成分各异的这类小团体：小镇由当地知识分子（医生、教师、牧师、药剂师）、富裕房东、商人和酒馆老板构成；乡村则由富农把持；较大工业城镇则是资产阶级与知识分子的联盟。某些地方，自自治政府成立以来，同一派系通过血缘延续或吸纳社会关系者世代掌控社区；另一些地方则有多派争斗——牧师与教师、消防队长与退伍军人首领，甚至两名律师带着各自附庸争夺社区权力。这些派系随意组建社区委员会，指定公职候选人，冷漠的小市民群体则盲目追随。我们的社区选举制度已将这些派系合法化，并将重要行政职能拱手相让。

对捷克工人的涌入，这些派系首先感到不便。社区需新建学校、加强治安、承担更多责任，确实加重财政负担。但很快，不便演变为危机。在扩张的工业城镇，世袭统治集团越来越难维持其威望与权力。若移民属同民族尚可应对；若是异民族则希望渺茫。长期不受制约的统治集团突然面临危险的异己力量，自然成为民族冲突的急先锋。

当移民工人仍安于贫苦生活——除了繁重劳动就是蜷缩在城郊陋室酣睡，顶多在资产阶级避之不及的劣酒馆买醉；当捷克工人仍对城里权贵卑躬屈膝、不敢提要求、见体面人便低头哈腰时，统治集团尚能容忍。但如今劳动大众已觉醒，展现出前所未有的尊严：他们不再对权贵弯腰，而是要求权利；主张文化需求，尤其是子女教育；通过罢工、政治斗争、集会示威打破社区宁静；甚至胆敢举办庆典！这种现代工人阶级的新气象也惠及德意志工业区的捷克少数群体。德国工人对此欢欣鼓舞——捷克工人头颅昂得越高，工资压榨者与罢工破坏者就越少，对抗资本与阶级国家的斗争就越能获得捷克同志支援。但小资产阶级——尤其是被其拥戴的地方派系——却被新发展吓得魂不附体。任何无产阶级尊严的彰显都被视作革命，任何少数民族的诉求都是对其统治的威胁。

驱逐捷克工人或禁止其迁入虽不可行（资本主义国家不可能限制迁徙自由，更何况房东、酒馆老板、商人——更别提工厂主——都是移民经济的受益者），但他们要求"维护城市德意志特性"——这个被德意志民族主义者奉为最高道德准则、维也纳市议员按卢埃格尔市政条例必须宣誓的口号，究竟何意？绝非阻止捷克工人涌入，而是强迫少数民族隐形：不得出现捷克标语、高声交谈或民族色彩，假装资本主义发展从未将小市民的单语城镇变成资本家与无产者的双语都市。这不过是鸵鸟政策。但"维护德意志特性"还有更深含义：市政当局对移民工人漠不关心，无视其基本文化需求，连奥地利社区常规的社会福利与救济都吝于施舍。彻底放弃社区社会职责，完全缺失市政社会政策——这才是地方派系所谓"维护城市德意志特性"的真谛。

当然，如果捷克工人人口大幅增长，确实可能导致某个城市的德意志特征受到威胁，使捷克居民逐渐占据优势，而德意志居民沦为少数。但凡理解这种驱动并决定民族迁徙的社会进程的人，都不会将这种巨大发展进程中不可避免的伴随现象视作万恶之首。我们以数百万被摧毁的生计、数千名被牺牲的儿童、广大民众难以言表的苦难为代价换来了资本主义发展；相比之下，某个村庄或工业城市被捷克人同化的所谓恶果简直微不足道。我们深知，唯有经历这种资本主义发展，我们的民族才能真正成为具有民族文化凝聚力的共同体——即便在这场惊天变革中某些地区的德意志多数转变为少数，这个目标对我们而言也绝非过高的代价。我们明白，这场社会变革是实现民族真正自决和完全自治的前提；因此我们确信，即便那些沦为难民的工业区德意志人，也终将找到维系与德意志民族文化纽带的方法。但小市民看不见这些。资本家的市场是庞大帝国，是整个地球；产业工人的劳动力市场早已拓展至整个大经济区，他们不得不四处兜售自己的劳动力。而小市民却牢牢固守方寸之地：他们的生产和经营只服务于狭小的本地圈子，思维也跳不出这个樊笼。他们眼中从无民族大局，只有自家的一亩三分地。工业发展对民族的意义与他们无关；他们不知道，威胁其社区德意志地位的同一进程，正从经济和政治层面增强着整个民族的力量，丰富着民族的物质与精神文化，并将劳动群众真正纳入民族共同体；可对小市民而言，自家小社区的权势崩塌就是世界末日。正是这种狭隘视角，使得工业发展的影响在德意志人眼中如此可怕，使得少数民族问题被过度夸大，使得民族仇恨被疯狂点燃：我们的小市民阶层根本不是从民族整体——即大民族的立场出发看待问题，而是错误地将德意志民族等同于几百个地方帮派的总和——这正是我们那些民族政党的本质。

由此衍生出小资产阶级民族政治的全部荒诞性。阻止外来工人涌入的唯一手段——废除迁徙自由——根本不可能实现。于是小资产阶级的民族政治实际上失去了目标，其全部内容就只剩下肆意宣泄毫无目的的仇恨。街道路牌是否用少数民族语言书写，法官官员是否用其语言交流，这些成了小资产阶级政治的核心议题。一面民族对手颜色的旗帜就足以玷污"民族尊严，"捷克工人的集会则被德意志小市民视为必须不计代价阻止的罪行。这种政治根本不再追问目的，纯粹是民族仇恨的无能宣泄，其根源在于小市民既离不开捷克工人，又对他们恨之入骨。

这种政治自然激起少数民族的反抗。任何身处异族环境的少数民族，其民族情感总是格外强烈。当本土居民以仇恨对待外来移民时，这种情感更会加剧。那些因仇恨被剥夺的东西，反而成为他们格外珍视的诉求。路牌语言、法庭用语——这些与我们时代的重大社会问题相比微不足道的事物——如今也成了"民族尊严"的象征。他们举办庆典不再为了欢乐，而是为了刺痛敌对的民族。于是形成了奥地利所谓"民族政治"的轻浮游戏：它诞生于民族仇恨，又不断催生新的民族仇恨，却对经济发展铁律所决定的民族实力对比毫无改变之力。捷克少数民族在德语区是否增长，取决于城市经济发展的强度与方向；捷克庆典和标语既不能加速异族少数群体的增长，禁止捷克标语、破坏捷克庆典也无法阻止其壮大。

当捷克小市民追随捷克工人进入德语区后，民族斗争会急剧激化。德意志城镇中捷克小资产阶级的形成有双重途径：一是部分捷克工人通过成为工匠师傅、用积蓄或继承遗产开店经商实现阶级跃升；二是来自捷克语区的手工业者和小商贩的迁入。捷克小市民自然会在德意志城市的捷克工人中找到客源。至此，民族对立达到空前程度。此前德意志小市民尚能从捷克工人移民中获利，如今捷克竞争者却夺走了他们既鄙视又离不开的客源。"捍卫城市德意志特征"成了小市民的经济诉求，竞争对手的捷克文招牌威胁着他们失去捷克工人客户群。民族属性就此沦为商业竞争武器。捷克小市民打出"自家人照顾自家人"的口号垄断客源，德意志商贩则以"别光顾捷克人！"反击。地方帮派的统治也面临新威胁：面对捷克工人时他们尚有选举权特权作护身符，但捷克小市民同样拥有投票权。在两国小市民争夺客源和地方权力的斗争中，民族仇恨与日俱增。

捷克小资产阶级向德意志地区的移民，同样是波希米亚德语区资本主义快速发展的产物。捷克地区的人口外流降低了当地商人和手工业者的利润，而移民涌入德语区则提高了当地小资产阶级的收益。但所有竞争都受利润平均化规律支配——生产者和商人总会涌向利润更高的地区，撤离利润下滑的区域。只要捷克农业区持续向德意志工业区输送劳动力，只要德语区人口增速持续快于捷克语区，就必然会有捷克小资产阶级迁入德语区。想要阻止这种移民潮，除非扼杀波希米亚德语区的工业发展——这恰恰是德意志小资产阶级无力做到的。因此他们的民族政治既无具体目标，也不服务任何实际目的，纯粹是人口迁徙所激发的民族仇恨的无力宣泄。

随着捷克小资产阶级而来的，还有捷克知识分子向德意志工业区的迁移。在人口激增的工业城市，医生、律师们同样能获得更高收入。在这里，民族属性也沦为竞争工具：捷克医生和律师会夺走德意志同行在捷克少数族裔中的客源，职业嫉妒由此转化为民族仇恨。但在此处，不仅民族属性成为竞争手段，民族斗争本身更被直接用作商业策略。德意志工业城市的捷克医生和律师深谙，要想在捷克少数族裔中打响知名度、招揽客户，没有比成为该族裔领袖更有效的方式——他们通过文字与演说捍卫其民族利益，用雄辩口才为少数族裔积蓄的仇恨发声。这些德意志知识界痛恨的竞争对手，通过向当局申诉同胞诉求打破地方帮派的宁静，更通过将少数族裔组织成政党威胁其统治地位。德意志知识界、掌权的地方帮派以及充满仇恨的小资产阶级，尤其痛恨这些"民族煽动者。"

但捷克知识分子的移民很快呈现新形态。德意志小市民很快发现，捷克公务员已渗透进国家机关和法院系统——可恨的民族对手竟成了国家权力的化身，他们恍如置身捷克人的异族统治之下。捷克官员渗入德语区司法行政系统的根本原因，仍在于德语区是工业核心地带。德意志地区的工商业吸纳了中产阶层后代：小资产阶级子弟多成为工商业职员。而在工业发展滞后的捷克地区，富裕农民和小市民的次子若无法继承父业，除了求学别无出路。从前农家次子多成为神职人员——至今波希米亚德语区天主教 clergy 仍有不少捷克人；如今他们转向其他职业。如果说工商业职员中德意志人远多于捷克人，那么在学术职业领域，捷克人的比例则反超德意志人。据职业统计，波希米亚每万名德意志人中仅有1,131 人从事"公共服务与自由职业,"而捷克人则达 1,178 人。劳赫伯格关于波希米亚中学就学率的统计显示，每 10 万人里：

| 学年 | 德意志人 | | 捷克人 | |
	文理中学	实科中学	文理中学	实科中学
1880/81	240	84	318	90
1890/91	233	102	292	91
1900/01	230	129	236	203

捷克人就读这类为自由职业做准备的中等学校的比例

远高于德意志人。近十年来若两者在文理中学就学率的差距有所缩小，那仅仅是因为捷克人在实科中学的入学率出现了惊人增长。既然我们早已在德语区频繁遇见捷克法官和公务员，那么很快也将在德意志工业区邂逅捷克工程师和建筑师。当我们听闻 1900/01 学年每 10 万德意志人有 21 人就读高等工商学校，而捷克人仅 10 人时，就完全能理解捷克人在自由职业中占比高的原因了。即便将工业化的德意志波希米亚与农业化的阿尔卑斯山区中学就学率对比，也能印证这点：波希米亚捷克中学的高入学率与德意志中学的低入学率，正是德意志波希米亚工业发展快于捷克地区的结果。这些大量培养的捷克知识分子自然涌向人口激增、对公务员、法官、律师和医生需求旺盛的德意志工业区。于是德意志小市民发现，县政厅和地方法院、邮局和铁路办公室里，捷克公务员正日益增多——那个可恨的捷克人，如今竟化身国家权力管理他的事务、审判他的案件、征收他的税款。每次在政府机构的遭遇都在不断滋养着民族仇恨。

德意志地区的工业属性与捷克地区的农业属性，是捷克人移民德意志波希米亚的根本原因——这不仅包括捷克工人的迁移，也涵盖捷克小资产阶级和知识分子的涌入。这种移民激起了德意志居民，尤其是小资产阶级和知识分子的仇恨。这种仇恨无法凝聚成政治诉求，因为要消除捷克移民就必须消除其根源，而德意志波希米亚的工业发展力量绝不愿限制自身人口增长。于是小资产阶级只能通过无目的、无意义的示威和徒劳的叫嚣来宣泄情绪。多数派的仇恨唤醒了少数派的敌意，关于斗争的消息使双方情绪激化。少数民族问题被无限夸大，完全不顾其实际规模；既然无法理性解释这种无目标的仇恨政治，人们就用捍卫"民族尊严"的空洞口号来辩护。寻求波希米亚民族问题解决方案者必须认清：若不能解决少数民族问题，就找不到重大问题的答案。而充斥奥地利民众——尤其是小资产阶级——的民族仇恨，其根源现已明晰：它是人口迁徙这一充满痛苦、制造对立与冲突的进程的产物，不过是现代资本主义对旧社会进行巨大改造所产生的社会仇恨、阶级仇恨的诸多表现形式之一。民族仇恨实质上是被转化的阶级仇恨。

我们此前将德意志地区视为工业区，捷克地区视为农业区。但实际上捷克地区也正在发展工业。只不过这里的资本家阶层最初仍是德意志人。在旧奥地利，统治阶层和有产阶层普遍是德意志人的历史事实，在捷克地区工业兴起时仍然发挥着影响。例如在波希米亚东北部的捷克语区，我们看到一些纺织业中心。但这些居民完全或主要为捷克人的城镇里，企业家却是德意志人或已融入德意志文化圈的犹太人——他们说德语、用德语教育子女、支持德意志民族政党、周围簇拥着德意志职员团队。若造访这些纺织业中心（如纳霍德、王宫镇、霍日采、艾佩尔、梅图伊新城等），处处可见在捷克工人和小资产阶级包围中的德意志人殖民地，其成员几乎全是资本家及其雇员，且普遍掺杂着大量犹太元素。

资本主义殖民地永远无法有机融入小资产阶级世界。它给小城镇带来不同的生活水准、生活方式和观念。更重要的是，它颠覆了传统价值评判：在小城往日备受尊敬的事物，在它面前尽失分量。商人怎比得上工厂主？教师在厂长面前又算什么？就连神父也得不到这些外来者的问候，那些享有在"名流"专属酒桌就座特权的体面市民，也得不到他们传统的尊重。疑惧一切外来事物的小市民，感到自己的习俗被蔑视、社会尊严遭贬低。这里的异族殖民地同样威胁着统治地方的小集团。尽管德意志殖民地人数可能不多，但选举权特权使其迅速获得政治权力——资本家凭借高额纳税很快独占第一选举团，其雇员则在第二选举团与世居小市民分庭抗礼。得益于地方政体的财阀性质，资本主义的德意志少数派对地方帮派的威胁，远比捷克工人聚居区对德意志城镇的威胁更大。于是捷克小资产阶级感到，德意志少数派践踏了自己传承的价值观、习俗和生活方式，威胁其社会声望，并摧毁了其在地方上的权力。

小市民对资本家更高生活水准的嫉妒，市侩对现代资产阶级更自由生活方式的不解，通常也不会因德意志殖民地带来的经济利益而缓和。在小城镇里，德意志的先生女士们并非捷克裁缝和鞋匠的主顾——他们的消费需求都在大城市解决。他们不会在那些市侩气息的酒馆里寻欢作乐，那里的小市民总端着啤酒杯讨论自己狭隘头脑里幻想的大世界；他们为自己迥异的社交方式创建了专属场所。许多工厂主一年大部分时间都不住在捷克工业城镇，而是待在维也纳之类的大都市。捷克工人在小城创造的剩余价值，根本不会用来交换当地小市民的商品，而是流向了都市高档资本主义企业的货柜。

不仅小市民敌视德意志资本家及其雇员。那些仍遭受残酷剥削、陷入赤贫的家庭织工，也只把德意志人看作资本家。纺纱厂、机械织布厂和棉印花厂的工人们，面对的资本家和监工也都是德意志人。这里工人对资本家的全部仇恨，必然表现为民族仇恨。

对德意志人的仇恨还与反犹情绪奇妙地交织在一起。捷克工业区的德意志少数群体中，犹太人始终占据相当比例。一方面，旧有的反犹情绪因犹太人总是以民族对手——德意志人——的面貌出现而持续发酵；另一方面，反犹仇恨也蔓延到犹太人所属的整个德意志群体。

捷克小市民对境内德意志殖民地的仇恨，无法通过有目标的阶级斗争来表达。他们根本无法对德意志资本家展开任何有明确目标的严肃斗争——因为唯一能摆脱这些异族者的手段，即摧毁捷克语区的工业，恰恰是他们绝不愿意看到的。于是他们也只剩宣泄情绪的手段：无意义的愤怒政治、无目的的示威游行、琐碎的暴力行为、任性的刁难迫害。他们开始效仿德意志小市民——发动反对德文标识、抵制德语使用、破坏德意志庆典的运动。同样地，当多数派试图剥夺少数派的某项权利时，这项权利本身无论多微不足道都会变成珍贵财富。在布拉格的德意志学生甚至把在捷克街区闲逛都视为民族主义行为。德意志波希米亚因捷克工人和小市民迁入造成的民族紧张，在此处则源于德意志资本家及其雇员的定居。

然而当小市民的仇恨还在市集上喧嚣着无谓斗争时，资本主义正悄然继续着社会分化的进程。它的首个成果，就是催生了捷克资本阶级——捷克资产阶级的诞生。

捷克资产阶级的形成首先与某些捷克地区的快速工业化相关。其中发展最为迅猛的当属近年来的布拉格及周边工业区。劳赫伯格用以下数据证实了布拉格及其紧密相连的郊区的工业特征：1900年当地每千人中：

农业和林业	124
工业	475
商业和交通	210
公共服务、自由职业等	191

在工业领域，每1000名就业人员中：

自营职业者	158

职员	41
工人	767
临时工	22
协助工作的家庭成员	12

　　雇员数量异常庞大，而家庭帮工成员的数量却异常稀少。这两点都表明布拉格工业具有资本主义特征。相对较多的自营职业者数量，部分原因可能在于许多企业主虽在布拉格外经营企业却居住在布拉格，部分原因则在于布拉格与所有大城市一样，生活着大量依附资本的手工业者——他们在经济地位上与家庭手工业者无异，但在统计上却被列为自营职业者。如今布拉格及其郊区的居民正以惊人速度增长。具体数据如下：

1880	276.260
1890	343.383
1900	437.053

　　1881 年至 1890 年增长率为 24.20%，1891 年至 1900 年增长率为 27.27%。这种增长主要惠及工业。1890 年至 1900 年间，工业人口占常住总人口的比例上升了：

	百分比
德语区	148,3
德语占多数区	210,2

捷克语占多数区	6,9
布拉格及周边	288,4
捷克语其他地区	76,4

没有任何语言区能像布拉格工业区这样，实现如此迅速的人口工业化转移。

起初，布拉格工业区的资本家确实多为德意志人。但快速的工业发展在此催生了一个民族资产阶级。人口增长带来的地租飙升，将不少布拉格房东转变为资本家；工业力量的迅猛扩张，为许多小市民提供了超额利润，而勤俭者便将获得的剩余价值转化为资本；甚至在快速工业化浪潮中，不少小手工业者也蜕变为小资本家。

捷克资本的诞生不仅通过积累，更通过集中化实现。储蓄银行和合作社汇聚了乡间无数零散资本，当这些力量联合起来，便能创建更大的捷克资本主义企业——捷克股份公司、大型捷克银行、保险公司、啤酒厂等。

最后，捷克资产阶级的形成还得益于外族资本家的本土化。特别是犹太资本家，其子孙往往通过捷克学校和捷克文化环境的熏陶融入捷克文化圈——最近的人口普查显示，波希米亚已有 55.2% 的犹太人宣称使用捷克日常用语。

捷克资产阶级的崛起起初并未缓和民族对立，年轻的捷克大资产阶级反而将民族斗争化为己用。他们以更高明的手段效仿捷克小市民的作法，将民族属性变为竞争武器——只不过如今的战场不再是狭小的本地市场，而是整个捷克民族的聚居区。购买捷克火柴与肥皂、将闲散资金存入捷克银行、选择捷克保险公司为房产投保，都被包装成民族义务。

捷克资产阶级不仅作为商品销售方，更作为劳动力购买方利用民族矛盾。通过自居民族领袖地位、代表（真实或虚构的）民族利益，他们企图掩盖阶级对立：既维持捷克工人的追随，又阻挠捷克与德意志工人联合对抗资产阶级的斗争，至少要通过民族分裂削弱工人阶级力量。资本主义对传统关系的颠覆、人口迁徙与阶层流动所催生的民族仇恨——这种在两族小市民脑海中发酵的仇恨，如今成为年轻捷克资产阶级谋利的工具，既保障商品销路，又确保工人驯服。如果说小资产阶级是民族仇恨的载体，那么资产阶级便是其既得利益者。

回望捷克民族近百年历史，我们看到两大转折性事件：在工场手工业与乡村家庭工业向工厂制过渡的时代，这个民族从缺乏历史意识的蒙昧中觉醒，传统民族关系的法律秩序变得令人窒息，最终引发民族革命；而在现代资本主义渗透、德语区继而捷克语区快速工业化的时期，民族仇恨的觉醒与持续激化则成为民族斗争的原动力。工厂制度的诞生与农业人口向工业的转移，实则是同一伟大进程的不同表现——是社会劳动结构深刻变革的两面：越来越多社会劳动被投入生产资料生产，越来越少劳动直接用于消费品制造。

当工厂取代工场，部分社会劳动就从消费品生产转向机器制造；当现代交通（铁路与蒸汽船运）的发展使遥远大陆的沃土为欧洲供应粮食，当现代工厂摧毁传统家庭手工业、农业机械化驱使人口转向工业——这意味着大量社会劳动开始服务于蒸汽机、纺纱机、织布机、机车与铁轨、轮船与港口的制造，服务于煤炭与钢铁的生产，而社会投入小麦种植与衣物缝制的直接劳动则日益减少。这种劳动力分配与社会劳动结构的变革，正是我们生产力发展的根本规律。

从经济层面看，这种生产力变革表现为资本构成的转变：社会总资本中可变资本比重缩减，不变资本比重增长。从工场迈向工厂的进步（正是这一进步唤醒了沉睡于历史迷雾的民族）意味着资本有机构成的提高；劳动力从农业转向工业的进程（正是通过诸多中间环节催生了民族仇恨这种民族斗争驱动力）同样标志着资本有机构成的提升。若有人偏爱用简洁公式概括复杂社会现象的因果，大可断言：奥地利各民族力量对比的变化与民族斗争，不过是资本有机构成提高所产生的众多深远影响之一。

当我们回想起这场资本主义巨变的其他后果——它改变了欧洲文明圈的整体面貌，使傲视群雄的强国衰落，让不起眼的邦国崛起；它彻底改变了人类本质与我们整个文化的内涵与边界——我们完全可以说：奥地利境内的民族发展进程，远非这场人类生产力彻底革命最重要、最深远的影响。以历史眼光审视，奥地利民族斗争不过是世界历史重大转折进程中较次要、较微小的伴生现象，这个进程终将开启人类历史的新纪元。

19. 国家与民族斗争

1848 年，奥地利各民族首次面临将民族诉求凝聚成政治纲领的任务。但革命最初几个月，奥地利民族问题的性质与今日截然不同。

当时的奥地利涵盖四大历史民族：德意志人、意大利人、波兰人和马扎尔人。这些民族的法政纲领是实现其民族国家。奥地利的德意志人与德意志邦联其他邦国的同胞共同为建立统一的德意志国家而战；意大利人、波兰人和马扎尔人同样为各自的民族国家奋战。这种政策必然激起历来无历史记载的民族的抵抗——这些民族根本无望为自己争取自由独立的民族国家。他们唯恐沦为大历史民族的统治对象。在内莱塔尼亚地区，争论焦点起初并非德意志人、捷克人与斯洛文尼亚人如何共处，而在于捷克人和斯洛文尼亚人是否应臣服于大德意志民族国家。类似地，鲁塞尼亚人畏惧波兰统治，克罗地亚人、塞尔维亚人、斯洛伐克人和罗马尼亚人则担忧马扎尔人的霸权。当德意志人企图将奥地利并入大德意志帝国,其他历史民族意图肢解旧奥地利时,那些刚获得历史存在意识的无历史民族却将希望寄托于奥地利的存续。他们指望奥地利能使其免遭异族统治。这些民族不愿分裂奥地利,反而力求在国家框架内为本民族争取权益。这导致他们与历史民族的关系充满矛盾:一方面,无历史民族同样是革命者,他们也为宪法、自由权利和农民解放而战;1848 年革命同样是他们的革命,而专制政权无力满足这些新生民族的诉求,正是引发大变革的根源之一。但另一方面,他们不像旧历史民族的革命资产阶级和革命贵族那样企图摧毁奥地利,反而惧怕革命者意图在旧帝国废墟上建立的新民族国家会带来异族统治。革命信念虽使他们与德意两国的革命资产阶级、波匈两国的革命贵族立场相近,但对本民族存续与自由的忧虑却将其推向反动阵营。尽管斯拉夫小民族内部的革命派竭力阻止本民族力量为反革命所用,但民族危机愈迫切,他们与历史民族革命的团结意识就愈淡薄,无历史民族(连同克罗地亚人)就愈倒向反动势力。这在革命战士眼中不啻对自由事业的背叛。当时全欧洲民主派都憎恶这些斯拉夫小民族,认为他们与反革命的勾结加速了民主事业的溃败。

弗里德里希·恩格斯在《新莱茵报》发表的关于奥地利民族问题的文章亦成于此时。这些绝非可简单归为无持久价值的报章文字,它们同样闪耀着作者卓越的历史洞见。关于奥地利形成史及各民族权力关系历史基础的论述,即便细节存误，其清晰度仍远超同期任何作家；"无历史民族"这一我们沿用至今的概念，正是源自这些文章。但须谨记，这些诞生于革命风暴中的急就章，写作时正值无历史民族倒向反动的特殊时刻——恩格斯当时预期数周内将爆发德俄战争，认为这既会决定民主对专制的胜利，也将裁定无历史民族是否臣服于旧历史民族的民族国家。由此可解释恩格斯的若干误判，尤其是根本性错误：认为无历史的民族也不配拥有未来。此观点如今已被彻底证伪。若奥地利各民族的历史尚不足为证，那么俄国革命史已充分证明：拉脱维亚人、爱沙尼亚人、小俄罗斯人等无历史民族已站到革命斗争最前沿。今天我们恰恰能依据马克思和恩格斯传授的历史研究方法，从资本主义、革命与民主的作用机制出发，理解无历史民族向历史性生命的觉醒。

直到旧历史民族在奥地利废墟上建立民族国家的希望破灭后，当今各民族仍在求解的奥地利民族问题才真正浮现。此时争论焦点已非奥地利存续或是否并入德意志帝国，而是境内各民族如何共处。在克雷姆西尔制宪会议上，奥地利各民族首次尝试探寻共处的合理形式。此刻各民族立即互换了角色：无历史民族的代表变得激进，而历史民族反而保守。无历史民族要求彻底清除旧奥地利残余、废除传统藩领；其代言人——斯洛文尼亚人考齐奇与捷克人帕拉茨基——主张将奥地利划分为若干尽可能单一的民族区域。帕拉茨基的提案涵盖整个君主国，要求将奥地利划分为以下区域：

1. 德意志奥地利；

2. 捷克奥地利；

3. 波兰奥地利（应包括尚未被视为独立民族的卢森尼亚人）；

4. 伊利里亚奥地利；

5. 意大利奥地利；

6. 南斯拉夫奥地利；

7. 马扎尔奥地利；

8. 瓦拉几亚省份。

在其定居范围内，每个民族都应自由自主地管理自身事务。

德意志人则自视为旧奥地利历史疆域划分的受益者——他们曾是统治民族，因而竭力维护传统的藩领宪制。制宪委员会试图调和两种主张：既保留藩领建制，又要求通过帝国法律将较大藩领划分为若干行政区。这些行政区的划界须"尽可能考量民族属性，"并由民选的区议会管辖。区议会权限颇广：制定市镇条例并监督执行；负责区内道路与交通建设；主管济贫、医疗慈善机构及宗教基金会事务；推进农业发展。最重要的是，民族文化事务被赋予区议会——《克雷姆西尔宪法草案》第126条规定："区议会主管国民教育与培训事务，有权确定教学语言及科目，但须平等兼顾区内各民族语言。"如此每个民族至少能在其聚居区通过区议会自主管理民族教育。毫无疑问，即便这部宪法也难使奥地利完全避免民族争端，但它能让各民族在语言区域内自主发展民族教育体系，免去为每所学校在帝国议会或地方议会争斗的困局，不必再向国家或其他民族代表乞求或强夺每所学校的开办权。许多常引发民族冲突的重要问题本可由此化解。然而 1849 年 3 月 4 日，当代表们齐聚克雷姆西尔准备表决该草案时，却发现会场已被军队占领——反动势力用粗暴的武力手段扼杀了奥地利各民族寻求共处法则的首次最佳尝试。直至意大利战场败北后新宪政时代开启，各民族才再度直面同一难题。

鲁道夫·施普林格[96]提出，民族国家可通过双重方式调节不同民族公民的共处：首先将民族视为整体并赋予法律人格，由各民族联合体构成国家。施普林格称此为民族与国家关系的有机调节。这种有机调节又分两种形式：其一是地域原则——划定各民族聚居区，各区内民族自主管理本族事务，国家仅协调各民族共同事务。此时民族作为地域法人存在。其二是属人原则——国家将民族视为人格共同体（不保证其对特定区域的专属统治权），所有奥地利的德意志人（无论

---

[96] 鲁道夫·施普林格（Rudolf Springer），《奥地利各民族为国家的斗争（Der Kampf der österreichischen Nationen um den Staat）》，维也纳 1902 年版，第 10 页及以下。

居住于帝国何处）构成法律共同体即民族合作社，通过民选民族议会自主管理民族文化事务（如建立德语学校），并有权向成员征收民族事业税。

与此有机观相对的是施普林格所称的"集权原子观。"这种观念下，民族根本不出现在法律秩序中——法律只承认国家与个体公民两极。奥地利现行法律秩序正是如此：各民族既非法人团体，亦非地域实体。若某人立遗嘱将财产赠予捷克民族，遗嘱即失效（法律不承认可继承遗产的主体）；若有人侮辱波兰民族，该民族无法起诉（不存在有权起诉的实体）。民族无权向本族成员征税，不能创办学校或剧院——这些行为仅能由国家、个体公民或志愿社团实施。民族对国家毫无法律影响力，既不能要求国家作为，也不能阻止其作为；唯有个体公民能通过选举权、行政申诉权、司法诉讼权等法定权利与国家互动。个体可自愿按民族属性结成政党，以此影响国家意志并推动民族文化需求实现。

奥地利民族矛盾非因恶法劣宪而生，其根源在于推动无历史民族登上历史舞台、引发民族迁徙并点燃民族仇恨的重大经济社会变革。但使这些矛盾转化为政治冲突的具体形式，以及表达民族发展的政治斗争特殊形态，确实受制于各民族相互对抗时所处的法律框架。

中世纪国家承认形形色色的人格联合体：既有体现支配

关系的领主庄园、采邑法团体与服役法团体；也有体现协作性质的马克公社与行会；还有将受同一支配权管辖者结成协作体（如隶属同一领主的农奴组成的庄园协作体）的混合形态。这些团体都自主创制法律——协作体通过成员意志形成习惯法或章程；支配性团体则以领主意志为法源；混合形态中领主与从属者协作体共同参与立法。此类立法权绝非国家授予：现代国家固然只承认唯一主权者，一切法律权力皆派生自国家并可被其修订或撤销；但中世纪国家尚无主权概念——正如加洛林时代源于民众法庭习惯法的古老部族法，与国王敕令并行不悖，民众法庭与王室法院各自独立，支配性与协作性团体在中世纪封建国家内享有的法律权力同样独立于国家，既不受其干预亦不可被废止。直到商品经济、雇佣军制与官僚体系赋予现代国家实际力量后，其法律权威才真正提升：若无商品经济发展带来的经济基础，罗马法复兴将徒劳无功，博丹、霍布斯等哲人发展的主权理论更无从诞生。当各自治势力最后集结于等级会议时，等级制二元国家仍存在不依附于王权的平行权力；但君主最终或镇压等级会议，或将其收编为附庸[97]。至此国家始获主权：部分人格联合体彻底消失，残存者（领主庄园！行会！）亦沦为附庸。绝对主义国家持续削弱古老团体，推动社会走向"中央集权面对无组织个体"的状态，形成"除国家外仅有个人，在全能国家与原子化民众间不存在任何中间环节，任何结社要么是

---

[97] 参见耶利内克（Jellinek），前引书，第 311 页及以下。

国家的地方化身，要么本身被视为个体"[98]的局面。

于是我们看见：一端是中央集权国家，另一端是分解为原子化个体的社会——这种中央集权-原子论国家观正是绝对主义的政治理念。

自由主义继承并完善了该理念。18 世纪资产阶级革命理论家（卢梭与霍布斯在此无本质区别）均信奉此说。获胜后的自由主义通过废除城市行会、解除乡村主仆关系，清除了古老自治团体的最后遗迹，至此绝对主义未竟事业终告完成。

催生并巩固中央集权-绝对主义国家观的动力，正是资本主义商品生产的发展。

资本主义商品生产既不需要协作体也不需要支配体：当资本主义大企业将分散劳动者整合为社会化劳动力时，生产的集体性已无需生产者协作；当资本主义私有制使所有者能剥削法律上自由的工人时，人身依附更显多余。这些团体不仅失去存在必要，更因阻碍资本主义发展而必然消亡。中央集权-原子论国家观先后成为绝对主义与自由主义的政治理念，只因它本质上是资本主义的国家观。

---

[98] 吉尔克（Gierke），《德国合作社法（Das deutsche Genossenschaftsrecht）》，柏林 1868 年版，第 1 卷，第 645 页。

但自由主义并非简单承袭绝对主义的国家观，而是对其进行了改造。作为资产阶级反抗绝对主义国家的政治纲领，自由主义虽未撼动国家主权理念本身，却深切感受到官僚机构从生到死对个人自由的压制——企业运营受管制、言论遭审查、公私生活被监控。因此资产阶级首先要求国家保障个人自由，继而更谋求掌控国家权力：不满足于国家利益与自身利益偶然重合，他们要求通过选举权参与国家意志的形成，主张立法权应归属人民或其代议机构，行政权须向议会负责。这些主张并未改变中央集权-原子论国家观的本质：中央集权岿然不动，面对的仍是原子化公民个体。但公民被赋予国家不得侵犯的自由权利，同时作为选民参与塑造国家总体意志。

这种国家观必然影响民族与国家关系的构建。绝对主义既不可能将民族视为地域法人，也不可能承认其跨地域人格联合体地位——其政策核心恰在于粉碎传统社团组织，使中央集权直面无组织的臣民。自由主义继承该理念后，一方面保障个人自由权利（包括民族特性发展权），另一方面通过选举制度让个人参与国家意志形成。1848年4月25日宪法首次宣告"各民族语言与特性不可侵犯，"1849年3月7日钦定宪法承袭该原则，最终演变为现行宪法第19条关于公民普遍权利的规定。作为对国家权力的限制，这些条款逻辑清晰：禁止国家限制个人语言使用，在多语言地区甚至规定不得强制学习第二语言（此条颇受诟病）。公民可向帝国法院申诉国家侵犯其宪法权利，如同保障通信秘密与禁止任意逮捕。

但民族存续与文化发展不仅需要消极自由，更依赖国家积极作为——学校、剧院、博物馆与学术机构建设已超出限制国家权力的范畴，而第 19 条对此束手无策。所谓"保障民族语言文化"沦为空洞承诺：当加利西亚议会波兰裔多数否决鲁塞尼亚人建中学时，后者既无法以民族集体名义申诉（民族非法人），帝国法院也无权裁定立法机构决议，更无法判断"需要多少中学才符合文化保障。"自由主义宪法在此将公民引向另一条路：作为选民影响国家决策。他们可与本族同胞组建政党，通过议会代表迫使国家满足民族文化需求。中央集权-原子论国家观由此迫使民众按民族划分政党，各族必须在议会保持战斗团队，通过立法与行政权力博弈来实现文化诉求。奥地利所谓的"民族政治"本质是民族权力政治——各族争夺议会席位与官僚体系影响力，以求胁迫国家满足其文化需求。这种按民族划界的政党格局及其对国家权力的争夺，正是中央集权-原子论模式下民族国家关系的必然产物[99]。

各民族争夺国家影响力的斗争，必然演变为民族间的相互倾轧。这既关乎议会席位的分配——某民族获得越多，其

---

[99] 参见鲁道夫·施普林格，前引书，第 28 页及以下。

他民族所得就越少；也涉及国家财政的投向——满足某民族文化需求的支出增加，其他民族可支配资金必然减少。因此每个民族争夺国家权力的斗争，同时就是对抗其他民族的斗争。任何权力争夺本质上都是对抗性竞争，当民族政治沦为权力政治时，民族冲突便不可避免。

若抛开民族国家现存法律秩序的表象，各民族的利益诉求本无根本冲突。德意志人只关心子女能否就读优质德语学校，捷克儿童的授课语言与其何干？反之捷克人也仅要求本族学校，德国人的教育问题无关痛痒。德国人希望在法庭使用母语，捷克人要求法官以捷克语问讯——这岂能构成冲突？难道满足某民族需求就必然损害他族利益？理论上绝非如此。但中央集权-原子论宪法迫使各民族唯有通过权力斗争来实现诉求。某民族政治势力增强即意味着他族影响力削弱，这种制度将各民族天然的文化发展诉求，异化为相互阻挠对方文化建设的畸形对抗。

1861 年和 1867 年奥地利宪法不仅将民族关系导向权力斗争，更预先设定了权力分配格局——旨在维护旧历史民族对新兴民族的统治，以及在历史民族内部确保德意志人的优势地位。

这种设计首先体现于地方议会和帝国议会的等级选举制。第一等级由大地产者构成，这使拥有贵族阶层的历史民族（特别是德意志人）占据先天优势——捷克和斯洛文尼亚地区的庄园主阶层多为德裔。第二等级商会选举权同样强化了资产阶级主体德意志人的势力。普通民众则被塞进城乡两个选举团：城市选区代表名额远多于农村（每位城市议员对应的选民基数更小），这使城镇人口占优的民族（主要是德意志人）再获特权。最后两级选举均设置财产资格限制，又使无产阶级、小手工业者和小农为主的民族处于劣势。通过这套制度，旧历史民族获得了与其人口比例不符的政治权力：德意志代表多于捷克人，波兰人比鲁塞尼亚人更有话语权，意大利人较南斯拉夫人更受优待——而德意志人始终占据最大优势。

然而德意志资产阶级与官僚集团终究无力维持对整个帝国的统治，1867年《奥匈妥协方案》由此诞生。旧历史民族的统治阶级（除1866年后势微的意大利人外）在此完成了权力瓜分：帝国西部交由德意志资产阶级与官僚集团掌控，东部则拱手让与马扎尔贵族。为巩固在西部的统治，奥地利德意志人自1869年起将加利西亚地方行政权完全让渡给波兰贵族；马扎尔人也如法炮制，给予克罗地亚人地方自治权。其余既无资产阶级又无贵族的民族，则在这场分赃中一无所获[100]。在我们关注的奥地利部分，德意志人的统治地位由此

---

[100] 参见鲁道夫·施普林格，《奥匈君主国的基础与发展目标（ Grundlagen und Entwicklungsziele der

确立。

这种令德意志人获得与其人口比例严重不符的政治特权的奇特宪制，究竟从何而来？

德意志人对捷克人与斯洛文尼亚人、波兰人对鲁塞尼亚人、意大利人对南斯拉夫人的统治，本质上是掌控国家权力的阶级统治在民族问题上的表现。这些统治阶级包括大地产者、官僚集团与资产阶级——西部奥地利自绝对主义镇压等级会议后，庄园主阶层已完全德意志化；加利西亚波兰贵族以无条件支持德意志统治为代价，换取了对其境内波兰与鲁塞尼亚农民的绝对支配权；基层官吏虽属不同民族，却在政治与公共生活中对德意志高阶官僚唯命是从；至于资产阶级的德意志属性更是不言而喻。1861 至 1867 年间奥地利的德意志统治，绝非德意志民族对其他民族的压迫，而是德意志大地主、官僚与资产阶级对包括德意志人在内的各民族的市民、农民与工人的共同统治。

但德意志人在奥地利的统治不仅植根于历史形成的阶级结构，更是对外政策的工具。宪政时代伊始，奥地利正面临德意志问题的最终解决。

österreichisch-ungarischen Monarchie）》，维也纳 1906 年版。

施默林早在 1848 年法兰克福议会就是大德意志派的代言人,当他起草奥地利新宪法时仍秉持此念——只要哈布斯堡王朝还觊觎德意志皇冠,奥地利就必须维持德意志国家形象。但历史从不容欺瞒:施默林粉刷在旧帝国大厦上的德意志涂料无人买账,人为制造的德意志少数派优势终究无法改变帝国真实力量对比。克尼格雷茨战场上的惨败宣告大德意志政策破产,可奥地利仍未放弃——与匈牙利妥协既为安抚叛乱的马扎尔贵族,更为巩固帝国西部的德意志统治。然徒劳无功! 1870 年小德意志政策终告完成,普鲁士加冕德意志皇冠。

彼时看似政策工具应随战略目标消亡而废弃。当奥地利主宰德意志的希望破灭后,其境内的德意志统治似乎已无存在必要。霍亨瓦特内阁时期,十二月宪法一度岌岌可危。但此刻方显真章:德意志资产阶级与官僚集团在奥地利的统治绝非仅是外交政策的附庸,其根系早已深植帝国权力土壤。反对霍亨瓦特的联盟迅速形成——不甘屈从封建地主与捷克小市民的德意志资产阶级、恪守传统的官僚集团、以及恐惧境内斯拉夫人与罗马尼亚人效仿起义的马扎尔贵族联手发难。霍亨瓦特内阁倒台,德意志统治在奥地利竟比大德意志思想更为长寿。

中央集权-原子化的民族关系安排,使得各民族文化需求的满足只能依靠国家权力。而宪法通过君主制二元结构和奥地利特权选举制度，早已将这种权力预先分配给了历史悠久的民族。那些历史上被忽视的民族，虽然被宪法引导去争夺权力，却又被同一部宪法排除在权力之外。这在他们——尤其是其中最发达的捷克人——心中滋生了敌视国家、对奥地利不可调和的仇恨。如果说有哪个民族本应关心奥地利的存续，想到奥地利解体时本该担忧外族统治而非期待民族统一，那非捷克人莫属。然而在奥地利各民族中，再没有谁像捷克人这样对奥地利国家怀有如此强烈的仇恨和敌意。随着施默林宪法激起的仇恨不断蔓延加深，奥地利官僚又通过粗暴的迫害手段——没收财产、行政刁难和偏袒性司法——不断助长这种情绪。于是捷克民族形成了一种精神特质：在所有民族问题上都表现出激进的极端主义，任何对民族问题的冷静思考在这种激愤情绪下都显得难以忍受。

最早为民族斗争打上烙印的是地主贵族阶级。这个阶级包含多种成分：一方面是拥有奥地利各地甚至境外广袤土地的大庄园主（比如拥有 99 处领地的施瓦岑贝格家族），这些显贵们的家谱与王朝历史一样悠久，自认为与皇室平起平坐；另一方面则是占有较小地产的小贵族，他们长期占据官僚体系和军官团的中高层职位，随着资本主义兴起也与资产阶级建立了紧密的经济社会联系，因而也浸透了资产阶级意识形态。宪政初期，这个阶级的社会影响力仍然巨大：在资本主义发展缓慢的奥地利，唯一可能挑战地主传统社会地位的资产阶级，其经济实力和社会声望只能缓慢增长；公民权利平等的理念才刚刚开始渗入大众意识；毕竟距离国家法官和官员取代"领主""长官"才过去没几年。贵族的社会分量又因其政治特权——地方议会和帝国议会的特权选举权——而增强。大地产者获得这一特权正是因其德意志民族属性。部分贵族没有辜负期望，成为德意志资产阶级和官僚的盟友，为他们在代议机构中赢得多数。但贵族中最强大的部分——波希米亚大庄园主——却加入了反对统治德意志自由主义的阵营："封建贵族"与捷克人的联盟，首次为自由主义宪法统治下的民族斗争打上了特定烙印。

我们最早在开明专制时期就见过类似现象。专制主义剥夺了旧等级最后一点政治意义。其整个立法和行政都受启蒙运动理性资产阶级精神影响，因而与大部分贵族的传统意识形态相冲突。即便贵族可以原谅专制主义削弱等级权利和"约瑟夫式"的教会政策，也绝不能原谅国家干预其经济关系：皇帝派官员调查农民申诉，禁止"兼并农民土地，"限制农民劳役和赋税义务，给予农民迁徙自由和职业选择权，修改税法损害地主利益。当时波希米亚贵族想起了 1620 年前捷克贵族对抗国家的斗争，由于这些斗争披着反对德意志国家的民族斗争外衣，他们也萌生了用民族斗争对抗可恨社会敌人的念头。当然，自从旧波希米亚等级被镇压后，情况已完全不同，愤怒的贵族们只能满足于一些毫无威胁的示威。正如卡斯帕·施特恩贝格伯爵所述，约瑟夫二世时期，贵族们通过约定在皇宫前厅只使用捷克语（尽管他们对此语言掌握有限）来表达对皇帝改革的不满[101]。

　　19世纪上半叶捷克民族文化新生活开始时，贵族对捷克人的同情就更加明显了。如果当时某些波希米亚贵族成为年轻捷克作家的赞助人，可能只是一时兴起，就像收集奇珍异宝一样廉价支持捷克文学的起步。但不可否认，波希米亚贵族中已有人看出这场民族文化运动必将获得政治意义。一些贵族可能受时代盛行的人道主义和民族主义思想影响而亲近这场运动，另一些人则是出于对德意志资产阶级和官僚的憎恨而支持它。很快贵族不再自视为德意志人，而是超越两个民族之上的天生仲裁者。1845年约瑟夫·马蒂亚斯·图恩伯爵写道，他可以"充满自信地说，我既不是捷克人也不是德意志人，而是波希米亚人[102]，"对此一位捷克人回应说这已是巨大进步，因为几年前还没有哪个波希米亚贵族会犹豫自

---

[101] 斯克内（Skene），《19世纪波希米亚和摩拉维亚斯拉夫民族运动的起源与发展（Entstehung und Entwicklung der slavischen Nationalbewegung in Böhmen und Mähren im 19. Jahrhundert）》，维也纳1893年版，第55页。

[102] 约瑟夫·马蒂亚斯·图恩伯爵（Josef Matthias Graf von Thun），《波希米亚的斯拉夫主义（Der Slavismus in Böhmen）》，布拉格1845年版。——马萨里克指出，这句话甚至无法准确翻译成捷克语，因为捷克语中"捷克人"（民族）和"波希米亚人"（该地区居民）使用同一个词汇表述。

称德意志人[103]。

然而直到 1860 年，当克拉姆-马蒂尼茨、诺斯蒂茨-里内克、戈卢霍夫斯基等人在"强化帝国议会"中提出"历史政治个体"理论时，这种短暂联系才发展为持久联盟。这个本质上反民族的理论，为何会与明确反对"加里波第式民族教条"的立场相结合，最终促成捷克民族政党与封建贵族的结盟？

只要大地主和资产阶级尚未面临共同敌人——无产阶级——的威胁，这两大阶级的对立便始终主导着政治斗争。在与资产阶级及其国家权力扩张的斗争中，贵族四处寻找盟友，最终锁定在经济上与资产阶级对立的群体。在英国，托利党时而支持工人对抗资本，以瓦解他们与自由党的联盟；在德国，容克地主（甚至在普鲁士宪法冲突中联合王室）试图挑动工人反对自由派资产阶级；奥地利部分贵族同样以拯救中产阶级、保护工人为幌子，指望在小资产阶级和工人阶级的社会运动中寻找反自由主义的同盟军。

不过，当贵族的社会煽动在其他地方均告失败时，奥地利却提供了更有利的条件——这里的贵族将社会蛊惑转变为民族煽动。贵族通过联合斯拉夫（尤其是捷克）小资产阶

---

[103] 某捷克人的言论，因马蒂亚斯·冯·图恩伯爵的小册子《波希米亚的斯拉夫主义》而发，莱比锡 1845 年版。

级的民族运动，来对抗德意志资产阶级和官僚。其手段便是反对现行宪法。

在帝国层面，贵族不得不与德意志资产阶级和官僚分享权力。但若波希米亚成为独立国家，情况将截然不同：捷克小资产阶级将通过投票压倒德意志资产阶级和官僚。然而，在非民主的奥地利，由捷克小资产阶级直接统治波希米亚是难以想象的——这个仅召唤权贵执政的体制，通过选举特权赋予大地主阶层决定民族多数的权力，从而使其成为民族仲裁者与主宰者。若波希米亚独立，统治权自然落入大庄园主之手。

此外，权力斗争的范围越狭窄，贵族的社会声望就越能转化为政治影响力。在帝国层面，贵族光环逐渐暗淡——其他地区的农民和小市民对波希米亚贵族的名号无动于衷；但在地方狭小范围内，农民和小市民既无法摆脱"领主"的经济控制，也难以抗拒其传统威望，只能顺从地追随其政治领导。

最后，联邦制也契合贵族的意识形态。在他们眼中，帝国宪法是可憎革命的产物——它摧毁了贵族特权，打破了他们对农民的统治；而各邦国则承载着历史记忆，与等级制度紧密相连。贵族的权力处处依托历史传统，他们自命为历史遗产的守护者。正是这种对半中世纪往昔的眷恋，催生了"历史政治个体不可侵犯，必须作为国家基石"的理论。

贵族阶层提出了宪法问题。他们以联邦制对抗中央集权制：主张将奥地利转变为联邦国家，用松散联盟下的半自治皇冠领地取代新帝国宪法。有人将这种联邦制宪法目标美化为"皇冠领地自治"——实则是对该概念的严重滥用。自治本应是自我管理，但若强行将工业区与农业区、德意志人与捷克人捆绑在一起，使双方始终受制于彼此及异族大地主的统治，这就成了他治而非自治。这种联邦宪法既未改变中央集权原子化视角下的民族国家关系，也未构建真正的民族共同体：由于所有奥地利民族都分散在多个皇冠领地，这种体制将导致各民族内部割裂；而几乎每个皇冠领地又包含多个民族，联邦制意味着每个领地内部都将形成某民族对其他民族的统治。即便在联邦宪法下，各民族仍要为保障文化需求而争夺政治权力，只不过斗争场域从帝国层面转移到了各皇冠领地。

但将民族权力斗争从帝国下放到各领地，确实会根本改变各民族的力量对比。在施梅林宪法和十二月宪法下处境艰难的捷克人，从中看到了获取权力的希望——这是在原子化中央集权体制下他们不可或缺、却被现行宪法剥夺的权力。联邦制并不违背他们的经济利益：捷克小资产阶级仅服务于本地市场，农民也不需要德意志资产阶级那样广阔的销售区域。他们对维持统一的法律经济区兴趣寥寥，只要苏台德工业区能消化其农产品并通过更高税收满足其需求便足矣。何况捷克人在本地的民族地位远比在帝国内优越：虽然波希米亚议会中捷克人对德意志人 6:4 的比例因选举制度限制未能确保多数，但若与贵族结盟就能分享政治权力。

于是捷克人选择与封建贵族缔结永久同盟。帕拉茨基放弃了曾在克雷姆西尔制宪委员会主张的民族自治诉求，转而让捷克小资产阶级接受联邦制纲领。旧捷克党通过迎合贵族的经济需求与意识形态来换取联盟：曾主张废除传统皇冠领地的帕拉茨基，如今却将捷克民族的诉求建立在早已腐朽的波希米亚国家法基础上；在民族立场无关的文化议题上，旧捷克党也日益放弃资产阶级自由主义主张。只有斯拉德科夫斯基和格雷格尔领导的少数派拒绝为讨好封建贵族而牺牲自由主义诉求。

对德意志人而言，皇冠领地联邦制显然是重大威胁。它将瓦解德意志资产阶级和官僚在帝国的统治，使君主国最发达地区的德意志市民阶层同时受制于封建贵族（社会敌人）和捷克人（民族敌人）；让波希米亚德意志工业区的巨额税收服务于农业地区需求；更可能引发统一经济区的解体，导致德意志资产阶级丧失销售市场。中央集权与联邦制、统一国家与波希米亚国家法之争，本质是德意志资产阶级/官僚与大地主之间利润对抗地租的阶级斗争。尽管德裔自由派宪法迫使各民族争夺权力，又通过精巧特权制度排斥捷克人，最终却使捷克民众倒向封建领主阶级——尽管这个阶级是消灭旧捷克贵族后入主的异族（多为德裔）统治者，其权力正建立在剥削捷克农民和工人之上。

除了大地主阶级外，知识分子阶层尤其热衷于民族斗争。在自由主义宪政时期初期，知识分子的政治影响力极为强大。尽管从数量上看，知识分子始终只是民众中极小的一部分。但由于通过纳税选举制度将广大民众排除在选举团体之外，"受过教育者"在选民中占据了不小比重。他们的选票分量尤显重要——知识分子积极参与政治生活，而普通民众（正如九十年代前地方议会和帝国议会选举的低投票率所证明的）长期对政治生活漠不关心、毫无理解。此外，乡镇和村庄中的教师与牧师、医生与律师、药剂师与小官吏们通常把持着地方派系，全体选民都追随其政治主张。但更关键的是，奥地利民众因基础教育薄弱而愚昧笨拙，又缺乏政治训练，对政治运作的理解极其有限，根本无力自主引导政治。因此，农民和小市民阶层的政治领导权必然落入受过高等教育者手中。

知识分子的政治立场始终由其脱离生产过程的特殊地位所决定。他们置身于阶级之外，既不关心也不理解企业家与工人、资本家与手工业者、地主与工业家之间的对立斗争。面对所有阶级斗争，他们都因缺乏切身利益而显得漠然无措。但正是这种对现实经济问题的无知，反而使他们比其他阶级更容易受时代思潮支配。当资产阶级各阶级尚未展开力量角逐，而是全体民众作为未分化的整体进行斗争时——如1789年的法国、1848年的德奥、当今的俄国——知识分子总是冲锋在前。同理，当整个民族与其他民族对抗时，知识分子也总是积极参与。在奥地利，所有因素都将知识分子推向民族斗争：其巨大的政治影响力必然导致民众视线从社会矛盾转向民族冲突。

当那些来自"无历史民族"的知识分子不再融入"历史民族"的文化共同体，而是保持自身民族特性时，他们恰恰对异族统治感受最深。这些普遍渴望社会地位的知识阶层，根本无法忍受本民族遭受轻视、文化被贬低、人民被排斥在政权之外的事实。捷克学生将学校的德语教学视为民族屈辱的鲜明标志，捷克官吏把法院使用德语看作对本民族的公然蔑视——两者都认为这是对"民族尊严"的伤害。于是，"无历史民族"的知识分子率先展开争取民族学校、争取行政机关和法院使用本族语的斗争。如果说大地主阶级将民族问题上升为宪法问题，那么知识阶层则提出了民族学校问题和语言问题。

民族学校问题无疑是所有民族问题中最关键的，因为民族教育是维系民族最牢固的纽带。但知识阶层严重高估了这个问题的影响力。没有任何民族的发展完全——甚至主要——取决于其教育体系。"与漫长的白昼相比，几节课算什么！

与整个人生相比，求学岁月又算什么[104]！"然而知识分子比其他阶级耗费更多生命时光在学校，他们的子女又将整个青春年华投入学业，自然对教育问题格外热衷。他们争夺的学校并非培养普罗大众的国民小学，而是自己曾经就读、如今执教的中学和高校。因此对他们而言，民族问题首先是文法学校和大学的问题。

行政与司法语言问题同样具有深刻的历史根源。反对德语独占地位的斗争，实质上反映了"无历史民族"向新文化生活的崛起。在中央集权-原子化国家理念统治下，语言之争如今已成为各民族争夺国家权力的必然战场。但试问：当这个问题对官僚、法官和律师们显得比实际更重要时，又有什么可奇怪的呢？

但各民族知识阶层之所以倾向于高估学校与语言问题的重要性，不仅源于其整体教育背景与职业活动；他们在解决这些问题时，很快也获得了直接的经济利益。捷克知识阶层历来都需学习德语；而德国知识阶层至今仍轻视这门曾仅属被压迫阶级的语言，极少有人掌握捷克语。在捷克语地区推行捷克公务语言，将德国籍官员与律师排除在外。若像巴登语言法令那样，要求德国地区也通晓捷克语，德国公务员

---

[104] 鲁道夫·施普林格，《基础与发展目标（Grundlagen und Entwicklungsziele）》，第 67 页。

甚至在本土都会面临捷克同行的竞争威胁。德国知识阶层为维持德语作为唯一公务及司法语言而斗争，实质是要阻隔捷克同行的竞争。学校问题对他们具有同等意义。当中高等学校采用德语教学，捷克小市民与农民子弟的求学之路便困难重重：反对捷克学校的斗争，同样是德国知识阶层对抗斯拉夫竞争的手段。当德国知识阶层越感受到异族同行的威胁，这场斗争就愈演愈烈。

德国官员在晋升名册上每被捷克同僚压过一头，德国律师和医生每遭遇捷克同行更激烈的竞争，他们反对捷克中学与大学的斗争就愈发猛烈，捍卫德语公务语言的立场就愈发偏执。而处于其政治影响力辐射范围内的庞大群体，则高声附和这些诉求。

大地产阶级将民族问题转化为宪法问题。知识阶层则将其转化为学校与语言问题。但如果说围绕宪法的斗争背后还存在着阶级斗争——地主阶级对抗资产阶级与官僚集团，那么关于教学语言与公务语言的争执，掩盖的已非阶级斗争，而是同一阶级内部的竞争，即知识阶层内部的生存博弈。

至此，各民族政治斗争的内容已然明晰。即将登上政治舞台的下一个阶级——小资产阶级，并未给民族政党纲领注入新内容，而仅仅决定了斗争的能量强度，改变了民族诉求的表达方式。

小资产阶级的上层群体——富裕商人、旅馆业主、房产所有者以及境况较好的手工业者，自宪政时代伊始便参与政治斗争。但他们始终处于其他阶级（资产阶级、大地产阶级、官僚集团及知识阶层）的领导之下，无力决定民族斗争的本质。直到 1882 年全体小资产阶级获得政治话语权后，他们才为民族斗争打上自身烙印。

小资产阶级最初为奥地利政治带来了激进主义作风，热衷于激烈言辞、粗鄙辱骂与"尖锐语调。"受资本主义压迫奴役的他们，对自身受害的社会形态充满不满，亟需宣泄愤懑。倘若小资产阶级必须为强制合作社制度与资质证明等经济诉求与其他阶级斗争，这种激进主义至少能部分转化为争取阶级特殊诉求的政治斗争。但特权选举法免除了这场斗争：在城市选区，非宣誓效忠小工商业者政策者几乎不可能当选；经济阶级利益在此已丧失组党动能。而在大地产阶级、资产阶级与农民主导的其他选区，小资产阶级诉求根本无从发声——选区划分使选举中的阶级斗争成为泡影。议会按阶级划分的选区制度，早已预先决定了围绕小资产阶级政策的斗争走向，使其激进主义无从施展。若小资产阶级政党曾有望通过本阵营的议会内阁直接掌控国家权力，他们将被迫考量国家需求并收敛激进倾向；但官僚集团牢牢掌控行政权，仅向资产阶级与贵族地主开放参与空间，对缓慢崛起的小资产阶级政党则拒之门外。因此，小资产阶级激进主义既未被与其他阶级斗争的必要性转移出民族斗争领域，也无需因顾及国家需求而软化。围绕宪法、学校与语言问题的斗争，从此以截然不同的措辞、姿态与激情展开。经济困顿的小资产阶级不满情绪，因无法通过争取阶级诉求的政治斗争表达，最终异化为民族激进主义。

资本主义发展引发的人口迁徙，早已在小资产阶级内部培育了民族仇恨，为其民族激进主义奠定基础。这种仇恨催生了针对无实际意义的民族示威行为的狂热——发动消灭异族语言路牌的运动，禁止公共场所使用他族语言，阻挠少数族裔庆典与集会。如今小资产阶级将这种民族示威政治带入议会。斗争目标不再是保障本民族权力，而是刻意羞辱其他民族。斗争本身不再是实现目的的手段，而沦为示威表演与自我目的，成为小资产阶级宣泄社会不满催生的激进情绪、以及社会变革激化的民族仇恨的出口。这种斗争狂热毫不顾及国家有目的性政治运作的必要性。因为小资产阶级视野从不涵盖整个国家与民族，只聚焦于其生活半径内的小城镇——只要捷克学校或官员破坏其小天地的生活舒适度，他们不惜将整个帝国撕成碎片。即便危及本民族整体权势地位，只要采列城不出现斯洛文尼亚中学，小资产者便觉得无关痛痒！正是这种小资产阶级激进主义滋生了民族政治的不妥协性：任何民族政党若对敌手让步或达成妥协，必将面临毁灭性后果。

这种小资产阶级民族激进主义最初显现于非德意志民族中。德意志人受资产阶级与官僚集团影响更深,其政治路线即便在 1882 年后仍维持着各民族国家共存的可能。但随着小资产阶级愈多自主掌控政治,选民心理愈深左右议员议会行为,德意志阵营的民族激进主义也日益强化。奥地利西部德意志少数群体统治权难以维持的现实,更助长了这种激进倾向。封建势力与捷克人的联盟,已严重破坏将帝国德意志少数派转化为议会多数的精妙计划。城市与乡村选区选举权的扩大,更增加了无历史民族(指斯拉夫等非主体民族)的选民基数。国家不得不逐步适应各民族历史意识觉醒的现实,至少满足非德意志民族最迫切的文教需求。在德意志小资产者眼中,政治史就是德意志权力持续衰微的记录。奥地利愈偏离德意志国家属性,德意志小资产阶级就愈难将国家利益视同本民族利益,最终德意志人也沦为与其他民族无异的普通民族政党:昔日作为资产阶级与官僚集团捍卫(由其掌控的)国家抵御他族小资产阶级冲击的德意志势力,如今其小资产阶级组建的民族政党,正与他族民族政党在同等层面上展开不顾国家需求的权力争夺。旧自由党的覆灭与德意志阵营对巴德尼内阁的阻挠攻势,标志着小资产阶级激进主义最终冲破了资产阶级与官僚集团的影响力桎梏。

这场愈演愈烈的民族斗争风暴,正将越来越广泛的群众卷入民族强权政治的漩涡。农民阶层首当其冲。

传统农民本与那些因经济变迁催生民族仇恨的社会圈子毫无瓜葛。捷克工人和小市民不会涉足他们的村庄。即便时至今日，波希米亚和摩拉维亚许多地区的农民仍坚持让子女学习第二官方语言：德国农民为此会将孩子寄养在捷克农户家一年，同时接纳对方的孩子作为交换。而那些身处封闭语言区域、从未接触过异族对手的农民，对民族斗争更是漠不关心。这些尚未被民族斗争波及、固守传统的农民，其意识形态核心是教权主义。天主教会自始就对民族斗争持不解与敌对态度。在1849年6月17日那封著名牧函中——由德意志-斯拉夫世袭领地的35位主教联合签署——民族差异被斥为"异教残余，"因为"语言分歧只是人类堕落背离上帝的罪证。"德国教权派农民因共同农业利益、对自由主义的仇视以及守旧意识形态，与封建大地主阶级紧密勾结，遂毫无顾忌地联合封建势力、捷克人和波兰人组成"铁环，"终结了德意志人在奥地利的统治地位。

但当农民愈深卷入资本主义商品生产体系，其对待民族问题的立场就转变愈快。作为家庭手工业者受德国资本家剥削的捷克佃农和小农，早已具备民族意识。而一旦农民被卷入商品生产、转型为纯粹农业经营者、与城市居民密切往来时，他们就会受到城市小资产阶级意识形态的侵蚀。工业发展更将民族对立引入乡村：捷克村庄出现德国工厂主和职员，德国村庄也涌入捷克工人和小市民。教育水平提升、普遍兵役制实施、政治斗争开展、民众集会和报刊传播，使农民与城市小资产阶级日益接近。于是，资本主义急速发展的苏台德地区农民最先被民族政党吸纳。

这场运动逐渐蔓延至阿尔卑斯山区的德国农民。这里的农民经济同样经历剧变：铁路建设、旅游业兴起、农业合作社发展，将传统农民逐步改造为纯粹农业经营者，使其向城市小资产阶级靠拢。旧的教权政治在此也难以为继，教权政党要么主动适应农民的新思潮，要么被青年教权派——基督教社会党取代。这些政党如今在乡村也必须考量民族主义思想的威力。它们虽不站在民族斗争最前沿，却再不能对民族斗争袖手旁观，不能再与民族敌人结盟，每逢关键表决都必须追随本民族小资产阶级民族主义者的步伐。

然而不仅农民，部分工人阶级也陷入了民族权力斗争的思想漩涡。当1897年工人首次参与新设立的普选权选区投票时，在民族斗争最激烈的波希米亚地区，社会民主党取得了胜利。但这一胜利激起了资产阶级和小资产阶级的疯狂反扑。阶级分权的选举制度为他们提供了斗争工具——72名普选议员面对363名特权阶级议员，有产者的利益早已固若金汤。于是各民族政党在毫不危及资产阶级阶级利益的前提下，纷纷组建号称维护工人利益的民族"工人党，"企图将工人阶级绑上民族权力斗争的战车。1901年的选举证明这场虚伪表演卓有成效：德捷两族社会民主党在波希米亚和摩拉维亚遭遇挫败，相当数量的摇摆工人在民族斗争的喧嚣中丧失了阶级清醒，被阶级敌人的政策所蛊惑。就连组织严密的社会民主党工人也难免时代情绪的侵蚀，某些地方出现了动摇国际主义信念的征兆，队伍中甚至有人开始自我怀疑。

至此，民族权力斗争的阵营布局终告完成。这是何等荒诞的图景！斗争口号仍延续着大地主对抗资产阶级时的陈词滥调，仍重复着知识阶层竞争时的老调重弹：中央集权与联邦制之争、大学与中学之辩、行政机关与法院用语之战。但如今投入这场斗争的已是全民族的力量——包括农民和部分工人！小资产阶级虽主导着斗争形式与强度，但其极端激进主义与民族仇恨已传染给农民和部分工人。随着民族政客煽动对象的扩大，叫嚣愈发刺耳，姿态愈发粗野，各党派对自身实力界限的认识愈发混乱，任何民族即便在最微小的斗争中都不再可能向对手让步或达成谅解。

各民族原本为争取国家权力以实现文化需求而战，最终却陷入彼此倾轧的泥潭。斗争愈演愈烈，直至德捷两族的议会阻挠战术将其推向巅峰。如今每个民族都强大到足以阻止对手取得丝毫进展，但这同时也意味着所有民族在需要国家支持的文化发展道路上皆寸步难行。各民族本想夺取国家权力，却落得可悲的无能境地——没有哪个民族能在不仰仗敌对民族"恩准"的情况下，新建一所大学、一所中学，或是在最简单的公务语言问题上获得有利安排。

然而更糟的还在后头！1901年奥地利又遭遇严重经济危机。商业条约的修订将决定工农业发展命脉，进而深刻影响各民族文化发展水平、文化共同体规模及文化财富积累。奥匈协定的更新引发一系列重大议题。陈旧过时的刑法典、军事刑事诉讼法等法律仍在戕害千万生灵；全民翘首以盼的养老及伤残保险改革迟迟不能落实——这些改革每拖延一日，就有成千上万人的生计濒临绝境。但奥地利已无暇顾及这些：议会正因波希米亚内部公务用语问题和布尔诺捷克大学议案陷入瘫痪，各阶级、各民族连对这些重大议题表态的机会都没有。政府只能绕过议会，援引宪法第14条紧急处置经济政治要务。各民族本想夺取政治权力，结果却丧失全部话语权，将国家彻底拱手让与官僚集团。

但官僚集团也难堪重负。他们虽能维持国家表面运转，用专制手段处理紧急事务，却无力推动国家所需的持续文化建设和制度改革。自议会因民族斗争停摆以来，所有改革进程都已陷入僵局。

各民族因相互掣肘而丧失行动力；各阶级因内斗而瓦解政治力量，将权柄尽数交付官僚；而官僚系统本身也因立法机器瘫痪而束手无策——这就是从巴德尼（Badeni）内阁语言法令到高奇（Gautsch）内阁选举改革提案期间的奥地利图景。这种各民族、各阶级乃至国家本身全面瘫痪的状态，正是中央集权-原子化宪制的自我否定。人们不得不将目光转向施普林格所称的"有机解决方案,"寻求民族与国家关系的重构。工人阶级最先意识到这一历史必然——早在 1899 年 9 月,奥地利社会民主党布尔诺全国代表大会就宣布民族自治将成为工人阶级的民族纲领。

20. 工人阶级与民族斗争

工人阶级最原始、最本能的冲动,就是其革命天性。

新兴无产阶级的革命情绪,也决定了他们对民族问题的立场。当民族奋起反抗压迫者时,当权贵阶层成为民族斗争的敌人时,当推翻现有秩序成为民族政治目标时——工人就会站在民族解放的阵线上。正因如此,在沙皇专制压迫下的各民族斗争中,工人阶级总是冲锋在前;普鲁士统治下的波兰社会主义者,始终为受压迫的波兰民族利益而战;匈牙利工人则为境内德意志人、斯洛伐克人、罗马尼亚人和塞尔维亚人的民族权益奋斗。同样道理,奥地利"无历史民族"(指长期被统治的少数民族)的工人阶级也具有鲜明的民族意识——在他们眼中,奴役他们的国家机器是德意志人的,庇护有产者、囚禁无产者的法庭是德意志人的,每一份血腥判决都用德文书写,镇压罢工饥民的军队用德语发号施令。正如维克多·阿德勒所言,德语就是旧奥地利的"国家语言、官僚语言和压迫语言。"不仅如此!德语还是直接阶级敌人的语言——工厂主与工头的语言,奸商与高利贷者的语言。而本民族的民族运动则具有革命性：这些民族被排除在政治权力之外，对现行宪法充满不满，民族政党报刊遭查禁，民族运动先锋被监禁，本民族小资产阶级正与德意志资产阶级及官僚集团斗争。革命本能唤醒了"无历史民族"工人对统治民族的仇恨，也激发了他们对本民族强权政治的亲近。这些民族工人阶级在发展阶段初期表现出的民族意识，并非经过深思熟虑的产物，而是源于爱憎分明的朴素情感，是一种天真的民族主义。

奥地利境内除德意志人外的"历史民族"（指曾建立过独立国家的民族），其革命本能同样催生出这种天真民族主义。波兰人、匈牙利人、意大利人的民族运动具有革命性，与现存国家秩序为敌。无怪乎这些运动会赢得革命工人阶级的同情。

但奥地利境外及境内德意志人的情况则截然不同。这些"民族饱和"的国家里，无产阶级面对的阶级敌人并非异族，剥削压迫他们的正是本民族统治阶级。在这里，民族政治首先不意味着反对现存国家秩序——在旧自由党解体前，奥地利德意志资产阶级并非普通民族政党，而是现行宪法的捍卫者和既得利益者。德意志民族非但未被压迫，其实际权力还远超人口比例。这里的民族政治不是反抗的小资产阶级运动，而是无产阶级所痛恨的剥削者、压迫者阶级的政治，是资产阶级与官僚集团的政治。在此环境下，工人阶级不可能具有民族意识。统治阶级将特权伪装成民族强权的必要条件。对德意志工人而言，民族强权不过是敌对阶级维持统治的虚伪借口罢了。

当德国工人阶级开始向有产者和知识阶层展开阶级斗争时，他们重新发现了那个曾被资产阶级用来对抗地主阶级的古老思想。工人们这样思考：我们的对手或许比我们富有，比我们博学，衣着更体面，谈吐更优雅，文笔更流畅——但难道我们就该比他们少一分权利吗？难道我们不配享有生活的欢愉和文明的成果吗？我们和他们不都是同样的人类吗？于是人道主义思想在工人心中复苏，要求一切生而为人者皆应平等的呼声再度响起。此刻，对德国工人而言，民族成了"资产阶级的偏见。"民族差异在他们眼中逐渐模糊，正如他们反抗自身遭受的剥削压迫那样，他们立志要消灭一切形式的剥削压迫——不论施暴对象是某个阶级、性别、宗教团体还是民族。他们自觉是全人类解放的战士。如果说革命本能将受压迫民族的工人引向天真的民族主义，那么在民族饱和国家的工人中，它催生的则是天真的世界主义。

此外，奥地利德国社会民主党也带有民族色彩。不过这种倾向并非来自工人阶级，而是源于少数通过资产阶级民主道路走向社会主义的知识分子。奥地利德国资产阶级民主派具有鲜明的民族性：1848 年统一自由的德意志、伟大的德意志共和国是他们的梦想。与其他地区一样，资本主义发展瓦解了奥地利旧式民主运动，而这场运动中最优秀的力量最终都汇入了工人阶级的战斗队伍——资产阶级民主就像支流，将它的思想之水注入了社会民主主义的洪流。对我们奥地利德国社会民主党人而言，恩格尔伯特·佩尔内斯托弗（Engelbert Pernerstorfers）的形象正是这段党史的化身。这些知识分子将他们的民族憧憬也带入了党内。正如地质学家能从河床岩屑判断各支流的发源地，我们也能在奥地利德国社会主义思想中，清晰辨识出资产阶级民主先驱遗留的思想印记。但这种资产阶级民族色彩，始终未能遮蔽奥地利德国工人运动源自其生存条件的朴素世界主义特质。

德国民族主义政客总喜欢指责奥地利德国工人比斯拉夫或意大利同志缺乏"民族情感。"这话有一定道理：德国工人阶级在阶级意识尚以革命本能形式萌芽的青年时期，确实继承了与其他民族无产阶级不同的思想遗产和情感基调。这一事实的影响至今仍未完全消散。但随着革命本能逐渐发展为清晰的阶级对立意识和阶级利益认知，工人对民族问题的立场也随之改变。一些人的天真民族主义与另一些人的天真世界主义都在被超越。从两者之中，正缓慢而坚定地孕育出各民族无产阶级清醒自觉的国际主义政策。

若要剖析千百人头脑中推动这一政策形成的动力机制，我们必须从工人在社会生产过程中的地位出发。

工人阶级创造价值，但这些价值却不归其所有——生产资料的所有权使统治阶级得以用工人创造的部分价值产品打发工人，而将剩余价值据为己有。这一事实支配着工人阶级的全部政治。工人提出的首要问题，是社会价值产品的分配问题：价值产品中多少应归工人阶级，多少应归生产资料所有者？此处阶级利益截然对立：归工人阶级的部分越大，有产阶级所能攫取的部分就越小——反之亦然。价值产品的分配问题不是法律问题。有产阶级只满足于让工人勉强糊口的分配方案，工人阶级则必须争取将全部价值产品归于全体劳动者。在这两个极端之间，不存在任何能被证明为正确或公正的分配点；没有所谓公正工资：任何法庭都无权裁决价值产品在阶级间的分配。这不是法律问题，而是权力问题。由此必然产生工人阶级对有产阶级的斗争。这种阶级斗争最直接的表现形式，就是围绕工资水平的工会斗争。

　　我们也可以用另一种方式表述这一事实：工人仅在部分工作日中生产归自己所有的产品，其余工时则生产构成生产资料所有者收入的商品。在这部分工作时间里，工人实际上是在进行剩余劳动，为有产阶级提供无偿劳动。由此产生劳动时长问题。工人拒绝为有产阶级劳动：工作日应仅限于生产构成工人阶级收入所需的时长。而有产阶级却企图无限延长工时：愚钝者要求工人只要还能动弹就必须守在机器旁；精明者至少也会逼迫工人劳动到工时延长仍能增加剩余价值的极限。在这两个极端工时之间仍有广阔余地。同样，任何法庭都无权判定其间何种工时才算合理公正。这仍是需要通过阶级斗争解决的权力问题。此类阶级斗争体现在争取缩短工时的工会运动中。

阶级斗争的必然性撕裂所有民族：每个民族内部工人与有产阶级的经济利益都彼此对立。相反，各民族工人的利益却完全一致。

工资水平首先取决于劳动力供求关系。

假设某经济区域（如德语波希米亚）劳动力供给相对较少，而同一经济区域另一部分（如捷克波希米亚）却供过于求。直接后果就是德语区的工资水平高于捷克区。这将导致捷克工人向德语区迁移，以寻求更易获得且条件更优的工作。捷克工人涌入德语区将增加当地劳动力供给，从而形成工资下降趋势；另一方面，捷克区劳动力外流将减少供给，形成工资上升趋势。最终结果是：德语区工人因捷克区低工资而受损；捷克区工人则直接受益于德语区的优越劳动条件。对德语区工人而言，捷克区劳动力供给减少、工资提高将有利其处境；捷克区工人也同样受益于德语区的高工资。捷克工人关注德语区的高工资，德语工人也关注捷克区的高工资——双方利益休戚与共。

我们此前考察了劳动力供给对工资水平的影响。若转而探究劳动力需求的作用，也会得出相同结论。假设德语波希米亚对劳动力商品需求旺盛，工资因而上涨；而捷克区劳动力需求低迷，存在工资下滑风险。资本家视工资为生产成本。在同等条件下，德语区生产成本较高，捷克区较低。利润率与成本成反比——因此捷克区的利润率将高于德语区。资本总是流向利润率最高的地区。更多资本将涌入捷克区而非德语区：新企业在此聚集，现有企业加速扩张。这种资本流动促使捷克区工资开始攀升，而德语区劳动力需求增长放缓；随着工人数量持续增加，失业人口上升，工资开始下跌。德语区工人再次因捷克区低工资而受损，因而希望后者工资上涨。事实再次证明，德语区高工资最终将惠及捷克阶级兄弟。

但工资水平不仅取决于供求关系，更取决于工会力量。资本主义社会始终存在失业大军。经济萧条时规模庞大，繁荣期虽会缩减却永不消失。失业者在资本主义社会的功能就是保障剩余价值、压制工资水平——因为失业无产者被剥夺一切生存资料，只要工资能维持最低生存就愿意接受任何工作。资本家总能以失业者威胁工人：经济衰退时甚至能借饥饿迫使失业者低价竞争岗位来降低工资。工会的首要任务就是消除失业者的这种功能，其手段有二：一是改造失业者心理，教育工人低价竞争有辱尊严、违背道德；二是通过失业救济使工人在失业期间无需向资本家廉价出卖劳动力。工会还能做得更多！当失业人口少到资本家难以替换工人，或失业者经工会训练且救济充足而不必担心岗位被占时，工会就能通过罢工制造临时性失业，迫使雇主改善劳动条件。此时失业功能发生逆转：临时失业从压制工资的手段转化为提高工资的武器。

假设德语区工人组织工会开展斗争，他们将直接面临捷克廉价劳工和罢工破坏者的威胁。只有当捷克失业者同样接受工会训练和救济时，德语区工人的工会斗争才能顺利开展。因此德语工人天然关心捷克工人能否获得失业救济。支持捷克阶级兄弟的组织建设，完全符合德语工人的自身利益。不仅如此！工会斗争不仅需要失业救济，更需改变工人心理：工人必须视车间内的低价竞争为不道德。若非如此，失业救济就必须与工资持平才能遏制失业者的工资压制。这种心理改造是多种力量共同作用的结果，首先需要工人具备一定文化水平。因此德语工人会关心捷克工人能否接受良好教育。失业者心理转变还需增强个人尊严意识。故德语工人必然希望捷克阶级兄弟在法律、官府、法庭和资产阶级面前挺直腰杆而非卑躬屈膝——任何使捷克工人怯懦、扼杀其尊严意识的因素，都会损害德语工人的经济利益、威胁其工资水平。工人心理转变很大程度上得益于工人阶级独立政治运动的发展。因此德语工人直接关切捷克工人政党的成长。

由此我们已能看出，成熟工人阶级的国际主义与其青年时期的天真世界主义存在本质差异。他们不再忽视民族差异的客观事实，不再将民族性视为追求全人类解放途中不必理会的"资产阶级偏见；"其政策植根于清醒认知：唯有支持他族工人的斗争，才能促进本族工人的利益。这种认知不再源自人道主义思想，而是基于阶级的国际团结意识。由此产生的首要要求就是：各民族工人应联合起来对抗直接阶级敌人——雇主；工会组织应涵盖所有民族工人；每个民族的工人都应在工会内捍卫他族工人的利益如同自身利益。

工人阶级的斗争不仅针对直接的阶级敌人——雇主，同时也针对国家机器。国家通过各种手段干预经济生活。工人要求实施能增加劳动力需求、便利工会斗争、提高工资水平的经济政策。由于工人阶级的实际收入不仅取决于工资数额，更取决于货币工资的购买力，他们还要求采取提升货币购买力、稳定或降低物价的经济措施。"充足就业机会与廉价面包"就是无产阶级经济政策的目标。而雇主阶级则追求降低生产成本并抬高商品售价。"廉价劳动力与高价商品"是其根本诉求。在此，工人阶级与有产阶级的利益同样针锋相对：两者绝无可能达成共同政策。相反，各民族的工人却在此利益高度一致。正如任何民族的工人都无法与本族雇主就关税政策达成共识，德国与捷克的纺织工人、金属工人必然会对国家贸易政策提出相同诉求。这种经济利益的趋同性，首先迫使工人在经济社会政策领域肩并肩地对抗各民族的有产者。

但很快人们就发现，工人的共同利益不仅存在于国家经济政策的制定过程中，也体现在其他立法议题上。例如在刑法修订时，任何民族的工人都不可能与本族有产者就如何惩处小偷、流浪汉、乞丐或殴打工贼的罢工者达成一致；而各民族工人对这些问题的利益诉求却完全一致。这一规律适用于所有新法律的制定过程。

无产阶级斗争的终极目标只能是彻底消灭资本主义剥削。而实现这一目标的唯一途径，就是将生产资料从私有制转化为社会公有。在此问题上，每个民族的工人阶级都遭遇本族有产者的顽强抵抗——他们绝不会放弃作为其收入来源、文化特权与权力根基的私有财产。与之相对，各民族工人的诉求却与全世界无产者的要求完全吻合。

正如在工会斗争中那样，在政治斗争中各民族工人也必然结成同盟。这种联合并非出于解放全人类的浪漫幻想，而是基于清醒认识：国家内共居的各民族工人利益完全一致，而与各民族有产者的利益根本对立。工人在生产过程中的地位催生了国际工会运动，同样，工人在阶级国家中的处境也必然要求国际性的政治阶级斗争。

然而，这种要求与中央集权-原子化的民族关系治理现实相矛盾——在这种制度下，所有民族问题都成为权力问题，民众被迫组成争夺国家权力的民族政党。阶级对立要求所有工人联合为国际性的阶级政党，而原子化-中央集权的宪制却要求所有德意志人、捷克人等组成超阶级的民族政党。表面看来，这两项要求似乎并不矛盾：捷克工人可以在社会问题上与德国工人结盟，在民族问题上则与捷克资产阶级联合。但这种调和在逻辑上根本行不通。

在最基本的政治行动——选举中，这种矛盾就立即显现。例如当德国资产阶级候选人与捷克工人候选人对垒时，德国工人究竟该支持谁？若投票给资产阶级候选人，就削弱了本阶级力量；若支持捷克工人候选人，则损害了本民族利益。议会斗争中也存在同样困境：在这个多语言国度里，几乎每个社会问题都会演变为民族问题。当东加利西亚的波兰大地主借助国家机器血腥镇压乌克兰农民时，波兰工人代表究竟该支持大地主以增强本民族权势，还是声援乌克兰工人以壮大阶级力量？

即便从逻辑上能够严格区分民族问题与社会问题，但让工人既与本民族资产阶级联合争夺民族权益，又与他族工人并肩争取社会权益，在心理层面根本不可行。因为民族权力斗争早已被小资产阶级激进主义彻底重塑。沉浸于民族激进情绪的工人，根本无力在工会和政治斗争中与他族阶级兄弟协同作战。对民族主义情绪高涨者而言，任何关于无产阶级斗争目标的理性界定、斗争手段的务实选择、组织策略的冷静探讨，都会异化为民族问题。民族强权政治与无产阶级阶级政策在逻辑上难以调和，在心理上更互相排斥——民族对立随时可能瓦解无产阶级大军，民族纷争终将使阶级斗争寸步难行。

因此，这种必然引发民族权力斗争的中央集权-原子化宪制，对无产阶级而言根本无法忍受。在多民族国家，无产阶级宪政政策的首要诉求就是：必须建立一种新制度，使各民族无需再为国家权力厮杀。每个民族固然都需要实现自身意志、满足文化需求的权力，但唯有中央集权-原子化体制才迫使各民族通过争夺国家政权来获取这种权力。必须通过法律保障各民族满足文化需求的权力，才能使民众不必再组建民族政党，使民族冲突不再阻碍阶级斗争。

工人阶级的政治诉求本质上是民主主义的。无产阶级首先追求让人民多数决定国家总体意志。随着资本主义发展，工人阶级终将成为人口多数。只要确保多数统治，工人阶级夺取政权的最终目标就能实现。但在奥地利，民主斗争因可能削弱某些民族的既有权力而格外艰难。1848 年，"无历史民族"（捷克人与南斯拉夫人）曾与反动势力结盟背叛民主；1861 年后，"历史民族"（德意志人、意大利人与波兰人）又因少数统治是其民族强权根基而阻挠民主进程。1867 年立法会议虽一度否决"危害国家"的结社禁令，但德国自由派次日就恢复该条款——只因政府声称没有这条就无法镇压捷克反对派。这个后来长期被用来迫害工人组织的条款充分证明：民族权力斗争如何成为阶级斗争的绊脚石。

最终，普选权斗争再次验证了这个教训。若非打着"普选将改变民族力量对比"的旗号，德国资产阶级与波兰贵族的反抗绝不会如此顽固。而打破这种论调的唯一方法，竟是完全放弃选区划分原则，将"选举几何学"奉为圭臬。一旦放弃选区平等原则，放任资产阶级民族政党按需划分选区，针对工人阶级的"社会性选区划分不公"就必然与"民族性选区划分不公"同流合污。无数此类教训促使工人阶级要求建立新的民族关系准则：任何民族的权力都不应依赖少数统治多数；民主化进程绝不能危及任何民族的合法权力。

工人阶级的需求首先从反面决定了其宪政纲领：他们要求建立这样一种民族关系制度——各民族无需争夺国家权力，且民主化进程不会威胁任何民族的既有权力。但无产阶级阶级斗争的需要，也为工人阶级的民族纲领提供了正面指引。从工会斗争的条件分析中我们已经看到：每个民族的工人阶级都切身关注其他民族工人的文化发展。这种利害关系同样存在于政治斗争领域——他族工人的教育水平越高、自我意识与人格尊严感越强，就越容易成为可靠的战斗伙伴，在对抗阶级国家时也越能发挥重要作用。这决定了工人阶级在对待学校与语言问题时，必然与其他阶级立场迥异。

德国资产阶级对捷克或波兰学校毫无兴趣。民族权力斗争的基本逻辑就是：国家财政若用于他族教育事业，本族文化发展就会受阻。有产阶级将"国家资金应用于本族而非异族教育"的诉求，最终异化为对他族教育体系的仇恨——德国资产阶级和小资产阶级恐惧的是：捷克工人受教育程度越高，就越快摆脱奴性，在阶级斗争中就越能有效威胁资本家与手工业者的利润。知识阶层同样担忧他族教育扩张会加剧职业竞争。德国工人阶级的态度却截然相反：资产阶级恐惧的，正是他们求之不得的。捷克工人文化水平越高，德国工人就越不必担心捷克廉价劳工与罢工破坏者的威胁。因此德国工人天然支持他族教育体系的发展。

在语言问题上，工人阶级的立场也同样鲜明。德国资产阶级和定居小资产阶级集团毫不介意捷克工人在官府面前维权无门；德国知识阶层将捷克公务语言视为职业竞争的威胁。而德国工人却乐见捷克工人不再无助面对国家机构和法官——工人在权力机关面前越自信，越能勇敢捍卫自身权利，其人格尊严意识就越强，在工会和政治斗争中对抗权贵时就越无畏，作为阶级斗争盟友也就越可贵。

因此，只要认清自身利益，德国工人阶级就必然希望所有其他民族的文化与语言需求得到满足。这一规律同样适用于其他民族的无产者。由此产生各民族工人阶级的共同诉求：必须建立确保各民族文化发展可能性、保障所有民族工人共享民族文化成果的新型民族关系制度。

这一最初基于各民族工人利益冷静考量而提出的要求，

在无产阶级特有的、由其阶级地位孕育的意识形态中找到了有力支撑。

财富与自由是一切文化的前提。因此统治阶级和有产阶层最初也是所有精神文化的承载者。但实际上，虽然财产与权力确实是精神文化的支柱，所有统治阶级却总是试图颠倒这种关系，将其统治权和财产权恰恰建立在更高教育水平之上。地主阶级曾以此对抗资产阶级，声称因其文化水平更高，故有权实施统治与剥削。同样，当今资产阶级在国内也以其作为高等精神文化代表自居。这个最初服务于国内阶级斗争的论据，随后也被运用于民族斗争。富裕民族的统治阶级辩称：本民族文化更优越，其他民族"低劣，"故有权剥削压迫其他民族。

工人阶级绝不能承认这种剥削压迫的所谓合法依据。这在国内阶级斗争中本就是对手的论调。工人对此心知肚明：你们声称因受过教育就有权统治剥削我们；实则恰恰相反——正因你们统治剥削我们，才能独占更多精神文化。高等文化不构成剥削权；而是你们侵占我们劳动成果的事实造就了高等文化。我们要用新秩序取代你们的法律：在这个新秩序中，与劳动脱节的文化应当回归其源泉——劳动；在这个新秩序中，每个劳动者都有权享有精神财富，任何健康成年人对文化产品的权利都只能通过劳动获得。

当工人在国内阶级斗争中反对"高等文化赋予剥削他人劳动权利"的论调时，他们在民族斗争中也绝不能接受这种观点。即使德意志民族拥有康德、黑格尔、歌德与席勒之时，捷克民族正遭受德意志地主与资产阶级的剥削——工人认为，这一事实绝不意味着德意志有产阶层有权剥削压迫捷克民族，正是这种剥削导致捷克民族当时无力发展高等文化。当德意志资产阶级在民族斗争与社会斗争中宣扬"高等文化赋予占有他人劳动之权利"时，包括德意志工人在内的各国工人阶级以他们的道德准则回应：所有社会劳动都赋予享有自身文化的权利。这种无产阶级伦理所衍生的要求，与我们根据工人阶级工会斗争与政治斗争需求得出的结论完全一致：需要这样一部宪法，它能依法保障每个民族发展自身文化的权利，保障所有劳动者共享本民族文化的权利。

一部宪法，应当赋予每个民族发展文化的权力；一部宪法，不应迫使任何民族为争夺国家权力而反复斗争来获取和维持这种权力；一部宪法，不得将任何民族的权力建立在少数人对多数人的统治之上——

这些就是无产阶级的民族政治诉求。

中央集权-原子化的宪法体制，无论采取帝国中央集权制还是邦联制，都无法满足这些要求。这种体制在各方面都与无产阶级理想背道而驰：它不保障任何民族文化的自由发展；

它迫使各民族在国家内部展开权力斗争；它尤其迫使古老的历史民族与民主为敌。因此，无产阶级必然将目光转向另一种可能的民族与国家关系模式——鲁道夫·施普林格所称的"有机建构。"每个民族都应凭借自身力量自由满足文化需求，实行自我管理；国家则应仅限于维护那些与民族属性无关、所有民族共有的利益。于是，民族自治与民族自决，必将成为多民族国家中所有民族工人阶级的宪政纲领。

然而，自由主义依据中央集权-原子化的观念来规范民族关系绝非偶然，这种安排恰恰源自其整体国家理念。同样，无产阶级提出的民族自治要求，也与工人阶级关于共同体使命的全部构想相契合。

我们可以将工人阶级的全部斗争理解为争取自决权、争取自治的斗争。

在资本主义社会中，工人阶级处于有产阶层的统治之下。生产资料私有制赋予有产者这样的权力：攫取部分社会劳动成果、支配劳动者、发号施令。工人阶级既无法影响经济发展进程，自然也无力主导文化发展的方向。唯有社会主义才能实现人类自决：它赋予劳动者支配自身劳动成果的权力；它终结了统治阶级对劳动者的奴役；它让全体人民有权按计划调控劳动，从而自觉引领文化发展。正因如此，弗里德里希·恩格斯将资本主义向社会主义生产方式的转变称为"人类从必然王国向自由王国的飞跃。"就此而言，工人阶级反抗资本主义的斗争，就是争取自决权、争取自治的斗争。

这场斗争的首要任务是夺取政治权力。实现这一目标的手段是人民主权，即民主制度。而争取民主的斗争，本质上又是反抗异族统治的斗争——反抗专制君主、官僚集团或资产阶级少数派的统治。一切民主制度的真谛都在于人民自决，在于自治。

自由主义最初致力于构建资产阶级法律体系。其最伟大的成就是编纂法典，体现为《民法典》《商法典》《刑法典》等宏篇巨制。旧式自由主义试图将行政权限制在单纯执行法律的范畴——行政干预越少越好。其基本原则是：国家职能应仅限于保障公民人身自由与财产安全，此外不得干扰经济力量的自由博弈。而工人阶级不需要创立新的法律体系，只需为旧的资产阶级法律制度注入新内涵。他们不必另立新法来保障人身自由，而是通过将国民经济纳入公共行政范畴，消除奴役和剥削"自由"劳动者的权力，从而实现自由主义许诺的人身自由。劳动者不会创造新的财产权，只是以公共共同体取代私有者，将财富归还人民并纳入公共管理。无产阶级要变革的不是法律制度，而是法律主体。因此对工人阶级而言，当下行政管理或许已与立法同等重要，而在通往新社会主义社会的伟大过渡时期，其重要性将愈发凸显。工人阶级不能仅满足于掌控立法权，更必须让被管理者成为公共行政的主体。正因如此，工人阶级要求实现自我管理，要求严格意义上的自治。

但工人阶级提出这一要求还有更深层的原因。资产阶级在多数国家仍将军队和行政权交由君主及其官僚体系掌控。施普林格曾将这种民主制度称为"跛足的民主。"它本质上建立在薄纸般的宪法基础上——当权者随时可以撕毁民主立法，甚至解散议会。军队保障着统治者免遭人民怒火的反噬，而官僚体系则确保国家机器即便违背民意也能持续运转。这种民主对无产阶级远远不够。要实现自身诉求，工人阶级必须打破当权者的利益藩篱，粉碎他们的权力机器。因此无产阶级需要的立法权支撑不能只是随时可能被军警撕毁的一纸空文。正因如此，工人阶级一方面要求将常备军改造为民兵武装，另一方面主张以自治政府取代官僚机构。唯有双足并立——自治行政与自主立法同等重要——民主制度才能抵御任何颠覆企图。

由此可见，自治是无产阶级全部斗争的精髓，是社会主义生产方式的真谛，是民主制度的实质。狭义上的自治即自我管理，既是无产阶级追求权力的手段，也是其权力基础的支柱。

无产阶级提出的民族自治主张正源于此思想脉络。我国所谓的"皇家领地自治"并非真正的自治，因为它缺乏自治行政的首要前提——利益关系的相对一致性：由于特权选举制度的存在，这种自治对少数群体（往往甚至对多数群体）而言无异于异族统治。而民族自治才是真正的自我管理：因为民族文化发展是全体族裔成员的共同利益。

当然在资本主义社会，每个民族内部都存在尖锐的利益对立。工人阶级筹集民族发展资金的方式、使用这些资源的意图、规划民族学校的方向、引导文化发展的路径，都与有产阶级截然不同。我们社会中的民族自治，只是通往民族完全自决道路上的阶段性成果——唯有在社会主义生产方式的坚实基础上，真正的民族自决才能实现。

但在资本主义社会里，民族自治是工人阶级在多民族国家开展阶级斗争的必然要求。奥地利工人阶级对此有着清醒认知。他们正逐步克服天真的世界主义与狭隘的民族主义——尽管在民族斗争喧嚣中，这种思想演进难免遭遇反复。1897年"维姆贝格党代会"在党内确立了民族自治原则。虽然（后文将详述）党的内部建构逻辑与国家宪法存在差异，但民族自决思想在这次党组织重构中发挥了决定性作用。1898年，卡尔·考茨基在《新时代》发表关于奥地利民族问题的卓越论文，提出"民族联邦制"主张。1899年，西诺普提库斯（Synopticus）出版《国家与民族》小册子，将属人主义原则引入讨论。

同年，这一民族自治的要求在奥地利党报（特别是《工人报》）的一系列文章中最终确立。最终在这一年的布尔诺党代会上，大会一致通过了民族纲领，要求将奥地利改造为民族联邦制国家，并以法律形式保障每个民族的完全自决权。

　　民族自治并非智者为了拯救国家危局而设计的方案，而是无产阶级在多民族国家必然提出的诉求。这一诉求既源于其经济政治斗争的需要，也根植于其公共共同体理念，最终更与其独特的意识形态——关于文化与劳动关系的理解密不可分。民族自治之所以成为无产阶级阶级斗争的必然目标，正因它是其阶级政治（这种政治同时具有民族政治属性）的必要手段，这种渐进式民族政治的终极目标，就是要让全体人民真正成为民族的主人。正因如此，在多民族国家里，各民族的无产阶级都以民族自治的主张，来对抗有产阶级的民族强权政治。

IV. 民族自治

21. 地域原则

我们首先将民族自治作为无产阶级的诉求来探讨。因此我们要问：假设无产阶级掌握权力，他们将如何具体落实所主张的民族自决权？会通过哪些法律制度来保障这种权利？

当我们提出如何具体实施民族自治这一普遍原则的问题时，驱使我们的并非是在真空中凭空构建或摧毁国家的幻想游戏，而是要为民族自治这一抽象概念赋予具体内涵——通过描绘工人阶级所主张的宪制蓝图，来明确其对当代民族斗争的立场。

民族自治最简易的实现形式，是将民族构建为地域性法人团体。各民族的聚居区被明确划界，在各自疆域内，每个民族构成一个自治体，自主管理本族文化事务，并规范辖区内居民间的相互关系。所有奥地利民族共同组成联邦国家，处理各民族共同事务，维护各民族共同利益。

在法律划定的语言区域内实行自治，这几乎是奥地利所有皇室领地内少数民族的共同诉求：波希米亚的德意志人、加利西亚的鲁塞尼亚人、蒂罗尔的意大利人、施泰尔马克的斯洛文尼亚人都在争取这一权利。而占据统治地位的多数民族则普遍反对——波希米亚的捷克人谴责主张民族划界者犯下"分裂国土"的重罪；施泰尔马克和蒂罗尔的德意志人、加利西亚的波兰人同样拒绝语言区域划分。小资产阶级的狭隘眼界决定了这种矛盾性——那些在波希米亚主张民族划界的政党，在施泰尔马克和蒂罗尔却反对划界。当社会民主党要求在整个帝国实行民族划界时，实际上是将资产阶级政党为各领地少数民族争取的权益提升为帝国宪法原则。

基于地域原则的民族自治，无疑是划分民族势力范围、调解民族权力斗争的手段。但它是否是最佳方案，仍存疑问。

反对者认为，民族地域团体的构建不可行，因为语言边界在不断变动。民族自治区的界线很快会与实际语言区脱节，进而引发频繁的重新划界之争。地域原则支持者通过实证研究驳斥了这种担忧：语言边界比通常认为的更稳定，变化更缓慢、幅度更小。土地所有权固化了语言边界——德意志农民的土地构成德语区，捷克农民的土地构成捷克语区。语言边界的任何变动都需以土地易主为前提。而农民土地通常由子嗣继承，即便出售也极少转给异族。这正是语言边界稳定的根基。当然，土地产权变更确实可能导致语言边界移动。在波希米亚，某些地区大量地主移民至国内德语工业区、维也纳或美洲，土地往往被大庄园主收购，以雇农取代农民。这些雇农可能与被取代者属不同民族，历史上就曾出现德意志农民被捷克雇农替代导致边界推移的案例。更常见的是移民农民的土地被同族收购——当德意志农民土地更肥沃时，捷克农民迁出，富裕的德意志农民购得土地，边界就向德语区移动。但这些变动数量有限、影响微弱。赫布斯特、施莱辛格、劳赫伯格的研究证实：虽然存在小规模双向波动，但总体上土地所有权为语言区域提供了稳定边界。相比土地产权，劳工移民能更快改变语言边界。边境德语村庄建立工厂吸引捷克工人后，可能先形成双语混杂，数年后捷克人成为多数。这种方式比土地变更更能快速扩展民族聚居区。但历史表明，此类变化同样稀少、缓慢且范围有限。因此这很难构成反对地域原则的有力论据。

民族混居格局的重大变迁主要发生在工业区。工业资本主义将捷克工人引入德属波希米亚和维也纳，将波兰工人引入西里西亚。捷克语区许多德意志少数民族的存在，恰恰要归功于工业资本主义。虽然工业区可能偶然位于语言边界，但更多时候深处于某个民族的封闭聚居区内。因此我们观察到，人口民族构成最剧烈的变化并非发生在民族聚居区交界地带，而是远离语言边界、在单一语言区腹地。并非在德意志农民与捷克农民土地接壤处，而是在德属波希米亚腹地和历史悠久的德意志化维也纳——这些德意志资本吸引捷克工人的区域，人口民族结构变化最为迅猛。这些语言飞地的形成与扩张对民族发展的意义，远胜过语言边界的细微推移。

除资本主义催生的现代语言飞地外，封闭语言区内还存在着更古老的语言飞地。部分源自几个世纪前的农民殖民，如波希米亚捷克语区腹地星罗棋布的德意志农民村落[105]；部分则是古代聚居地的遗存，成为历史变迁的活化石。例如德意志人占多数的米斯地区，至今保留着四个捷克语占优的社区。它们见证了米斯城邦曾属捷克语区的历史。当城邦统治者早已德意志化时，这些农民村落仍坚守民族特性，在德意志语海洋中与捷克语区完全隔绝，默默诉说着数百年前民族分布格局的沧桑巨变[106]。类似地，某些捷克城市的德意志少数民族也是历史残留物。布拉格、布杰约维采、比尔森的德意志少数族群，以及与德意志语区毫无地理联系、被捷克村落包围的波希米亚-艾夏德语城，都映射着那个捷克民族仅由农民与仆役构成、而资产阶级上层普遍德意志化的时代。但这些源于旧社会结构的语言飞地正逐渐消亡。德意志语区孤立的捷克农民村落，终将如捷克语区的德意志殖民村落和城市少数族群般，被周边多数民族同化吞噬。而现代资本主义语言飞地则具有截然不同的特质。它们因资本主义引发的人口流动而诞生，只要这种流动方向不变，只要持续有同质移

---

[105] 参见施莱辛格（Schlesinger）：《波希米亚的民族关系（Die Nationalitätsverhältnisse Böhmen）》，斯图加特 1886 年版，第 25 页及以下。

[106] 赫布斯特（Herbst）：《波希米亚的德语区（Das deutsche Sprachgebiet in Böhmen）》，布拉格 1887 年版，第 32 页。

民补充强化少数民族群体，这些飞地就永不消逝。再彻底的民族划界也无法消除这些现代语言飞地。

这一事实已然表明：法律划定的民族聚居区必将长期包含数量可观且通常持续增长的少数民族群体。而纯粹单一民族的行政区划无法全面实现，更将大幅增加这类少数群体。

某些语言边界地区之所以无法清晰划界，是因为语言区域并非泾渭分明，而是渐次交融，形成民族混杂的过渡带。这在摩拉维亚尤为常见。不过此现象并非通则。当土地所有者的民族属性固定了语言边界时，语言区域便界限分明。据劳赫伯格统计，在波希米亚，仅395个聚居点（占总数的3.08%）和253个基层社区（占3.41%）的少数民族占比超过10%。王国仅11.4%的居民生活在少数民族占比超10%的社区。

民族地域划分的支持者正是基于这些事实。虽然民族混杂的司法管辖区为数不少，政治辖区的混杂程度更甚，但这仅仅是行政与司法辖区划分不当所致。若回归最自然的区域单位——村落，便会发现真正民族混杂的村落占比极低。只需打破旧有辖区，重新组建完全由单一民族村落（或至少基层社区）构成的新辖区，就能使行政与司法管辖区内的少数民族比例降至微不足道的水平！

我们当然承认现行辖区划分有待改进，通过重新划界确实能大幅减少辖区内的少数民族数量。但若认为国家行政与司法可以完全机械地遵循语言边界来划分辖区，则实属谬误。

国家不能随心所欲地划分行政区域。无论是出于自身利益还是民众需求，政府都必须将经济联系紧密的村落划归同一行政与司法辖区。法律上的区划本质上基于村落之间自然形成的经济与交往单元——在商品生产社会中，这些单元并非由某种权力刻意划定，而是受盲目运作的经济规律支配。鲁道夫·施普林格曾列举以下经济单元：

1. 自然聚居单元：庄园与村落、乡镇与城市。

2. 地方集市圈：每周举办集市的小镇及其周边村落。集市是乡村道路的交汇点，周边居民在此用农产品交换手工业者与小商贩的商品。

3. 大型集市圈：以省级城市为中心。这里汇聚着辖区进口商品，由批发商分销至各集市零售商；同时也是出口商品的集散地。这类涵盖多个周集市圈的省级城市及其辐射区域，构成完整的经济单元[107]。

---

[107] 施普林格：《奥地利民族的斗争（Kampf der österreichischen Nationen）》，第 95 页。

这种划分方式固然有些模式化，具体实施时可能需要调整。它或许只适用于以农业为主的地区。在工业区，这种划分常会被另一种由各工业部门地理分布决定的区划方式打破——比如一个煤矿区、毛纺织区或亚麻工业区会自然形成独立的经济单元。但无论如何，不可否认的是：确实存在独立于法定区划之外的自然经济单元。同样确定的是：行政与司法区划必须顺应这些经济单元。

试想一位捷克农民每周都要去德意志城镇售卖农产品、采购必需品，他自然会要求能在同一处缴纳税款、处理诉讼、查阅地契、投诉地方官员裁决。而民众的需求也正是国家的需求。如果行政辖区割裂了社会经济单元，将毫无往来的群体强行拼凑在一起，任何有序的行政管理都将无从谈起。

以柯尼希霍夫司法管辖区为例：该区包含 22 个纯德意志或德意志占优的村落，而柯尼希霍夫市及其他乡村社区则属捷克语区。这些德意志村落毗邻德意志语区的阿尔瑙和特劳滕瑙辖区，理论上完全可以将它们划入德意志行政司法区（某些村落或许确实适合调整归属）。但这些德意志村落与柯尼希霍夫市有着密切的经济联系：农民们在此交易货物、转运商品、采购物资、求医问药，许多家庭手工业者还需定期向该市交付纺织品。难道为了民族划界，行政划分就该拆散这种经济联系，将紧邻捷克城市柯尼希霍夫的德意志村落，硬划归遥远的德意志城镇管辖吗？

新豪斯司法管辖区的情况如出一辙：21 个纯德意志、8 个混居和 47 个纯捷克村落组成该区，新豪斯市本身属捷克语区。虽然其德意志村落靠近德意志语区的诺伊比斯特里茨司法辖区，理论上容易划归德意志行政区，但那些与捷克城市新豪斯经济往来密切的边境德意志村落，若改由遥远德意志城镇管辖，行政管理如何有效运作？

我们列举的是德意志乡村以捷克城市为经济中心的案例，相反情形其实更为常见。比如波希米亚森林地区的德意志城市普拉哈蒂采，其周边紧邻着捷克村落——难道能把它们从普拉哈蒂采司法辖区剥离出去？

许多地区确实能在不损害国家与民众利益的前提下实现民族划界，语言区域的法定划分无疑是民族自决的前提。但必须清醒认识到：这种划界不可能全面实现。若能将行政重心下沉至村落或至少基层社区，绝大多数情况下的民族划界就能完成。可随着行政层级的提升，混居区域的比例将逐级扩大：混居的基层社区多于混居村落，混居司法管辖区多于混居基层社区，混居行政区又多于混居司法管辖区。倘若按专家建议，在行政区与皇室领地之间增设"县"级自治单位，那么相当比例的县必将被认定为双语混居区。

总有人难以理解为何语言区域的法定划界无法彻底实现。其实道理很简单：民族聚居边界是历史遗产，源自与我们截然不同的经济形态。当年移民拓荒的农民与外界交流有限，自给自足的生产方式下，只有少量产品需要交易。但家庭手工业的兴起创造了新的交往中心——捷克织工定期前往德意志城镇交货，德意志织工偶尔也需踏足捷克城镇。随着农民日益卷入商品生产，交易行为的重要性与日俱增。新商业中心的形成主要取决于地理位置、交通条件等经济因素，而非居民民族属性。于是出现了德意志城镇成为捷克农民集市（如波希米亚-艾夏、普拉哈蒂采），捷克城市成为德意志乡村商业中心（如柯尼希霍夫、新豪斯）的现象。

甚至经济政策也会通过改变贸易路线影响民族关系。18世纪历史学家佩尔策尔就记载：当波希米亚与萨克森自由贸易时，与萨克森交易的捷克农民不得不学习德语；而重商主义的高关税政策阻断两地贸易后，这些农民就停止了德语学习[108]。

资本主义最终创造了新的交通方式，再次改变了经济中心的分布：曾经以捷克城镇为商业中心的捷克村落，因新铁路线与德意志城镇紧密联结。古老的经贸单元就这样被无情

---

[108] 佩尔策尔（Pekel）：《波希米亚史（Geschichte Böhmens）》，布拉格 1770 年版，第 643 页。

打破，新的经济区划全然不顾农民聚居区的历史边界。各民族早已意识到新交通线的战略意义——1906年马扎尔人阻止了维也纳至普雷斯堡电气铁路建设，只因这条铁路会使普雷斯堡沦为"维也纳的郊区；"新阿尔卑斯铁路的规划同样引发德意志人、斯洛文尼亚人和意大利人的民族忧虑，任何新铁路都可能将单一民族经济区变为民族混居带。

虽然新经济中心的持续形成对居民民族属性影响有限（与德意志工匠、商人、放贷者和官员的偶然接触，远不及捷克村民间的日常交往紧密），但捷克农民仍会学习城镇语言、督促子女掌握双语，并要求在其主要经济活动中心设立税务所和法院。语言边界虽未移动，经济交往却早已越界。若强制要求行政区划严格遵循语言边界，无异于用农耕自然经济时代的交往格局来规训现代行政——这种时代错乱既为国家所不容，更为民众所不取。该诉求实质是知识阶层为逃避学习第二语言的便利主义幻想，某些学生甚至将"免于学习"奉为神圣人权。

因此，民族地域划分虽应作为民族自治的基础原则，但必须清醒认识到：若不愿牺牲广大民众的实际需求，就难以彻底贯彻。我们应当预见：由于资本主义在封闭语言区内持续制造的语言飞地，每个民族自治行政区都必然包含相当规模的少数民族群体。这些少数群体的命运将如何？

若严格推行地域原则，各民族行政区内将实行中央集权-原子化的治理模式。少数民族只能通过争取所在行政区的立法与行政权力来保障文化需求，但作为少数派他们永远被排除在权力核心之外——在地域原则的彻底实施下，他们注定沦为多数民族的附庸。地域原则一方面夸大了民族差异，试图以语言边界绝对划分国家与行政区；另一方面却要求各民族放弃相当部分的同胞。

少数民族问题对所有民族都至关重要。随着人口从单一民族农业村落向普遍存在少数民族的工业区迁移，生活在无少数民族社区的民众比例持续下降：1880 年至 1900 年间，波希米亚德意志人生活在纯德意志或捷克裔低于 10%社区的比例从 872.3‰降至 860.2‰；同期捷克人的对应比例从 912.3‰降至 880.1‰。这意味着少数民族问题正直接影响越来越多人。考虑到外来少数群体与本地多数群体的对立正是滋生小资产阶级民族主义的温床，我们更不可轻视此问题的重要性。

1900 年，波希米亚有 98,548 名德意志人（每千名德意志人中有 42.2 人）生活在捷克人占多数的社区；同时有 84,508 名捷克人（每千名捷克人中有 21.5 人）生活在德意志人占多数的社区。若双方放弃各自的少数族群，德意志人将承受更严重的绝对和相对损失。但值得注意的是：德语区的捷克少数群体正在增长，而捷克语区的德意志少数群体却在萎缩

——1880 至 1900 年间，生活在捷克人超 50%社区的德意志人比例从 49.7‰降至 42.2‰；同期生活在德意志人占多数社区的捷克人比例却从 18.4‰升至 21.5‰。这种此消彼长使得捷克人对本族少数群体的关注度持续提升，而德意志人则日趋淡漠。总体而言，双方因放弃少数族群所蒙受的损失可谓旗鼓相当。

其他皇室领地的情况也印证了这一判断。德意志人在各民族的聚居区内都构成少数群体，这些群体主要分布在城市：包括传统官僚家族、军官及其家属、资本家及其雇员，以及被德意志化的犹太人。此外，在加利西亚、布科维纳和克拉尼等异族聚居区腹地，还散布着德意志农民殖民地。最具战略意义的德意志少数群体分布在：波希米亚、摩拉维亚和西里西亚的捷克语区；占人口 10%-33%的卡林西亚斯洛文尼亚人聚居区；以及下施泰尔马克斯洛文尼亚地区的众多德意志语言飞地[109]。即便在沿海地区、达尔马提亚和加利西亚，德意志少数群体也普遍存在。这些主要由纳税能力强、教育水平高的成员构成的群体，其流失对民族绝非小损。德意志人在帝国全境都能找到同胞的优势，更赋予该民族特殊力量

---

[109] 关于施泰尔马克（Steiermark），参见普方德勒（Pfaundler）：《施泰尔马克的民族关系（Die nationalen Verhältnisse in Steiermark）》，《统计月刊（Statistische Monatsschrift）》1906 年，第 401 页及以下。

——倘若不能保障各地德意志子女接受母语教育，他们在国家官僚系统、工商企业雇员阶层、铁路管理部门等关键领域的占比必将锐减。

意大利人的处境与德意志人类似。这个古老的历史民族数百年来始终是"无历史民族"之上的资产阶级上层。地域原则同样会使其蒙受重大损失：在伊斯特里亚，他们是斯洛文尼亚人为主的科佩尔区及所有克罗地亚人辖区的少数群体；在达尔马提亚，他们构成各辖区的小规模少数群体；扎达尔地区的意大利人虽占 16.76% 却未在任何辖区形成多数，斯拉夫多数族群将据此吞并他们。提罗尔的情况则不同：这里的意大利工人构成德意志城市中的语言飞地，这种少数群体遍布提罗尔各大城市，甚至在福拉尔贝格的布卢登茨也占11.69%——地域原则将使这些意大利工人丧失民族权利。

波兰人相对于鲁塞尼亚人同样是历史民族。整个鲁塞尼亚语区仅有两个辖区不存在波兰少数群体，此外还包括波兰人微弱占优的利沃夫市及区、温尼基和切沙努夫等辖区。在布科维纳，波兰人未在任何辖区形成多数。而西里西亚煤铁工业区快速增长的波兰工人群体，正形成新的重要少数势力。

而那些曾被视作"无历史"的民族，同样面临着少数族群问题的困扰。捷克人就是典型代表——除了苏台德德意志人地区的捷克少数群体外，下奥地利地区快速增长的捷克移民尤为引人注目。最新人口普查显示，下奥地利有 132,968 名日常使用捷克语的居民，这个群体正迅猛扩张：1880 年占当地人口 2.82%，1890 年升至 3.79%，1900 年已达 4.66%。这种增长源于波希米亚和摩拉维亚农业区工人的大规模迁入。据劳赫伯格统计，在向维也纳输出超过 5000 人（且占出生地人口超 5%）的波希米亚辖区中，有 6 个纯捷克人辖区、4 个捷克人占优辖区，而纯德意志人辖区仅 1 个。迈因青格[110]的数据显示：维也纳 23.5 万波希米亚移民中，4.6 万来自纯或主要德意志人辖区，18.1 万来自纯或主要捷克人辖区；摩拉维亚移民也呈现相似特征——5.7 万来自德意志人辖区，11.3 万来自捷克人辖区。这种迁移本质是农业人口向工业领域的转移，只要德意志资本对捷克农民子弟和农业工人的吸引力持续存在，移民潮就不会停歇。少数群体规模扩张越快，纯粹地域原则（将其毫无保护地交给德意志多数群体）就越难令捷克民族满意。

纯粹地域原则同样难以满足斯洛文尼亚人的民族需求。在卡林西亚，斯洛文尼亚人在四个辖区构成占人口 20%-40% 的庞大少数群体；在施泰尔马克的两个辖区、的里雅斯特、

---

[110] 迈因青格（Meinzingen）：《国内移民及其对日常用语的反向影响（Die binnenländische Wanderung und ihre Rückwirkung auf die Umgangssprache）》，《统计月刊（Statistische Monatsschrift）》1902 年，第 693 页及以下。

戈尔蒙斯、格拉迪斯卡、蒙法尔科内等沿海地区，以及伊斯特里亚西部，他们也都是少数族群。虽然通过优化区划可以将部分斯洛文尼亚少数社区与其他斯洛文尼亚聚居区合并，但这并非普遍可行，行政边界与语言边界终究无法完全重合。

克罗地亚人在伊斯特里亚的四个意大利人辖区构成少数群体；鲁塞尼亚人则在被波兰语区包围的旧桑奇地区形成多数，在十四个波兰语辖区构成可观少数，同时在布科维纳的罗马尼亚人辖区也是少数民族。

这种民族混杂格局有着深刻的历史根源：部分源自农耕殖民时代——彼时尚未形成现代公共行政体系，农民与外界缺乏经济联系，导致民族分布呈现奇特交错；部分承袭自"历史民族"与"无历史民族"对立时期——捷克和斯洛文尼亚农民受德意志领主统治，鲁塞尼亚农民受波兰领主管辖，斯拉夫农民海洋中散布着由德意志或意大利商人主导的城镇岛屿；部分来自奥地利作为德意志国家的年代——德意志官僚与军官在全帝国行使统治权；最后则归因于现代资本主义——它将人们连根拔起，驱往城市和工业区。这些民族少数群体，实则是多个世纪社会变迁的缩影。

少数民族的抵抗能力随着底层民众文化水平的提高而增强。过去那些迁入德语区的未受教育的捷克农业工人很容易被日耳曼化。但现代捷克产业工人完全不同——他们在故乡受过良好的捷克语学校教育，阅读捷克语报刊，参与本民族的政治生活——即便身处异乡也能保持民族特性，难以忍受异族多数群体的统治。

纯粹的地域原则将这些少数群体全部交给多数群体处置。这正符合那些愤懑的小资产阶级的愿望，对他们而言，民族问题不是帝国层面的问题，而是地方性问题，因此他们厌恶在自己城市看到异族元素。但讽刺的是，这个地域原则最终也会让小资产阶级自身陷入困境！维也纳或布吕克斯的德意志小资产阶级会为拒绝给捷克少数群体提供所需学校而沾沾自喜，但当他们听说捷克人占多数的布德韦斯或比尔森同样可以拒绝给德意志少数群体办学时，又会愤愤不平。就这样，对异族少数群体的仇恨驱使小资产阶级拥护地域原则，而自身少数族群遭遇的苦难又让他们对这个原则忍无可忍。

对于那些不从狭隘地方视角，而是从整个帝国范围来看待民族问题的人，情况则完全不同。对他们而言，纯粹的地域原则意味着每个民族都在同化其他民族的少数群体，同时却要放弃本民族的少数群体。这是一边得到、一边失去的交易。没有任何民族能借此显著增加人口，只能维持现状。但这种维持是通过最可憎、最漫长、最痛苦的方式实现的：成千上万的人——无论是本民族还是异族的——都被剥夺了最重要的文化需求满足权，被迫放弃自己的民族身份。难道不是有更简单的方法吗？——通过允许其他民族的少数群体保持其民族特性，来换取本民族少数群体的同等权利。

更重要的是，地域原则会危及民族和平。因为要彻底贯彻这个原则——让每个民族完全放弃对其在异族语言区内的少数群体的关怀——根本不可能。这等于要剥夺现行法律已赋予少数民族的那些本就有限的权利。因此，每个民族都会试图通过帝国立法来保障其少数群体在其他民族聚居区的权利。围绕这类立法的激烈斗争必将重燃各民族对国家权力的争夺。即便保护少数群体的法律得以通过，关于法律解释的新争端又会层出不穷。每个民族都会认为自己的少数群体受到不公对待，并试图通过报复境内其他民族的少数群体来反抗对本族少数群体的"压迫。"就这样，基于地域原则的民族自决反而会招致新的民族冲突。

单是这个原因，地域原则就已不能满足工人阶级的要求。而工人阶级对这个原则的态度，还将受到其他考量的影响。

对捷克工人阶级而言，这个问题再清楚不过。德意志波希米亚、摩拉维亚德语区以及下奥地利的捷克少数群体主要由工人构成。捷克工人政党绝不能放弃这些工人的民族权利。如果拒绝为捷克工人子女开设捷克语学校，就等于将捷克工人阶级禁锢在更低的文化水平——因为捷克儿童在德语学校几乎学不到什么。这对捷克工人而言尤为痛苦，因为他们往往不会永久定居德语区，经济形势变化常常会迫使他们重返捷克语区。以 1900 年大矿工罢工结束后的情况为例：调查显示，在 1900 年 4 月 1 日至 12 月 31 日期间新录用的矿工中，到 1901 年 12 月 31 日仍作为活跃会员留在西北波希米亚中央互助会的比例，根据劳赫伯格的统计结果如下：

工人的原籍地区	1900 年 4 月 1 日至 12 月 31 日期间新加入	截至 1901 年 12 月 31 日仍在册	已退出
德语区	1.580	719	861
德语占多数区	1.053	629	424
捷克语占多数区	285	116	169
捷克语区	3.113	1.254	1.859

在波希米亚捷克人聚居区拥有定居权的 3,113 名工人中，有 1,859 人在当年或次年就从西北波希米亚中央兄弟会的活动区域迁出。而值得注意的是，中央互助会的会员规模并未因此显著缩减！具体数据如下：

1900 年末	31.450
1901 年末	31.370
1902 年末	31.353

这些数字生动展现了现代雇佣工人的高度流动性。虽然其他行业的工人流动率可能不如煤矿业这么高，但毫无疑问，大量进入德语工业区的捷克工人，或早或晚都会返回家乡或

迁往其他捷克语区。对这些工人的子女而言，短暂（最多几年）的德语教育毫无价值——他们还没掌握足够德语来跟上课程，就不得不回到捷克语区的学校。若在德语区拒绝为这些孩子开设捷克语学校，就等于完全剥夺了他们的受教育权[111]。

由此可见，捷克工人阶级绝不能放弃其在德语区同胞的民族权利。若拒绝为捷克工人提供捷克语学校，不仅会降低定居工人的教育质量，更会完全剥夺流动工人的受教育机会。若无法保障不懂德语的工人在政府和法庭上的申诉权，就等于剥夺了他们的公民权利。这些都将使捷克工人阶级的文化水平持续低下，丧失阶级斗争能力。民族权利的缺失会激起民族仇恨，使他们成为小资产阶级民族主义政党的猎物。为捷克少数群体争取民族权利的斗争，虽然只是捷克工人阶级斗争的一小部分，绝不能影响主要斗争任务，但却是阶级斗

---

[111] 菲舍尔也注意到少数民族学校问题与捷克工人在德语工业区频繁流动的关联，但他竟因此主张拒绝或限制为捷克少数群体开设学校——这种逻辑令人费解。既然捷克工人确实随经济波动频繁往返，德语区的捷克学校并不会损害德意志人利益（因为流动工人无法通过强制其子女接受德语教育而被同化）；但德语学校却会伤害捷克工人——其子女在德语区停留时间过短，无法真正掌握德语，拒绝提供捷克学校几乎等于剥夺其受教育权。参见菲舍尔：《少数民族学校（Die Minoritätsschulen）》，第8页。

争的重要武器，绝不能放弃。

波兰工人阶级同样不能放弃西里西亚波兰工人的民族权利，意大利工人阶级也不能放弃德属蒂罗尔意大利工人的民族权利。

德意志工人面临的情况则较为复杂。从民族整体利益看，没有哪个民族比德意志人更需要维护少数民族权利。我们知道，遍布帝国、纳税能力强、教育水平高的德意志少数群体，极大增强了德意志民族在奥地利的实力。但德意志工人对少数群体问题的关注度确实低于捷克、波兰和意大利工人。异族聚居区的德意志少数群体中工人占比较少，主要由资产阶级、官僚、军官和知识分子构成——这些阶层与德意志工人阶级存在社会隔阂。不过也存在频繁跨语言区工作的德意志工人群体，比如铁路工人。定居捷克语区的德意志资产阶级可以通过私立教育弥补公立教育的不足，语言障碍也可通过雇佣律师解决。但被临时调往捷克、波兰或斯洛文尼亚语区的德意志铁路工人则完全不同——他们依赖公立学校，若将子女送进异族语言学校，孩子因语言障碍几乎学不到东西；数年后调回德语区时，子女学业已落后同龄人数年。其他德意志工人也常因生计被迫前往新兴工业区——哪里有新工业，哪里就有德意志机械师、钳工和工长。但最常见的还是工商业雇员作为少数群体生活在异族语言区。

若德意志工人要保护本族少数群体权利，就不能拒绝德语区内异族少数群体的同等权利。这还有其他原因：德意志工人与捷克少数群体的文化水平息息相关——剥夺捷克工人的教育权，就是在培养压低工资的工贼和破坏罢工者；满足捷克少数群体的民族诉求符合德意志工人利益——民族怨恨会阻碍捷克工人与德意志工人共同开展工会和政治斗争，导致工会运动分裂，使工人倒向资产阶级政党。最后，压迫异族少数群体违背德意志工人的意识形态。资本家到处宣扬"端谁的碗，服谁的管，"认为工人端的是他们的碗。但德意志工人认为，资本家占有部分劳动产品已足够，绝不能让他们再支配工人的灵魂。劳动合同应与其他买卖合同无异，绝不能赋予资本家在劳动之外发号施令、限制人身自由的权利。"你付我工资，我为你工作——除此之外你无权管我"这一原则，源于德意志工人与资本家的斗争。当这一问题涉及民族权利时，工人更不能放弃原则。若为德意志资本家工作的捷克工人因此丧失民族权利，这就不仅是资本家企图用微薄工资购买工人整个人格的案例，更是要剥夺被雇佣工人的民族属性！若德意志工人不要求这些受资本主义经济规律驱使、不得不在德意志地区向德意志资本出卖劳动力的捷克同胞享有完全的民族自由，就等于背叛了自己。

自社会分裂为阶级以来，人与物的关系就隐藏着人对人的支配。我拥有一台纺纱机——表面看这只是拥有劳动工具的使用权，实则生产资料私有制使资本家获得支配他人劳动、占有他人劳动成果的权力。我拥有一块土地——看似只是获得居住和耕作的权利，实则土地所有权带来收取地租、占有他人劳动产出的权力。地域原则同样试图通过人与自然界的关系，建立人对人的统治。这座城市的土地所有者宣称对某块土地拥有主权——他们当然可以在此居住耕作，但难道土地支配权就能赋予他们统治他人、将他人强行剥离原有文化共同体并纳入异族的权力吗？

资产阶级对此问题的肯定回答合乎其逻辑——因其社会制度本就建立在"对物的支配即是对人的统治"这一原则之上。但工人阶级要推翻的正是这种社会制度，他们追求的新秩序将消除物化管理中的人身依附。因此工人阶级也必然反对"土地所有者有权剥夺无产移民的民族文化需求"的原则。

在中央集权-原子化制度下，民族扩张成为所有民族斗争的法则。即便这种民族制度消亡，扩张欲望仍会固守最后阵地——要求民族聚居区内的少数群体向多数屈服。社会统治欲望再次通过制造民族压迫的法律制度显现。若我们通过属人原则立法保障少数民族权利，就等于彻底放弃了以法律手段实现民族扩张的幻想。当然，民族同化仍可能自然发生——当捷克人因通婚、经济往来或社交逐渐德意志化时，德意志民族就赢得了这个成员。但这种胜利应源于民族文化的自然吸引力，而非凭借法律暴力剥夺某个民族维系文化共同体的手段，强迫其融入其他文化共同体。

但德意志人能否放弃民族扩张理念（至少放弃法律手段的助力）？有人以颇具说服力的理由对此予以否定：奥地利德意志人的自然增长率低于其他民族，若不通过同化少数群体来增加人口，其增长速度岂不更落后于其他民族？

　　我们已通过分析异族聚居区的德意志少数群体回应了这种观点。地域原则带给德意志人的得失相当：虽能增强进攻性却削弱防御力，虽能同化斯拉夫少数群体却要放弃本族少数群体。统计学家无法判断得失孰重——因为即便法律不禁止捷克学校，定居维也纳或赖兴贝格的捷克工人仍可能通过多种渠道被德意志民族同化。社会交往与法律制度对同化的贡献比例难以量化，因此无法断言放弃法律扩张手段后德意志人的损益状况。但假设地域原则确实更有利于富裕的德意志少数群体（而非斯拉夫和意大利无产阶级少数群体），假设这确实是德意志人牺牲他族增长自身人口的良策——难道这就足以正当化地域原则吗？

　　首先需要追问：人口增长本身是否应成为民族政治的目标？请注意，我们讨论的不是国家疆域或经济区域的人口增长是否有利，而是探究一个民族为何渴望壮大其人口规模。若将民族视为独立于国家之外的存在，那么"民族天然追求人口增长"的命题就需斟酌。

无可否认，在同等条件下，民族成员数量的增加能提升文化创造的丰度。为八千万人服务的学者与艺术家，其工作条件自然迥异于仅面向六百万人的同行。民族规模越大，从基础教育到高等教育体系就越完善，剧院、学院、博物馆等文化机构也越发达。科学研究的广度促进学科分化，劳动分工带来更丰富的成果，人口基数越大，各文化领域涌现推动者的概率越高。但我们必须看到：在现行社会，全体民众从未平等共享民族文化成果。数百万目不识丁的农民，终生困于单调轮回，既不享受文化成果也不参与文化创造，他们对精神生产的贡献何在？提升民族文化生产力，不仅依赖人口增长，更取决于民众参与文化的深度。北欧小国令人艳羡的文化高度正是明证。

　　既然文化生产力既取决于人口规模，也关乎文化强度与全民文化渗透度，那么任何阻碍民族整体发展的增长手段都适得其反。工人阶级的民族进化政策，正是要推动全体民众融入民族文化共同体。削弱阶级斗争、损害阶级利益的手段，只会减少民众的文化参与，最终损害民族文化生产力。若为追求人口增长而阻碍工人阶级斗争，便是本末倒置。

　　然而主张"民族扩张必要性"者，鲜少考虑文化生产力问题，他们追求人口增长多是为了增强政治权重。在民族国家争夺权力的斗争中，这种扩张主义确有依据。但一旦用有机的民族关系替代原子化-中央集权模式，国家便无需再向民族集体分配权力，民族间的权力争夺也就失去意义。当民族所需权力已获法律保障，扩张欲望自会消弭。

但这些理性思考恐难说服众人。资本主义生产方式将万物商品化、价值化，剥离质的确定性而代之以量的表象，使对利润（这个可用数字表达的剩余价值部分）的追求成为人生要义。这种精神只认可可统计、可计量的规模——所有资本主义民族都像被嘲笑的美国人那样，将"庞大"与"伟大"混为一谈。在我们的社会，人口规模或许已被异化为民族追求的目的本身。但即便如此，民族扩张狂热及其地域原则也绝不正当。

必须承认，奥地利德意志人的自然人口增长确实面临不利形势。但这一现象的根源何在？海尼施[112]曾指出关键因素之一：婚龄与结婚率始终与农业结构密切相关。在我国，农村制度正抑制着德意志民族的自然增长。在德意志人聚居的阿尔卑斯山区，土地主要掌握在大中型农户手中，大地产与零散地块均不占主流。这种农庄传承遵循"单一继承制"——农场主去世后，土地不分割，仅由一名子女（继承者）接管。农庄内除农户家庭外，还生活着未婚的雇工。"封闭式大农庄从两方面限制婚姻：继承者必须等到原庄主退休或去世才能

---

[112] 海尼施（Hainisch）：《德意志奥地利人的未来（Zukunft der Deutsch-Österreicher）》，维也纳 1892 年版。

结婚；而庄内常年雇佣的男女劳力则被禁止婚配。"因此在这些地区，婚龄普遍偏高，结婚率低迷，婚生子女带来的人口增长自然迟缓。

虽然非婚生子数量可观，但人口净增长率仍显著低于其他地区。这些区域恰以德意志人为主，阿尔卑斯山区的封闭农庄由此成为德意志人口增长的严重障碍。其他民族聚居区则无此限制：喀斯特地区、沿海地带及达尔马提亚以零散地块为主；苏台德地区虽农户众多，但大地产与零散地块并存；加利西亚实行土地分割继承制，形成大地产与大量小地块持有者共存的局面。大地产与零散地块普遍促进人口增长，而阿尔卑斯封闭农庄则起抑制作用。德意志农业区的封闭农庄制度与斯拉夫、意大利地区盛行的大地产/小地块结构，构成了决定奥地利各民族发展的根本性差异。

其他因素也在强化这一趋势。德意志人最早受到资本主义发展冲击，因而资本主义社会的人口规律对其影响最深。一切威胁并缩短现代产业工人寿命的因素，都在削减奥地利德意志人口。德意志工业区的婚龄普遍高于其他民族的农业区：在波希米亚，20-30 岁德语男性未婚率达 649‰，同龄捷克人仅 618‰；30-40 岁群体中，德意志人未婚比例 16.3%，捷克人仅 12.5%。德意志女性从业比例更高：每千名工业男性从业者对应 383 名工业女性从业者，捷克人仅 243 名。且已婚女性工厂劳工似乎持续增加——1890 至 1900 年间，赖兴贝格工商会辖区已婚纺织女工从 25,913 人增至 32,253 人，而未婚与寡居女工数量未增。女性工厂劳动的普及或许部分解释了德意志人死产率偏高现象。劳赫伯格提供的数据如下：

	每 1000 例婚生子女中，死产数量	每 1000 例非婚生子女中，死产数量
德语区	34,8	42,6
德语占多数区	27,8	36,5
捷克语占多数区	26,5	32,6
捷克语区	28,5	41,7

德国工业区的婴儿死亡率也远高于捷克人聚居的波希米亚农业区。在 1891 至 1900 年间，每 1000 名活产婴儿中死亡人数如下：

	出生后第一年	出生后第五年
德语区	281	358
德语占多数区	289	369
捷克语占多数区	230	329
捷克语区	237	327

在十年期间，每 1000 名平均人口中的死亡人数为：

	1881 年至 1890 年	1891 年至 1900 年
德语区	308,2	269,0
德语占多数区	305,6	283,0

捷克语占多数区	267,8	248,2
捷克语区	278,8	246,9

德意志工业区的死亡率显著高于捷克语区，但两地死亡率均在下降，差距逐渐缩小。工会争取到的工资增长与工时缩短、社会政策立法及卫生条件改善共同促成了这一可喜变化。这一事实清晰指明了提升德意志人口规模的路径。资产阶级民族政党只知一个增强德意志民族力量的手段：同化异族，将捷克人、斯洛文尼亚人和意大利人德意志化。但如此获得的增长微不足道，且需以牺牲本族少数群体、延缓社会发展为代价——而唯有社会发展才能使广大民众共享民族文化。德意志民族本可通过坚定彻底的社会政策获得无可比拟的更大收益：提高结婚率、降低婴幼儿死亡率及总体死亡率。这不仅会绝对增加德意志人口，更能改善其相对他族的人口比例——作为资本主义最发达的民族，德意志人受剥削最深，因而强力社会政策的疗效也最显著。赫克纳在其充满战斗精神的著作中精彩阐发了这一思想[113]，劳赫伯格则以丰富数据佐证。然而小资产阶级民族主义者仍会为某处新建捷克学校而愤懑，却对同一地区恶劣住房条件、家庭手工业与

---

[113] 赫克纳（Herkner）：《德意志奥地利人的未来（Die Zukunft der Deutsch-Österreicher）》，维也纳 1893 年版，第 20 页："从民族角度看，市政当局为贫困母亲提供消毒牛奶，远比给警察换上普鲁士式制服、在公共浴室张贴'禁止说捷克语'标语、以及类似把戏更能维护城市自治的尊严。"

童工摧残种族、结核病蔓延、数百德意志儿童每年因贫困过劳而夭折无动于衷。

统治阶级声称要保障德意志人口增长。那么请：农民应要求废除阿尔卑斯山区的农庄继承法与婚姻许可制；大地主要求降低面包、肉类、糖价；工厂主要求国家不阻挠工会斗争、立法缩短工时、禁止孕妇从事工厂劳动；手工业主要求终结无耻剥削学徒、将职业进修课安排在白天；房东要推动市政当局提供廉价卫生住房；资本家须减轻对家庭工人的剥削！德意志民族的私生子数量及比例远超他族，其惊人死亡率更是首要问题。请统治阶级立法赋予私生子对生父的法定继承权与特留份权利，按父亲收入水平主张抚养教育费！统治阶级会采取违背阶级利益的民族政策吗？

工人阶级要增加本族人口，道路已然明晰：只要阿尔卑斯山区封闭农庄仍有农业经营模式与农民习俗支撑，工人虽不能废除它，但可打击其法律支柱——农庄继承法与婚姻许可制；虽不能完全消除资本主义工业剥削的灾难性影响，但可通过工会斗争与劳动保护法缓解恶果，逐步治愈社会肌体最严重的创伤：家庭手工业的极端贫困、童工、孕妇工厂劳动、私生子高死亡率、住房短缺、过长工时、高物价与低工资。德意志工人阶级可以放弃每年通过学校教育同化几百个捷克儿童，转而从过劳与饥饿中拯救成千上万本族儿童！

从资本主义剥削的屠刀下挽救每年殒命的千万德意志男女——这才是工人阶级要实现的民族征服。达成这种征服的手段不是地域原则，而是社会政策。在这场民族征服战中，德意志工人必将获得各民族团结。

22. 属人原则

纯粹的属人原则主张将民族构建为纯粹的人格联合体，而非地域性法人团体。具有公法效力的民族组织只有在不超越帝国疆界的前提下才能作为地域性实体存在。但在国家内部，权力分配不应按地域划分（如某区域归德意志人、某区域归捷克人），而应让各民族不论居住何处，都能组成自治团体管理本民族事务。同一城市中，经常会有两个或多个民族并行不悖地建立各自的民族自治机构，兴办民族教育设施——正如天主教徒、新教徒和犹太教徒在同一城市各自独立处理宗教事务。

属人原则以民族划分为前提。但国家无权裁定某人属于德意志族还是捷克族，而应赋予成年公民自主决定民族归属的权利。基于成年公民的自由民族声明，应建立尽可能完整的民族登记册。当然，自由声明原则并不排斥通过法律推定制度，为无法或不愿声明者确定民族归属。

1905 年，由西诺普提库斯（卡尔·伦纳博士）首倡的民族登记制度终于在奥地利某皇室领地实现。摩拉维亚新颁布的《地方宪章与议会选举条例》[114]为城市选区、乡村选区和普通选民阶层设立了民族选举团体。该法规明示："波希米亚与德意志民族的议员，应通过民族隔离的选举团体产生，各团体分别划定选举区域"（《地方宪章》第 3 条 b 款）。但该选举名册并非基于自由民族声明：选民名单由社区主管编制，选民虽可通过声明更改登记民族（《选举条例》第 71 条第 7 款），但"任何登记选民均可质疑他人民族归属的正确性，"此时"社区主管须审核异议，若认定成立则自行修正"（《选举条例》第 71 条第 9、10 款）——这等于授权行政官员依据客观标准裁定民族属性！

摩拉维亚选举名册的缺陷还在于缺乏保障自由声明的机制。要使民族登记册成为民族自决的基础，必须通过惩戒制度防范权贵阶层施加不当影响。

摩拉维亚的民族登记册因其设立目的，无法与作为民族自治基础的民族登记制度相提并论。当前民族声明在该地的唯一法律效力仅是确定选举团体归属，中央集权-原子化的民族制度并未因此改变。这可能导致某民族为操纵他族选举而将部分选民登记为异族——若民族登记册真作为自治基础，

---

[114] 1905 年 11 月 27 日第 1 号和第 2 号法律，《1906 年皇室领地公报》。

此类舞弊将不可能，因为民族声明将产生实质性法律效力：登记为德意志族者须向德意志民族纳税，其子女仅能入读德意志族公立学校，仅在捷克语行政司法机构中享有德意志族提供的法律援助。在现行民族制度下划分民族选举团体，即便不考虑滥用风险，也是属人原则的彻底误用：它非但未消除民族权力斗争，反而导致斗争力量失衡。各民族议员名额被永久固定，任何人口比例变化都将引发席位重新分配之争，使地方权力角逐周而复始。我们主张将民族登记册作为民族自治基础，而非国会与地方议会的选民名册。对于国际性地域法人团体（帝国、领地、区县、社区）的选举，比例代表制比民族选举团体更能有效保障少数群体代表权。更何况现行制度还将属人原则强行嫁接在等级选举制上——摩拉维亚议会中普通选民阶层仅占 20 席，特权阶层却占 129 席！尽管如此，这项以属人原则重构民族公法关系的首次立法尝试，仍不失为充满希望的开端，它标志着"纯粹地域原则无法解决奥地利民族问题"的共识正在形成——这是一项原则的首场胜利。

一旦建立民族登记册，民族自治的基础便告奠定。我们只需将同一民族的成员在社区、区县、领地乃至全国范围内组成公法法人团体，由其负责筹办民族学校、图书馆、剧院、博物馆及民众教育机构，为不谙官方语言的同胞提供行政司法援助，并通过向本族成员征税获取所需资金。如此，纯粹属人原则下的民族自治得以实现，各民族可自主推动文化发展，无需再为国家权力而战。属人原则将成为最完善的民族防卫手段——只要法律能保障少数民族权利，它们就将获得保障。该原则从法理上杜绝了民族压迫的可能。各民族仍会通过文化吸引力争取他族成员：文化较发达的民族将继续吸纳欠发达民族的进取者，地区多数民族将通过通婚、密切的经济社交纽带同化部分少数群体。但所有这些民族征服都将依靠各民族的社会力量、文化吸引力及体量优势自然实现，而非通过法定特权。暴力征服将被和平竞争取代。

但即便彻底贯彻属人原则，将民族完全作为国家行政体系之外的人格联合体来组织（如宗教团体般实现"自由国家中的自由民族"），该原则仍存在缺陷。这解释了为何许多民族自决支持者会本能地对属人原则产生疑虑——他们隐约察觉：国家虽通过法律赋予民族所需权力，但谁来保障民族免受国家侵害？

民族权利需依托国家权力保障，但谁能确保国家始终伸出援手？当国家某日凭借武力撕毁赋予民族权利的宪章时，民族将何以自处？民族是否必须掌握国家权力机器？若不能成为独立国家，是否至少需成为联邦制下的成员邦，才能永久确保所需权力？

在我看来，还存在一条既能保留纯粹属人原则优势，又能充分保障民族权利的出路。鲁道夫·施普林格在其关于奥地利民族国家斗争的著作——迄今为止关于奥地利民族问题最有价值的思考——中为奥地利各民族指明了这条道路。我们可以通过将公共行政权赋予各民族，在不放弃属人原则优势的前提下确保民族权益。

行政是国家鲜活的生命线。没有行政体系，现代国家就无法征召士兵、征收赋税。民族关系的有机调整使各民族依赖于国家权力工具，而它们的法律自治正建立在此权力之上。但若国家将行政权交给各民族，它自身也将依赖于民族。国家保障民族权利；这些权利将获得永久保障而不可撤销，因为国家若破坏民族自治，就是在摧毁自身的行政体系，等于自我毁灭。官僚行政无法解决"当民族权力依赖于国家权力时如何保障民族免受国家侵害"的难题；民主自治则自然化解了这一矛盾。

施普林格的体系并非纯粹属人原则的贯彻。该原则在宗教团体法律规制中可直接实施；但现代人与民族文化共同体的联系远比宗教纽带紧密得多。因此仅赋予宗教团体独立于公共行政之外的自治权，公民便觉保障充分；但对民族团体而言，这种保障远远不够。它们需要自治；但只有当公共行政也建立在此自治基础上时，民族才能免受国家侵害，国家权力才能像民族权力依赖国家工具那样稳固地植根于民族权力之中。

施普林格这样描绘民族关系的调整方案：公共行政的基础是县级自治。这些县区在公共行政需求和民众利益允许的范围内按民族划界。县级自治机构将接管现今由官僚行政（总督府、县政厅）和自治行政（社区、区代表会、地方委员会）分担的重要职能。以县议会为执行机关的自治团体，同时将满足居民的民族需求：负责基础教育和中学、孤儿院与人道机构、剧院与民众教育机构。县内更小的社区和区镇组成次级自治联合体，同样通过社区议会和区议会实行自治。

当然许多县区无法实现民族单一性。这种情况下，县内居民组成以县议会为执行机关的公共行政自治团体；同时根据民族登记册（即按属人原则）划分为两个民族自治团体，自主管理县域内的民族文化事务，并向本族成员征税。这些民族自治团体的执行机关是县民族代表会。

因此在单一语言的埃格尔县，县议会将统管公共行政与民族行政所有事务；而在双语并存的布德韦斯县，县议会仅处理民族中立的行政事务，民族文化事务则由德意志和捷克两个县民族代表会分别负责。全县居民通过民族登记册划分为德意志和捷克两个人格联合体。德意志人格联合体通过民选代表会自治事务，自主发展教育体系，向本族成员征税筹集资金。捷克人格联合体在县内当然享有同等权利。

在民族单一的县区，仍会存在数量不足以建立独立民族县政机构的少数民族群体。但只要他们愿意，这些群体也可基于民族登记册组成自治团体——施普林格沿用奥地利行政法的术语称之为"并行机构"。例如在埃格尔县，行政事务虽由德意志县议会统一管理，但捷克少数群体可自愿组建各级民族并行机构：社区、区镇及县级并行委员会。这些机构仅承担两项职能：其一为不谙德语的同胞提供德语行政司法机构所需的法律援助；其二自筹资金维持本族基础教育学校，并有权向所有登记为捷克族的成员征税。国家对这类并行机构的设立不设门槛——任何少数群体只要有意愿自主保障法律权益和民族教育，即享有此项权利。当少数民族不仅能自主提供法律保障和基础教育，还能至少维持一所中学及必要福利机构（如孤儿院）时，县级并行机构即可升格为县民族代表会，单一县区也随之转变为双轨县区。

各县区将通过双重渠道建立联系：一方面，各县区为处理民族中立事务组成地域联合体（如所有波希米亚县区不分民族构成波希米亚领地，共同管理某些地域性事务）；另一方面，所有单一民族县区及双轨县区内的民族自治团体共同构成法律意义上的整体民族。单一民族县区的全体德意志人及双轨县区登记在册的德意志人组成德意志民族，选举产生民族议会。该议会自主管理德意志民族事务（创办高校、博物馆等），并有权向单一县区和双轨县区的德意志人征税。在单一民族县区，民族议会可不受他族干涉独立设立民族机构；在双轨县区则需获得他族民族议会同意。

这一制度解决了关乎广大民众（而非少数官僚）的民族问题。首先是教育问题：单一语言县区由社区议会、区议会和县议会负责基础教育和中学；双轨县区各族通过社区、区县及县级民族代表会自主发展教育体系，而统管全域的各级议会不得干预教育事务；民族议会负责高等教育；异族聚居区的少数群体通过民族并行机构自筹资金维持教育体系[115]。语言问题也迎刃而解：单一县区的官方语言为多数民族语言，少数群体可通过各级民族并行机构获得法律援助，避免因语言障碍受损；双轨县区各族使用本族语言行政，仅处理全域共同事务时需双语并行。但双轨县区仅设立在民族交往密切无法划界的区域，这些地区的社会交往本就实际需要双语能力。

施普林格设计的宪政方案通过赋予少数民族法定自治权，彻底终结了民族权力斗争。阶级阵线的展开不再受民族冲突阻碍——在单一县区议会和双轨县区民族代表会中，对垒的是同一民族的各阶级。这里没有民族对抗，只有工人阶级向本民族主张权利，要求扩大共享民族文化的份额。双轨县区议会和联邦国民议会虽由各民族代表组成，但因不涉民族事务决策，与会者将按阶级而非民族划分阵营——这里同

---

[115] 少数民族学校的设立是个特殊问题。少数群体必定会要求其子女在学校同时精通多数民族语言。

样是阶级斗争的自由疆场。

各民族对抗国家的权利，将植根于民主行政——即县级自治。民主行政是工人阶级的核心诉求之一，如今这一为阶级利益而战的诉求，正转化为各民族共同的需要。当前民族纷争阻碍着各项民主改革，因为各族都惧怕权力格局变动；而在施普林格设计的宪政中，民主恰恰成为所有民族权力的稳固基石。于是，那股如今阻滞民主发展的民族意志洪流，将在新宪政中转化为民主的推动力。

混合县区的双重行政架构与单一语言区内少数民族的并行机构，共同保障了少数群体在公共部门的权利和民族教育。这一宪政充分满足了工人的需求——无论谋生之需将他们驱向何方，都能找到自身权利和子女教育的保障。资本主义虽夺走了工人的故土，却永远无法剥夺他们的语言与文明。对于那些在本民族地域内谋生的工人，这一方案同样提供了充分保障：当外来移民不再被剥夺教育权与法律援助，当他们的尊严不再遭践踏、不至沦入蒙昧状态，工人们便无需再将这些同阶级的移民视为压价工贼和罢工破坏者。外来工人也将对民族仇恨的毒素产生免疫力——这种毒素原本会瓦解共同的政治与工会组织，使工人丧失并肩对抗共同敌人的能力。最终，该宪政也满足了工人阶级的意识形态需求：他们绝不能忍受工人在出卖劳动力的同时还要出卖灵魂，将文化特性拱手让予资本家；他们要求所有通过劳动创造文化条件的人，都享有享受文化成果的权利，享有本民族文化与传统文明的权利。

因此，施普林格构想的民族国家宪政方案——将民族自治建立在民主国家行政之上，通过属人原则保障少数民族权利——堪称最完善的民族自治形态，唯有它能充分满足工人阶级的文化需求。这一宪政为各民族工人的共同阶级斗争创造了法律与心理条件，服务于工人阶级的民族进化政策，是实现伟大目标的利器：让民族文化成为全民财富，使全体民众凝聚为真正的民族。

就我所知，目前对民族自治（包括这一宪政方案）的唯一实质性反对意见来自克拉马尔[116]。这位仍坚持"皇室领地联邦制"（即某种中央集权-原子化民族治理模式）的拥护者，在其《波希米亚政治评注》中质疑道：若按纳税人而非征税地域的民族属性分配税收，将导致荒谬后果——穿越捷克语区的德意志资本家铁路公司所纳税款该归属哪方？剥削捷克工人的德意志工厂主仅向德意志民族纳税是否公平？当捷克族群几乎全是工人而剩余价值尽归德意志人时，捷克文

---

[116] 克拉马尔（Kramář）：《波希米亚政治评注（Anmerkungen zur böhmischen Politik）》，维也纳 1906 年版，第 122 页及以下。

化需求如何保障？捷克工厂转手德意志资本家后，当地社区税收突然断绝又当如何？

对此需指出：克拉马尔设想的民族自治形态存在严重缺陷。他假设现行税制不变，仅将收益税或附加税划拨民族自治机构。而我们构想的民族登记册只记载自然人而非企业，民族组织将向个人（而非企业）征收所得税（而非收益税、地产税或营业税）——最终获取企业收益的资本家才需缴纳民族税。但核心矛盾依然存在：剥削现象具有民族维度——当捷克工人为德意志资本家创造剩余价值时，捷克民族无法对此征税，只能依赖工人微薄的纳税。

工人阶级必须警惕这一风险：不仅因反对一切剥削（包括民族剥削），更因这种税制将加重工人税负却仍无法满足其文化需求。若柯尼希霍夫、纳霍德等地的德意志纺织厂主仅向德意志并行机构纳税，捷克县议会无权征税，当地捷克工人子女的教育经费必将匮乏。解决之道其实明晰：民族自治机构除征收本族成员所得税外，还可按属地原则分享辖区内企业收益税。国家收益税附加费可由县议会征收（或由国家税务部门划拨），再按各民族文化需求分配——以辖区内各民族在校生数量为分配标准最为合理。这既延续了奥地利"厂主须为工人办学"的立法传统（如厂办学校），又为其注入了现代治理内涵。

即便采取这种方案，仍存在一个难题：若附加税率由县议会自主决定，捷克语区的县议会（捷克人占多数）将有动机设定高额收益税——因为大部分收益税将归属捷克民族，收益税越高，本族成员所得税负担就越轻。反之，包含捷克少数群体的德语县区可能设定低税率——德意志资本家的所得税仍将归属本族，而低收益税意味着捷克并行机构分得的资金更少，导致主要由低收入工人构成的捷克群体教育经费匮乏。这种税收政策可能引发民族争端，还会因各地区生产成本差异（资本家视收益税为生产成本而非所得税）造成经济失衡。不过防范此类弊端并非难事，最简单的办法是由帝国立法确定收益税附加与民族所得税的固定比例，使两者随国家收益税税率同步浮动。

即便如此，优势民族仍保有固有优势。即便企业收益税按在校生比例分配，占有大地主和资本家的民族仍能获得更丰厚的所得税。因此德意志人比捷克人、斯洛文尼亚人拥有更多资金（可发展更优质教育或减轻本族税负），意大利人比南斯拉夫人、波兰人比鲁塞尼亚人更具优势。毫无疑问，即便在最完善的民族自治制度下，传统历史民族仍将保持某种优越性；他们通过辉煌的文化建设、更轻的税负，持续吸引他族成员归化，实现和平的民族征服。这种最终形态延续着古老的历史现实：被统治的"无历史民族"始终臣服于统治的"历史民族"脚下。但这种现象并非民族自治特有的弊病，而是资本主义社会无法消除的痼疾——只要捷克工人仍在为德意志厂主、斯洛文尼亚工人为德意志地主、鲁塞尼亚农民为波兰庄园主创造剩余价值，这种民族剥削就不会消失。唯有消灭一切剥削，将生产资料收归社会所有，民族剥削才会终结；到那时，各民族才能真正支配本族劳动者的全部劳动成果。

23. 犹太人的民族自治？

1905 年，加利西亚波兰社会民主党中的一批犹太同志分离出来，意图建立独立的犹太社会民主工人组织。然而奥地利国际社会民主党的执行委员会并未承认党内犹太群体的自治权，反而声明这些"分离主义者"退出波兰社会民主党的行为，已使其自外于奥地利国际阵营。犹太同志分裂的直接诱因并非国家宪政问题，而是党组织问题——焦点最初在于党内犹太群体的自治权，而非犹太民族的国家自治权。组织问题此处不赘，但若不正视"工人阶级是否应当要求犹太民族的国家自治"这一命题，问题便无法真正解决。我们必须简要探讨此议题，否则我们的民族与民族自治理论可能沦为分离主义者攻击党的武器。

分离主义者以简单逻辑立论：犹太人是民族；社会民主党主张各民族国家自治并允诺党内民族自治；犹太民族理应享有同等权利。反驳者往往否定其前提称犹太人并非民族，争论遂常聚焦于"固定聚居地是否为民族基本特征"及"民族自治是否必须基于地域原则"。波兰同志在论战中多援引将"共同地域"作为民族"要素"的理论，主张民族自治应体现为民族聚居区的自我管理。我虽认为该理论谬误且此宪政方案不符工人阶级需求，但波兰同志驳斥分离主义的论据中仍包含合理内核，值得我们剥离辨析。当我们想起奥地利犹太人中 42,681 名雇员、81,455 名工人、31,567 名短工与 16,343 名仆役的统计数据，以及统计列为"自营职业者"的 235,775 名犹太人中大量实为依附资本的手工业者与家庭工人时，这番探讨便绝非徒劳——此议题对社会民主工党至关重要。

作为外来者，犹太人进入中世纪封建社会时被排除在经济体制外：源于血缘氏族的村社组织不可能接纳异族犹太人；基于古老协作团体形成的领主组织同样将其拒之门外。那么他们在当时经济结构中处于何种位置？

中世纪农民与领主并非商品生产者，其生产原则上为自需而非交易。虽有剩余产品交换，但这本质上是偶发的例外。领主与农民通常不持有大量货币，其财富主要表现为使用价值（谷物、亚麻、牲畜等）或他人劳役索取权。商品流通、货币资本循环——即货币经济本身——与此社会结构格格不入；用马克思的生动表述，货币资本仅"存活于其孔隙中"。犹太人正填补了这些社会缝隙。他们不参与农民家庭、村社及领地的日常经济活动，但当农民需要购物时，犹太商贩提供商品；需出售牲畜时，犹太中介接手交易；需借贷时，犹太放贷者索取高息。在自给自足的社会里，犹太人成为商品流通与货币资本循环的中介。农民偶尔出售剩余产品换取他物，犹太人却为转售牟利而持续收购。农民代表自然经济，犹太人则化身货币经济。这种关系持续至资本主义将全体民众卷入商品生产与货币经济为止。在东欧乡村，犹太人至今仍作为行商、酒馆主、牲畜粮食贩子、掮客、高利贷者及手工业者，充当自然经济社会中的货币经济代言人。

在那个时代，犹太人无疑是一个民族。他们保持的血统纯度至少不亚于大多数欧洲民族，祖先的命运通过自然选择与遗传塑造了后代的特质，将犹太人紧密联结为自然共同体，这一点毋庸置疑。但不仅是血缘共同体，文化传统的纽带也将犹太人紧密团结。他们拥有自己的语言、独特而强大的意识形态、迥异于寄居民族的习俗。由于被排除在经济、社会和政治生活之外，他们对所居民族的命运参与甚少——虽与之交易，却不与之共生；他们承载着自己的命运与历史，因而也孕育出独特的文化。"我要与你们买卖交易"，夏洛克说，"与你们同行共处，但我不与你们同食共饮，也不与你们一同祷告"。连接犹太人与农民的经济纽带，远不如犹太人内部紧密的交往关系牢固；货币经济与自然经济文化的差异，远比买卖借贷中产生的表面共性更为深刻。因此，犹太人始终是寄居民族中的独特民族。

但随着资本主义生产方式的发展，犹太人的社会地位也发生转变[117]。部分犹太人首先跻身工业资产阶级行列。他们积累的货币资本，以及经商放贷形成的资本主义心理，为其提供了条件。重商主义政府鼓励富裕犹太人将资本投入工业。新兴犹太大资产阶级逐渐脱离固守传统者的生活方式，与基督徒阶级同胞建立更密切的交往；传统犹太意识形态已无法满足其需求，他们贪婪吸收启蒙时代的思想文化。18世纪起，犹太资产阶级开始挣脱古老犹太文化共同体，融入欧洲各民族的文化圈，逐步适应并同化于所居民族。

这股浪潮逐渐席卷犹太民族其他阶层。知识分子最快受到影响，小资产阶级亦步亦趋。工业区或城市中犹太商人的处境已迥异于乡村祖父辈——那些农民自然经济世界中唯一的货币经济代表。当货币经济渗透全社会，基督徒自己也成了"犹太人"。城市犹太商贩身处商人社会，需警惕基督徒同行的竞争，必须适应顾客需求、使用顾客语言、迎合顾客品味，为求生存不得以异族特质冒犯他人。于是他们逐渐抛弃本族传统服饰、语言与习俗，越来越像周围环境。

---

[117] 资本主义生产方式统治下犹太民族的发展绝非直线演进。早期资本主义通过制造新型矛盾——犹太资本家与基督教资本家的竞争、犹太商业资本/借贷资本与基督教产业资本的利益冲突、犹太资本与基督教手工业的对立等——反而首先加深了犹太人与基督教民族间的鸿沟。不过我们在此只需关注现代资本主义的影响。早期资本主义发展及其后续效应不过是历史长河中的一段插曲（尽管这段痛苦插曲持续了数百年）。

这种渐进适应源于资本主义商品生产逐渐涵盖全体人口的历史事实。当货币经济从犹太人独擅变为全社会通则，当"犹太人的现实本质在市民社会中得到普遍实现和世俗化[118]，"犹太人便开始适应资产阶级社会的普遍本质。

这种事实上的适应最终促成犹太人的法律解放与平等地位。"犹太人的解放程度，取决于基督徒变成犹太人的程度[119]。"而法律平等反过来又加速了实际同化。自犹太人参与民族公共政治生活、子女进入公立学校、履行兵役义务以来，其文化适应进程显著加快。

但决定性的转折点，直到农民转变为现代农业经营者——纯粹的商品生产者——才真正到来。农民从此摆脱了犹太商贩和高利贷者的束缚：与城市的联系日益紧密，通过城市采购满足需求、获取贷款，不再依赖乡村犹太中间人。铁路拉近了城乡距离，而农业合作社更彻底地切断了农民与犹

---

[118] 马克思《论犹太问题（Zur Judenfrage）》，载弗兰茨·梅林（Franz Mehring）编《卡尔·马克思、弗里德里希·恩格斯及斐迪南·拉萨尔文学遗著（Aus dem literarischen Nachlass von Karl Marx, Friedrich Engels und Ferdinand Lassalle）》第 1 卷，第 430 页。

[119] 马克思，同上，第 426 页。

太人的传统纽带——它们不仅将农民改造为纯粹商品生产者，还提供信贷、代购代销服务。犹太人被迫放弃乡村货币经济中介角色，转向其他职业。

几个世纪经商的传统，使他们最初仍选择在城市或工业区从事贸易。但资本主义社会的商业领域早已开始集中化——一家百货商店或消费合作社就能取代数百小商贩。犹太人逐渐被挤压到其他行业，分散到全国各地和各个生产部门，与当地居民的经济联系日益紧密，文化适应不断加深。

犹太人的同化进程艰难而缓慢：在中欧，他们虽已遗忘古老的犹太语言，却仍保留着"犹太腔调"；即便摆脱了腔调，他们使用的当地语言也总带着书本语的生硬，缺乏方言的地道韵味。传统服饰虽已消失，但举手投足间仍显犹太特征。古老的犹太教信仰虽被抛弃，却仍坚守着思想贫瘠的改革派犹太教。对本民族文学传说的记忆已然模糊，却顽固保留着零星的词汇与习俗。他们与周围居民交往，却只在内部通婚，保持着强烈的特质意识与群体认同。脱离古老犹太文化圈、融入他族文化共同体的进程尚未完成，仍在进行中——因此各民族仍视犹太人为异族。在当今中西欧，断言"犹太人不是民族"或许为时过早，但可以肯定他们正在丧失民族特性。

资本主义改造越迅速的地区，同化进程也越快。传统犹太学校的消失是显著标志：波希米亚犹太教区维持的私立学校从 1890 年的 86 所降至 1900 年的 28 所，其中 27 所位于捷克语校区——德语区的犹太儿童已全部进入公立学校。即便在捷克语区，犹太人也正向多数民族同化：最近人口普查显示，波希米亚 55.2%的犹太人日常使用捷克语。

加利西亚和布科维纳的犹太人融入他族文化共同体的进程较为缓慢。原因在于：其一，当地犹太人聚居规模更大（奥地利 1,224,711 犹太人中，811,183 人住在加利西亚，96,150 人在布科维纳），个体间交往更密切；其二，当地犹太人多为小资产阶级底层和无产阶级，这些阶层吸收新文化元素的能力弱于资产阶级和知识分子；但根本原因在于经济落后——资本主义商品生产的普及、农民向农业经营者的转变进展迟缓，农业合作社最近才开始取代犹太中间商和高利贷。无论同化速度如何，这一进程无疑正在各地推进：资本主义和现代国家体制正在摧毁古老的犹太特性。即便在经济滞后、公共生活匮乏、法律将犹太人禁锢在"定居区"的俄罗斯帝国，社会发展也在逐渐瓦解维系犹太人数世纪的古老纽带[120]。沙皇立法阻碍犹太人分散居住的政策，终究抵挡不住

---

[120] "当今的自由战士已不再了解犹太教传统，他们不憎恨它，因为他们从未热爱过它；他们对此漠不关心，因为这传统在他们生活中已无立足之地……当我还是少年时，有位'走出隔都运动'的老牌同化主义者告诉我，在安息日抽雪茄曾是种英勇行为、是场冒险。而我最大的乐趣，就是在周五晚上叼着点燃的香烟，与从犹太教堂回家的驼背努钦拉比在街上'偶遇。'如今我的儿子

历史潮流的冲击。

　　正如我们已指出的，同化进程对不同阶级的影响并不均衡。它总是最先且最强烈地冲击资产阶级和知识分子阶层。在西欧和中欧，小资产阶级、职员和工人也已开始同化。而在东欧，仍有数百万未同化的犹太人，主要属于社会底层。这些分布在俄国、波兰、立陶宛、加利西亚、布科维纳、罗马尼亚等地的犹太小资产阶级和工人，构成了当今的犹太民族。他们仍保留着传统的犹太语言和生活方式。我们已熟悉这类仅由被剥削、被统治阶级构成，而缺乏富裕统治阶层的民族类型——就欧洲犹太人仍构成民族而言，他们具有"无历史民族"的特征。由于缺失在阶级社会中主导文化发展的阶层，他们的文化已然萎缩，语言退化，民族文学阙如。我们知道，19 世纪唤醒了所有"无历史民族"。那么 20 世纪会给犹太民族带来独立文化新发展的可能吗？

　　过去十年确实兴起了一场抵制同化、试图将犹太人塑造成独立"历史民族"的运动。人们通常将此视为反犹主义的反弹。确实，反犹主义可能是直接诱因，它强化了运动声势，使同化犹太人（尤其是知识分子）开始关注东方未同化犹太

根本不知道安息日禁烟这回事。对他来说，世界已变得如此简单"。这段记述并非来自西欧或中欧的同化中心，而是出自素有"立陶宛耶路撒冷"之称的维尔纳——我们援引的也非同化主义报刊，恰恰是 1906 年 8 月 10 日的《犹太世界（Welt）》周刊。

人的民族意识。但更深刻的社会根源推动着这场运动——正是唤醒其他"无历史民族"的相同力量在发挥作用。首先是底层阶级社会意识的觉醒：犹太工人不再自视低于富裕有教养的波兰人或接受波兰文化的犹太富人。随着个人尊严意识的觉醒，他们开始自豪地展现独特性，不再为母语和独特习俗感到羞耻。俄国革命爆发后，欧洲惊愕地目睹了犹太工人思想的巨变——隔都里怯懦卑微的犹太人化身为大革命中最英勇的战士。这些群众不再麻木地困守传统，他们需要并开始创造新文化：犹太组织涌现，集会以犹太语传播新文化价值，犹太语报刊问世，欧洲文学被译入犹太俚语，独立犹太文学初现端倪。革命精神也席卷了知识分子阶层，他们开始为这场新文化运动贡献力量——曾讥讽未同化犹太人的知识分子，如今视其为被剥削的无产者和革命战友。他们重新学习已被遗忘的犹太俚语，通过文字向犹太群众发声，开创民族文学。这整个过程恰如我们描述过的捷克民族从"无历史"状态觉醒的历程。难道不是相同的力量在起作用吗？底层阶级自我意识的觉醒，席卷上层阶级的革命精神（防止获得财富、教育或社会地位者脱离民族文化共同体），新民族文化"受众"的形成，民族文学的诞生——19世纪上半叶唤醒捷克民族的力量，难道不会在俄国、波兰、立陶宛未同化犹太人中催生民族文化的新繁荣，终结同化进程吗？

毫无疑问，促使中西欧犹太人脱离旧文化共同体、融入他族的力量，也正在东方日益增强。但另一方面，我们也看到将未同化犹太人提升为"历史民族"的趋向。两种趋势相互角力——孰强孰弱？

通过比较犹太民族文化发展与捷克民族从"无历史"到"历史民族"转型的社会条件，或可找到答案。捷克复兴运动的根基在于其封闭的聚居区。捷克群众只与本族交往，仅社会阶层上升者被德意志化。这场运动的心理基础是社会变革引发的群众意识转变——对捷克小资产阶级、农民和工人而言，民族觉醒不意味着改变民族属性，而是民族特质的蜕变：从被动承袭古老文化遗产，转变为创造和享受新民族文化的能力。

犹太民族的处境与捷克人有着本质差异。犹太人没有封闭的聚居区。虽然在俄国和波兰某些城市形成较大社群，但绝大多数犹太人仍作为小规模少数群体散居异族之中，且东欧犹太聚居区也呈现持续分散化的趋势。即便若干犹太城市得以存续，大部分犹太人仍将作为少数群体混居他族。正如前文所述，这些犹太人与周边民族的交往正日益紧密——他们与共同生活、工作的群体使用相同语言，必须适应当地需求，这种交往共同体将不断强化。如果说旧式犹太商贩和高利贷者尚能在自然经济社会中保持民族特性，那么现代犹太实业家、商人、律师、医生、手工业者和工人，与基督徒同行及客户的密切交往，则迫使他们让子女接受同等教育、吸收相同文化元素、养成相似生活习惯。紧密的交往共同体必然催生文化共同体。

可见犹太民族发展的条件与捷克人截然不同。捷克文化复兴未改变其交往共同体，仅改变了交往方式——从被动传承稀少文化遗产转为主动创造新文化。犹太民族本也具备这种文化发展潜力，但不幸的是，资本主义社会迫使犹太人与他族的交往日益密切，使其无法保持文化独特性——而文化特性的丧失意味着民族文化进步的终结。倘若犹太人能维持民族身份，他们或可发展为"历史民族"；但资本主义社会根本不容许他们作为民族存续。

有人或反驳称其他民族也能在异族聚居区作为少数群体存续，而我们也确实主张通过法律保障其生存条件。但需明确区分：若少数群体没有来自本族聚居区的新移民补充，即便享有民族自治权保障的学校和法律援助，仍会因与多数群体的密切交往而逐渐消融。这在农民少数群体中尚且如此（尽管农民特性最为顽固），波希米亚捷克语区的德意志农民殖民地与米斯地区残存的捷克村落都在逐渐消失，城市资产阶级与无产阶级少数群体的消融速度自然更快。德语区捷克少数群体之所以能持续壮大，正因不断有来自捷克语区的新移民补充流失人口。这些移民带来故乡的文化熏陶——对公共生活和民族文化发展的兴趣已在其故土被唤醒，使其与整个捷克民族保持着紧密文化联系。移居德语区后，他们仍通过阅读捷克报刊书籍、组建捷克社团维系这种珍视的交往。

这正是捷克少数群体随资本主义发展反而更难被德意志化的原因：民众对民族文化的参与度越高，与民族整体的精神纽带就越牢固，抵抗多数群体同化的力量就越强。德语区捷克少数群体的顽强生命力，实则源自其移民来源地——捷克聚居区内部的文化发展。故乡的民族发展活力使他们在异乡保持民族特性。部分移民数年后返回捷克故土（时间短促不足以致其融入德意志文化），而返程者又立即被新移民取代。即便长期留居者，也通过持续与新移民交往强化了原有少数群体的抵抗力——新移民总寻求与同族定居者联系，使已定居的捷克人保持族内交往，从而增强其抵御同化的能力。虽然经济交往不断造成人口流失，但来自捷克聚居区的持续移民潮维持着少数群体的规模稳定。这就是捷克少数群体抵抗力的奥秘：从农业区向工业区的迁移流永不枯竭，每次经济繁荣都强化这一进程。

类似现象在犹太人中同样可见。来自东方未同化犹太社区的新移民不断涌入已开始同化的犹太群体，这种流动无疑延缓了同化进程——与未同化同胞的交往使西欧犹太人停留在较低的文化适应阶段。但同化进程只会因此减速而非终止，因为促使犹太人与多数民族交往并适应其文化的力量更为强大。值得注意的是，当这种阻碍消失时，同化速度将显著加快。对中西欧犹太人而言，这种阻碍如今已基本消除——他们与东欧犹太人的文化鸿沟使得移民难以对其同化产生实质影响。不过在大规模犹太社区中，持续涌入的东方移民仍不断催生新的未同化少数群体，延缓着他们的环境适应。

可以设想：当资本主义改造东方经济结构，俄国革命赋予犹太移民自由，民主制度使东欧犹太人日益深入参与公共生活时，东方的同化进程也将启动，西欧未同化犹太群体的移民源泉终将枯竭。捷克少数群体通过直接的人口流动和与捷克语区的精神联系获取力量，而犹太人恰恰缺乏这种力量源泉。因此，"犹太人因无聚居区而无法保持民族特性"的论断有其合理性，但这不意味着聚居区是民族存续的普遍前提——唯有作为交往共同体的基础时，聚居区才对民族存在具有意义。当犹太人与非犹太人分属不同经济体系时，共同居住不会形成迫使少数适应多数的紧密交往；但当他们处于同一经济法则下时，共同居住缔结的交往纽带将使同国的犹太人与非犹太人比异域的犹太人联系更紧密。

犹太人的同化进程与"无历史民族"的觉醒同根同源：都是资本主义商品生产颠覆旧社会的产物。引领"无历史民族"文化复兴的运动也在犹太人中萌发，试图唤醒这个传承僵化古文化的民族，赋予其鲜活进步的新文化。但这场运动无法保存犹太民族文化，只能改变其文化本质（如果该文化得以存续）。然而同一场历史变革在重塑犹太文化的同时，也拆除了隔离犹太人与周边环境的藩篱，使其与非犹太大众的经济联系日益紧密，最终融入其他民族。随着资本主义和现代国家的发展，东欧犹太人终将如西欧同胞般失去独立民族身份，消融于他族之中。这一进程将因东欧斯拉夫民族的自身发展而加速——当这些"低文化"的"无历史民族"觉醒时，将如波希米亚和摩拉维亚的捷克人对当地犹太人的吸引力那样，对东加利西亚犹太人产生强大同化效应。

当然不能高估这一进程的速度。俄国尚缺乏同化的经济与法律条件，犹太群体受影响较慢，新犹太文化运动仍有数十年发展空间——"崩得（Bund）"组织将继续凝聚犹太工人并赋予其新生活内涵，犹太报刊和新兴文学仍将取得长足进步。但随着俄国在经济政治上接近中西欧国家，独立犹太文化存续的条件将加速消失。东欧犹太文化复兴只是过渡阶段的产物：它对应着这样一个社会发展阶段——既足以唤醒犹太底层群众的文化自觉，又尚未将其纳入他族的交往文化共同体。东方农民自然经济中的犹太货币文化已然死亡，而将全体民众卷入货币经济、令"基督徒变成犹太人从而犹太人变成基督徒"的新社会尚未成型。东欧犹太新文化正诞生于这个历史间隙。但资本主义绝不会停滞于东欧现有水平，农民子弟终将成为工人，农民终将转变为农业经营者，东欧犹太人也终将融入当地民族。新兴的犹太民族意识或许会在心理层面阻碍同化，但经济交往的必然性强于所有情感诉求。从历史视角看，东欧犹太人的文化觉醒不过是最终同化的前奏。

在厘清发展趋势后，我们才能对犹太民族的自治问题作出判断。需再次明确：这里讨论的仅是犹太人在国家层面的自治，而非党内自治，且仅限于奥地利境内犹太自治的合理性，至于俄国的情况则另当别论。

首先，犹太工人自身是否应该要求民族自治？显然，早已同化或正被同化浪潮席卷的西欧犹太人，绝不会放弃与所居民族的文共同体。对他们而言，意第绪语已是陌生语言，东欧犹太文化更是与己无关的异质存在。因此民族自治问题仅关乎加利西亚和布科维纳未同化犹太人，以及摩拉维亚和东里西亚的少数犹太群体。回答这个问题时，我们不能空谈"民族自决天然权利"的漂亮口号，而应探究民族自治的实质功能，考察犹太工人阶级是否需要自治。

少数民族公法组织主要有两项职能：管理民族教育体系，为不谙官方语言的同胞提供法律援助。但犹太人不存在语言障碍——他们与异族共同生活、经济交往日益密切，必须掌握多数民族语言。与波兰人共事、交易的犹太人，自然能用波兰语在政府法院主张权利。因此民族自治组织仅剩教育管理这一核心职能，犹太自治问题本质上是教育问题。当前加利西亚犹太儿童已进入公立学校，与各族学童共同学习当地语言，学校成为强有力的同化工具。主张犹太自治者必须回答：是否真要让孩子脱离公立学校，从基础教育到大学重建独立的犹太教育体系？

我们认为，加利西亚和布科维纳的犹太工人一旦认清自身利益，绝不会要求隔离教育。首先，隔离教育违背其经济利益。现代工人需要流动自由，而犹太工人对此需求尤甚——犹太无产阶级多由传统行业衰败驱赶出来的群体（或其后代）构成，他们被迫离开乡村小镇，最初聚集于少数城市和行业。进一步发展将迫使其在全国乃至境外谋生，分散到各行各业。因此犹太工人必须适应谋生地的民族文化。加利西亚犹太工人尚未完全转型为现代产业工人，仍带着小商贩、手工业者和高利贷者的文化胎记。他们虽已改变经济地位，却未摆脱自然经济时代犹太人的心理特征。犹太工人阶级的首要任务是自我改造——成为真正的现代工人。唯有如此，才能突破地域和行业限制。障碍不仅在于语言，更在于整体文化特质。当前许多行业仍排斥犹太同事，这种抵触并非源于政治反犹主义，而是对未同化犹太人异质性的本能反感。要让犹太人进入所有行业，就必须在文化上与异族工人趋同。只要他们的语调、举止、服饰和习俗仍令基督徒同事、工头和雇主不适，农民与犹太商贩的历史对立就会以本能反感和审美排斥的形式在其后代工人间延续，犹太工人就仍被禁锢在少数地区的有限行业——尽管传统犹太工商业的崩溃正使其数量激增。只有当犹太工人在文化上适应环境，才能真正获得流动自由，才能奔赴资本主义偶然创造的任何就业机会，才能摆脱特有的"犹太困境"，转而以无产阶级共同体的身份，与各族工人并肩抗争普遍的阶级苦难。

但即便要使犹太人具备阶级斗争的能力，也必须让他们的文明程度接近基督教工人。试想犹太儿童在专用学校里接受意第绪语教育！这些学校将弥漫怎样的精神？诚然，一种新的犹太文化正在形成——倘若这个民族还有时间发展新兴活文化，它本可茁壮成长。但这种文化尚在萌芽，远未成熟。相反，犹太民族传承着另一种文化：那是无历史民族的文明，是始终游离于欧洲民族文明圈之外的群体文化，他们世代传递着早已消亡的思想、欲望与习俗。难道还能怀疑，在未来数十年间，塑造犹太学校特质的必将是这种僵化的古老文化，而非正通过革命性青年犹太文学向我们发声的、尚在襁褓中缓慢争夺话语权的新文化吗？

如此一来，犹太工人的子女将被人为禁锢在过往时代的精神牢笼中。这些本应作为现代工人寻找工作岗位、开展阶级斗争的孩子们，却被灌输中世纪的世界观，被植入消亡经济制度下的心理模式，被迫承袭生活在自然经济农民中间的犹太酒贩的生活习惯。当然，生活本身比学校更具塑造力，这些孩子中仍可能涌现阶级斗争中的勇猛战士。但犹太工人难道真愿让学校用必须被现实再次颠覆的精神范式来教育后代吗？犹太学校首先意味着人为保留限制迁徙自由、加剧贫困的陈旧文化特性，其次强化着必须被克服的旧意识形态与社会心理——唯此他们才能投身阶级斗争。

若我们反对设立特殊犹太学校，那么犹太民族自治就毫无意义。它并非如某些空谈所言是"民族存在的法定形式"，而是实现特定目标的手段。当犹太儿童本应进入波兰、德国或鲁塞尼亚学校时，民族自治还能发挥什么作用？这令我费解。民族自治不应成为犹太工人的诉求。德国工人对犹太阶级兄弟的期许，与对捷克无产者无异：更高工资、昂扬斗志、国际阶级斗争能力。为实现这一目标，德国工人需在德裔聚居区给予捷克工人民族自治；而基于同样目标，他们必须拒绝给予犹太工人同等权利。同一套制度既能助力捷克工人开展阶级斗争，却会加深犹太无产者的苦难——它维系着旧时代犹太商贩的心理特质，阻碍其向现代工业与阶级斗争转型。关键不在于为所有民族创设相同制度，而在于提升各民族文化水平，使其融入国际无产阶级大军。德国工人支持捷克民族自治却反对犹太民族自治，正对应着资本主义生产方式将捷克提升为历史性民族，同时消解犹太民族性、促其融入欧洲文化共同体的事实。

　　那些沉溺民族价值判断、奉行保守民族政策，将保存民族特性作为政治终极目标的人，或许会对此前景深感沮丧。这种沮丧在此处或许更易理解——因为当进化论民族政策通常只要求民族文化变革时，对犹太人却要求彻底放弃文化独特性。但欧洲各大民族历史长河中留存的众多同化犹太人姓名，或许能矫正这种情绪！犹太民族的命运通过双重纽带凝聚他们：自然血统传承与文化财产继承。即使犹太文化共同体消亡，其自然共同体——种族——仍将存续。同化犹太人凭借所受教育成为其所吸收文化民族的子民，但其天赋禀性中始终跃动着犹太民族命运的力量，这种命运通过自然选择为其先祖锻造出鲜明的身体特征与独特的精神倾向。斯宾诺莎、李嘉图、迪斯雷利、马克思、拉萨尔、海涅等闪耀在欧洲经济史、政治史、科技艺术史中的名字证明：犹太文明最辉煌的成就，总诞生于犹太天赋与欧洲文化传统交融之处。基督教民族对未同化犹太人的仇恨带着农民对高利贷者的敌视；而对已同化犹太人，他们记忆中却常留存着那些伟大形象——这些先驱者将历史驱力浓缩为个人行动，由此数百年间左右着整个民族的命运。

然而，一旦融入欧洲民族文化共同体，犹太人真能仅保留自然共同体吗？异族通婚难道不会逐渐稀释犹太血统？这种混血将产生何种影响？

我们面对的是当代科学无法解答的命题。唯有从零散观察中妄下论断的伪科学，才敢宣称能破解这些谜题。有人注意到同化犹太人仍受种族本能驱使相互靠近，便断言犹太种族能超越文化同化保持纯粹。但少量个案远不足以证实该论点——尤其因同化进程在某些地区虽已推进，却罕有彻底完成之处。至于犹太与雅利安血统混合将孕育更优或更劣种族，我们更无从知晓。历史既记载着种族融合的积极案例，也不乏负面例证。隐藏其后的规律我们尚未掌握。因此对混血影响无法预判，唯有等待经验裁决。此处偶然个例同样不足为凭。当代科学既无法判定犹太人融入其他民族的文化共同体（乃至自然共同体）对后世是否有利，便只能将决定权交予那神秘力量——它引导动物与人类两性相吸，自古至今始终统御着人类命运：性选择。青年男子的求爱与少女的择偶，终将解答这犹太问题的终极谜题。

V. 奥地利民族斗争的发展趋势

24. 奥地利国内走向民族自治的发展

我们此前已探讨过工人阶级应当要求何种形式的民族自治。现在转向关键问题：这一诉求在当前社会制度下是否只是空想？或者说，能否证明奥地利境内民族发展与民族斗争的趋势，终将以有机调节取代中央集权-原子化的民族关系模式？我们首先考察奥地利本土——即"帝国议会所代表王国与领地"的内部发展动向。在此暂假设各民族仍维持现有国家联盟形式，探讨其在此框架内如何调整彼此关系及与国家的关系。至于这个国家联盟能否存续、是否存在推动奥匈各民族重组为新政治实体的力量，将另作专门分析。

我们已梳理过从巴德尼内阁到柯贝尔内阁时期，奥地利民族斗争导致立法机构全面瘫痪的历史。这场围绕国家权力的民族混战，最终使所有民族在官僚体系阻挠下丧失实权，同时也导致国家机器因立法停滞而瘫痪。中央集权-原子化的民族宪法通过民族抵制实现自我废止，标志着民族权力斗争的终结。

高奇内阁时期选举改革确实骤然改变了局面，改革思想的强大冲击曾短暂平息了关于法庭用语与平行班级的争吵。可以预见，在新成立的普选议会中，各民族或将维持数月表面和平。但任何清醒者都不会期待这种和平持久。德意志人会投票支持捷克语作为内部行政语言、支持在布尔诺设立捷克大学吗？捷克人会放弃这些诉求吗？语言边界每场体操庆典都可能重燃民族怒火，瞬间摧毁来之不易的和平。竞选活动中真能消除民族主义口号吗？尤其当资产阶级政党正需要这些口号对抗因普选权而壮大的工人阶级时？小资产阶级作为民族仇恨的主要载体，难道不会继续占据多数选区？民族权力斗争的观念不是早已渗透到农民甚至部分工人群体中了吗？但凡明白民族斗争是重大历史变革必然伴生物的人，都不会相信奇迹能突然使各民族在权力斗争中变得理性克制、达成妥协。现行宪法与行政体系下或可维持数月和平，但若持续现行制度，国家很快将重返巴德尼时代的瘫痪状态。唯有当法律最终适应民族关系新现实，赋予各民族应有权力——而非指望民族政党突然理性——民族权力斗争方能止息，民族仇恨才会退出奥地利政治舞台，因为届时民族斗争将失去所有着力点。那么，奥地利真存在能通过民族自治实现持久和平的力量吗？

民族和平首先是国家存续的必需。国家无法容忍最荒谬的语言问题、语言边界每次冲突、每所新学校的设立都导致立法停摆。但国家是抽象概念，唯有当国家需求转化为公民意志，其诉求才能实现。谁将成为承载这种国家需求的力量？

国家的需求首先转化为各民族自身的需求。民族权力斗争已导致各民族集体失能——每个民族都足以阻挠其他民族获得权利，却无一强大到能迫使国家满足自身需求。这种局面对于古老的历史民族尚可忍受，但对那些直到上世纪才被经济发展唤醒文化生命的新兴民族则截然不同。德意志人、波兰人、意大利人或许还能容忍国家仅维持现有民族权利、禁止新建学校、冻结语言权利，因为他们自古就是既得利益者，其民族首要任务是守成而非拓新。

但那些曾经"无历史的民族"则不然。他们要求国家适应其文化成长所创造的新局面，其民族政策是进攻而非防守。捷克人、斯洛文尼亚人、鲁塞尼亚人无法忍受立法机器停摆，更不接受"民族既得利益不可变更"的原则。诚然，这些民族充斥着民族压迫滋生的非理性激进主义，惯于空喊口号、无谓示威和悲情表演。但满足民族需求的必要性终将压倒这种非政治化的情绪。正如多年来捷克民族中艾姆、凯兹尔、克拉玛什等人的明智理性逐渐战胜激进空谈的霸权，这些民族也将日益认识到：恰恰是他们这些有所诉求、尚未履足的群体，最无法承受立法停滞。他们终将理解国家存续的必要性就是民族存续的必要性，届时才会放弃陈旧的斗争教条，才会明白统治其他民族纯属妄想——无论议会中的党派联盟，还是克朗地方联邦主义的宪政改革，都不可能让捷克人统治德意志人、鲁塞尼亚人主宰波兰人、南斯拉夫人压制意大利人。唯有当他们既无法统治古老历史民族，又不愿被其统治时，才会真正接纳民族自治的思想。

即便是古老的历史民族，最终也将无法忍受民族斗争。他们固然要捍卫既得利益而非争取新权益，在与其他民族的关系中，维持现状是其天然纲领。但民族的生命力不仅存在于与其他民族的接触中，所有民族都需要内部发展。服务于民族文化发展的机构必须完善革新，尤其是那些经济文化高度分化的富裕民族，更不能长期容忍立法停滞与官僚独裁。然而通过压迫"无历史的民族"来维系国家早已行不通。如果德意志人、波兰人、意大利人既希望国家机器运转，又不愿屈服于捷克人、鲁塞尼亚人或南斯拉夫人，就必须学会用法律终结各民族相互统治的欲望——将民族确立为公法团体，并为其划定受法律保障、不受其他民族侵犯的权力疆域。

因此，"无历史的民族"与历史民族终将都把国家存续的必要性视为自身存续的必要性。阻挠议事或持续威胁阻挠——这种阻碍民族关系变革的终极手段，虽是遏制其他民族发展的粗劣工具，却无助于促进本民族发展。用法律保障的民族权力疆域取代民族权力斗争，由此成为所有民族的共同需求。深重苦难将教会他们把需求凝聚为政治纲领，把纲领转化为政治行动。

现在让我们解析民族构成要素——社会阶级及各阶级内部阶层，追问哪些群体能承载这种民族需求！

这里首先凸显出一个重大事实：最初主导民族斗争并赋予其内涵的两个阶级，其权力正逐渐衰落。

大地产者的政治分量已然减轻——自从大量农村人口涌入城市和工业区，资产阶级的财富使贵族声望黯然失色；自从农民自视为公民而不再把领主看作世袭"权威"；自从大地产者自身转型为工业资本家，其政治利益也发生转变：如今糖业补贴问题比克朗地方联邦主义更重要。大地产者的政策不再以恢复阶级特权为目标，而服务于更直接的经济利益。这终于揭开了早先被国家法公式掩盖的真相：大地产者阶级的政策并非为全民族共同奋斗，而是为阶级私利服务。民众看穿这种政策的阶级本质后，便摆脱了大地产者的政治领导。

选举特权至今仍人为维持着这个阶级早已不符合其社会影响力的政治地位。一旦等级选举制废除，大地产者政治影响力的萎缩将立即显现。民族领导权将从贵族老爷手中转移到广大群众手中。那些曾服务于地主阶级对抗资产阶级和官僚阶级斗争的政治纲领——关于中央集权与克朗地方联邦主义的争论——将逐渐失去意义。

知识阶层的政治命运也如出一辙。随着民众教育水平提高，大众已能自主开展政治斗争，知识分子的权力同样在流失。当昔日政治上统一的民族内部阶级对立日益尖锐时，其昔日的领导角色不仅变得多余，更成为不可能。当资本家与工人争论工时、小市民与工人争执资质认证、农民与工人争夺谷物关税时，知识分子如何裁决？他们与这些斗争没有直接利害关系，只能茫然旁观。个别学者或许会投向某个阶级，将其学识服务于特定阶级。但当斗争不再是民族对抗民族，而是每个民族内部阶级对抗阶级时，知识分子作为整体便丧失了政治领导权。资本主义发展及其后果改变了知识分子的经济地位，其政治利益也随之转变。如今对许多医生而言，"自由择医权"比德语作为官方语言更重要。于是知识分子中的各个职业群体——医生、律师、工程师、公务员——开始为自身特殊利益而战。但一个阶级越是公开捍卫其特殊利益，就越难将全体民众作为统一政党维系在其领导之下。

等级选举制同样人为维持着知识分子与其社会影响力不符的特殊权力。普选制将使其沦为选民中无足轻重的部分，并赋予阶级对立更强烈的政治表达。如同大地产者，知识分子也将最终丧失对民族的领导权。因此，学校与语言问题将呈现新形态：当讨论行政机关与法院用语时，决定因素不再是官员意愿而是民众需求；关于大学与中学的争论将不再遮蔽国民学校的建设。唯有当那些长期决定民族斗争内涵的阶级，其政治权力被压缩至符合其实际社会影响力时，资产阶级社会的各大阶级——资产阶级、小市民、农民和工人——才能真正自主调节民族关系。

政治领导权无疑首先落入资产阶级手中。

资产阶级是民族纷争的既得利益者。像捷克这样的新兴资产阶级，本就视民族斗争为竞争手段。但所有资产阶级——尤其是德意志资产阶级——都需要民族仇恨来掩盖阶级矛盾。在德属波希米亚、摩拉维亚和西里西亚的工业区，工人在普选制的新选举团体中往往占多数或相当比例。大资产阶级该如何在此对抗工人政党？难道让资产阶级的竞选人直白宣称代表大资产阶级利益？在这里，民族意识形态成为大资产阶级不可或缺的盟友。当竞选话题聚焦捷克学校与捷克行政语言，而非八小时工作制或庇护其卡特尔组织的关税壁垒时，对资产阶级何等有利！所有民族的资产阶级都需要民族斗争，并将在竞选中煽动它，因为他们亟需掩盖阶级矛盾。

然而大资产阶级对民族斗争的态度充满矛盾：一方面乐见其成，另一方面却危及自身统治。国家早已成为资产阶级维护经济利益的必要工具——关税政策、铁路运价、税收立法都需要其直接掌控。它既不会将奥匈妥协问题交由间接影响的官僚机构决定，也不愿经济立法大权旁落。资产阶级需要国家权力，而民族权力斗争却威胁这种权力，使决策权反复落入官僚之手。它无法忍受立法停滞：当它要求改革股票税时，议会正为布尔诺捷克大学争吵；当它申请运河建设时，各党派对捷克内部行政语言尚未达成共识；当它索要出口补贴时，议会却在讨论特罗保某次捷克庆典的世界历史意义；当它希望领事机构服务出口利益时，代表团正沉溺于日耳曼与斯拉夫种族斗争。资产阶级的根本利益在于掌控国家政权，推行促进资本主义发展的立法与行政——而民族斗争使这两者皆成泡影：既导致立法瘫痪，又纵容官僚专权，因此资产阶级终将与民族斗争为敌，渴望民族和平。

可悲啊，它胸中搏动着两颗矛盾的心！既需要民族斗争掩盖阶级矛盾，又需要民族和平将国家化为统治工具。波希米亚和摩拉维亚的德国工厂主在选举时把国际社民党斥为"德意志民族之敌"，用合法非法手段扶持民族派候选人。但当这些当选者用议事阻挠瘫痪议会、立法机器停摆、法案积压、官僚只能勉强应付经济生活紧急需求时，工业协会又哀叹"无谓的民族纠纷"。

小资产阶级的立场与资产阶级惊人相似。他们才是民族仇恨的真正载体，同样需要民族意识形态对抗工人阶级。但小资产阶级也对立法有所诉求，当民族纠纷导致议会无暇修订行业条例或反不正当竞争法时，他们同样怨声载道。不同阶层的小资产阶级中，这两种矛盾倾向的强弱分布各异。

在苏台德地区，参与民族权力斗争的意愿最为强烈。这不仅因为民族敌人近在咫尺——捷克少数族裔的迁入不断刺激仇恨，更因这些工业区工人数量庞大、阶级斗争异常激烈，亟需能掩盖阶级矛盾、阻碍工人斗争的意识形态。因此苏台德小资产阶级对民族权力斗争的执念尤为深重。

阿尔卑斯地区德国城市的小资产阶级则呈现出截然不同的特质。虽然民族仇恨同样存在——在语言边界地带尤为强烈：南蒂罗尔的德意志人与意大利人、南施泰尔马克的德意志人与斯洛文尼亚人剑拔弩张。格拉茨、施泰尔钢铁工业区等阿尔卑斯工业地带，资产阶级同样强烈需要通过民族意识形态掩盖阶级矛盾。但总体而言，正直的阿尔卑斯资产阶级既不像苏台德德国小资产阶级那样面临异族少数群体的威胁，也不受本民族工人阶级的同等压迫。主导其政治思维的完全是另一种对立——这里农业受资本主义商品生产的本质性改造更少，农民仍固守传统精神世界，小资产阶级与农民之间横亘着深刻鸿沟。将阿尔卑斯居民分裂为教权派农民与自由派小资产阶级这两大阵营的，与其说是阶级利益对立，不如说是阶级意识形态的对立。这里的小资产阶级从不缺乏具有政党塑造力的意识形态；既然反教权主义意识形态始终存在，他们更容易放弃民族意识形态。选民群众对天主教婚姻可解除问题的关注，丝毫不亚于任何民族学校或语言问题。当苏台德小资产阶级政治若不借助民族意识形态，就会赤裸裸暴露出阶级利益政治的本来面目时，阿尔卑斯反教权资产阶级即便民族斗争偃旗息鼓，仍保有政党构建的意识形态基础。因此，相较于充满民族仇恨又受工人阶级威胁的波希米亚-摩拉维亚小资产阶级，阿尔卑斯资产阶级更易转向和平的民族政策。但若说这个阶级对民族强权政治执念较浅，其对国家需求的感受却更为强烈——得益于较缓慢的经济发展，阿尔卑斯资产阶级内部分化尚不明显。这里没有截然对立的资产阶级与资本依附型手工业者，全体市民因收入差距微小而形成经济与社会统一的阶层：主体是小资产阶级，领导权则牢牢掌握在地方派系手中。这个低分化度的资产阶级对政治权力有着强烈渴望。与社会仇恨相比，他们更期盼同乡能跻身议会多数党领袖或枢密院，从而为城市争取特权、为地区修建地方铁路、为同乡铺就仕途。对于所有这些小恩惠，低分化度的阿尔卑斯资产阶级远比高度工业化地区社会分裂的市民阶层更容易动心。既然民族仇恨感受较弱，民族意识形态非必需，他们攫取政治权力的欲望就更为贪婪。而在既定条件下追逐政治权力者，必须准备满足国家需求。虽然民族斗争的怒火也可能席卷阿尔卑斯资产阶级，但重整国家秩序使民族争端不再瘫痪立法、不让官僚独揽大权、令资产阶级政党能在议会为选区争取经济利益并通过行政影响力提携同乡的愿望终将占上风。当波希米亚小资产阶级在民族与社会斗争白热化时只看得见布鲁克斯、杜克斯和普拉哈提茨，阿尔卑斯资产阶级却偶尔还能看见国家。

维也纳小资产阶级又展现出与正直的阿尔卑斯资产阶级不同的特质。其主体是资本依附型手工业者与小商贩。这个资产阶级几乎感受不到民族仇恨——一方面由于来自捷克地区的强移民潮及移民受大都市吸引力快速和平的德意志化，其本身已混入大量虽正逐步融入德意志文化圈、却未忘却捷克渊源的元素；另一方面则因其诉求与意识形态全然不同。这个小资产阶级首先提出中产阶层政纲：国家应拯救艰难求生的小手工业与小商业。毕竟大都市小商贩对百货商店与消费合作社的竞争、小手工业者对商业资本压迫的感受，远比外省城镇的同业者更为直接。即便科学千百次证明"工商业中产政策"的小修小补救不了过时的经营模式，"小人物"仍需要生活谎言：围绕资质认证完善的斗争，完全可以像民族斗争那样充当这种谎言。而他们急需的替罪羊也很快找到——对犹太商业资本的敌意将这个阶级推向反犹主义：正如苏台德人将所有罪恶归咎于捷克人，在这里一切灾祸都要犹太人负责。最终，反自由主义斗争逐渐使这个小资产阶级重投教权主义怀抱。因都市快速扩张而混入大量未摆脱农民意识形态元素的大都市居民，极易接受教权主义。所有这些事实都转移了维也纳小资产阶级对民族问题的关注：在与犹太人的斗争、围绕基督教学校与婚姻的斗争、关于资质认证与强制合作社完善的斗争中，他们无暇顾及民族政党的聒噪。任何行业条例修订案都比布尔诺大学重要百倍，他们抱怨"无谓的民族纠纷"，因而比其他小资产阶级阶层更倾向民族和平理念。这种倾向又因其"爱国主义"而强化——这在热衷看热闹的帝都小市民身上不难理解。维也纳"庸人"是"好奥地利人"，可不愿民族斗争撕碎他们的奥地利。

我们已看到，小资产阶级意识中不可避免地同时滋生出两种意志：最不可调和的民族仇恨与民族权力斗争意志，以及以国家存续为前提、要求立法机构活动不受民族斗争干扰的国家权力意志。深入考察会发现，这两种在小资产阶级中普遍存在的意志取向，在不同阶层中强弱各异——苏台德地区小资产阶级的民族仇恨占主导，维也纳资本依附型手工业者与小商贩更倾向通过民族矛盾的低成本妥协来平息争端，而阿尔卑斯资产阶级则介于波希米亚-摩拉维亚激进民族主义小资产阶级与维也纳基督教社会党小资产阶级之间。

农民阶层也存在类似分化。苏台德农民已深受小资产阶级民族主义影响，阿尔卑斯农民则因恪守传统而秉持"奥地利至上"观念，对民族斗争天然抵触。但他们最强烈的意识形态是教权主义。我们知道教权主义本质具有世界主义色彩，对民族斗争原本毫不关心。虽然后来不得不勉强适应民族斗争的残酷现实，但始终视其为不得不应付的麻烦。

由此可见，所有有产阶级——资产阶级、小资产阶级和农民——都存在着两种相互对抗的倾向。社会关系必然在这些阶级意识中既催生民族斗争意志，也孕育民族和平愿望。每个阶级（甚至同一阶级的不同阶层）都以不同强度兼具这两种倾向。这一事实确保了民族自治的最终胜利。若所有阶级仅怀民族和平意愿，各民族本可在中央集权-原子化的民族宪法下相安无事。但现实是：所有有产阶级都受强大社会力量支配，这些力量不断驱使他们投入不可调和的民族斗争。

然而每当微不足道的诱因重燃战火，导致议会与地方议会完全瘫痪、所有阶级与民族乃至国家本身陷入无能时，潜藏于各阶级的民族和平力量就会复苏。各民族和平共处的需求日益强烈——唯有如此，各阶级才能争夺国家权力、使国家服务于阶级利益、让立法与行政充满本阶级精神。因此奥地利长期呈现这样的循环：每次激烈民族斗争后，总会迎来短暂的勉强和睦期。但每次民族斗争复燃都加剧民族对立；作茧自缚的民族政党越来越难在哪怕最微小的问题上向对手让步。和平调解对所有民族都变得愈发困难。民族抵制与短暂和平的优雅交替终将难以为继。随着民族斗争每次升级，要求民族和平的反向趋势（这种趋势存在于所有阶级中）都会获得更明确的形态。它们最终必将凝聚为两项诉求：通过法律裁决民族权力斗争，实行民族自治。推动民族和平的反向趋势获得增长的力量与更明确的内涵，并非源自各民族各阶级的和平意愿，而是源于持续激化的民族仇恨、日益尖锐激烈的民族斗争、所有立法机构的彻底瘫痪。民族斗争孕育了民族自治。这就是我们曾指出的中央集权-原子化宪法的自我扬弃过程。在此形态下，以下事实成为驱动历史的力量：中央集权-原子化宪法必然引发民族权力斗争；民族权力斗争终将使所有民族、所有阶级乃至国家本身陷入无能；而任何民族、任何阶级都无法放弃将国家强力机器转化为本阶级工具的企图。

某次法官任命或某所学校的建立就可能刺激民族本能。

苏台德地区的激进小资产阶级与农民，以及视民族斗争为对抗工人阶级斗争法宝的工厂主们，攫取了德意志有产阶级的领导权。阿尔卑斯德意志市民心甘情愿追随其后，最终连教权主义农民和基督教社会党手工业者与小商贩也不得不卷入民族权力斗争。民族仇恨烈火燎原，内阁更迭频仍，议会与地方议会因抵制而瘫痪。但当整个国家机器停摆时，有产阶级中的民族和平倾向便开始强化。无法忍受立法停滞的工业协会、占据上风的教权主义农民与基督教社会党小资产阶级，联合阿尔卑斯市民最终迫使苏台德市民与农民收敛锋芒。随后迎来民族和平时期。但某个意外事件很快又会终结这脆弱的民族田园诗。当民族政党重复几次这种"可爱循环"后，有产阶级逐渐形成共识：不能继续下去了！国家不能靠临时协议苟活！我们需要一个能最终突破僵局、阻止民族斗争周期轮回的纲领，一个不让所有民族所有阶级对国家权力的追求不断葬送于民族斗争琐事的方案。最终将民族自治思想付诸实践的，不是理论洞见，而是当前已倾向民族妥协的社会阶层所承受的深重苦难与国家存续的严酷必要性。

如今，工人阶级正投身于这一发展进程。对他们而言，民族自治并非国家（这个作为对手统治工具的存在）的必要性，而是阶级斗争的必然要求。他们将民族法律自决的思想灌输给群众。当地主阶级与资产阶级及官僚体系的阶级斗争表现为中央集权与邦联制的对立，当知识分子将学校与语言问题转化为民族争端，当小市民阶层为民族斗争注入不可调和的特性时——工人阶级却在民族斗争的漩涡中竖起了一面新的旗帜：民族自治的旗帜。若不愿自绝于政治斗争，他们必须对这场牵动所有人心的激烈争论作出回应。而按其本质属性，他们只能给出民族自决这唯一答案。民族斗争愈是喧嚣，他们就愈要高声宣告自己的纲领。他们不知疲倦地向奥地利各民族持续传播这一伟大思想。就这样，民族自治的理念逐渐深入人心。每一份社会民主党报刊、每一次工人集会，都迫使民族主义政客对民族自治的要求表明立场。在这一新思想面前，旧的斗争口号黯然失色。任何资产阶级民族政党只要拒绝民族自治，其统治野心便暴露无遗。民族自决的思想同样渗透进有产阶级的意识。所有那些尚未被民族仇恨蒙蔽对国家社会需求认知、尚未被权力欲望扼杀判断力的阶层，都逐渐接受了这一新的宪政纲领。

然而不仅帝国境内的局势，各邦国与市镇的民族斗争也在推动民族自治。在那些德意志人仅占少数人口的市镇，他们仍控制着代议机构。这种依靠财阀式市镇选举制度获得的地位，如今已岌岌可危。一方面，工人阶级正撼动着资产阶级与小市民上层的选举特权；另一方面，随着捷克资产阶级的发展，捷克人也正渗入特权阶层的选举团体。德意志人由此失去了摩拉维亚邦议会、布拉格和比尔森市议会的控制权，如今在布杰约维采也面临威胁。这一趋势不可阻挡。若德意志人不愿在新崛起的捷克多数面前束手就擒，就必须通过民族自治确保权力空间。正因如此，摩拉维亚邦议会最后的德意志多数派通过了建立民族户籍册的决议；也正因如此，布杰约维采的德意志人如今要求实行市镇民族自治。同样，不久的将来，东部的波兰人与南部的意大利人若不愿在世代统治的少数族裔区域任人宰割，也必将要求在地方行政中实行民族自治。民族自治由此成为那些传统历史民族的要求——随着"无历史民族"发展为历史性存在，这些传统民族的统治正被打破。

但背后还存在更普遍的问题。所有专家都认同：奥地利的行政组织已不符合现代国家需求。古老的奥地利双重行政体系——等级制传统、官僚中央集权与自由主义"自治"的奇异混合体——如今已彻底破产。

这一点在邦国自治行政中体现得尤为明显。其破产首先体现为财政危机：邦国财政问题日益难以解决。但政治上的破产更为致命。邦国作为统一行政区域已难以为继：它或许具有历史-政治个性，却既非社会实体也非民族实体。所谓的自治已沦为多数派（注意：是特权选举制度下的选民多数，而非人口多数）的暴政。在民族混居的邦国，这引发少数群体的持续抗议。即便在民族单一的邦国，民众也早已习惯每日乞灵于官僚体系，以对抗邦议会多数派的党阀统治。各邦国所谓的自治管理，已使地方自治理念在奥地利声名狼藉。

然而自治市政管理同样未能实现自由主义的宏伟期望。

在多数邦国，自治市镇规模过小且财力匮乏，难以履行其职责。选举特权制度使各地市政机构沦为某个或多个地方派系的傀儡。最终，在所有重大事务上，即便不受制于国家官僚机构，也要听命于邦议会和邦委员会。各邦的"自治"行政机构却将权力滥用于政治目的——每笔贷款审批、每次市政附加税上调，都成为对市政代表政治效忠的犒赏。下奥地利州的基督教社会党行政当局，堪称将这种政治腐败玩弄得登峰造极。布罗克豪森一针见血地指出：由于特殊的环境连锁反应，奥地利的"自治"反而成了市政自由的坟墓。

官僚行政体系的处境同样糟糕。由于人口增长及立法必须应对的经济变革，国家行政任务与日俱增。每项新法令都带来海量新任务！而这些新任务却要由同样的总督府来执行——无论是在小规模的布科维纳或萨尔茨堡，还是在高度发达的大邦波希米亚。在较大且高度发达的邦国，催生出臃肿不堪的行政机关，它们根本无力施政，只能勉强应付文书工作。任何想要创办新工厂的企业家，都对这类机关的工作效率深有体会。指望总督真正领导这个机构纯属天方夜谭——能签完堆积如山的文件就已竭尽全力。中央部门同样不可能监督这个庞然大物。

"布拉格总督府下设 18 个司局，比内政部的专业部门还多。这个中间机构简直是行政怪兽！它拥有近 400 名官员，预算超 100 万克朗，比教育、商业或农业部的开支都大！而这支文牍大军的运作全由一位总督负责。这个巨型墨水工厂每年处理 25 万份文件，意味着总督每天要签批 750 份公文！据说这位大人还有闲情打猎。内阁如何监督如此机构？总督府是密不透风的围墙，里面尽是大搞裙带关系和独断专行的勾当。中央部门唯有接到申诉时，才知悉其内部运作。这种情况下，责任内阁和议会监督形同虚设。当第三审查机构的专业程度远不如第二级时，内阁的存在还有何意义[121]？"

正如施普林格详细论证的，行政区长官公署同样名不副实。对于部分职责，行政区划实在太小——我们需要更大的行政辖区，其机构能为每项行政任务配备更多专业官员。

"标的超过 1000 克朗的民事案件由合议制初审法院裁决，而工业设施运营许可却由——比方说——仅具备单方面法律素养的独任官员，根据区医官的意见来审批，尽管整个地区的福祉可能系于工业发展，且涉及重大资本风险[122]"。

对于其他职责，行政区划又显得过大，尤其当与社会脱节的官员根本无法熟悉辖区需求时。

---

[121] 施普林格《奥地利民族的斗争（Kampf der österreichischen Nationen）》第 129 页。

[122] 施普林格，同上，第 120 页。

"每条道路、每处收费站、每项产业对辖区都有独特意义。而行政区长官公署不过是贵族新星快速晋升的跳板，其阶层隔离与短暂任期使他们既难以把握实际情况，更易挫伤产业积极性、束缚民力[123]"。

事实上，所有新兴行政机构都已脱离行政区划的桎梏。正如施普林格指出的，道路竞标区、补给站、贫民救济区、军税委员会、区医疗保险和流民收容所莫不如此。"立法机关和民众正在集体逃离行政区长官公署的管辖"。

我们无疑正面临行政改革的尝试。工人阶级的任务是确保这场改革不像柯贝尔内阁计划的那样流于官僚化，而是真正实现民主化。工人阶级必须要求：地方行政事务应由基于普遍、平等、直接选举制并按比例代表制选出的地方机构管理。如果说资产阶级满足于通过社会影响力操控官僚体系，那么对工人阶级而言，官僚统治永远意味着异族压迫。当资产阶级满足于立法民主时，工人阶级则要夯实这种跛足的民主根基。唯有工人阶级才能深刻理解尼布尔箴言的真谛——自由与平等更多取决于行政而非宪法。

但我们切不可对这种根本性改革的前景抱有不切实际的幻想。欧洲大陆国家在资本主义社会秩序下移植英国行政

---

[123] 施普林格，同上，第 121 页。

体系的可能性微乎其微。历史因素至今仍深刻影响着大陆国家将行政权柄交予官僚体系的传统。随着资本主义发展，老朽资产阶级对民主的恐惧更是与日俱增。不过奥地利经济发展尚不充分，在绝大多数邦国和地区推行民主行政改革还不足以威胁资产阶级统治。而奇妙的时势因缘，恰恰让民族斗争成为行政改革的强力推手。奥地利虽不会将行政权完全下放给地方自治机构，但如施普林格构想的——由皇家总督与区议会共同管理行政区的模式——完全具有可行性。

如果说存在什么乌托邦，那便是幻想现行行政体制永世长存。但任何改革尝试都会立即触发民族矛盾——每次行政改革都涉及民族权力格局的重塑。这种现实使官僚主导的行政改革在奥地利寸步难行。试想若提议重新划分波希米亚行政区划，立刻会引爆关于民族分界的古老争端。在议事阻挠权的保障下，民族斗争必将扼杀任何新区划方案。但若将区划改革与引入区自治相结合，局面就截然不同。捷克人岂会阻挠让捷克市民与农民首次获得自治权的改革？当官僚机构本身面临存废之时，官员使用何种语言还重要吗？当捷克民族首次获得自治权力，能自主管理经济文化需求时，"邦国分裂"的老调还有何意义？若不凭借民主思想的雷霆之力粉碎民族障碍，任何改革腐朽行政体系的尝试都将徒劳无功。

若在波希米亚推行区自治，摩拉维亚便无法拒绝。但纯地理区划在此已行不通，将少数民族交由多数民族统治同样不可取。于是施普林格的"双轨制区划"应运而生：民族中立事务由地域性区议会自治，民族文化事务由各民族区代表会自治！一旦建立民族区议会与区代表会，将其整合为全国性主权民族议会便水到渠成。给民主行政一片土壤，它必将以不可抗拒之力推动整个国家实现民族自治！

"空想，全是空想！"——人们会这样嘲讽吗？然而1899年还被视作乌托邦的民族地籍册，到1905年已成为摩拉维亚的法律。

我们已经看到，民族斗争导致的立法机构瘫痪如何催生民族自治。但假设议会与邦议会能在现行宪法下和平运作数年，我们反而更无法避免重大变革——因为每项新法律都给行政体系增添新任务，使得行政改革逐年紧迫。而彻底的官僚行政改革之所以不可能，正因其会瞬间引爆所有民族问题：民族分界、宪法权限、内外行政用语等争议。行政改革愈迫切，民族斗争就愈阻碍其推进。此刻工人阶级挺身而出，提出民主行政的诉求。他们向各民族证明：地方自治将权力直接交到人民手中；当人们争论会议记录该用何种语言时，工人质问是否真需要异族官僚来决定我们最重要的事务。这再次迫使部分资产阶级表明立场，其中总有人难以抗拒民主思想的力量。国家机器也终于认清形势：官僚集团虽不甘心向普选产生的区议会交权，但与其坐视行政体系——这个国家存在的根基——彻底瘫痪，不如让官员与自治机构分享权力。

于是，行政改革的必要性因民族斗争而导向民主，民主的必然性又引向民族自决。

还有人怀疑官僚集团会作出这种牺牲吗？在其他国家，人民经过艰苦斗争才赢得责任内阁制。而在奥地利，当官僚内阁无力驾驭被民族斗争撕裂的议会后，官僚们竟乞求各民族政党推举代表组阁。即便像普拉代或帕察克这等人物勉强同意出任大臣，皇室也得宣称这是"爱国牺牲。"国家存续的必要性终究强过官僚的权欲！当官僚无力治理这个四分五裂的奥地利时，他们自己都会呼吁民众参与行政。那位波希米亚总督难道不渴望让某个区议会多数派替他承担重大决策的责任吗？

无论从哪个角度观察这个多民族国家的生存状况，我们都看到推动民族自治的力量在发挥作用。民族斗争既瘫痪立法又阻碍行政，国家的困境成为所有阶级、所有民族的困境。唯有通过法律保障各民族权力，民族自治才能使国家重获生机。正因国家离不开民族自治，它终将成为所有离不开国家的民族和社会阶层的共同纲领。

民族关系发展导致古老奥地利发生巨变，这有何惊奇？若民族关系的深刻变革竟能维持旧法律形式不变，那才令人称奇。我国宪法基于两大原则：一是驱使各民族必然陷入权力斗争的原子化-中央集权式民族关系安排；二是通过选举特权人为改变权力格局以偏袒古老历史民族。但过去百年间，所有民族关系发生了何等剧变！所有奥地利民族都已觉醒为历史性存在；各民族内部各阶级相继登上舞台；民族斗争从昔日资产阶级、官僚与地主阶级的对抗，演变为小资产阶级、农民和工人大众的混战；资本主义颠覆了所有传统社会关系，重塑人口分布与阶层结构，积蓄了转化为民族仇恨的可怕社会怨愤。当所有权力关系都已改变，法律秩序怎能一成不变？选举改革虽未彻底废除、但已削弱古老历史民族的特权。民主化每前进一步，都威胁着德意志人、波兰人、意大利人在国家中的传统权力。而在现行宪法下，唯有掌控国家权力，民族才能保障自身文化需求。因此古老历史民族紧紧抓住现状，恐惧任何改变。但维持现状对奋起直追的"无历史民族"无法忍受，对不能容忍停滞的资产阶级社会各阶级无法忍受，对立法不能停摆、行政不能僵化的国家本身也无法忍受。在现行宪法下，继续发展与维持现状同样不可能。当法律秩序承认民族自治时，只不过是在适应"无历史民族"觉醒和各族社会分化所创造的新权力格局。

当然，民族自治不太可能通过某个重大决议或果敢行动一蹴而就。奥地利将在缓慢发展进程中，经历一次次使立法瘫痪、令现行行政体系僵而不死的艰苦斗争，逐步迈向民族自治。创造新宪法的不会是什么宏大的立法壮举，而是为各个邦国、各个市镇量身定制的无数单项法律。但无论如何，对于那些理解民族斗争不是煽动者的愚蠢恶意而是社会关系变革的必然产物、法律秩序不是随意书写的纸片而是社会权力关系沉淀物的人，他们可以坚定地重申："奥地利存续之日，便是民族自治实现之时。"

25. 奥地利与匈牙利

我们此前试图阐明奥地利内部推动民族自治发展的力量。鲁道夫·施普林格指出，这些力量将在奥匈二元帝国的矛盾运动中找到强大同盟。要探讨这一观点，就不得不简要分析匈牙利问题。

匈牙利与波希米亚同时并入奥地利版图，但两者发展路径迥异。波希米亚因等级议会失败导致贵族没落，而马扎尔贵族始终维持统治。这造成马扎尔人与捷克人在民族文化发展上的根本差异：马扎尔人从未像捷克人那样沦为"无历史的民族。"他们非但未被异族统治阶级奴役，反而持续压迫本国"无历史的民族"——罗马尼亚人、斯洛伐克人、塞尔维亚人和鲁塞尼亚人。这种差异也导致两国政治发展分道扬镳：哈布斯堡王朝在波希米亚摧毁了等级议会，立法与行政权收归国家及其官僚体系；而在匈牙利，等级议会始终把持立法行政大权，仅逐步向现代议会转型——这一进程本质上至今仍未完成。

匈牙利宪法将全部权力赋予马扎尔贵族[124]。即便在匈牙利，国家权力与等级议会间的斗争也无法避免。于是"民族"[125]与"维也纳"（即绝对王权）的对抗持续不断——"民族"寻求外国同盟，"维也纳"则以血腥判决和处决回应。马扎尔贵族的意识形态至今仍充斥着对这种残酷持久斗争的集体记忆。

这场斗争背后是巨大的经济利益冲突。玛丽亚·特蕾莎与约瑟夫二世时期，国家试图在匈牙利保护农民免受地主阶级剥削。马扎尔贵族免税的特权使农民成为主要纳税人，对国家"皇家纳税人"的关切催生了农民保护政策。这种政策在

---

[124] 艾森曼（Eisenmann）对匈牙利文化的民族特性作了生动描述："马扎尔人与贵族几乎是同义词；国家使用拉丁语，社交圈使用德语、拉丁语、斯拉夫语和马扎尔语；但国家与社会仍具有鲜明的马扎尔民族特性。这个民族通过对民族传统与权利的维护，通过议会公共生活的实践，尤其是通过州政府的日常行政管理和匈牙利法律的研究，获得了抵御外来影响的青春活力。"（艾森曼《奥匈妥协（Le compromis austro-hongrois）》，巴黎1904年，第547页）

[125] 韦尔伯齐（Verböczy）解释道："'人民（populi）'之名号在此仅指教会显贵、男爵及其他权贵与各类贵族，而非指平民；'平民（plebis）'之名号则专指非贵族者。"

即：构成"民族"的只有教会显贵、男爵、其他权贵及贵族，其余皆不属民族，而是平民百姓。

匈牙利尤为迫切，因为自 1514 年农民大起义被镇压后，农民完全受地主摆布，其法律经济地位几乎与邻国波兰同样悲惨。但当国家首次尝试改革（1764-1765 年）时，便遭到议会的激烈抵抗。女皇不得不在 1766-1768 年通过宫廷委员会制定《地租法令》，但等级议会动用全部权力阻挠实施，视国家权力的单方面规制为违宪行为。约瑟夫二世 1783 年在特兰西瓦尼亚、1785 年在匈牙利废除农奴制的举措，再次激怒等级议会。而当约瑟夫二世的税制与地租改革试图将领主特权转化为统一货币支付并大幅削减时，贵族抵抗演变为公开叛乱，迫使皇帝亲自撤回法令！贵族成功捍卫了其"民族权利"——剥削马扎尔与外族农民的权利。等级议会在 1790 年接受了更有利的特蕾莎版《地租法令》，但也仅作为临时方案。实际上该法令完全未能实施[126]。

除无限剥削农民的权利外，免税权被等级议会视为最神圣的民族权利。哈布斯堡王朝屡次试图废除贵族这一特权均告失败。由于贵族拒不妥协，专制君主以独特方式报复：匈牙利完全被当作殖民地对待。在这个等级制二元帝国中，工商业立法与关税政策完全由皇帝掌控。重商主义非但未促进

---

[126] 格林贝格（Grünberg），《奥匈帝国的农民解放（Die Bauernbefreiung in Österreich-Ungarn）》，载《国家科学手册（Handwörterbuch der Staatswissenschaften）》。

匈牙利手工业发展，反而刻意压制以保障奥地利企业在匈牙利市场的垄断地位。工业原料的进口关税在匈牙利被设定得远高于奥地利。如 1775 年关税法案讨论时，布吕梅根伯爵直言：

"若在德意志世袭领地对面料、靛蓝征收 5%关税，这些商品在匈牙利必须课以 30%税率——这是阻止匈牙利建立工厂的唯一手段[127]。"

为确保奥地利资本家掌控匈牙利市场，外国商品输入匈牙利被层层设障。奥地利征收的过境税，以及规定外国货仅能通过特定枢纽站入境（而奥地利商品可从任意边境站输入）皆服务于这一目的。同时，匈牙利向非奥地利地区的出口遭到封禁；若匈牙利商品经奥地利转口国外，则须缴纳双倍出口税。当匈奥产品直接竞争时，手段尤为严酷——例如出口一定量匈牙利葡萄酒至国外时，必须搭配等量奥地利葡萄酒出口，以免奥地利的葡萄种植业受匈牙利竞争冲击[128]。皇帝

---

[127] 贝尔（Beer），《玛丽亚·特蕾莎时期的关税政策与统一关税区的建立（Die Zollpolitik und die Schaffung eines einheitlichen Zollgebietes unter Maria Theresia）》，载《奥地利历史研究所通讯（Mitteilungen des Instituts für österreichische Geschichtsforschung）》第 14 卷，第 50 页。

[128] 路德维希·朗（Ludwig Lang），《百年关税政策（100 Jahre

不仅拥有奥地利的关税立法权，更以匈牙利国王身份享有圣斯蒂芬王冠领地的经济立法权。这些权力被纯粹用于世袭领地的利益。唯有理解这种关联，才能体会匈牙利对此政策的愤懑——匈牙利国王的权利竟完全沦为奥地利利益的工具！当然，匈牙利贵族无权抱怨此政策，正是他们拒绝放弃免税特权酿成此果。由于匈牙利地主不纳税，而被地主残酷剥削的农民又无力承担更多国税，国家只能通过关税汲取财政收入。这一因果关系确有文献佐证：约瑟夫二世 1785 年 12 月 30 日致函匈牙利首相帕尔菲伯爵时明确表示，若匈牙利贵族放弃免税权，他将给予匈牙利与奥地利同等待遇，特别会扶持当地工厂建设[129]。但马扎尔贵族拒绝作出这种牺牲。即便今日匈牙利经济发展仍远落后于西欧国家，甚至不及奥地利资本主义发展水平——固然存在其他因素（如该国脱离土耳其统治仅两百年）——但其相当程度的落后实应归咎于匈牙利贵族为维护免税特权不惜牺牲国家发展。

不过，这种关联或许今日史家能洞悉，匈牙利民众却从未理解。他们只看见匈牙利国王行使宪法权利损害本国而肥异邦。这些事实的影响延续至今。持续数百年的等级斗争在马扎尔贵族中培育出一种政治意识形态，将对专制主义的斗争、对"维也纳"的抗争、为匈牙利等级议会自由与主权的奋

Zollpolitik）》，维也纳 1906 年，第 172 页。

[129] 朗，同上，第 171 页。

战视为唯一政治使命。而匈牙利被当作殖民地对待的处境，更使马扎尔贵族日益显现为捍卫整个王国利益、反抗异族奴役剥削的斗士形象。

19世纪上半叶，这种对立愈发尖锐。1843年李斯特的《政治经济学的国民体系》被译成马扎尔语，"发展国家生产力"成为流行口号。1844年等级议会要求关税立法权，同年成立的民族保护协会要求会员宣誓只购买匈牙利工业品。

贵族巧妙利用民众对专制主义通过经济立法遏制国家发展的不满服务自身利益。但他们还掌握其他手段将等级斗争伪装为民族斗争。

语言斗争即是其一。这场斗争始于约瑟夫二世时期。当时德语在德意志地区早已取代中世纪拉丁语成为立法、行政、司法与学术用语，而匈牙利仍以拉丁语为官方语言。当用民族语言替代拉丁语的思潮蔓延至匈牙利时，约瑟夫二世却试图以德语而非马扎尔语取而代之。拉丁语是等级议会及其行政体系的语言，德语则是帝国官僚机构的语言。这位立志废除所有等级宪法、取消各"王国与领地"特权、将整个君主国打造成"统一管制整体"的皇帝，自然力图将德语适用范围扩展至匈牙利。等级议会全力抵制这种"异族语言"的引入，反德语斗争遂成为他们对抗国家权力的有效阶级武器。1792年匈牙利全境学校已强制推行马扎尔语教学，1836年与1844

年颁布的法律最终使马扎尔语取代拉丁语成为匈牙利官方语言。

贵族很快意识到，若要将等级斗争伪装为全民族的抗争，语言斗争实乃最佳手段。官员、法官、军官口中的异族语言，使异族统治变得直观可感。要求国家使用马扎尔语，不仅能赢得马扎尔资产阶级支持，更能争取马扎尔农民。民众本能地察觉到阶级国家机器是异己的统治力量，却天真地以为只要驱逐行政机关、法院和军队中的外语，就能消除这种本质属于任何阶级国家的异族统治——仿佛国家机器改用马扎尔语对话，就不再是农民的对立面！语言斗争就这样创造了奇迹：让马扎尔农民成为其最残酷压迫者的政治附庸。

耐人寻味的是，在持续的国家权力与等级议会斗争中形成并强化的贵族意识形态，如何逐渐超越其阶级利益本身。阶级意识形态始终是特定阶级生存条件的产物，源于阶级利益。但一旦形成，意识形态便获得独立生命，遵循自身逻辑发展演进。特定条件下，意识形态可能超越孕育它的阶级利益，即便不再符合利益，阶级仍受其束缚。这种状态或许只是过渡阶段，变化的阶级利益终将改变意识形态。但阶级利益与意识形态的暂时对立确实存在并产生历史影响。这正是1848 年前后匈牙利贵族的处境——其意识形态是"民族自由，"而维护等级特权（使农民任其宰割并保障免税权）的阶级利益驱使他们为"民族自由"而战。经数百年斗争淬炼，这一观念已如此深刻地支配贵族头脑，甚至当其违背利益时仍挥之不去。要对抗专制主义反匈经济政策，贵族必须放弃免税特权——部分贵族最终接受了这种牺牲。当贵族独自领导反专制斗争时，难以将其包装为自由之战——于是部分贵族决定与资产阶级分享权力。自身的斗争使马扎尔贵族趋近全欧资产阶级自由战士，因而吸收了资产阶级革命思想：等级特权要求逐渐让位于议会主权诉求，阶级特权原则逐步被公民平等理念取代。虽然多数贵族在意识形态推论损害利益时竭力抗拒，但年轻有为的贵族被阶级斗争理想点燃，坚守这些观念并在革命扫清障碍后将其推向胜利。因此，当欧洲革命者将马扎尔贵族的自由斗争视为己出时，殊不知这些斗士的祖先当年捍卫等级特权，不过是为维护免税权和剥削农民免受国家干预。

国家与马扎尔贵族的长年对抗最终以 1867 年著名《妥协方案》达成妥协。德意志官僚集团与资产阶级同马扎尔贵族分享帝国统治权。皇室满足于通过统一军队维持帝国统治，对外保持统一国家形象；对内则允许马扎尔人建立民族国家，将"无历史的民族"拱手交给马扎尔贵族宰割。

但妥协绝非发展的终点。在古老的等级制二元帝国中，哈布斯堡领地既是皇帝权力范围内的统一体，又是等级议会权力下的独立邦国。君权愈强，各邦纽带愈紧；等级议会愈弱，邦国独立性愈衰。因此等级议会反国家权力的斗争，表现为地方分权与中央集权的对抗——在匈牙利则呈现为反对与奥地利紧密结盟。

这种斗争在妥协后仍未停息。传统政治意识形态对匈牙利太过诱人：奥匈利益本就相左。首先是分摊共同负担（军费与国债利息）的问题；其次是所有经济政策问题——每项商约都涉及对奥工业利益与匈农业利益的权衡；最后是诸多政治问题，如两国对共同外交政策的影响力分配。在此国家间对抗中，匈牙利总是装作"加入二元体系已是巨大牺牲，"迫使奥地利在每次争端中让步以防联盟破裂。因此，匈牙利从那些承袭反联盟传统的政党中获取实质利益：凭借宪法反对派地位，匈在分摊比例、关税商约、外交话语权等斗争中屡占上风。反联盟斗争原是等级议会对抗国家权力的工具，妥协后被匈牙利精心培育，成为对抗另一半帝国的利益斗争手段。

反联盟斗争最初表现为反对帝国共同体的外部象征：徽章、旗帜、德语。其中语言斗争始终最为关键。统治阶级对此有直接利益诉求：马扎尔语作为军队用语可确保匈牙利军官垄断本国军职，排除奥地利军官竞争。此外，统治阶层的小贵族（乡绅）必须确立马扎尔语的独尊地位，因为其权力正建立在压迫"无历史民族"之上。他们不仅要向罗马尼亚人、鲁塞尼亚人、塞尔维亚人、斯洛伐克人强制推行马扎尔语，连匈牙利境内的德意志人也不放过。但这场斗争缺乏群众基础——既违背将民族斗争包装为自由之战的传统意识形态，又与马扎尔民族广大受剥削压迫群众敌视一切压迫的本能相抵触，使统治阶级面临失去本民族政治追随者的风险。因此必须将语言斗争伪装成自由之战，把矛头指向维也纳和皇室。马扎尔语在国家生活中的独裁地位——本是乡绅压迫少数民族的工具——被粉饰为议会对抗皇权的斗争，赢得全欧自由派乃至匈牙利国内进步人士的喝彩。

争取群众支持并非难事。经济发展迟缓的国家，阶级的传统意识形态往往根深蒂固。资本主义发展已使德意志民族自革命以来的社会政治理想发生巨变，而在匈牙利，科苏特的名字对马扎尔农民仍如 1848 年时那样代表革命纲领。直到不久前，马扎尔民众的政治思想仍停留在等级斗争时代的古老信条：反抗维也纳。时至今日，让农民将德语视为异族统治标志仍非难事。即便用马扎尔语口令训练农民子弟为阶级国家服役，匈牙利军队也绝非人民军队。但德语的命令用语如此直观地表明：马扎尔农家子弟是在为异族权力卖命。当这支镇压罢工农工、威胁反对派农民的阶级国家军队使用德语时，农民对军队的本能敌意首先表现为对德语军令的朴素仇恨，岂非理所当然？

反联盟斗争既源于统治地主阶级的阶级利益，也来自其阶级意识形态——这个阶级成功地将缓慢成长的马扎尔资产阶级和农民大众禁锢在过时的思想牢笼中，使其为贵族统治利益服务。匈牙利决心建立纯粹的马扎尔民族国家、组建独立军队的意图毋庸置疑。共同经济区在法律上已名存实亡——匈牙利明天就可以在奥匈边境合法征收进口税。但会否将法律可能变为现实？

连鲁道夫·施普林格也认为，匈牙利只有"少数投机者和市侩的傲慢"在反对统一关税区[130]。我认为这是误解。强大势力正推动匈牙利与奥地利经济分离。1900年匈牙利从业者中，工矿、制造、商业和运输业仅占17.5%，农业则高达71.13%。奥匈商品交换本质是奥地利工业品与匈牙利农牧产品的交易。1905年匈牙利对奥出口中，原料占58.2%，半成品7.2%，制成品34.6%；而奥地利对匈出口中，原料仅10.3%，半成品11.8%，制成品高达77.9%。这种格局对匈牙利经济意味着什么？

农业国家人均产值本就低于工业国。农业生产具有季节性，农闲时大量劳动力闲置。资本主义首先摧毁了农民自给自足的家庭副业——在匈牙利这个过程异常缓慢。至今家庭纺织甚至纺纱自用仍未完全消失。但随着资本主义生产力发展，工业品涌入农村彻底瓦解了传统副业。其他国家通过家

---

[130] 施普林格，《奥匈君主国的基础与发展目标（Grundlagen und Entwicklungsziele der österreichisch-ungarischen Monarchie）》，第219页。

庭工业（农民受雇于资本家进行家庭代工）填补了这个空白。但恰在家庭工业萌芽时期，匈牙利正遭受奥地利重商主义经济政策的压制。资本主义家庭工业出现在波希米亚、摩拉维亚和西里西亚，而非匈牙利——匈牙利农民成为这些工业品的消费者。于是匈牙利农村人口既失去传统副业，又未能获得新生计。这导致全社会总劳动量减少，价值创造萎缩。对农村人口而言，当农业本身无法维持生计时，他们只能选择背井离乡。事实上匈牙利移民逐年递增，流失的劳动力及其可能创造的剩余价值，成为国民经济无法弥补的损失。

匈牙利农业工人的剥削程度触目惊心。即便在沃土千里的地区，收成稍差便会爆发斑疹伤寒疫情。这种困境显然源于过度剥削而非自然条件，但匈牙利政府却通过禁止农业工人组织、武力镇压罢工、甚至官方提供工贼等手段使苦难永恒化。当劳动力价格如此低廉时，剩余价值的流向就决定了整个经济的命运。

可观的剩余价值正流向国外。首先因为大量土地属于境外地主——皇室、波希米亚及外国地主、奥地利修道院——他们都在海外挥霍这些剩余价值。

即便不考虑这点，资本有机构成较低的国家在与较高国家贸易时，也必然让渡部分剩余价值。我们讨论德属与捷属波希米亚矛盾时已阐明此规律，此处不再赘述。当匈牙利用谷物交换棉布时，谷物中凝结的社会劳动多于棉布，实则是为奥地利提供剩余劳动。

当然，地租现象会打破这个规律。若出口谷物产自贫瘠土地，其生产所需劳动可能超过等价的棉布。但匈牙利也有沃土，肥沃土地产出的谷物与最劣等土地的产出同价。当用沃土产物交易时，其包含劳动可能少于甚至远少于换回的棉布。不过这仅能减少（而非消除）匈牙利为奥地利提供的剩余劳动（所有资本有机构成较低国家对发达国家的让渡皆如此）。更何况大量地租仍流向国外（尤其是奥地利）。地租中相当部分始终以利息形式支付给地主们的抵押债权人。

因此，匈牙利大量地租流入奥地利资本家手中——他们通过直接放贷或持有抵押债券剥削匈牙利农户。虽然外国资本家的这部分收入在匈纳税，且当抵押业务由联合中央银行经手时国家能分润，但流向私人资本家的抵押利息大部分仍外流。

由此可见：匈牙利人均产值极低；因剥削深重，剩余价值在产值中占比可观；而剩余价值又大量外流。这些必然抑制国内资本积累。更要命的是生产资料占有者对留存剩余价值的消费方式。资本家将剩余价值分为消费与积累两部分——后者用于购买劳动力和生产资料以扩大再生产。积累率（积累部分占剩余价值总额之比）越高，国家资本财富增长越快。历史经验表明，工业资本家的积累率远高于地主贵族。在发达国家，美俄谷物竞争或能迫使地主讲求经济理性，统治阶级意识形态也可能感染地主阶级的逐利本能。但这绝不适用于匈牙利——马扎尔贵族每年挥霍掉绝大部分榨取的剩余价值。由于国家剩余价值最大份额流入这个阶级，匈牙利积累率始终低迷，资本财富增长自然迟缓。

这种现实表现为整个国家文化的贫瘠。马扎尔人固然热衷于炫耀布达佩斯的辉煌发展，但首都与少数城市的繁荣掩盖不了全国的落后。更值得怀疑的是：首都表面的繁荣恰恰折射出国家的经济病症——大都市本质上是剩余价值的消费中心！都城的浮华正是低积累率的外在表现！难怪享乐至上的布达佩斯成了所有奥地利奢侈品工业最重要的客户！

毫无疑问，1867年以来匈牙利经济取得了巨大进步。但若与同等人口的发达工业国相比，匈牙利仍显贫困、文化落后、税收能力低下。大部分匈牙利国债仍掌握在外国（尤其是奥地利）资本家手中。现代工业企业几乎全靠奥地利资本在匈投资才能建立。

这些事实使匈牙利将工业发展视为整个经济区的共同利益。因此匈牙利如今正运用所有重商主义政策手段——通过补贴、税收优惠、铁路运价政策吸引外资；甚至谋求独立关税区，以保护性关税加速工业发展。诚然，工业发展只能依靠外资流入，工业利润最初也将流向外国资本家。但各国经济史证实：外资工业资本会逐渐本土化。在奥地利，英国、比利时、德意志帝国的工业资本或被本土化，或被奥资取代。近几十年来，意大利的外资国有化现象规模可观，美国更甚。在匈牙利投资建厂的外资终将获得本土身份。如今在波希米亚经营棉纺厂的科恩与波拉克家族，明天在匈牙利设厂时，于布达佩斯会如维也纳般自在。

因此，设立奥匈关税边界首先是国家需求。那些社会地位完全依赖公共行政的阶层——职业政客、报人、官僚、马扎尔贵族的次子们（他们作为民族天然领袖占据议会席位和州政府闲职）——对此感受尤深。整个知识界也成为国家利益的代言人，他们将工业发展提升国家福祉的认知，与建立独立匈牙利国家、彻底脱离奥地利的历史意识形态相结合，视之为对"维也纳"的胜利和自由之战的凯旋[131]。于是知识界也支持独立关税区构想。这在经济落后国家尤为重要，因为知识分子的政治影响力异常强大。

---

[131] 专制时期匈牙利等级议会确实曾追求关税区统一，但因贵族拒绝放弃免税特权而遭否决。直到施瓦岑贝格（Schwarzenberg）内阁在革命后才废除关税边界。不过这些具体诉求已被遗忘，留存下来的只有将彻底脱离奥地利视为民族斗争目标的普遍情绪。

在这场争取匈牙利独立关税区的斗争中，资产阶级与知识界结成同盟。他们期待关税壁垒带来超额利润、扩大商品销路、创造诱人投资领域和稳定销售市场。工厂主和商人构成对抗奥地利保护关税军的核心部队。这些阶层影响力巨大——现行选举制度本就偏向城市。只要资本主义尚未引发小资产阶级反抗，资产阶级就能凭借经济实力和社会声望主导城市政治。匈牙利至今未经历小资产阶级在政治上暂时脱离资产阶级的发展阶段（奥地利早在 1880 年代即已出现），因此小资产阶级仍追随资产阶级争取关税分离。

但即便知识界与资产阶级在匈牙利已颇具影响力，若地主贵族全力反对，他们也无法实现经济分离。毕竟乡绅仍是匈牙利的统治阶级。当然，如今的乡绅已非铁板一块[132]。部分人已成为我们熟知的关税分离支持者——知识分子、官僚、政客、记者、州政府食利者。另一部分通过联姻融入资产阶级，跻身银行和工业公司的董事会。但小贵族与大地主的主体仍依赖谷物和肉类出口。以下数据可证其利益之巨：

据 1904 年匈牙利统计：

产量	出口总额	出口至奥地利
	公担	

---

[132] 参见施普林格，同上，第 64 页。

小麦	39.984.951	3.944.680	3.932.307
黑麦	11.663.819	2.056.342	2.056.035
大麦	11.365.234	2.583.398	1.821.749
燕麦	9.823.997	2.064.834	2.052 820
玉米	17.974.937	2.243.104	2.097.986

同年，匈牙利还出口了 7,193,653 公担面粉，其中 6,121,834 公担销往奥地利。对奥地利的谷物出口减少幅度，恰与面粉出口增长幅度相当。对奥地利的牲畜出口量同样惊人。1904 年的数据如下：

	总体出口	出口至奥地利
	只	
牛	301.668	251.782
猪	372.975	372.635

此外还有数量可观的动物制品、油脂等出口。这些数字充分证明，关税分离将危及匈牙利农牧业的巨大利益。其产品绝大部分销往国外——奥地利市场的庞大销量已使海外市场对匈牙利农牧民的采购量相形见绌。

关税分离不仅威胁匈牙利地主阶级的地租收益，更将导致地价下跌。地价本质上是资本化的地租，取决于两大要素：地租额与利率。当地租下降、土地收益减少时，地价必然下跌；若利率上升，同等地租对应的资本收益降低，地价亦会缩水。关税分离不仅削减匈牙利地租，更将推高利率，地价将因双重打击而暴跌——对地主阶级而言，这无异于巨额资本损失！更甚者，匈牙利工业加速发展带来的庞大资金需求还将抬高抵押贷款利率。即便地价与地租双降，农业债务负担却不会减轻！认清这一事实后，人们难免怀疑匈牙利统治阶级是否真会推动关税分离。

当然不可否认，关税分离在损害地主利益的同时，也可能为其中巨头带来某些好处。特别是它将促进农业附属工业发展——制糖业、啤酒业在关税壁垒保护下，可能比近年发展得更快。这些通常作为农业附属产业的工业，正是大地主们感兴趣的领域。事实上，匈牙利政府已率先试图保护这些产业免受奥地利进口冲击，部分地主可能在相关措施斗争中倒向关税分离方案。但这终究无足轻重：1905 年奥地利对匈食糖出口仅 329,727 公担，啤酒蜂蜜酒出口 288,917 公担，而匈牙利同类产品对奥出口已相当可观。因此，指望通过对奥保护关税促进农业附属产业的愿景，难以实质削弱地主阶级反对关税分离的经济动因。

若有人认为匈牙利会轻率决定终止与奥地利的经济联盟，幻想某天匈牙利议会毫无阻力地通过对奥设关决议，这些数据当使其清醒。关税分离问题在匈牙利国内必将经历激烈斗争。但即便如此，匈牙利仍可能最终选择关税分离！

诚然，匈牙利大中地主的利益反对关税分离。但这些阶级的意识形态却支持该政策。380年来，马扎尔贵族持续对抗奥地利专制主义。这四百年锻造的意识形态，将匈牙利国家完全独立、彻底脱离奥地利作为政治斗争的终极目标。切勿低估这种意识形态！它曾将贵族维护特权的等级斗争逆转为争取资产阶级法权的革命斗争，其力量至今未衰。马扎尔统治阶级的年轻一代仍浸淫于此，社交生活与精神文化皆受其熏陶，数百年来它始终定义着马扎尔贵族政治斗争的形式与内涵。这种意识形态固然源于阶级利益，但经过四个世纪斗争的淬炼强化，已深植于马扎尔贵族意识中，不会因阶级利益变迁而即刻消弭。固然大部分马扎尔贵族将竭力反对关税分离——冲锋在前的将是知识界、职业政客、报人、城市资产阶级与小市民，而非农牧业者。但贵族自身的意识形态将瓦解其抵抗，他们被自己的口号陷阱所俘获！资产阶级的阶级利益将联合贵族的阶级意识形态，击败贵族自身的阶级利益。

从法律层面看，独立关税区已然存在。起初或许仅满足于空洞的法律形式——用相互承诺自由贸易的商约取代商业同盟。随后可能对个别商品（农业附属工业产品！）开征关税！但关税分离一旦启动，内在逻辑将推动贸易政策突破自身限制！某个微不足道的借口就能促使某方开征关税，以强化对另一半帝国的经济诉求；另一方则以反制措施回应；激愤的舆论要求双方采取强硬手段迫使邻国屈服——这边高呼"脱离匈牙利,"那边呐喊"甩掉奥地利。"指望在冲突中渔利的阶级(奥地利的农业利益集团、匈牙利的工商业资本)不断煽风点火。于是从"互惠"与"报复"逐渐走向经济区的彻底分裂。当欧陆各国纷纷筑起关税壁垒,当两国都有强势阶级要求关税分离,当匈牙利唯一支持关税统一的阶级(地主)数百年来满脑子都是反奥斗争与分离主义时,我们真能指望奥匈年复一年和平续签相互承诺完全自由贸易的商约,并与海外国家同步签订贸易协定(这也是两国自由贸易的前提)吗?

如此发展终将导致帝国彻底分裂。设想关税区已然分离,"国事"共同事务(共同军队与外交政策)也将难以为继。届时即便最迟钝者也会看清二元制的不可行,正如鲁道夫·施普林格精辟论证的:没有意志统一的器官共同体纯属空谈[133]。奥匈本就是利益相左、意志相悖的两个国家,却要由同一位外交大臣、同一位大使、同一位领事代表这两种意志,由同一支军队捍卫这两种利益!两种对立意志岂能共用同一器官而不引发争夺、最终将其撕裂?试想奥匈成为关税区相互独立的两个国家,当外交政策本质是经济政策工具时,共同外交如何可能?二元制事务(关税区、消费税同盟等)瓦解之日,便是国事统一(军事、外交)终结之时。届时除了共主身份,再无共同之处。但君主也不过是国家器官,终将体会

---

[133] 施普林格,同上,第 153 页。

到"无意志统一则无器官共用。"作为独立经济体的奥匈需要不同的外交政策、不同的盟约、不同的敌友——匈牙利国王要攻打奥地利皇帝的盟友吗？奥地利皇帝会与匈牙利的敌国结盟吗？谁的意志能通过共主实现？共主一人之身究竟体现奥地利皇帝还是匈牙利国王的意志？奥匈面临的外交、经济政策难题比当年瑞典-挪威联盟复杂百倍。而后者已证明：利益相左的两个独立国家实行君合制绝难持久。哈布斯堡王朝真要步贝尔纳多特王朝的后尘？

确信二元制将导致两国彻底分裂者必须预见：皇室终将认清形势，绝不会坐视"大土耳其战争"的胜利果实（指1683-1699年大土耳其战争后匈牙利并入哈布斯堡王朝）就此瓦解。分裂势力愈强，"收复匈牙利"的渴望就愈烈。但皇室还有此能力吗？

关税分离的首要后果是激化匈牙利国内阶级矛盾。如我们所知，设立关税边界本身就将引发激烈阶级斗争；在迈向独立关税区的每一步、在厘定每种关税、在签订每项商约时，至少部分大中地主都会捍卫其岌岌可危的阶级利益。与之对抗的则是资产阶级、知识界及各阶级的意识形态家——统治阶级的统一阵线就此破裂。更重要的是：底层阶级的反抗将迅速获得新力量与新形式。匈牙利加速工业化的时代将由"创业热潮"开启，这必然如其他地方般激起小资产阶级的嫉妒与道德愤慨；快速工业化将摧毁许多小市民的生存基础，大量仓促创业的失败案例将埋葬无数小资产者；保护关税导致的工业品涨价、城市与工业中心租金攀升将加剧小资产阶级的不满。最迟在关税分离实现数年后（很可能更早！），匈牙利就会出现自己的中产阶层政治运动、小资产阶级反抗资产阶级的革命、自己的"施奈德与卢埃格尔"（指19世纪末维也纳基督教社会党领袖卡尔·卢埃格尔及其政治盟友、反犹主义煽动家弗朗茨·施奈德）。与此同时，产业工人阶级也在壮大——劳动力市场需求增长增强其力量，组织程度提高，他们要求分享工业繁荣的果实。但统治者担心缩短工时与提高工资会损害稚嫩的匈牙利工业，必将动用国家机器全力阻挠工人斗争。

农村阶级矛盾的激化将比城市更快。关税分离对匈牙利农牧民意味着重大经济损失，他们势必试图将代价转嫁到逆来顺受的农业工人肩上，竭力维护压迫农业工人的恶法作为"最珍贵的民族财富，"不仅拒绝加薪甚至试图降薪。这对农业工人打击尤甚，因为保护关税与创业热潮同时推高了他们购买的工业品价格。

正如在所有地方那样，长驱直入的产业资本主义也将在匈牙利引发激烈阶级斗争，更何况当民族在争取国家独立的斗争中取得决定性胜利后，长期反"维也纳"的精神紧绷状态突然松弛，阶级斗争的闸门就此打开，匈牙利政治斗争的传统内涵就此消解，讲坛上回荡的将是阶级对抗的喧嚣。自然，匈牙利最发达的马扎尔民族将最先感受到这种社会分化进程的冲击。

但工业资本主义的加速发展还将推动另一个进程："无历史民族"的觉醒。匈牙利与奥地利一样并非单一民族国家。1900 年官方人口普查显示匈牙利各民族比例如下：

根据母语划分	绝对值	占总人口的百分比
马扎尔	8.742.301	45,4
德意志	2,135.181	11,1
斯洛伐克	2,019.641	10,5
罗马尼亚	2,799.479	14,5
鲁塞尼亚	429.447	2,2
克罗地亚	1.682.104	8,7
塞尔维亚	1.048.645	5,5
其它	397.761	2,1
总计	19,254.559	100,0

根据这份统计，匈牙利王国境内共有 8,742,301 马扎尔人，而其他民族人口达 10,512,258 人。马扎尔人在本国竟属少数。更值得注意的是，这份统计明显存在造假——马扎尔人的数量被刻意夸大了！此外，不少申报马扎尔母语者完全可能像当初轻易归化那样迅速脱离马扎尔民族。这首先适用于那些为谋取公职而改变民族属性的"叛节者，"奥地利德意志人对这类人的虚伪本质再熟悉不过。犹太群体同样如此

——王国 70.32%的犹太人申报马扎尔语为母语，25.45%选择德语，仅有极少数认同其他民族。考虑到这个发展迟缓的国家里犹太人的同化程度不可能太高，我们可以预见：当匈牙利"无历史的民族"觉醒时，特兰西瓦尼亚的犹太人可能成为罗马尼亚人，上匈牙利的犹太人可能成为斯洛伐克人，就像波希米亚犹太人正开始捷克化一样。因此马扎尔人实际能依靠的人口基数，比官方数字呈现的要小得多。

若不计克罗地亚-斯拉沃尼亚地区，匈牙利本土确实有 8,588,834 马扎尔人面对 8,132,740 其他民族，占比 51.4%的微弱多数。但若从各族人口中扣除犹太人（我们有理由这样做，因为完全同化的匈牙利犹太人必定只占少数），则 7,094,383 马扎尔人将面对 7,896,029 德意志人、斯洛伐克人、罗马尼亚人、鲁塞尼亚人和塞尔维亚-克罗地亚人，马扎尔人的优势即刻消弭。考虑到人口普查中马扎尔行政当局对少数民族的胁迫，以及大量为经济利益被迫归化者，我们完全可以说：即便在匈牙利本土（不含克罗地亚-斯拉沃尼亚），马扎尔人也是少数。

尽管如此，匈牙利只有马扎尔人和克罗地亚人享有民族权利。其他民族均遭压迫——他们的语言在行政机关和法院没有地位，连古老城市的原名都被剥夺。他们不仅被拒绝设立中高等学校，当局甚至违法强迫其子女进入马扎尔语小学。他们在议会几乎没有代表，被排除在官僚体系外，在各市镇和州都被马扎尔人及其由民族叛徒和犹太人组成的扈从集团统治。只有马扎尔人有权获得国家援助，垄断所有公职。任何少数民族的政治运动都被视为叛国罪。这个少数族群对国内多数民族犯下的暴行，堪比种族灭绝的俄罗斯对其少数民族、普鲁士对其波兰人的迫害，甚至更为恶劣。马扎尔统治阶级之所以能如此肆无忌惮，正因为被奴役的民族只包含被统治被剥削的阶级——他们都是"无历史的民族。"

但"无历史民族"的觉醒进程已然开启。资本主义每前进一步都将加速这个过程，任何政治迫害都无法阻挡。如果说马扎尔人至今能压制少数民族，而奥地利德意志人却无法维持统治地位，那仅仅归功于匈牙利的落后状态。资本主义和现代国家处处唤醒着民族意识。当匈牙利通过工业政策（最终通过独立关税区）加速经济发展时，马扎尔人将在其罗马尼亚人和斯洛伐克人身上，重蹈奥地利德意志人在捷克人和斯洛文尼亚人身上的覆辙。奥匈关税边界设立之日，就是马扎尔人在本国独裁统治灭亡之时！

这就是关税分离后的匈牙利图景：议会里统治阶级因尖锐的阶级利益爆发激烈斗争；车间里罢工不断，街头工人示威游行，政府竭力压制他们的加薪诉求；小资产阶级掀起对统治政党的恶毒攻击；农村持续爆发遭血腥镇压的农业工人罢工。而整个国家深陷民族斗争泥潭：觉醒的民族对压迫者的暴行满腔怒火，恐惧驱使马扎尔统治阶级采取更残酷的镇压手段，这又进一步激化被压迫民族的仇恨与反抗——这就是将要与皇室较量的匈牙利！也是二元制解体威胁皇权时，皇室企图征服的匈牙利！

在俄国革命的时代，没人敢单凭武力征服这个被阶级矛盾和民族矛盾撕裂的国家。但匈牙利的内部裂痕将给皇室提供其他权力工具——若不想重蹈贝尔纳多特王朝覆辙，它必须利用这些工具：皇室无法同时体现两种意志却又想统治奥匈两国，就必须促成两国形成共同意志、重建统一帝国，而匈牙利的内部分裂正提供了这种可能。皇室将派军队"收复"匈牙利，但会在旗帜上写明：纯洁的普选权！农业工人结社权！民族自治！它将用"大奥地利合众国"的联邦制构想对抗匈牙利民族独立国家理念——在这个联邦中，各民族自主处理本族事务，又为共同利益结成国家。当二元制解体危及帝国存亡时，民族联邦制思想必将成为皇室无可避免的选择。

自鲁道夫·施普林格首次在维也纳学生集会上提出这一预见，岁月已流逝多年。当时匈牙利尚由自由党执政，若有人提及独立派可能成为议会多数，必遭奥地利人嗤笑。日常政客们还看不见二元制危机，而施普林格早已洞察"百年大势"：缺乏意志统一的器官共同体必然导致帝国解体；若戴阿克宪法（指 1867 年匈牙利政治家戴阿克主导制定的奥匈妥协方案）难以为继，皇室必须寻找能挽救其统治的盟友——

这绝非马扎尔贵族，而只能是少数民族。二元制既不可行，绝对主义的帝国统一又无可能，皇室为自身利益计，除非甘愿放弃统治权，否则必须实现民族自决。维也纳学子们饶有兴味地聆听这番严密推论，但这一切似乎遥不可及——古老的君主国看起来还算稳固。人们所闻所见，莫非只是位博学之士的狂想？

不久后弗里德里希·诺曼造访维也纳。他也预感哈布斯堡王朝在君主国特殊处境下，除民主化外别无出路。在他看来，唯有"凯撒主义"——即倚仗武力的传统皇权与普选权、民族自由理念的结合——才是唯一生路。但他怀疑哈布斯堡家族是否会选择这条路。

"在奥地利政论中，我始终摆脱不了一个念头：这里需要拿破仑！不必是拿破仑一世，拿破仑三世足矣。这位奥地利拿破仑首先要解散现任议会，向国民宣告他已终结错误议会体制的乱象，将通过全民公投寻求认可，继而与经普选产生的国民议会共治。既然掌握军队，他自可要求各方避免无谓纠缠。这将是为国家利益发动的革命。在此地本可收奇效，却不会发生——因为哈布斯堡家族绝非革命者[134]。"

----

[134] 诺曼（Naumann），《德国与奥地利（Deutschland und Österreich）》，柏林 1900 年。

随后二元制危机爆发。施普林格此时才向更广泛圈子阐述思想，但得到的回应与诺曼如出一辙：指望秉持正统主义原则的哈布斯堡推行革命政策，岂非痴人说梦！没有凯撒的凯撒主义！更荒唐的是，竟认为匈牙利议会——这个君主国最具影响力的机构——缺乏实权！

军事冲突接踵而至。议会多数派联盟要求推行马扎尔语军令，皇室断然拒绝。多数派试图以瘫痪立法、用传统等级斗争手段对抗国王内阁来迫使皇室屈服。此时克里斯托菲部长向民众抛出普选权口号，而费耶尔瓦里内阁竟让洪韦德军官法布里齐乌斯率匈牙利士兵驱散骄傲的议会！全国上下波澜不惊，曾叱咤风云的议会竟得不到哪怕最小规模的街头示威捍卫。我们首次目睹了皇室、武力与民主的非常联盟。哈布斯堡当真不是革命者吗？我们果真缺乏凯撒式人物？

当然皇室最终与联盟派达成非永久性和解。但坚持在匈推行普选权，为确保实施更在奥地利向工人压力让步——当局明白，一旦奥地利确立普选制，匈牙利统治阶级便无法拒绝民众诉求。于是皇室亲自下场，打破奥地利议会特权者的阻挠。

钻研个体心理学者永远无法理解这一幕。那位 76 岁老者——他在奥地利宣称不能再按旧选举法投票，在匈牙利却要科苏特与阿波尼接受普选——确非革命家。但时势强于人愿。去年事件正是凯撒主义政策的初现端倪。政治预言能如施普林格这般完全应验者实属罕见。决定民族发展与国家命运的经济力量，终将使每个人、每个家族——无论其本性如何——成为驯服工具。

施普林格后来在《奥匈君主制的基础与发展目标》（我们多次引述的著作）中系统阐述其思想。对此书诸多细节我们持有异议。在我们看来，施普林格既低估了推动两国彻底分裂的力量（尤其关于"无强大实质利益要求关税分离"的判断显属谬误），又高估了匈牙利内部发展速度：马扎尔社会分化程度不及他的设想，乡绅阶层的瓦解也未达预期；最关键的是，"无历史民族"的觉醒进程远不如他预估的深入。因此我们认为：短期内分裂力量仍将压倒"帝国理念，"在凯撒主义政策生效前，我们至少会目睹经济区分离的初步尝试。但这不改变最终结局——正是关税分离加速的匈牙利工业资本主义发展，将激化阶级矛盾与民族矛盾，从而为凯撒主义政策创造条件；也正是关税分离使器官共同体彻底破产，完全瓦解二元制，迫使皇室为避免丧失对匈统治权而采取凯撒主义政策。若君主国联盟得以存续，若未有外力终结帝国内部斗争，那么终有一天皇室必须向匈牙利各民族许诺自治，将整个帝国改造为民族联邦制国家。但通往民族自治之路道阻且长，需经历两国间的残酷斗争——唯有彻底分离，方能彻底重组。下文将证明，这一认知至关重要。

奥匈两国利益冲突导致的二元制解体，将迫使皇室采取凯撒主义政策；而工业资本主义催生的匈牙利社会分裂——使其陷入激烈对抗的社会与民族党派之争——则为该政策创造了条件。与此同时，莱塔河这侧（指奥地利）的强大势力也将推动皇室走向这条道路。

对奥地利资产阶级而言，帝国统一问题本质是经济区的统一。纺织、服装、皮革制品、仪器、钟表、五金、机械、玻璃陶瓷等众多工业将因关税分离遭受重创——匈牙利是奥地利工业品最重要的市场。当关税分离赋予匈牙利政府最强力的工业扶持工具时，如今还在抱怨重商主义政策的奥地利工业家们必将哀鸿遍野。一旦以民族自治为基础的帝国宪法构想具体化，它就会成为奥地利资本家阶级的纲领——对他们而言，帝国内的民族自治意味着经济区的统一！

受阶级利益驱使的奥地利资产阶级所向往之处，也正是阿尔卑斯地区农民和维也纳小资产阶级的意识形态所趋。恪守传统价值的农民与热衷看热闹的帝都小市民，从来都是奥地利"爱国者"与古老帝国理念的载体。在他们眼中，马扎尔人至今仍是叛逆者，而"黑黄阵营"（指哈布斯堡王朝）与匈牙利少数民族的联盟，不过是1848年耶拉契奇政策的延续。不仅作为奥地利人，作为教权主义者他们同样憎恶这个由加尔文派贵族和犹太资产阶级统治的独立匈牙利。反匈煽动恰能满足小资产阶级的需求——这个阶层从不能在目标明确的阶级斗争中宣泄怨愤，总需要为其无法理解的苦难寻找替罪羊。

最终，"帝国理念"还将赢得各民族党派。匈牙利民族矛盾的激化必然影响奥地利的民族关系。马扎尔人对德意志人、斯洛伐克人、鲁塞尼亚人、罗马尼亚人和塞尔维亚人的迫害，将激起他们在奥地利同胞的强烈愤慨。所有被压迫的匈牙利少数民族在莱塔河对岸都有兄弟，而马扎尔人在此（除布科维纳的少数群体外）却无同胞。对整个帝国而言，民族自治意味着每个奥地利民族（除波兰人外）数十万同胞将从马扎尔异族统治下解放。那些会因最偏远村庄的捷克学校而欲撕裂国家的奥地利德意志人，岂能对匈牙利两百万德意志人的抗争无动于衷？连德语区最微小少数民族都不肯放弃的捷克人，怎会漠视两百万斯洛伐克同胞的命运？奥地利鲁塞尼亚人难道会抛弃他们在匈牙利的五十万同胞？而奥地利克罗地亚、塞尔维亚人、罗马尼亚人的政治目标，除了与莱塔河对岸同胞联合还能是什么？当匈牙利民族斗争愈演愈烈时，奥地利所有民族政党都将被迫声援境外同胞。除了以民族自治为基础的统一帝国宪法构想，他们还能提供什么援助？

皇室因二元制瓦解被迫采取民族自治政策；奥地利本土受资产阶级、教权主义及所有民族政党推动；匈牙利被压迫民族提出自治诉求；马扎尔人的抵抗又被内部阶级矛盾瓦解——从博登湖到奥尔绍瓦（分别象征帝国最西端与最东端）的民族联邦国家，难道真是乌托邦吗？

但所有这些推动帝国内部民族问题有机解决的力量，还将获得外交需求这个强大盟友。每个国家的宪法都受其外交政策制约。如我们所见，二元制本应为当时奉行"大德意志政策"的君主国外交服务。自色当战役（指1870年普鲁士击败法国的决定性战役）后，它已不再承载任何外交必要性，反而成为奥地利资产阶级所需外交政策的严重障碍。资本主义处处渴望扩张统治范围，寻求新投资领域与销售市场。奥地利的地理位置和悠久的商贸传统，自然将巴尔干半岛指认为其资本扩张的目标。这种决定所有资本主义国家外交的扩张诉求，在奥地利不会因关税分离削弱，反而会增强——为弥补匈牙利市场的损失，奥地利工业必将在巴尔干寻求补偿。而马扎尔人对罗马尼亚人和塞尔维亚人的压迫，使这种诉求严重受挫。匈牙利民族斗争越激烈，马扎尔统治阶级暴政的消息就越会在罗马尼亚和塞尔维亚激起对君主国的仇恨——我们的工业、商业和银行在巴尔干的竞争对手必将巧妙利用这种情绪。需要确立奥地利在巴尔干经济霸权的资本主义，单凭这点就必须谋求解放匈牙利的罗马尼亚人与塞尔维亚人。当这些民族在帝国内获得法定民族地位时，局面将截然不同——若帝国境内的罗马尼亚、塞尔维亚学校比其母国更优越，就不是我们的青年向往布加勒斯特和贝尔格莱德，而是这些贫穷缓慢国家的青年来奥学习并心生敬仰；当奥地利的罗马尼亚人与塞尔维亚人的民族文化发展获得与其母国同等的保障时，君主国与这些国家的唯一区别，就在于它提供了庞大经济区的巨大优势。届时帝国将对这两个民族产生强大吸引力：对大型经济区的需求——这本是西欧和中欧建立现代民族国家的驱动力——在此反而可能扩展民族联邦国家，促使巴尔干国家紧密依附于奥地利民族联邦。帝国内的民族和平，正是资本主义征服巴尔干的手段[135]。

帝国境内的力量正推动着凯撒主义——这种将民主平等与民族自由理念转化为皇室权力工具的政治形态。资本主

---

[135] 这一思想最早见于菲施霍夫（Fischhof）《奥地利及其存续保障（Österreich und die Bürgschaften seines Bestandes）》（维也纳 1869 年，第 33 页）。另请阅读一位罗马尼亚作者的论述："美利坚合众国最初仅由 13 个州组成。如今已拥有 45 个！后来加入的这些州，这 32 个新成员，都是自愿加入的。为何？因为合众国所实行的自由、自治与发展可能性产生的自然吸引力变得完全不可抗拒……我们必须为帝国内各民族提供保障其政治民族与经济发展的所有条件。我们必须尽一切努力，使他们在奥地利大国框架内过得比在任何其他国家都更幸福……如此便可期待，所有境外小民族对我国政策的信任与对君主国的同情都将与日俱增。"（波波维奇（Popovici）《大奥地利合众国（Die Vereinigten Staaten von Groß-Österreich）》，莱比锡 1906 年，第 407 页及以下）

义的扩张需求处处催生帝国主义，促使渴望"开疆拓土"的皇室、追求战功的军队与需要新投资领域和稳定市场的资本势力结盟。在奥地利，凯撒主义将成为帝国主义的手段。皇室解放匈牙利各民族，实为掌控巴尔干各民族；资本家为民族自决而战，不过是想将巴尔干人民纳入其剥削范围。

"空想！全是空想！"——有人会这样嘲讽吗？诺曼向我们保证哈布斯堡绝非革命者，而那些将三十年现状视为永恒的小市民，更不相信欧洲版图还会有变动。然而当关税区分离、二元制解体危及皇权、奥地利资产阶级丧失最重要市场、匈牙利各民族向统治少数派宣战、土耳其瓦解迫使欧洲解决巴尔干民族问题之日——匈牙利"民族国家"的宪法不过是一纸空文。

当然，这股发展势头遭遇着强大的反向力量。现存秩序的惯性本就是巨大的历史力量。但无论凯撒主义与匈牙利国家的斗争结局如何，仅凯撒主义倾向的萌发就必将深刻影响帝国西半部的民族关系发展。要实现帝国内部的民族自治，必先在莱塔河这侧（奥地利）确立该制度。当皇室需要普选制时，它就成为了奥地利的政府纲领。皇室、所有阶级、所有意图推翻匈牙利统治阶级的民族，都必须在奥地利要求民族自治。因此，民族自治将成为以下势力的共同纲领：担忧丧失对匈统治权的皇室；企图拯救帝国免遭"异端叛乱者"毒手的教权派农民与基督教社会党小资产阶级；为匈牙利市场颤栗又渴望经济征服巴尔干的资产阶级；以及誓要援助河对岸受压迫同胞的各民族。

奥地利向民族自治的发展并非完全取决于匈牙利局势。我们知道，帝国内部本就存在足够推动力。但匈牙利问题将极大强化这些力量。在奥地利，民族和平的意愿需经漫长历史进程才能克服民族仇恨并凝聚为民族自治诉求；而对匈牙利问题的考量将大幅加速这一进程。当大帝国存亡、奥地利工业前途、数十万境外同胞命运悬于一线时，奥地利各民族间的分歧将显得微不足道。

历史发展将迫使有产阶级给予奥地利工人阶级所需的宪法——这既为阶级利益，也为阶级斗争。这种契合绝非奇妙巧合，而是有其必然性。决定工人阶级宪政纲领与古老帝国发展趋向的，本就是同一股力量。资本主义发展既给奥地利带来民族问题，也带来社会问题。当古老历史民族的统治阶级曾奴役"无历史的民族"时，资本主义与现代国家却唤醒了所有民族的文化生命，将它们推上历史舞台。二元制作为最后一种企图维系古老历史民族统治的宪制形式——德意志人与马扎尔人瓜分帝国，前者分给波兰人、后者分给克罗地亚人些许统治权，其他民族则一无所获。一旦所有民族觉醒，一旦再无民族甘受压迫，这个契约便土崩瓦解。当"无历史的民族"不复存在，民族统治与民族压迫也就随之消亡。民族联邦国家正是各自治民族的联合。君主国向民族联邦国家的转型，是资本主义发展的必然结果——它拓宽所有民族的文化共同体，从而唤醒"无历史的民族"的文化生命与政治自主意志。

我们在此仅探讨匈牙利问题对理解奥地利民族斗争发展趋势的重要性。奥地利工人阶级对匈牙利问题的立场，是与国家发展趋势分析截然不同的独立命题。

奥地利工人最初将匈牙利问题视为宪政议题。二元制剥夺了帝国议会对军事力量与外交政策的掌控权，这对任何民主政党都不可容忍。因此奥地利工人必须要求废除"国事"共同事务，实现与匈牙利的完全政体分离。

但我们逐渐认识到，匈牙利问题也是经济政策问题。关税区分离给奥地利工人阶级带来的威胁——党内媒体至今仍低估其严重性——意味着就业机会减少、面包与肉类涨价、工业发展放缓。因此奥地利工人阶级要求维持关税区统一。

基于工人阶级利益，我们主张：奥匈两国在政体上完全独立，但永久结成统一经济区。

奥匈重组为统一的民族联邦国家并非工人阶级的纲领。但若其成为君主国统治者的纲领，我们便需抓住时机促进奥地利工人的现实利益：此刻正是争取基于民主地方自治的民族自治、捍卫统一经济区的良机。同时我们更须警惕凯撒主义对国家民主宪政与群众民主意识的危害。这类战术难题的探讨已超出本文范畴——因其已非民族问题，而是无产阶级应对凯撒主义的普遍策略问题。对此费迪南德·拉萨尔（Ferdinand Lassalle）早在 1859 年就道出关键：

"当路易·拿破仑为骗取民心而推行深得民心的伟大事业时，我们应拒绝给他这种虚荣，使其为私利采取的行动徒劳无功。但按常理，谁会在此时拔剑反对这项事业？谁会在此时反对自己既往的追求、愿望与目标？"

VI. 民族原则的演变

26. 民族自治与民族原则

我们在第 2 节已看到，民族原则如何成为摧毁欧洲传统国家结构的现实力量。随后我们确认，仍有若干民族国家在民族原则的冲击下勉力维持，并选取其中一个民族国家——奥地利——进行了足够长时间的观察。但尚未探讨这些民族国家能否真正延续，而只追问了民族国家存续期间内部关系如何形成。由此我们触及了民族自治的发展趋势。正是这项研究向我们展现了民族原则的磅礴伟力——因为民族自治不过是民族原则在国家内部的表现形式。当民族原则尚不足以粉碎民族国家并在其疆域上建立独立民族国家时，它已在推动民族国家形成赋予各民族相对自主性的宪制。我们最初仅将民族原则视为国家建构的准则，如今则认识到它也是国家宪制的规范。

比较民族原则的这两种作用形式极具启示性。作为国家建构原则时，民族原则将国家全部权力手段交予民族；而作为国家宪制规范时，却拒绝赋予民族这些权力手段。民族自治虽基于法律秩序（间接则基于保障法律秩序的国家权力）为民族提供稳固的权力领域，且可通过民主行政体系确保国家不敢剥夺已授予民族的权力领域（否则将自毁行政体系与国家实体），但民族自治既未赋予民族独立经济区域（使其仍从属于更大经济体），也未在私有制社会秩序允许范围内给予民族自由支配经济发展的权利（而这恰是民族文化发展的基础），更未授予军事权等外部权力手段以保障民族存续。因此民族国家框架内的民族自治，不过是民族国家的不完全替代品。

但另一方面，民族国家内的民族自治又具有超越民族国家的优势。国家本质上是疆域实体，必须包含适宜形成相对独立经济区且具备战略防御价值的领土，因而永远无法纯粹贯彻民族原则：总要强制统治异族碎片，并放弃本族部分人口。这些限制对民族国家内的自治民族均不适用——其可无视经济或战略单元划定居区，通过属人原则整合散居异域的少数民族，满足其文化需求。故作为国家宪制规范应用的民族原则，比作为国家建构原则时更能得到纯粹贯彻。

历史将走向何方？是保留民族国家仅在其中规范民族间及民族与国家关系？还是让民族原则继续作为国家建构原则摧毁多民族传统国家？对奥地利而言，问题在于：它能否作为独立国家存续，使前文所述力量得以将旧奥地利改造为民族联邦？抑或将被民族原则摧毁而"解体？"要解答这些，须探究企图瓦解与维护民族国家的两股力量。我们须以科学的客观态度进行研究，个人好恶不应影响判断。此处我们仅探讨资本主义社会阶段的问题，至于社会主义社会的共同体划界则是另一命题。

在国外，奥地利人常听到"老皇帝瞑目之日即帝国解体之时"的论调。这显然是对帝国现存实力毫无认知的无知妄言。当今维系奥地利的，绝非欧洲君主对耄耋皇帝的礼遇。首先，整批民族与奥地利存续利害攸关：境内 590 万捷克人、120 万斯洛文尼亚人，匈牙利境内 870 万马扎尔人、200 万斯洛伐克人及 170 万克罗地亚人（这些民族在境外无大规模同族），根本无望从帝国解体获益。其他民族（德意志人、波兰人、鲁塞尼亚人、塞尔维亚人、罗马尼亚人、意大利人）或可期待与境外同胞合并，但上述 1950 万人绝无此可能。他们至今仍信奉帕拉茨基所称的"奥地利国家理念"：作为独立国家太弱小，无法保障民族生存与物质利益；在任何他国处境都将比在多民族共存的奥地利更弱势（这里无单一民族可支配他族）——因此他们需要君主国存续。

但构成帝国多数的其他民族，也绝非能摧毁君主国的统一大军。首先，某些阶级利益与帝国解体存在根本冲突。工业资产阶级尤其与帝国存续利害攸关——两个世纪以来的关税保护政策培育的工业体系，如今完全依赖帝国市场。若关税壁垒消失，资本与劳动力将被迫从德国占优的产业撤出，转入奥地利尚具优势的生产领域，这必然引发严重经济危机，造成生产资料与技术工人的大规模折损。资产阶级无疑会誓死捍卫这个稳固的剥削领地。眼下波希米亚的日耳曼工厂主或许高喊"泛德意志"口号：这既无风险（帝国存续尚无实质威胁），又有利可图（借民族国家纲领转移工人阶级斗争视线）。但当真面临与德意志帝国关税区决裂时，这些玩弄民族国家幻想的把戏自会收敛。

若资产阶级受阶级利益驱使，那么教权派农民与小市民则因阶级意识形态成为君主国卫士。他们带着对传统的盲从眷恋帝国，这种情感更因教会影响而强化——对天主教会而言，奥地利解体意味着最后天主教大国的消亡。

于是，前述 1950 万与帝国存续攸关的民族之外，还要加上德意志资产阶级与教权派。任何理性评估奥地利解体问题者都必须承认：帝国至少半数人口坚决维护其存续。

这构成了帝国的军事支柱。奥匈军队至少半数会为帝国存续热血奋战。现代军国主义通过特殊组织与教化，早已将活人驯化为无意志的机器，把国民军队变成凌驾于民众之上的统治工具。当半数国民愿为君主国而战时，军队骨干的忠诚便有保障；统治者凭借榜样力量与严明纪律，足以胁迫其余人参战。理智者都不会怀疑：若帝国今日面临存亡之战，德意志、波兰、鲁塞尼亚、塞尔维亚与罗马尼亚籍士兵绝不敢违抗军令。

当然，未来两半帝国间的博弈与各民族的内斗必将引发连串危机，为外部干预创造契机。正因如此，我们强调"民族自治的发展只能是痛苦缓慢的进程，帝国民族关系的有机调整与二元制克服不会源于觉悟提升，而源于使现行宪制难以为继的残酷斗争"这一判断至关重要——它预示君主国将频繁出现诱使外部势力干预的乱局。但即便粗略检视君主国可仰仗的内部力量也已表明：它不会死于内耗，若最终解体，必非境内民族所为，而只能是外力干预的结果。唯有当某外部势力与奥国内部解体力量勾结时，帝国才可能崩塌。至此，奥地利民族问题已演变为欧洲政治问题。我们面临的终极诘问是：君主国境外是否存在有意愿且有能力摧毁它的力量？

我们首先审视俄罗斯帝国。早有论断认为君主国是制衡俄国的必要存在，一旦沙俄旧秩序崩溃，奥地利自会瓦解。帕拉茨基1848年4月致法兰克福"五十人委员会"的著名信函中写道：

"试想奥地利分解为若干共和国——这岂非为俄罗斯普世君主制搭建的理想基石[136]？"

---

[136] 帕拉茨基《奥地利国家理念（Österreichs Staatsidee）》，布拉格 1866 年版，第 85 页。

恩格斯同样认为："在即将到来的俄国革命胜利之前粉碎奥地利将酿成大祸，因为此后多余的奥地利必将自行瓦解[137]。"

如今，当俄国革命不再是未来的希望，而成为我们时代最重大的现实事件时，我们比当年的恩格斯更能看清它对奥地利君主国存续的影响。

俄国革命与 1848 年的奥地利革命一样，不仅是一场社会和政治革命，也是一场民族革命。俄罗斯同样是一个包含众多民族的民族国家——既有大俄罗斯人、波兰人、德意志人、瑞典人等历史悠久的民族，也有鲁塞尼亚人、白俄罗斯人、立陶宛人、拉脱维亚人、爱沙尼亚人等缺乏历史记载的民族。现代国家和资本主义的扩张唤醒了这个庞大帝国中所有沉睡的民族。在这里，民族文化和权力关系的变迁与僵化的法律形式之间的矛盾同样推动了革命。

19 世纪上半叶捷克人的历史图景，如今正在俄罗斯帝国的所有无历史民族中重演，只是这些民族受资本主义变革影响的程度不同，民族发展水平也不尽相同。但毫无疑问，俄

---

[137] 恩格斯《暴力与经济在新德意志帝国建立中的作用（Gewalt und Ökonomie bei der Herstellung des neuen Deutschen Reiches）》，载《新时代（Neue Zeit）》第 14 卷第 1 期第 687 页。

罗斯所有无历史的民族终将像奥地利曾经的无历史民族一样，觉醒并迎来独立的文化生活。现代资本主义在俄罗斯同样扩大了文化共同体的范围，而这种扩大意味着那些原本仅由被剥削和被压迫阶级构成的民族将迎来文化复兴。

我们无法预知这一进程的速度，但如果革命成功推翻沙皇政权，它必将大幅加速。即便俄国专制制度再次压制民主，1905 年后的沙皇政权也绝不可能恢复十月革命前的原貌——正如巴赫专制已不同于梅特涅专制。俄罗斯帝国若没有资本主义便无法存续，同样，所有民族终将觉醒，资本主义必将改变所有民族的心理，沙皇制度对民族的压迫终将变得无法容忍。或早或晚，俄罗斯也将迎来民族自治的成熟时机。

在这场革命浪潮中，我们尚无法确定这种以民族发展形式呈现的社会变革将催生何种国家形态。因此，我们只能探讨这场巨变对奥匈君主国存续的影响。

首先必须驳斥一种广为流传的观点：一旦俄罗斯保障各民族文化的自由发展，它将对君主国内所有斯拉夫民族产生强大吸引力。这种观点曾被德意志官僚宣扬，如今又被匈牙利贵族利用，他们以泛斯拉夫主义的幽灵恐吓统治者，试图证明压迫斯拉夫民族是君主国的生存必需。一些斯拉夫政客幼稚的表演也助长了这种论调——他们以脱离奥地利为要挟，企图为自身民族争取让步。但事实上，只要君主国存在，捷克人、斯洛文尼亚人、斯洛伐克人渴望加入俄罗斯帝国的可能性微乎其微。

泛斯拉夫主义最初只是用来激发奥地利境内年轻斯拉夫民族觉醒的工具。19 世纪 30 至 40 年代，捷克民族的悲惨处境无法点燃民族意识，于是人们虚构了一个伟大斯拉夫民族的幻象。科拉尔诗歌中的泛斯拉夫主义思想正是如此。但随着各斯拉夫民族的进步，他们愈发意识到自身的独特性，愈发看清与其他斯拉夫民族的差异，"统一斯拉夫民族"的幻象在自身民族生活的现实前逐渐褪色。哈夫利切克就曾以"我是捷克人，而非斯拉夫人"的自信宣言对抗泛斯拉夫主义的狂热幻想。如果捷克人不得不在奥地利或某个大德意志帝国忍受德意志异族统治，他们或许会倾向于选择俄罗斯帝国。但只要君主国能够存续，并朝着民族自治方向发展，他们就必定会捍卫它——任何国家形态，甚至泛斯拉夫大帝国，都无法让捷克人获得比在奥地利更强的地位。

因此，君主国无需因俄国革命的胜利而恐惧泛斯拉夫主义的觉醒。真正的威胁在于：当俄罗斯各民族赢得自由时，君主国将与俄罗斯面临两个共同民族——波兰人和鲁塞尼亚人。一旦这些民族在俄罗斯争取到自由，我们将面临一个问题：他们是否也会为民族统一而战？

俄国革命初期的胜利如何改变鲁塞尼亚人与奥地利的

关系，这一点极具代表性。当乌克兰民族在俄国看不到解放希望时，鲁塞尼亚人曾是奥地利政权的重要支柱。统治者对其忠诚深信不疑，甚至肆无忌惮地将鲁塞尼亚人的民族利益完全出卖给波兰人。如今局势截然不同——俄国境内乌克兰民族的觉醒必将加速奥地利鲁塞尼亚人的复兴进程。一旦小俄罗斯人在俄国争取到民族权利，东加里西亚波兰贵族的统治就难以为继。届时奥地利若不想在危机四伏的东部边境制造敌对国家，就必须赋予鲁塞尼亚人民族自治权。

不过迄今为止，鲁塞尼亚民族在重获鲜活民族文化的道路上进展相对缓慢。比鲁塞尼亚问题更早让奥地利陷入困境的，将是波兰问题。

罗莎·卢森堡的杰出著作[138]为科学探讨波兰问题奠定了基础。她揭示出：当今看待波兰问题的视角必须与 1861 年或 1863 年截然不同。任何研究者都需从波兰王国工业异常迅猛发展这一事实出发。

波兰大工业发展期集中在 1850 至 1870 年间：1851 年俄波关税边界废除、1862 年起铁路建设兴起、1864 年农奴制废除，这些因素加速了资本主义发展。1877 年后俄国政府的

---

[138] 卢森堡（Luxemburg）《波兰工业发展（Die industrielle Entwicklung Polens）》，莱比锡 1898 年版。

保护关税政策更推动波兰工业腾飞。由此诞生了王国的大工业体系：罗兹及周边的纺织业、索斯诺维茨地区的煤铁产业、华沙地区的机械制造与制糖业。如今波兰已成为仅次于彼得堡和莫斯科工业区的俄国第三大资本主义发达区域。

卢森堡特别指出：波兰资产阶级的利益与脱离俄国存在根本冲突。该国大半工业品依赖俄国市场销售。官方数据显示，波兰工业品50%销往俄国——1886年141家大型工厂63%产品销往俄国；1898年纺织业至少50%产品（价值约1.35亿卢布）出口俄国；据茹科夫斯基统计，金属加工业五分之三产品输往俄国市场。与工业品出口相对应的是从俄国大量进口粮食和工业原料。若设立俄波关税壁垒，将导致大批企业倒闭、资产阶级破产、工人失业加剧及生活成本飙升。由此得出结论：在资本主义社会阶段，波兰脱离俄国绝无可能；解放波兰会损害资本家与工人利益，阻碍资本主义发展，迟滞民族文化共同体扩张。因此有人认为，波兰人必须永远放弃在资本主义社会建立独立民族国家的幻想。

我认为这一论证极具价值，但远未穷尽科学视角下的波兰问题全貌。仅仅确认资本主义在波兰培育出反对复国的阶级远远不够，更需探究生产方式变革如何改变人的精神本质、情绪、愿望和思想，进而追问民族精神气质变迁对群众波兰建国立场的影响。每个阶级的政治立场不仅取决于阶级利益，更受其独特社会存在所塑造的意识形态支配。

资本主义发展同样导致波兰人口从乡村向城市和工业区快速迁移。波兰王国人口从 1857 年的 473.4 万增至 1897 年的 945.7 万。这 40 年间，城市人口从 113.06 万（占比 23.5%）增长至 297.8 万（占比 31.5%）。其中工业城镇增速最为迅猛：

年份	人口超过 10,000 的城市	这些城市的人口
1857	7	246.000
1872	15	524.000
1897	35	1.756.000

因此，总人口中快速增长的部分居住在大城市——这些地方正是波兰工业的真正中心。与此同时，城市人口结构也在发生变化。具体数据如下 [139]:

年份	工匠	工厂工人
	千人	
1855	85,9	56,4
1866	94,9	69,2
1880	104 至 110	121,8

[139] 科祖茨基（Koszutski）《波兰王国经济发展（Rozwoj ekonomiczny krolestwa Polskiego）》，华沙 1905 年版，第 201 页。

1888	124	161 至 168
1900	130 至 140	300

自 1880 年起，工厂工人数量已超过手工业者，如今至少是后者的两倍。若考虑到被统计为"手工业者"的群体中实际包含大量无产阶级和依附资本生存者，便能看出城市与工业区正日益显现无产阶级特质。

这些社会变迁如何影响波兰民众对民族国家诉求的立场？我们首先关注工业工人阶级的态度。前文已阐明（第 20 节）：历史民族工人易产生天真的世界主义，而无历史民族工人则易萌生朴素民族主义。波兰民族处于奇特中间状态——既是包含统治剥削阶级（波兰贵族及新兴资产阶级）的历史民族，又是遭受俄国异族压迫的被奴役民族。这种双重性导致波兰工人在民族问题上立场分裂。

一方面，波兰工人清醒认识到与本国贵族和大资产阶级的阶级对立。剥削与异族统治在此并不重合：当捷克工人对抗德国雇主时，波兰工人面对的阶级敌人——始终是大地主，通常还有工厂主——却同为波兰人。民族国家理想在此首先表现为贵族与资产阶级的理想，工人与之毫无共同语言，反而将俄国、德国、犹太工人视为苦难战友。这驱使波兰工人如同所有历史民族的无产者，其革命本能导向天真的世界主义。

另一方面，波兰民族承受着俄国殖民统治。保障剥削制度、镇压工人运动的阶级国家，以异族俄国政权的面目出现。革命工人对自由的渴望必然催生挣脱异国枷锁的冲动。这又使波兰工人如同所有被压迫民族的无产者，其革命本能趋向朴素的民族主义。

两种根本倾向在波兰工人头脑中交锋。当这两种同源于工人阶级革命本能的情感各自升华为政治纲领时，便形成了波兰两大社会主义工人政党——"波兰社会党（PPS）"与"波兰王国社会民主党（SD）"。无产阶级内在的情绪矛盾，外化为两党间的激烈论战。波兰民族既非无历史民族却惨遭压迫的特殊性，通过社会主义阵营的分裂昭然显现。

将波兰社会主义运动的分裂归咎于斗争同志的个人过失是愚蠢的——无论是某些人指责的"马克思主义不宽容，"还是另一些人宣称的"经济无知。"这两大工人政党的产生具有同等必然性，各自体现了波兰工人阶级矛盾心态的一个侧面。但当无产阶级意识的每个侧面都具象化为独立政党时，对立就脱离了工人实际认知水平，蜕变为知识分子教条主义的尖锐对抗。受沙皇制度阻碍无法公开组织活动的波兰工人阶级，如同所有新觉醒的无产阶级那样需要社会主义知识分子引导。但这些知识分子经历严酷锻造：长期被剥夺实践机会，遭沙皇爪牙驱逐海外，滋生出德国人十分熟悉的特殊教条主义。波兰知识分子兼具 1840 年代德国理性主义的所有优点——渴求知识、钻研理论、蔑视随时准备出卖工人阶级理想的资产阶级"现实政治"、为真理牺牲奋斗的刚毅；却也染上其伴随缺陷：无力凝聚力量实现近期目标，热衷为几十年后才需解决的学说分歧提前分裂工人力量，惯于为批判理论错误牺牲阶级斗争实际需要。这些流亡苦难造就的知识分子，最终攫取了工人阶级基本情绪的内在矛盾。唯此才能解释令西欧工人费解的现象：当沙皇暴政尚未推翻、战士每日面临监禁枪决之时，华沙和罗兹的工人却在争论俄波关系该由彼得堡立宪会议还是华沙议会裁定，八小时工作制应向俄国杜马还是波兰议会争取，波兰是否需要俄国市场。他们在自由与生命时刻受威胁的环境下召开集会，在地下印刷所刊印传单，矛头所指并非沙皇制度或资本主义，而是——社会主义兄弟政党。

然而波兰工人群众并不理解这种斗争。两党报告都承认：常有工人今日为社民党演说喝彩，明日又对社会党领袖鼓掌。这并非如两党所抱怨的源于波兰无产阶级的不成熟或觉悟不足——当两个政党各自体现工人本质的一个侧面时，个体工人如何能理解党派斗争？真正根源在于资本主义剥削与国家压迫导致的政治幼稚，使他们无力终结削弱阶级力量的兄弟阋墙。但随着斗争锤炼的深入、无产阶级组织的壮大、知识分子被迫在日常阶级斗争中检验流亡时期锻造的理论教条，波兰无产阶级对统一阶级政治的需求必将增强。"波兰社会党"内部"新路线"的出现（尽管初期引发进一步分裂），无疑是工人阶级团结运动壮大的显著标志。但在民族问题上，无产阶级统一政治的首要目标只能是俄罗斯帝国内部的波兰自治。

资本主义影响下波兰民族文化的发展使自治成为必然。资本主义发展同样在此扩展着文化共同体——1863年的波兰农民与今日波兰工人维系民族的纽带已截然不同。农民终将融入民族：中小地产兼并小农与贵族领地的多年趋势，将为农业资本主义改造奠定基础，促使农民更深卷入商品生产，转向集约化耕作。尽管俄属波兰农民尚非西欧意义上的现代农经营者，资本主义发展终将塑造这一群体。如同所有资本主义民族，民族共同体通过双重途径扩展：农民子弟转化为工人，同时小农经济本质及心理发生嬗变。至此，民族压迫的效应才真正触及广大民众。如今不仅是贵族，普罗大众同样关切民族文化发展与国民教育体系构建。随着群众自我意识的觉醒，仇恨一切压迫的他们最不能容忍异族统治这种直观压迫。争夺波兰语权利的斗争由此成为全民民族斗争。波兰社会主义者必须主动引领这些诉求——这些昔日仅属贵族的要求，因文化共同体扩展与资本主义催生的群众觉醒，现已转化为工人诉求，并将很快成为农民诉求。若社会主义者缺席，资产阶级民族政党就会收编工人。拒绝担当工人阶级民族诉求代言人的社会主义政党，便辜负了首要使命：使工人阶级成长为独立政治力量。

但波兰社会主义者要保障民族文化自由发展，不能依靠奥地利式原子化中央集权宪制，唯有通过民族自治。正如奥地利各族工人，俄国境内的波兰工人也必须为民族自治而战。

俄国各地区文化发展程度的巨大差异，也迫使波兰工人争取自治。波兰的社会构成与帝国内资本主义欠发达地区存在本质区别。若将整个俄罗斯帝国划为统一行政区域，波兰在每个环节都会受庞大农民群体的拖累，被人为压制在低于其经济发展水平的文化阶段。正是波兰相对俄国大部分地区的资本主义先进性，成为推动自治斗争的内在动力。

我们无需探究满足波兰工人自治需求的法律形式，更值得关注的是：民族自治真能成为资本主义社会内波兰发展的终点吗？抑或发展终将突破此限导向完全独立？

假设波兰工人成功争取帝国内部自治，俄属波兰的发展大概率不会在资本主义社会阶段重提波兰问题。工人与农民的阶级意识形态需求已获满足；阶级利益将迫使资产阶级与工人阶级维持俄波纽带。波兰统一的梦想不会消失，正如奥地利德意志人从未遗忘大德意志理想，但它在俄属波兰将暂时丧失直接政治动能。届时波兰问题的重心将转移至普鲁士波兰——当俄国被迫授予波兰自治时，普鲁士对波兰的压迫就再难维系。俾斯麦早在 1863 年打压彼得堡亲波势力时就洞悉此危险，预见到俄波和解对普鲁士的威胁。俄国实现波兰自治之日，波兰问题本质便从俄国内部问题转化为普鲁士内部问题。我们无法预知后续发展，但世界大战中德帝国因帝国主义政策卷入战争时，爆发席卷俄奥境内波兰地区的起义并非不可想象。无人能断言这种可能性，更无法预判战时动荡会否创造波兰统一国家的机遇。关于"各民族必然追求独立国家生存"的聪明论文，与对俄属波兰资产阶级阶级利益的精密经济分析，对此都无力作出决断。

但若俄国境内的波兰工人争取自治失败，局面将截然不同。波兰民族争取自治的斗争绝不会停息。即便用监狱和绞架暂时压制工人反抗，斗争仍会不断复燃——难以忍受的制度与民族文化发展的矛盾将持续引发革命。这场自治斗争的走向无人能料：斗争本身会使民族自由思想深入民心，他们或许能在有利时机赢得俄国框架内的民族自由；但谁能否认，当他们对俄国实现自由绝望时，或许会在战争等契机下持械寻求民族自由与民族统一的终极答案？届时无产阶级不会算计是否需要俄国市场，数十年斗争锤炼的阶级意识形态将压倒一切阶级利益的冷静考量。若波兰农民工人因对俄国民主绝望而再次为自由浴血奋战，资产阶级的抵抗将毫无意义——在无产阶级主导的革命时刻，没有资产阶级敢对抗已成为全民族共识的意识形态。

对奥地利而言，俄国革命首先是波兰问题。这些思考表明：恩格斯关于"俄国民主胜利后奥地利将自行瓦解"的论断难以成立。若俄国民主胜利并实现民族自治，奥地利为安抚境内波兰人和鲁塞尼亚人，必将加速推进民族自治——既有民族关系调整趋势将获得新动力。但此时可能爆发起义的不再是俄国波兰，而只能是普鲁士波兰。若设想奥地利因波兰人起义而解体，威胁将来自普鲁士革命而非俄国。反之若俄国革命失败，波兰人的斗争可能演变为民族革命，甚至蔓延至奥地利。可见威胁君主国存续的并非俄国革命胜利，而是其失败——即便如此，这种威胁也需特殊国际局势配合才可能实现。

现实中却流行着其他幻想。某些奥地利政客仍企图效仿克里米亚战争和 1863 年波兰起义时期的外交策略，将波兰问题工具化；部分波兰政客则寄望于奥地利在起义时对俄宣战，解放波兰并将其与加里西亚合并为由哈布斯堡大公统治的波兰王国。如此波兰问题非但不会导致多瑙河帝国解体，反将增强其实力。但我认为这种令某些奥地利爱国者和波兰革命者陶醉的计划纯属空想：首先，奥地利实现民族自治前必先经历两半帝国及各民族的残酷斗争，内部状况根本不允许如此冒险的外交；其次，王朝团结意识会阻止哈布斯堡家族与波俄革命势力结盟；再者，奥地利若重建独立波兰，将同时面对俄德两大敌手，意大利也会趁机提出阿尔巴尼亚和特伦蒂诺归属问题，俄奥交战必引发巴尔干战火——这将对奥境内民族产生何种影响？德意志人会甘愿参加实质对德作战吗？南斯拉夫人愿为对抗斯拉夫兄弟而战吗？虽然遗憾，但我们不得不放弃"奥地利为俄国革命执剑"的幻想，因为令人费解的是，至今仍有清醒政客对此梦寐以求。

另一种偶尔被提及的设想同样渺茫：俄国解放其波兰人后吞并加里西亚，组建波兰王国。沙俄政府在 1870 年代（俄土战争前）确曾有此谋划，但除非先授予波兰自治并基本满足各民族自由诉求，否则此路不通。当今唯有宪政俄国（即便非民主政体）才可能实施此计划，而宪政俄国短期内必有比对奥作战更紧迫的议题，财政困境更是重大阻碍。况且这对俄国也非无险之策——它必将同时与德奥开战。尽管听起来荒谬，但比起波兰人对奥地利干预的期待，"俄国为波兰自由统一出兵"的可能性反而更高。不过这种政策下，解放奥属波兰人和鲁塞尼亚人绝非目的而是手段：用民族自由纲领煽动民意以推动征服战争，表面谈论波兰与鲁塞尼亚，实则剑指君士坦丁堡和萨洛尼卡。可见此时发挥效力的已非我们讨论的原始民族原则，而是源于其他力量、服务于其他目的的全新民族原则。

俄国革命的失败可能使俄国境内波兰人的自治斗争，在有利国际形势下转化为争取完全自由与统一的革命。而俄国革命的胜利则首先会使波兰问题成为普鲁士的问题——只要普鲁士的资本主义军事统治持续存在，波兰起义便只能在德意志帝国因国际纠纷受制时才有可能爆发。从更长远看，民主或宪政俄国为肢解奥地利而发动战争也非不可想象，但这同样需要俄国将波兰与乌克兰问题工具化，把资本主义扩张战争伪装成民族解放战争。

因此，资产阶级社会框架内的俄国革命本身并不必然导致奥属波兰人和鲁塞尼亚人分离——恩格斯预言的"奥地利解体"（或许以加里西亚分离为开端）不会因此自动实现。俄国革命对君主国的存续威胁，仅当东方民族矛盾通过重大国际变局解决时才会显现。不是波兰或鲁塞尼亚问题会撕裂奥地利，而是当资本主义扩张政策引发的动荡瓦解奥地利时，这两个问题才会随之解决。

这引导我们转向新课题：必须研究现代帝国主义政策及当代外交政策的本质。尽管此处只能简要探讨，但我们将发现：追溯现代外交政策的社会矛盾根源时，高度资本主义国家的外交政策正赋予民族原则新内涵。通过审视该问题，我们能判断资本主义社会究竟能在多大程度上实现民族原则、满足民族独立建国的需求——唯有在此基础上，社会主义的民族政策才能得到彻底厘定。

27. 资本主义扩张政策的根源

现代资本主义国家的外交政策始终服务于经济政治利益。诚然，它试图通过国家权力的力量来促进具体的经济利益，而由于国家权力是实现其最终目标不可或缺的手段，很可能出现这种情况：国家数十年来除了维持或改善与其他国家的力量对比外别无其他政治目标，以至于在很长时期内，人们根本不会谈论所追求的政治力量对比本身其实只是实现经济政治目标的手段。这种政治权力追求暂时脱离其经济政治基础的现象，在"欧洲均势"体系被视为所有外交政策唯一目标的那个现已半消逝的时代中，为我们提供了一个例证。然而，当世界政治的重大问题使欧洲旧议题黯然失色时，资本主义国家权力追求背后始终隐藏着经济政治企图这一点，就比以往更加清晰地显现出来。

资本主义国家的经济政策始终致力于为资本确保投资领域和销售市场。

在资本主义国民经济中，总有一部分社会货币资本从产业资本的循环中游离出来。这些游离出来的货币资本固然会流入银行，并由银行重新导入生产领域。但在社会生产过程某环节游离出来的货币资本，要经过一定时间才会被用于社会生产过程另一环节购买生产资料和劳动力。因此，社会货币资本总有一部分在任何时刻都处于闲置状态。

当大量货币资本闲置，游离资本碎片回流生产领域速度缓慢时，首先会导致对生产资料和劳动力需求的下降。这意味着生产资料工业领域价格与利润的直接下跌、工会斗争难度加大以及工资水平降低。这两种现象还会波及消费品生产行业：由于生产资料工业资本家获利减少，加之失业率上升和货币工资下降削弱了工人阶级购买力，直接用于人类消费的商品需求随之萎缩。这又导致消费品行业价格、利润和工资的全面缩减——更大比例货币资本退出资本循环，引发整个工业领域价格、利润、工资的普遍下降与失业率攀升。

这种趋势一旦形成，就会催生进一步削减资本家和工人收入的力量。当所有商品的销售机会减少时，首先会延长资本周转时间：制成品找到买主并重新转化为货币的过程变得迟缓。这导致社会总资本中更大比例采取商品资本形态，更小比例保持生产资本形态。换言之，在资本周转时间内，生产时间占比缩小，流通时间占比扩大[140]。周转时间的延长使得等量资本周转次数减少，推动的活劳动量下降，因此在剩余价值率不变、剥削程度恒定的情况下，创造的剩余价值总量缩减，利润率随之下降。这又进一步抑制对劳动力的需求

---

[140] 生产资本是作用于生产过程的资本，即投入生产资料、原材料及购买劳动力的资本。商品资本是以待售成品库存形态存在的资本。资本周转时间指从资本家预付资金到售出商品收回款项的整个循环周期，分为生产时间（资本参与生产的时间）和流通时间（包括从产品完工到售出的销售时间，以及从回笼资金到重新购买生产资料与劳动力的采购时间）。参见马克思《资本论》第 2 卷第 1 篇。

——因为只有生产资本而非商品资本才会购买劳动力；资本仅在生产时间而非流通时间需要人类劳动。

闲置资本与职能资本、生产资本与流通资本、生产时间与流通时间之间比例的任何变动，都会彻底改变资本主义社会的面貌。劳动是一切价值的源泉。但资本主义社会通过闲置资本而非将其用于购买劳动力，暂时减少了社会劳动总量。它在一端堆积闲置资本，在另一端积聚失业大军。它暂时无法为失业者提供工作，因为任由资本闲置；它也无法实现资本增值，因为让具备劳动能力和意愿的人们游离于生产过程之外，从而也将其排除在流通过程之外，在剥夺他们享受世间财富权利的同时，也丧失了自身实现财富增值的可能性[141]。

这一认识对我们的研究目的至关重要，因为唯有此时我们才能真正理解资本主义经济政策的意图。它既追求资本的投资领域，又谋求商品的销售市场。现在我们明白这并非两项独立任务，本质上实为同一使命。当我为闲置资本开辟投资领域，通过超额利润将其诱入生产领域时，同时也为商品创造了销路——因为购买商品的并非闲置货币资本，而是生产资本：它首先购买生产资料和劳动力；为工人提供就业从

---

[141] 下列概念具有等价性：生产限制（技术角度）；社会劳动总量缩减（生产领域经济角度）；产业资本采购时间延长，闲置货币资本增加（流通领域经济角度）。

而增加消费品需求；通过占有剩余价值提升资本家的购买力，进而再度扩大商品需求。为资本开辟投资领域的同时，也就为商品开辟了新市场。反之亦然！当为商品开拓新市场时，资本周转时间缩短，利润增加，对流动资本的需求上升，闲置资本便重新流入生产领域。开辟商品新市场的同时，也为资本创造了新的投资空间。

实现这一目标的重要手段首推保护关税。若关税旨在保护现有工业抵御外国竞争，其直接目的是保障商品销路。但间接来看，这也意味着保障资本的投资领域——因为倘若本国工业在市场上被外国竞争者击垮而丧失销路，部分资本必将从受威胁的工业部门流出，闲置资本随之增加。因此，保护现有工业的关税直接保障销售市场，间接保障资本投资领域。反之，当保护关税旨在培育新兴产业时，首先通过保障高额利润将资本诱入生产领域。一旦部分闲置资本转化为生产资本，商品市场需求随即增长——先是生产资料需求，最终因资本家与工人阶级购买力提升，消费品需求也相应扩大。可见保护关税无论何种情形，既服务于开拓投资领域，也保障销售市场；其终极目标是优化闲置资本与生产资本、资本生产时间与流通时间的比例。

然而在近二十年来欧洲文明国家所达到的资本主义发展阶段，保护关税的原始功能已发生重大转变[142]。现代保护关税首先是卡特尔保护关税：它使受关税庇护的经济区资本家得以联合组建卡特尔。一旦成功，保护关税便承担新使命——不再保护国内市场抵御外国竞争，转而促进出口，争夺世界市场。让我们尝试理解这一奇特现象！

假设某国托拉斯在关税壁垒保护下完全垄断市场。它将如何定价？不会以可能的最高价出售商品，而是追求利润最大化。每公担商品利润等于单价与生产成本的差额。总利润即为销量乘以单位利润。设销量为 q，单价为 p，单位成本为 k，则总利润 P=q(p-k)。单价越高，销量越小；产量越低，单位成本越高。因此托拉斯将设定使 q(p-k)乘积最大化的价格：定价既不能过高（否则销量锐减与成本上升将削减利润），也不能过低（虽提升销量但单位利润微薄仍难保证总利润）。

若以由独立企业组成的卡特尔替代托拉斯，定价机制更为复杂。例如设备先进的大企业倾向低价，因为低价能快速提升销量、降低成本，使其 q(p-k)值显著增长；而技术落后的小企业则坚持高价，因其无力大幅增产降本，唯有抬高单

---

[142] 希法亭（Hilferding）《保护关税的功能转变（Der Funktionswechsel des Schutzzolles）》，载《新时代（Neue Zeit）》第 21 卷第 2 期第 274 页及以下。

价才能增加利润。这导致卡特尔内部定价时的利益博弈，最终价格是权力较量的结果。此处卡特尔价格是各企业力量博弈的均衡值，每家企业都力图设定使自身 $q(p-k)$ 最大化的价格。因此卡特尔也面临相同课题：如何在维持高售价的同时避免销量萎缩与成本攀升？

卡特尔通过内外差价策略解决这一难题——以低于国内售价向海外倾销商品。假设卡特尔决定以成本价出口产品，虽在海外无利可图，但扩大的生产规模摊薄了单位成本，使得维持国内高价成为可能。我们知道，提价始终受制于销量与成本的双重约束：当低价出口能抵消国内高价导致的销量萎缩时，成本约束便告解除，仅需考量国内市场的有限需求。这种倾销策略不仅允许提高国内售价，同时降低生产成本，成为提升本土利润的有效工具。若能以微利出口则更佳，即便出口价略低于成本，国内暴利也足以弥补海外亏损。当产能扩张显著降低成本时，卡特尔甚至不惜亏本出口，因为国内市场的超额利润远超海外损失。这种价格策略在景气时期影响有限，但在萧条期大行其道：危机来临时，若局限于国内市场，卡特尔将被迫降价——繁荣期的高价导致需求锐减，减产又推高成本侵蚀利润。而低价出口可避免国内降价，通过维持量产稳定成本，使国内价格近乎保持在繁荣期水平。因此卡特尔倾销（臭名昭著的"倾销"）成为关税保护下不可避免的价格手段。

若从闲置资本与生产资本的比例审视，这种价格政策对整体经济有利。低价出口为产品开辟市场，维持量产使资本持续投入生产领域——实质是为本国资本创造投资空间。闲置资本的减少意味着包括劳动力在内的全要素需求上升，从而推高利润、价格与工资。由此得出反直觉结论：以低于国内售价向海外倾销煤炭、钢铁、糖类，反而有利于国民经济。

这一现象引发世界经济格局巨变。已实施关税保护的国家绝无降低关税可能——组成强大卡特尔的资本集团及其背后的金融资本，比以往更依赖保护关税。而自由贸易国家则沦为牺牲品：英国钢铁价格及产业竞争力不再取决于本土生产条件，而取决于美国钢铁托拉斯或德国钢铁联盟是否需要在世界市场低价抛售以维持国内暴利。这导致英国钢铁价格剧烈波动，产业竞争环境骤变，巨额价值惨遭毁灭。于是自由贸易国家也萌生保护关税倾向：先抵御外国倾销冲击，继而效仿组建卡特尔参与全球倾销。

世界市场竞争由此愈演愈烈，竞争条件呈现突发性剧变。各经济区域纷纷寻求免受此类竞争的安全销售领地。资本主义固有的扩张本性——不断开拓新市场与投资领域的冲动——因此获得新动能。国家权力以各种方式服务于此：从将殖民地正式纳入关税同盟，到实施"和平渗透。"

军事力量首当其冲服务于这一诉求：陆海军既保障发达

资本主义国家剥削落后地域，又抵御其他资本主义国家的竞争。

在国家权力的庇护下，统治国的资本首先涌入这些殖民地。它在那里修筑铁路、公路、运河，设立银行与贸易公司，开发矿山，为当地农业生产提供信贷。这既为资本开辟了新投资领域，也打开了新的销售渠道——因为英国资本在埃及的投资，必然优先采购英国铁轨、火车车厢、机车和机器等商品。而新销售渠道的开辟，反过来又创造了新的资本投资空间：当英国钢铁、机械、车厢工业因对殖民地出口而扩张时，更多货币资本便在本土这些行业找到投资机会。这些工业产能的扩大、工人数量的增加和利润的增长，又带动了其他英国工业品的国内销路，从而在各个行业创造更多就业机会和资本投资空间。因此，将经济落后国家置于欧洲资产阶级剥削之下会产生双重效应：既直接在殖民地为资本开辟投资场所并促进宗主国工业品销售，又间接在宗主国本土催生新的资本投资领域和全行业销售机会。这减少了国内闲置资本量，推高了物价、利润和工资水平，使资本主义扩张政策呈现出国民经济整体利益的特征。

该政策还有更深层意义。作为资本主义扩张对象的欠发达国家，其利润率最初高于欧洲。资本主义竞争始终追求利润率平均化，资本永远流向利润率最高的地方。在欧洲，唯有建立保障资本自由流动的统一行政与司法体系后，利润率平均化才成为可能。现代陆海军正在未被资本主义征服的地区建立类似法律秩序，使资本得以自由寻找投资场所。正如欧洲内部完善的司法行政体系曾实现的，现代军事力量正将全球纳入利润率平均化的进程。欧洲国家的海军俨然成为世界警察，到处建立便于欧洲资本投资的法律环境。资本主义扩张政策再次表现为统治国全体居民的利益——由于亚非被征服地区的利润率高于欧洲发达资本主义区域，每年流向欧洲资本的剩余价值远超其本土投资所能获得的。这项扩张政策实质上增加了欧洲国家的财富总量。

现在我们也能理解扩张政策拥护者反复强调的论调：欧洲资本主义国家若不推行扩张政策，就无法在有限疆域内养活不断增长的人口。当殖民地以粮食、肉类、咖啡、棉花等生活资料形式向宗主国输送剩余价值时，扩张政策直接增加了统治国民众衣食所需的物质财富。即便被征服地区不生产此类商品，扩张政策仍间接服务于相同目的——它通过增强宗主国的财富总量与购买力，使其能够从他国购买国民生存所需的物资。

至此我们才真正理解资本主义扩张政策的完整意义。对新的投资领域和销售市场的追求与资本主义同样古老，文艺复兴时期意大利城邦共和国与当今英德同样如此。但近几十年来这一趋势的力量空前增强：一方面，工业资本的高度集中与现代卡特尔、托拉斯的形成，将保护关税从防御手段转变为进攻武器，极大加剧了世界市场竞争的残酷性；另一方面，现代大银行的资本集中取得巨大进展。银行通过利率变动直接感知闲置资本与职能资本的比例、资本周转时间结构的变化，并有意识地将优化这些比例作为经济政策的根本目标。作为最大纳税人和国债持有者，作为关键工业部门的控制者，银行能轻易贯彻其意志。正是依靠其掌控的巨额流动资本，银行得以系统引导资本向被征服地区输出，使扩张政策成为可能。现代资本主义扩张政策的力量根源，正存在于生产力变革所导致的资本集中——工业资本在卡特尔和托拉斯的集中，货币资本在现代大银行的集中——这一经济表现形式之中。

资本主义扩张政策的拥护者指责反对该政策的工人阶级未能认清自身真正利益。他们声称：为资本开辟新销路和投资领域会增加劳动力需求，从而促进工人阶级利益。工人反对现代帝国主义，并非因该政策违背阶级利益，而是受旧时代意识形态支配——这种意识形态甚至并非无产阶级的，而是敌视工人的资产阶级曼彻斯特自由主义残余。但唯有只关注经济政策的技术手段而忽视其根本目的者，才会将工人阶级反帝斗争与自由派反重商主义斗争混为一谈。若审视根本目的，现代资本主义扩张政策恰恰是旧自由主义的继承者。当自由贸易在英国获胜时，英国是当时最发达的工业国。取消关税壁垒旨在促进英国出口，为英国资本开辟新销路，同时允许英国资本海外投资——事实上也确实大规模实现了。

开辟新销路与投资领域、加速闲置货币资本转化为生产资本、延长社会总资本周转中的生产时间、实现利润率国际平均化、通过海外投资增加英国资本收益——这些正是英国通过自由贸易追求的目标。目的始终未变，仅手段发生改变。此后各国在关税保护下发展工业，原始保护关税最终演变为卡特尔保护关税。这种关税不再旨在排斥英国商品，而成为在英国本土和世界市场对抗英国商品的手段。无论英国资本寻求销路还是投资场所，都面临他国竞争。因此英国如今必须改弦更张来实现旧目标。

旧英国自由贸易具有世界主义特征：它打破关税壁垒，试图将全球统一为单一经济区。国际分工应团结所有民族，不是通过血腥战争，而是通过和平竞争来较量力量[143]。

---

[143] 此处需厘清"世界主义"的多重内涵：首先是文化世界主义——主张各民族突破传统局限，向所有文明学习真善美，以理性价值评判取代民族标准。这种根植于人性本质的倾向，在旧有价值被革命动摇时尤为显著（如希腊智者学派时期、罗马斯多葛与基督教时代、意大利文艺复兴时期及现代资本主义颠覆旧社会时）。当今工人阶级是文化世界主义的承载者。与之迥异的是自由贸易资产阶级的经济世界主义，实为资本扩张服务，与工人阶级无涉。另有一种历史国家青年无产阶级的天真世界主义（见第 20 节）。这三种世界主义不仅彼此泾渭分明，更不可与国际主义混为一谈（其内涵将后续探讨）。

现代帝国主义则截然不同：它无意建立统一经济区，而是用关税壁垒圈禁本国经济区；它开发落后地区，为本国资本确保排他性的投资和销售领地；它不梦想和平，而是准备战争；不相信能通过自由和平交换与竞争团结全人类，而是企图通过关税、海军和陆军武装来损人利己。正如我们所见，它所捍卫的利益必然表现为整体经济和国家的利益，在西方民族国家中则表现为民族利益。自科布顿与布莱特时代以来，经济政策目的未变；但随着资本主义政策手段的改变，世界主义的自由主义者变成了民族帝国主义者。

但正是世界主义自由主义曾将民族原则奉为旗帜。它支持希腊人、南美各民族、意大利人和马扎尔人争取独立。这毫不奇怪——每个摆脱专制封建枷锁的国家都成为其商品市场和资本投资地。正如格里尔帕策（Grillparzer）嘲讽的，英国自由派总用陶醉的目光"热情拥护那些——没有工厂的——国家的自由。"如今景象已彻底改变！发达工业国资本需要的不是自由，而是对欠发达地区的征服来确保销路和投资场所。因此现代资本主义的理想不再是民族国家，而是民族国家联合体——但这是由统治国民族独掌大权、剥削其他无力反抗民族的联合体。其典范不再是英格兰民族国家，而是大英帝国。

这一转变之所以意义重大，是因为随着资本主义扩张新方法的出现，资产阶级的整个意识形态也发生了嬗变。曾反抗专制压迫、封建剥削与重商主义桎梏的自由派资产阶级崇尚自由，当它将本阶级需求驱动的行为准则升华为普遍法则时，便向各民族许诺了与其为公民争取的同等自由。现代资产阶级则截然不同：它畏惧本国工人阶级，决心不惜暴力捍卫财产与统治权。昔日作为被压迫阶级所憎恶的权力工具，如今成为维系其统治的珍宝。自由沦为幼稚的幻想，权力意志反成道德义务。这种源于民族内部阶级对立意识的情绪，更因资本主义扩张政策的日常实践而急剧强化。资产阶级陶醉于殖民地的财富洪流，嘲笑着自身过往的道德理想。奴役数百万民众、掠夺其土地、迫使其超负荷劳动——这一切被美化为"高等文明"的特权，继而粉饰为"优等种族"的义务。这种情绪既流露在吉卜林绚丽的诗篇中，也体现在塞西尔·罗德斯、约瑟夫·张伯伦的演说里；它既崇拜文艺复兴时期恣意张扬的强健个性，又将世界史篡改为种族斗争的史诗。民族统一与自由的理想在这片土壤中枯萎——成熟的资本主义将"主宰民族统治数百万臣民"奉为国家理想。

至此我们已初步窥见，资产阶级旧的民族原则如何被帝国主义-民族主义的新国家建构原则所取代。晚期资本主义的理想不再是各民族自由、统一与独立，而是令异族臣服于本民族统治；各民族不应通过自由贸易和平竞争，而需武装到牙齿以镇压被征服民族，并将竞争者逐出本国的剥削范围。资本主义社会国家建构原则的根本嬗变，归根结底源于资本集中带来的经济政策手段变革。

但要彻底理解资产阶级对民族原则的新立场，必须戳穿"资本主义扩张政策服务于统一整体利益"的幻象。我们需要揭示：正是资本主义扩张政策催生了民族内部对立，使帝国主义争夺转化为阶级斗争。唯此才能理解民族内部的阶级矛盾如何外化为民族间对抗，最终导向某民族对其他民族的统治。

28. 工人阶级与资本主义扩张政策

我们已看到，现代资本主义扩张政策通过各种手段，本质上旨在改变生产资本与闲置资本、生产时间与流通时间的比例。争夺销售市场与投资领域皆服务于这一目标。减少闲置资本、加速其向生产领域流动、延长资本周转中的生产时间，这些看似符合各阶级共同利益。工人阶级似乎也从中受益：当脱离资本循环的货币资本减少时，劳动力需求上升，工人在劳动力市场的议价能力增强，工资随之提高。因此有人认为工人的"生产者利益"支持保护关税与扩张政策。毋庸置疑，现代资本主义政策的这些效应对工人阶级有利，但关键在于扩张政策是否同时产生其他损害工人经济利益、且危害程度超过闲置资本减少之收益的副作用。

资产阶级经济学观察到，现代关税政策与殖民政策改变了资本流通，这种改变具有推高物价、利润与工资的趋势。

因此在他们看来，资本主义扩张政策既符合资产阶级利益，也有利于工人阶级。这一观察正确但不完整，必须补充帝国主义经济政策对生产领域的影响。因为资本主义扩张政策不仅加速闲置货币资本向生产领域流动、缩短资本周转时间（尤其是流通时间），更改变了生产资本在各产业部门的分布，从而深刻影响社会价值产品在阶级间的分配。

保护关税首先改变社会劳动分配。自由贸易下，资本仅流向本国生产条件优越的产业，其他产品通过国际贸易获取。而保护关税强迫社会在本国生产条件较差的领域进行生产，降低社会劳动生产率，表现为商品价格高企，削弱货币工资购买力，损害工人阶级利益。当保护关税升级为卡特尔保护关税时，商品价格更因垄断形成而超出合理范围——这种溢价不再源于劳动生产率下降，而是卡特尔巨头借助关税占有更大价值份额的结果。最终当卡特尔保护关税转为进攻性武器、倾销开始时，相关商品价格再度攀升：由于低价出口抵消了国内销量减少对成本的冲击，垄断企业得以将价格抬升至非倾销状态下无法达到的水平。这再次改变价值分配格局，使卡特尔企业家获利而工人阶级受损。物价上涨、同等货币工资购买力下降，是资本主义关税政策对工人阶级的首轮冲击。

但货币工资真能维持不变吗？保护关税论者看到关税加速资本流入生产领域，从而增加劳动力需求，具有推高工资的趋势。但我们发现保护关税不仅改变社会周转时间结构，更调整生产资本的产业分布。毫无疑问，保护关税驱使更多资本流向资本有机构成高（即劳动力吸纳能力低）的产业——这些产业恰最易形成卡特尔。依托保护关税的卡特尔出口策略，会损害本国资本有机构成较低的产业。例如德国钢铁卡特尔在英国低价销售，使英国金属加工业获得比德国同行更廉价的原料。英国在钢铁、板材、管材等半成品领域的出口虽未增长，却在机车、铁轨、机械、刀具等金属制成品出口大幅攀升，造船业更是突飞猛进——这很大程度上得益于美德提供的廉价原料。更甚者，当德国卡特尔向英国提供比本土更便宜的钢铁时，意味着英国工业能获得比德国竞争对手更廉价的机械设备——兰开夏纺织业的竞争力相当程度正源于此。德国钢铁卡特尔为维持国内高价而对外倾销，实则削弱了本国金属加工业乃至整体工业的国际竞争力。这些受卡特尔保护关税损害的产业，资本有机构成普遍远低于钢铁工业，劳动力吸纳能力更强。比较保护关税与自由贸易下的生产资本分布，可见前者使更多社会资本集中于单位资本雇用工人更少的产业。保护关税实际抑制劳动力需求，恶化工人就业环境。不仅如此，受卡特尔保护关税扶持的产业资本集中度最高，工人流动性几近消失，工会斗争举步维艰——机械制造厂工人与莱茵-威斯特法伦钢铁巨头的工人处境天壤之别。保护关税通过扶持"重工业"、损害金属加工业，将资本导向更不利于工会斗争的生产领域！

确实，保护关税对资本流通产生积极影响，但它同时也改变了生产资本的分配格局：一方面导致劳动生产率下降、商品价格上涨、货币工资购买力缩水；另一方面促使资本流向劳动力吸纳能力较弱的产业，减少劳动力需求并加大工会斗争难度。若仅关注资本流通环节，保护关税似乎符合全民经济利益；但考察生产资本分配时，工人阶级与资产阶级的评价标准便截然不同。

　　现代保护关税制度孕育了资本主义扩张政策。该政策首先需要庞大的军事力量支撑，巨额财富被投入陆海军建设。唯有当帝国主义政策的经济收益超过其经济代价时，冷静的观察者才会予以认可。但工人阶级与资产阶级对此问题的立场依然对立——因为军国主义开支中，工资收入的牺牲远大于剩余价值。巨额军费开支实质是扩大社会消费，减少生产性工人数量，可能危及社会积累率。资本主义国家为防止积累率下降，竭力将军事负担转嫁工人阶级（如消费税、财政关税）。若工人被迫将大部分工资缴税，其个人消费就被军国主义开支取代；而若由剩余价值承担军费，则本可用于积累的资本被消耗殆尽。即便不考虑资本主义国家权力结构对税收政策的导向作用，单为维持积累率，所有资本主义国家都会通过间接税和财政关税筹集军费——这使工人阶级承受比有产阶层更重的负担。假设帝国主义政策使工资总额与剩余价值同步增长，工人阶级仍无法像有产阶层那样受益，因为他们承担了更大部分的扩张成本。

在欧洲军事力量庇护下，资本涌向遥远大陆。每年欧洲积累的剩余价值有相当部分外流：在美国修建铁路，在南非开采金矿，在埃及开凿运河，在中国开发煤矿。英国每年海外投资增加约 5000 万英镑（合 10 亿马克）（阿米蒂奇·史密斯（Armitage Smith）数据），其海外资本增速似乎超过国内投资——1865 至 1898 年间英国总收入仅翻倍，而海外收入增长九倍（吉芬数据）。德国海外投资也迅猛增长：1898 年约 70.35-77.35 亿马克，1904 年已达 80.3-92.26 亿马克[144]，其证券交易中 20-25 亿马克涉及海外资产。德国大银行系统组织了这场资本输出。

资本输出直接削弱欧洲劳动力市场需求。外流资本或许短期内在本土会处于闲置状态，但长期看终将进入生产领域。若为其打开海外出口，这些资本便永久脱离本国劳动力市场。持有资本意味着支配一定量社会劳动（无论通过自身劳动还是凭借生产资料占有他人劳动），有权要求购买其他社会劳动。当资本投入南非金矿时，购买的不是英德工人劳动力，而是中国苦力。在资本主义社会，民族劳动总量减少即意味着该民族劳动力需求下降、工人处境恶化。因此，帝国主义

---

[144]　《过去十年德国海洋利益的发展（Die Entwicklung der deutschen Seeinteressen im letzten Jahrzehnt）》，帝国海军部编，柏林 1905 年版，第 173 页。

推动欧洲资本外流，直接威胁工人的"生产者利益。"当帝国主义将利润率平均化趋势扩展至全球时，实则企图用欠发达国家廉价劳动力替代欧洲工人——正如库尔特·艾斯纳（Kurt Eisner）所言，这本质是"对欧洲工人阶级的全面闭厂。"

然而外流资本中仅部分为可变资本；当它转化为不变资本、体现为生产资料时，确实为母国工业创造了新销路（这些生产资料需从母国采购），从而也在母国本土形成新的资本投资空间。这在一定程度上重新提高了母国的劳动力需求，因为闲置资本向生产领域的回流在本土也得到加速。但我们仍需关注资本在各生产部门的分布变化——当欧洲国家部分资本外流，而该资本对生产资料的需求又促使母国社会生产规模扩大时，本土资本分配格局已因帝国主义政策推动的资本输出而发生根本改变。特定产业因新市场而繁荣：资本涌向军械制造、造船厂和航运公司，投入运河、港口、船坞等建设。这些都是资本有机构成高的产业，对劳动力市场需求拉动有限。当工人被迫将部分工资作为税收上缴时，对武器、船舶、铁路材料的需求虽增，但对衣食住行产品的需求等量缩减——受扶持产业的劳动力吸纳能力普遍弱于受抑制产业。

资本主义扩张政策的直接效应由此显现：一方面固然加速了闲置货币资本向生产领域的转化，另一方面却导致部分资本外流及剩余资本在本土的重新分配，使劳动力吸纳能力较低的产业获得更多资本。一方面是因闲置资本减少和周转时间缩短带来的本土生产资本总量增加；另一方面却因资本输出导致生产资本绝对量减少，且由于留存资本有机构成提高，社会工资资本（可变资本）缩减更快。

由于帝国主义所开发殖民地的利润率高于母国，扩张政策确实大幅增加了母国财富。但在资本主义社会，这仅表现为资产阶级获得的剩余价值总量增长。工人阶级并未直接分享社会财富的增长，只能间接受益于资产阶级剩余价值的增加——部分新增剩余价值会转化为积累资本。当海外投资扩大剩余价值总量时，即使积累率不变，年积累量也会提升。我们将"母国资产阶级年实际积累剩余价值"与"若无殖民地投资时的理论积累量"之差称为"积累差额。"但该差额中相当部分与欧洲工人无关——大部分积累差额会立即再投资于海外。众所周知，英国资本家从海外投资获得的利息股息，很大部分根本不会回流本土，而是直接追加海外投资。不过仍有部分积累差额会在母国形成生产性积累，其中又有一部分转化为可变资本，从而增加对本土劳动力的需求。

因此要评估资本主义扩张政策对欧洲劳动力市场的改善程度，不能考察从殖民地流入的巨额价值总量，而只能计算其中较小比例——即在欧洲本土形成生产性积累并转化为可变资本的那部分"积累差额。"欧洲资本主义对殖民地的剥削无疑增加了资本主义国家的财富总量，但这绝不意味着工人阶级财富会同步增长，甚至不必然保证其绝对量提升。

最后关键不仅在于殖民地流向欧洲的剩余价值绝对量，更在于其具体形态。当被征服地区以粮食、肉类、棉花等形式缴纳贡赋时，最有利于工人阶级——主要生活资料价格下降，货币工资购买力提升。此时扩张政策确实促进了工人的"消费者利益。"但帝国主义恰恰抵触这种良性效应：在英国，帝国主义者正企图对谷物和肉类征收进口关税；在德意志帝国，与帝国主义利益最密切的工业集团同容克地主紧密勾结，以农业保护关税换取后者对卡特尔保护关税的支持。

然而无论是单个资本家还是整个资产阶级，最狂热追逐的财富莫过于黄金。发现新金矿始终是帝国主义政策的重要目标，其产生的积极效应最为立竿见影：新金矿意味着庞大的新投资领域、富饶的新销售市场，以及资本主义生产的迅猛扩张。但帝国主义在开发新金矿的过程中——通过修建道路、铁路、电报和蒸汽航线将其与欧洲联通，通过引入现代采矿技术，最终通过获取廉价劳动力——压低了黄金的生产成本。而黄金生产价格的下降，意味着所有商品生产价格的上涨。如果说近年来物价持续快速上涨不断侵蚀货币工资的购买力，如果说食品价格攀升夺走了工会斗争成果，那么欧洲工人无疑要"感谢"英帝国主义政策对黄金生产成本的压低。世界上最悲惨、最受蔑视的中国苦力遭受剥削，竟直接损害各国工人利益，这难道不是工人利益国际连带性的惊人例证？

考察资本主义扩张政策对工人阶级处境的影响，我们得到一幅复杂的图景。一方面，帝国主义改善了工人阶级福利：加速资本向生产领域流动、缩短资本流通时间，通过部分"积累差额"增加社会活跃资本量，从而提升劳动力需求；迫使被征服民族向资本主义宗主国输送粮食、肉类、棉花和羊毛，增强了欧洲工人的实际工资购买力。但另一方面，帝国主义又严重损害工人利益：保护关税滋养的强大卡特尔和托拉斯、承担征服政策成本的财政关税与间接税、以及黄金生产成本的降低，共同推高工人生活资料价格，削弱其实际工资；巨额资本外流、劳动力吸纳能力弱的产业受扶持（无论通过保护关税还是新市场开拓），都抑制劳动力市场需求；而资本向集中度最高产业的转移，以及关税助推的资本集中，更使工会斗争举步维艰。

由此可见，工人阶级从殖民地财富中获得的份额远少于有产阶级。资产阶级攫取了绝大部分新增财富：享受帝国主义政策的所有好处，却几乎规避所有负面效应。相反，扩张政策对无产阶级的每项益处都伴随多重不利影响。可见帝国主义政策与其宣称的"为资本主义经济区增长的人口创造生存资料"的目标相去甚远。人口增长最快的阶级，从财富增长中分得最少。不仅殖民地流入的剩余价值分配不公，本土价值产品的分配格局也在恶化——当保护关税使资本家联盟攫取巨额剩余价值，同时抬高工人生活成本并阻碍工会斗争时；当黄金生产成本下降压低实际工资，而商品价格与资本家利润却上涨时，都意味着本土生产成果的绝大部分流入有产阶层囊中。无论其他因素如何影响价值分配，单就帝国主义经济政策的效应而言，它既让资产阶级从殖民地财富中获利远多于工人，又改变了本土价值分配格局使其不利于工人阶级。帝国主义实际上缩小了工人阶级的社会财富份额，恶化了有产阶层与无产阶级的价值分配比例，加剧了对工人的剥削。

关于帝国主义对阶级财富份额的影响，我们得出明确无疑的结论。但考察其对工人阶级绝对福利水平的影响时，情况则不同：可能扩张政策的利弊效应相互抵消，使工人福利维持原状，全部新增财富归有产阶层；也可能积极效应占优，使工人阶级也获益（尽管远少于资产阶级）；甚至可能出现相反情况——帝国主义导致工人绝对福利水平下降。

这决定了工人阶级对帝国主义的态度：他们始终冷静以对，在具体情境中权衡政策收益是否值得付出代价。由于预见新市场开拓引发的复杂效应极为困难，这种审慎转为不信任。当资产阶级陶醉于幻想中从遥远大陆涌来的黄金洪流时，当统治阶级沉迷于对数百万被剥削民族的统治幻想时，工人阶级始终保持清醒。

当考虑到帝国主义的政治与文化效应时，这种不信任便升华为自觉的敌视。

帝国主义首先削弱了立法机关对行政权力的制约。如今连英国王权都再度膨胀，正是因为联合王国日益沦为庞大世界帝国的附属部分——这个帝国已非任何议会所能掌控。与此同时，帝国主义赋予统治者可怕的暴力工具。它迫使所有民族进行疯狂军备竞赛。其所建立的军队必须绝对服从：要随时准备今天在非洲、明天在印度听候调遣；今日灭绝某个黑人部落，明日与别国白人士兵交战；此刻保护金矿主镇压外籍工人反抗，彼时血腥惩罚埃及农民反抗傲慢征服者。这样的军队绝不可能是由有独立思想和自由意志者组成的国民军。因此帝国主义理想中的军队，是由贪婪成性、热衷冒险的雇佣兵构成的武装。当国家间竞争迫使帝国主义扩军至雇佣兵不敷使用时，它固然需要武装全体青年；但通过机械化的操练和意识形态灌输，确保武装民众不会成为国民军，而始终是统治者的驯服工具。一方面帝国主义催生无限扩张的军备，另一方面它又与国民军制度水火不容，阻碍兵役制度的民主化。就这样，它为统治者提供了越来越多丧失意志的武装人群，成为民主制度的威胁。

有人常建议工人阶级放弃军队民主化斗争以换取民主改革，这实在是荒谬的要求。民主兵役制度与普选权、地方自治同样重要，是所有民主制度不可或缺的核心要素——因为法律背后是武力支撑。唯有当立法民众同时掌握执法武力时，才算实现完整民主。因此在发达的大阶级国家，不存在真正的国民军。若有朝一日现代国民军冲破阶级统治的外壳，社会生产也将摆脱资本主义形式的桎梏。帝国主义阻碍兵役民主化，就是削弱工人阶级力量，威胁无产阶级的未来希望。

不仅无产阶级的政治阶级利益，其特有的、由社会地位决定的意识形态也与帝国主义根本对立。我们已见识过帝国主义意识形态：权力癫狂、主子优越感、"高等文明"特权论。而工人阶级必然与这种思想体系为敌。在为奴役异族辩护的论调中，工人听到的正是民族内部阶级斗争时敌人用来正当化剥削压迫的翻版。帝国主义意识形态同时是煽动战争的意识形态。

经济利益、政治诉求与意识形态的三重对立，使工人阶级成为帝国主义政策的天然反对者。这也使其有能力代表普遍人性利益对抗特殊的资本主义利益。工人阶级青年构成现代军队的主体，他们岂能忘记追问：利润增长是否真是值得用成千上万青年生命换取的珍宝？工人阶级憎恶资本主义利润追逐——这头永不知足的怪兽既限制他们分享文化成果的斗争，又剥削童工、饿死老人；今日强迫超时劳动，明日抛人街头失业；既压低工资又抬高物价——他们怎能不质问：将整个国家民族献给如此残酷的饕餮，岂非荒谬？

于是工人阶级普遍地成为帝国主义之敌。不仅社会民主党如此，那些因特殊历史条件尚未接受社会主义的国家的工人亦然。在英国，正是工人于南非战争的硝烟中声援布尔人，谴责华工奴隶制，挫败张伯伦的关税计划，并在俄国惨败（这个英国最危险对手的溃败）后不要求趁机扩张，反而呼吁缩减陆海军备。

德意志帝国同样如此。有识之士试图让德国工人接受帝国主义思想的努力可耻地失败了。瑙曼曾企图取代社会民主党，用资本主义强权政治争取工人阶级，最终却沦落为德国银行、交易所和大商人政党——"自由思想联盟"的附庸[145]。

---

[145] 瑙曼（Naumanns）的帝国主义其实是自由贸易式的，正如证券交易所、贸易公司和航运公司的帝国主义一贯如此。但现代帝国主义通常都奉行保护关税政策；它由现代金融资本推动——由于银行与工业关系日益紧密，金融资本对工业保护关税颇感兴趣；它对应着一个保护关税已成为争夺世界市场进攻武器的时代。瑙曼未能得出的结论，由席佩尔完成了。当席佩尔主张保护关税、嘲笑"民兵制信徒"、讥讽对殖民政策的"教条式"拒绝时，他是在建议德国工人采取帝国主义政策。与瑙曼相比，他的政策具有连贯性的优点；只不过这当然不是无产阶级政策，而是资本主义政策，不是社会民主主义政策，而是民族自由主义政策。他用工人的"生产者利益"来论证其主张；但他之所以将资本周转时间的变化视为唯一的"生产者利益，"是因为他习惯于仅从资本流通的角度来理解整个经济，而对生产领域本身

在大型资本主义民族国家中，所谓工人阶级的"反民族政策"，实质上正是其反帝国主义政策。而正是通过这种"反民族"立场，工人阶级与民族原则建立了紧密联系。工人阶级成为所有民族自由的捍卫者——这些民族的自由正被帝国主义当作资本主义利润追逐的祭品。在与暴力镇压、种族屠杀的帝国主义斗争中（这种斗争既加剧对工人的剥削，又削弱其政治力量，更践踏其阶级道德），工人阶级高呼所有民族自由与自决的口号。

于是我们再次见证了民族原则命运的转折。现代生产力的发展改变了资本主义经济政策的手段。贪婪的资产阶级为利用新手段增加利润，背叛了其建立民族国家的旧理想。他们追求的不再是民族国家，而是帝国主义的多民族国家。但民族自由与统一的理念并未因此消亡，它在社会的对立面重新崛起。在与帝国主义的斗争中，工人阶级将民族自由、统一与自决的伟大诉求写入自己的旗帜。被资产阶级背叛的民族原则，在资本主义成熟时代——卡特尔、托拉斯和大银行的时代——成为工人阶级坚定不移的信仰。

29. 帝国主义与民族原则

的根本影响视而不见。

我们已看到现代扩张政策如何激化阶级矛盾，以及这种矛盾如何体现在各阶级对民族原则的不同立场上：工人阶级继承了资产阶级关于民族政治独立的旧理想，而资产阶级则致力于建立一个由单一民族主导的多民族国家。但不仅围绕对外经济政策的阶级斗争改变了各阶级对民族原则的态度，民族原则本身也成为了阶级斗争的工具。

现代英帝国主义为我们提供了最直接的例证。张伯伦领导的英国帝国主义运动的起点是关税政策问题。许多英国工业，尤其是强大的钢铁工业，正面临着受关税保护的外国竞争工业发展及卡特尔与托拉斯出口政策的威胁。在经济萧条时期，德国钢铁联盟和美国钢铁托拉斯不仅在世界市场，甚至在英国本土市场都对斯塔福德郡、克利夫兰和苏格兰的工业构成威胁。因此这些大工业要求实行保护关税：保护国内市场免受外国竞争者倾销之害，使其能够组建卡特尔或托拉斯，并掌握促进出口的现代手段。

但当英国大工业要求保护关税时，却遭遇了强大的反对势力：那些依赖廉价进口原材料的工业资本家担心生产成本上升；工人阶级则害怕保护关税会抬高衣食价格，损害劳动密集型产业发展，并因强大雇主组织的形成而加大工会斗争难度。此外，在一个民主国家，意识形态的力量根深蒂固——自科布登和布莱特时代以来，自由贸易已成为英国民众的信仰。于是，一边是几千名资本家，另一边是英国民众，保护关税似乎毫无希望。

此时，保护关税思想找到了另一个盟友。加拿大、澳大利亚、新西兰和南非等白人为主的英国大殖民地都是独立国家。它们通过保护关税发展本国幼稚工业，在政治经济上与母国渐行渐远。大英帝国分崩离析之日是否已不远？仅靠民族认同感已不足以维系帝国，必须通过利益纽带将母国与殖民地紧密相连。只要英国放弃过时的自由贸易，就有良机实现这一目标：母国建立关税壁垒，对殖民地农牧产品征收低于他国的关税；作为回报，殖民地给予母国优惠关税。这一计划不仅保障了殖民地农牧业主的英国市场和英国工业的殖民地市场，更确保了大英帝国的存续，维系了海内外英国人的民族统一。

清醒的贝尔福警告说，这个计划只有工人同意对谷物和牲畜征税才能实现，但他的警告徒劳无功。张伯伦更懂现代保护关税的运作之道：在一个高度发达的资本主义国家，若民众理性计算自身利益，就无法实现从自由贸易到保护关税的转变。必须让人们不再计较面包、肉类、衣物和住房的价格。此时，民族思想的力量就显现出来了。"学会用帝国思维思考！"张伯伦向英国工人呼吁，"忘记你们的小烦恼，想想伟大的帝国！做出小小牺牲，拯救你们的大帝国，挽救你们民族的统一！"那些畏惧美国钢铁托拉斯和德国钢铁联盟、嫉妒保护关税地区竞争对手获得垄断利润的大资本家们，如今乘风破浪：民族统一的思想已成为他们手中的利器。

但与其他帝国主义一样，英帝国主义不仅要通过保障销售渠道为资本创造新的投资空间，还要通过开辟投资领域来拓展销售渠道。因此它不断追求资本主义扩张，其最近的一大成就是征服南非。它在广袤土地上插满英国国旗，先掠夺黑人部落的土地，再征服布尔人，修建纵横交错的铁路和电报线路。如今，肮脏的中国苦力从石英中开采的钻石和金矿为它带来巨额财富。这一切意味着英国资本获得了庞大的新投资领域，其工业获得了新市场，更重要的是——提供了大量投机机会。

然而资本在此也遭遇了工人阶级的抵抗。工人承担了布尔战争的成本；他们感受到大量资本流向南非雇佣苦力而非欧洲工人对劳动力市场的影响；他们在生活必需品价格持续上涨中体会到人为压低黄金生产成本的后果；最后，奴役布尔人和华工违背他们的道德观念。但帝国主义知道如何突破这一阻碍：奴役异族是海外英国兄弟的需要。要想维系殖民地与母国的联系，防止其脱离，就必须满足殖民地的要求。想要大英帝国内英国人的民族统一，就必须接受征服布尔人和奴役苦力。"学会用帝国思维思考！不要只想着自己的烦恼！"所有英国人都紧密团结在母国与殖民地周围，统治着四亿被征服者——埃及农民、中国苦力，尤其是数百万印度人。

从这些炎热富饶的土地上，黄金源源不断地流向英国统治民族。面对这幅图景，英国社会内部的小矛盾是否显得微不足道？于是，民族统一和统治异族的思想再次成为资本主义经济政策的工具。当劳动群众因暴力征服政策与其道德观念冲突而冷静考量巨大牺牲是否真能提高本阶级生活水平时，资本主义经济政策的代言人反驳道："何必斤斤计较？民族统一、民族强权、民族统治本身就是目的。难道米德尔塞克斯郡会问萨里郡是否划算吗[146]？"为渴求卡特尔利润的工业家服务，为追逐年轻国家超额利润的金融资本服务，为热衷投机的证券交易所投机者服务——这就是帝国主义的民族原则。

现在我们才能回到最初的问题：资本主义扩张政策是否会导致现存多民族国家的解体？对我们奥地利人而言，问题在于：帝国主义会促使多瑙帝国瓦解吗？

近一个世纪以来，欧洲始终面临着奥斯曼帝国逐渐解体的局面。如果奥匈帝国被卷入帝国主义全球变革的漩涡，土耳其的崩溃无疑将成为直接导火索。

---

[146] 舒尔策-格弗尼茨（Schulze-Gävernitz），《英国帝国主义与英国自由贸易（Britischer Imperialismus und englischer Freihandel）》，莱比锡 1906 年版，第 79 页。

由于某些在此不便赘述的原因，土耳其人未能建立起一个基于资本主义商品生产的现代国家。当然土耳其也无法完全脱离现代国家的基本要素：铁路线贯穿其领土，它建立了现代化军队，还必须发展国债体系。但这些铁路由外国资本修建，土耳其的国债债权人也是外国资本家。从民众身上榨取的部分财富流入了外国（特别是法国和英国）资本家的口袋。土耳其本土的小资本家同样不是土耳其人，而是希腊人、亚美尼亚人和西班牙裔犹太人。他们每个人都懂得通过行贿获取官员青睐，但未能形成能迫使国家实行资本主义经济政策的阶级。统治阶级是土耳其的地主、官僚和军官，而被压迫的民众则是遭受地主奴役、高利贷者剥削和税吏欺诈的各族农民。

如今这些民众也逐渐受到经济变革的影响。将资本主义国家商品输入土耳其的铁路，改变了该国古老原始的手工业结构。凋敝的农业使数十万人失去生计，他们流向已脱离土耳其的邻近地区——塞尔维亚、罗马尼亚、希腊，尤其是保加利亚。在那里，他们见识到虽然在欧洲人眼中仍显落后、但远比土耳其腐朽状况优越的社会制度。当这些人重返故土，不满情绪便开始蔓延。铁路发展与基督教巴尔干国家的交往所带来的经济变革，也逐渐在土耳其引发民族运动。直接诱因显而易见：保加利亚和塞尔维亚农民头上压着土耳其地主和官僚，经济剥削与政治压迫以异族统治的形式呈现。此时，无历史民族的觉醒进程开始启动。

在土耳其各民族中，土耳其人因其贵族阶层、希腊人因其市民与官僚阶层、罗马尼亚人则因其贵族阶层，仍保持着历史民族的特征。而塞尔维亚人自被土耳其征服后便失去贵族阶层（贵族已融入统治民族），成为纯粹的农民民族。保加利亚人也同样只由被压迫阶级构成。随着这些民族建立独立民族国家，逐渐发展出本民族的官僚体系、知识分子和资产阶级，这一状况正在改变。这种变化也逐步影响着他们在土耳其的同族同胞[147]。

一旦这些民族在土耳其境内形成能够创造鲜活民族文化的阶级，土耳其的压迫就将变得无法忍受。

然而土耳其的经济及相应的文化-民族发展过于缓慢，基督教民族在土耳其土地上的文化发展尚不足以摧毁这个国家。土耳其注定灭亡，因为它未能转型为基于资本主义商品生产的现代国家；但它的解体过程十分缓慢，因为迟缓的经

---

[147] 在欧洲的土耳其行省中，仅有 12 名保加利亚医生和 6 名保加利亚律师，几乎不存在保加利亚知识分子阶层。但这种状况正逐渐改变。在保加利亚公国，已有约 400 名受过高等教育的保加利亚人来自马其顿地区。（布兰科夫（Brancoff），《马其顿及其基督教人口（La Macédoine et sa population chrétienne）》，巴黎 1905 年版）

济发展只能极其渐进地孕育摧毁旧国家的力量。正是由于土耳其资本主义的缺失，造成了这个国家既无法生存又迟迟不死的奇异现象。

但这种缓慢的内部发展正被基督教巴尔干国家的政策加速。它们深知土耳其终将解体，希望届时能继承欧洲各省。为此它们唤醒土耳其境内同族同胞的民族意识，扩张自身势力，为征服做准备。于是保加利亚人、希腊人、瓦拉几亚人和塞尔维亚人在土耳其境内爆发激烈民族冲突。虽然基督教民族间的争斗削弱了共同对抗土耳其的力量，但确实加剧了对现状的不满，促进了教育普及，从而加速了无历史民族的觉醒进程。因此即便列强的阻挠可能延缓这一进程，但欧洲土耳其的最终解体已不可避免。马其顿和阿尔巴尼亚终将脱离土耳其这个病躯，就像此前希腊、罗马尼亚、塞尔维亚、保加利亚、波斯尼亚和埃及的独立一样。

与此同时，土耳其统治下的西亚地区也正在酝酿重大变革。1902 年，德国资本获得特许权，修建一条从科尼亚经巴格达至波斯湾的铁路线。铁路网对西亚的开发最初会强化土耳其的统治，因为改善的交通条件首次使得统一行政管理成为可能。但这些新开发的地区无疑很快会引来高度资本主义国家帝国主义的贪婪目光。巴格达铁路沿线土地肥沃；从历史记载的最早年代直至阿拔斯王朝灭亡，巴比伦地区始终是高等文明的摇篮。自游牧部落入侵后荒废的灌溉系统，凭借现代资本主义和技术手段，短短数年便可重建。届时这些地区就能以粮食、棉花、羊毛和石油等形式，向欧洲资本输送巨额剩余价值。资本主义国家若要攫取这些财富，必将在此引发激烈冲突。德国资本修建巴格达铁路；俄国也在西亚追求"温水港"；对英国而言，"中东"势力分布绝非无关紧要——它在此区域西控埃及、东辖印度。

由此可见，无论在欧亚两洲，诸多力量都在推动奥斯曼帝国的最终解体。这为帝国主义征服政策提供了巨大舞台。这些变革将如何影响奥匈帝国？

首先，奥匈帝国很可能也会试图在此推行征服政策，即便规模有限。奥地利的扩张政策很可能也会与民族思想结盟。我们已阐明民族自治的理念与实践如何能成为巴尔干征服的工具。（第25节）

但当奥匈帝国声索对土耳其遗产的部分权利时，将遭遇其他国家的抵制——首当其冲的或是意大利。意大利无疑觊觎阿尔巴尼亚。与奥匈帝国和平协商恐非易事：若阿尔巴尼亚归属意大利，该国将控制连接亚得里亚海与地中海的奥特朗托海峡两岸；同时我们通往萨洛尼卡的道路（其重要性将因土耳其西亚地区的开发而大增）将西受意大利控制的阿尔巴尼亚、东遭塞尔维亚与扩张后的保加利亚钳制。而野心勃勃的意大利帝国主义不难煽动民众：它同样借助民族主义旗号。人们会以的里雅斯特和特伦托为名，行吞并阿尔巴尼亚之实；会唤醒民族历史记忆，诉诸反抗奥地利争取自由的传统。如此便能成功将帝国主义征服战争包装为民族解放战争，蒙蔽意大利民众[148]。

正如英国帝国主义以"不列颠殖民体系大联盟"思想作为资本扩张与统治工具，此处"未收复的意大利"理念同样是动员民众为年轻意大利资本主义开拓新市场与投资领域的手段。

土耳其解体不仅可能使奥匈卷入对意战争，更将引发与

---

[148] 若要研究奥地利政府近几十年的愚蠢政策，应特别注意其对待意大利裔居民的方式。意大利人并非无历史的民族，而是拥有辉煌历史的民族，因此在政治上至今仍比南斯拉夫人享有特权。但自 1866 年以来，他们人数过少，无法像其他历史悠久的民族那样，通过牺牲无历史的民族来参与瓜分利益的协议。而中央集权-原子化的宪法只保障强势民族的民族文化需求，意大利人却因人数劣势被排除在权力之外，导致奥地利拒绝满足其重要的民族诉求。这对一个拥有资产阶级和知识阶层的民族而言，远比任何农民民族更难忍受。于是奥地利创造了这样的"奇迹"：既赋予某个民族特权，又成功将其培养成国家的死敌！而这种敌意如今成了意大利王国帝国主义的重要武器——他们用夸大的奥地利意大利人受压迫消息煽动民众，将仇恨转化为征服战争。

俄帝国的危险利益冲突。俄国绝不会放弃对其"家门钥匙"——博斯普鲁斯海峡和达达尼尔海峡军事控制权的追求。当奥匈帝国主义剑指萨洛尼卡，俄国志在君士坦丁堡，而基督教巴尔干国家又争夺土耳其遗产时，和平划定奥匈与俄国势力范围绝非易事。俄国帝国主义或许也会对奥匈打出民族主义牌。我们曾提及，当俄国企图攻占君士坦丁堡时，可能会高举波兰与乌克兰自由旗帜。此处的民族统一思想同样沦为资本扩张的工具。

因此当土耳其帝国解体不可避免时，奥匈帝国首先将面临来自意大利与俄国的威胁。对于仍需应对严峻内部斗争的多瑙帝国而言，军队再度战败意味着什么，恐怕无需赘言。

在这种情况下，德意志帝国最终也可能被迫干预奥地利事务。那些阻碍霍亨索伦王朝推行大德意志政策的理由——俾斯麦曾多次明确阐述过——正逐年失去效力。尽管今日德国尚无吞并德意志奥地利的意图，但当土耳其解体危机爆发时，德国统治阶层的考量必将异于当前。首先需纳入考量的是：德国西部边境面临的威胁正逐年减弱——由于人口增长缓慢，法国作为对手的威胁性逐年递减[149]。迄今为止，法国通过与其人口规模不成比例的军备投入部分弥补了这一劣

---

[149] 德意志帝国人口：1875 年 4270 万，1900 年 5640 万；法国人口：1876 年 3690 万，1901 年 3900 万。

势。但若法国因俄国国债违约损失大量资本与收入（这一可能性如今已不容忽视），其财政将无力维持巨额军费开支。届时德意志帝国在欧洲大陆的行动自由度将远超以往。

而自俾斯麦宣称奥匈存续对帝国至关重要的时代以来，德国内部也发生巨变。阶级对立在德国民众中的认知度远高于其他民族，这使得统治阶层对天主教的态度彻底转变。在文化斗争年代，德国或许不愿增加天主教公民数量。但如今天主教教权主义已证明是抵御社会民主党冲击的最可靠堡垒。随着德国社民党势力扩张，统治阶层采用凯撒式策略的危险也日益临近——他们可能通过对外冲突来预防迫在眉睫的内部革命。还有什么比号召解放奥地利的德意志同胞、实现所有德国人珍视的民族统一理想，更能成功转移民众对社会问题的注意力呢？

此外还有另一重因素。土耳其解体也为德帝国主义提供了目标。虽然德国在欧洲各省难有斩获，但其帝国主义者早已对安纳托利亚和美索不达米亚虎视眈眈。德国资本主义在西亚开拓市场的步伐越坚决，德意志帝国作为地中海强权的意识就越强烈——去年摩洛哥争端已充分印证了这一点。因此德国帝国主义觊觎地中海港口并非不可想象。而通往地中海的路线必经维也纳、格拉茨和的里雅斯特。很容易预见这样的情境：若意大利进攻的里雅斯特，当今德国统治者是否会如 1848 年法兰克福议会那样认定"进攻的里雅斯特即对德宣战？"

　　但仅凭地中海利益尚不足以驱使德帝国主义采取如此激进危险的政策。另一股力量将推动他们把资本扩张思想与大德意志理念相结合。当德帝国主义者试图推动帝国在西亚实施冒险的战争政策时，必将遭遇德国工人阶级的强力抵抗。其他利益集团也将支持工人的抗争——德国容克地主不太可能乐见开发一个其小麦大麦生产会威胁其地租收入的地区。在德国，赤裸裸的扩张政策难以推行。若要使民众为资本扩张服务，就必须将民族主义思想工具化。正如英帝国主义向选民展示"四亿子民臣服于统一不列颠民族"的炫目图景时，实际盘算着钢铁大亨的垄断利润与伦敦证券交易所的投机收益；正如意大利帝国主义为争夺北意大利工业在巴尔干的销路，搬出加里波第的伟大传统；正如俄国帝国主义可能某天会打着波兰与乌克兰自由统一的旗号，为圣彼得堡、莫斯科和罗兹的工厂主开拓新市场——德帝国主义若要德国工人与农民子弟为开拓幼发拉底河与底格里斯河的新财源送命，就必须以 1848 年大德意志思想的继承者自居，必须标榜实现统一德意志祖国的理想[150]。

---

[150] 罗尔巴赫（Rohrbach）批评泛德意志主义者错误地认为"德意志政治利益区"应与"欧洲及海外德意志散居民族的分布范围"完全重合。（罗尔巴赫，《世界民族中的德国（Deutschland unter

我们看到多瑙河畔的多民族国家正面临全新威胁。引发这些威胁的力量，正是以资本集中为表现形态的生产力变革。资本集中改变了资本主义经济政策的手段，而资产阶级又必须将其政策包装为全民意志。因此他们将政策与资本主义发展本身催生强化的民族自由统一思想相捆绑。帝国主义的民族原则——本民族的统一自由与对其他民族的统治——必然成为资本主义经济政策的权力工具。这使多民族国家危如累卵，尤其是那些与资本主义强国存在民族碎片交错的国家。可见正在发酵的力量既会强化民族原则，也将危及传统多民族国家的存续；但此时的民族原则无论内容还是社会根源都已质变。今日威胁奥地利的危机，与自由主义民族原则时代（譬如 1848 年）的危机有着本质差异。

此外，我们看到土耳其帝国在欧洲和小亚细亚的瓦解将引发新的危机，这标志着一场漫长历史进程的终结。多瑙河帝国诞生于商品经济催生现代国家之际——东南欧的殖民帝国本应推动德意志帝国完成国家转型。但它在形成过程中被赋予了新使命：其疆域紧密联结，共同抵御土耳其人。当

---

den Weltvölkern）》，柏林 1903 年版，第 80 页）罗尔巴赫主张纯粹的资本主义扩张政策，而泛德意志主义者即便不能理解，也隐约感觉到：只有披上民族统一政策的外衣，资本主义扩张政策才能煽动德意志劳动群众。这本质上与贝尔福和张伯伦之间的分歧如出一辙。

土耳其人进犯欧洲时，它应运而生；如今当欧洲反攻土耳其时，东南欧的民族问题将迎来解决契机，同时也面临分崩离析的威胁。而继承其遗产的将是东北欧的德意志殖民帝国——在抗击土耳其人的数百年间，这场战争使东南欧殖民帝国背离了最初使命，却为东北欧奠定了权力根基。

然而所有这些思考仅能表明：威胁君主制存续的并非空想家的心血来潮，而是强大的历史力量催生的趋势。但这些趋势能否压倒强大的反制力量，则是另一回事。在可能危及奥地利的帝国主义浪潮中，目前仅有意大利表现活跃。俄国帝国主义唯有在立宪政体下、待核心内政问题初现解决曙光、财政危机得以克服后才会兴起。德意志帝国主义同样面临重重阻碍：在这个资本主义急速发展且阶级矛盾尖锐的国度，资本主义政策还能延续多久尚属未知。我们亦不清楚德意志帝国主义将选择何种路径——尽管德国帝国主义者已觊觎南巴西和山东半岛，但必须承认，北美帝国主义的发展和日本的强势崛起，已使德国在南美和中国的图谋比预期更为渺茫。即便德意志帝国主义集中力量进军小亚细亚，仍需克服巨大障碍：国内社会分裂、掣肘征服政策的僵化联邦宪法、本土波兰人起义风险；更关键的是外部阻力——若德意志帝国企图吞并奥地利领土，必将遭遇斯拉夫民族乃至部分德意志人的激烈反抗；法国绝不会坐视欧陆力量对比剧变。在小亚细亚，德国将直面俄国与英国；在奥地利则将遭遇俄国与意大利。英国"围堵"德国的尝试已预示：若想成为地中海强国，帝国将面临何等压力。显然，如此大胆的政策唯有在极特殊条件下——与某个资本主义列强结盟并击败其他大国后——方有可能实现。

因此，当法国和泛斯拉夫主义的空想家指责德意志帝国觊觎哈布斯堡遗产时，这种论调荒谬至极。德意志帝国的统治者深知：他们承受不起任何失败，如此冒险政策可能引发的不仅是宪政危机，更将动摇德国社会根基。除非走投无路——意大利或俄国在战场上挑起奥地利问题；资产阶级担忧丧失最后可开拓的剥削领域；唯有将经济掠夺战争包装为民族解放战争才能瓦解工人阶级抵抗；或当社会革命迫在眉睫，统治者不得不孤注一掷时——他们才会冒险进犯奥地利。无人能预判这种国际格局会否出现。我们只观察到推动德意志帝国主义插手奥地利问题的力量，也看到同样强大的反制力量。这场角力的结果难以预料。只能说：未来某日德意志帝国武力解决奥地利问题的设想，存在可能性却绝非必然。

要完整把握工人阶级对奥地利民族问题的立场，这些思考不可或缺。但凡不回避现实者都应承认：无论个人或政党，其对民族问题的态度多少受奥地利解体的预期或恐惧影响。

奥地利爱国者深知维系多瑙河帝国的唯一途径：通过民族自治为每个民族确立法定权力范围，终结民族权力斗争。当奥地利各民族的求援声不再传向境外，外国帝国主义就失去了煽动本国民众支持其扩张政策的最佳工具。推行民族自治能降低欧洲资本主义为争夺投资市场和销售渠道，而将奥地利领土作为诱饵欺骗本国劳动群众的风险。因此，民族自治必须成为所有关切奥地利存续的民族、阶级和政党的共同纲领。

而那些将奥地利解体视为民族希望实现之人，现在应明白这种期望多么渺茫。每个理智者都应致力于在现有国家框架内探寻民族共处之道。任何人都不能以"世界政治巨变将解决帝国民族问题"的幻想逃避斗争。值得注意的是，那些鼓动奥地利德意志人采取此类政策的政党，其领导者恰恰是缺乏责任感的德意志学生社团正统传人——这些被俾斯麦称为"空想与无知结合体"的人。

若要求工人阶级将希望寄托于这个帝国的解体，那便是强加给他们一种不负责任的灾难政策。工人必须在历史赋予的土壤上进行阶级斗争。其民族政策应当致力于在多民族国家创造公开阶级斗争的条件——毕竟对每个民族的工人而言，这本身就是其特殊的民族政治。

即便奥地利最终在资本主义社会解体，也绝不会被陈旧的自由主义民族原则所撕裂。只有当资本主义扩张政策成功驱使民族意志为其服务时，它才会分崩离析。奥地利的解体必须以德意志帝国、俄国和意大利的帝国主义胜利为前提

——而这恰恰是这些国家工人阶级的失败。难道奥地利工人应该寄望于邻国资产阶级成功扼杀工人阶级的阶级意识、蒙蔽受蛊惑的工人、剥夺其阶级意识形态并削弱其力量？难道工人应当将阻碍自身解放进程的政策视为民族政策？

不仅国外无产阶级的阶级斗争利益，本土的阶级斗争需求也与帝国主义的民族政策相冲突。若胜利的帝国主义占领奥地利领土，将小民族并入大民族国家，必将引发德意志人与捷克人、德意志人与斯洛文尼亚人、意大利人与南斯拉夫人、波兰人与鲁塞尼亚人之间的残酷民族斗争——这将长期扼杀一切阶级斗争。而工人阶级的民族政策只有一个手段（阶级斗争）和一个目标（将全体人民改造为自治的民族文化共同体）。奥地利工人不能指望德意志、意大利或俄国的帝国主义——它们既是国外兄弟阶级的敌人，其胜利也将削弱本土工人的力量。帝国主义-民族主义政策绝不可能是工人阶级的政策。

因此，奥地利各民族工人的近期目标不可能是建立民族国家，而只能是在现有国家框架内实现民族自治。只要奥地利存续，民族自治就能为工人阶级斗争创造最优条件；倘若某日邻国大军越过边境，工人阶级更将向胜利的帝国主义坚决提出民族自治要求，以防民族斗争阻碍阶级动员。基于地方自治的民族自治，是工人阶级眼中这片土地上各民族共存的法则——无论这些民族被强行纳入何种国家框架。

在资本主义社会，奥地利的解体只能是帝国主义的产物。工人阶级不能依赖这种胜利，因其充满不确定性；不能要求这种胜利，因其命运取决于资本主义大国的内部阶级斗争而非奥地利；更不能期待帝国主义的胜利，因其以国外工人阶级的失败为前提，并将撕裂奥地利本土的无产阶级阵线。因此，奥地利工人的政治-民族纲领只能是民族自治。但工人阶级接受现有国家框架、在历史给定的范围内寻求民族问题解决方案，并不意味着承认这个国家是他们的国家，或这些方案是他们的方案。工人阶级最终期待的解决方案，不来自资本主义的帝国主义，而来自无产阶级的社会主义。

30. 社会主义与民族原则

普法战争催生了巴黎公社，日俄战争引发了俄国革命。未来的帝国主义世界大战也必将掀起革命浪潮。当资本为争夺销售市场和投资领域而动员起数百万现代大军时，它已攀至权力巅峰；再进一步便是万丈深渊。正是帝国主义的世界震荡将开启社会主义的世界变革。因此，帝国主义永远无法纯粹实现其民族主义原则——自无产阶级首次在欧洲文化圈某个资本主义大国夺取政权之日起，重塑民族共存法则的新力量就将崛起。这些新法则首先会与垂死资本主义世界的旧秩序交锋。但正如资本主义商品生产最终战胜封建领主制，其国家建构与疆界划分原则经过数世纪斗争终获完胜并粉碎封建国家形态；社会主义社会也终将在旧资本主义国家的废墟上，实现其共同体建构与疆界的新原则。

从形式法理看，现代国家是享有主权的领土实体。即便工人阶级夺取政权，将生产资料转为国家及下属地方自治体所有，这一性质依然不变。未来共同体仍将保有主权属性，意味着它将成为一切生产与分配的最高管理者。无产阶级首先改变的不是法律规范，而是法律主体及规范效力——但国家因此已蜕变为全新的社会形态。现代国家伴随货币经济而生，而货币经济本身是商品生产的表现形式。社会主义共同体则不再依赖税收，而是通过直接组织生产与分配劳动成果存在；国家不再通过税收攫取商品生产者的价值产品，而是作为所有者决定社会劳动成果的公共用途与个人分配比例。现代国家本质是资产阶级的阶级统治工具，因为唯有作为资本主义商品生产，商品生产才能成为普遍社会生产形式，奠定现代国家基础的货币经济才得以扩展。而未来社会主义共同体将消灭阶级对立与资本家统治，真正实现全体公民共同形成公共意志。工人阶级掌控现代国家之日，便是现代国家消亡、蜕变为全新社会形态之时。

当工人阶级主导的国家改变自身性质时，它不仅与现代国家对立，更与一般国家概念形成根本矛盾。国家作为领土实体诞生之初，正是地域划分瓦解并最终取代了古老氏族制度[151]。形式法理上这仍将延续——未来共同体仍是领土实体，土地作为核心生产资料与一切生产基础，始终是其效力的自然根基。但领土实体的本质将彻底改变：当今国家对土地的权力掩盖着有产者对无产者的统治，而社会主义共同体消灭生产资料私有制时，也终结了一切阶级统治。此时国家领土主权不再隐藏人对人的支配，纯粹成为人与物的关系。因此社会主义共同体不仅与现代国家，更与一切历史国家形式形成对立。至于是否仍称之为"国家，"只是术语学的无谓争论。

每种新经济制度都会创造新的国家形态与政治实体划分规则。社会主义社会的共同体将如何区隔？公民民族性是否仍将决定共同体边界？

要解答这个关于社会主义与政治民族原则关系的问题，必须从以下事实出发：唯有社会主义能让全体民族成员共享民族文化。随着社会化生产打破人口的地域束缚，随着民族发展为统一的教育、劳动与文化共同体，狭隘的地域联系日渐式微，而联结全体民族成员的纽带日益强韧。当今蒂罗尔农民通过本乡独特的农耕文化与同胞紧密相连，却与境外德意志人泾渭分明。这种民族存在的现实反映在民族意识中：

---

[151] 恩格斯《家庭、私有制和国家的起源（Der Ursprung der Familie, des Privateigentums und des Staates）》，斯图加特 1900 年版，第 105 页及以下，第 149 页及以下，第 177 页及以下。

蒂罗尔农民首先自认蒂罗尔人，德意志属性则鲜被提及。蒂罗尔工人则截然不同——他们较少参与农民的乡土文化，通过更强大的纽带与德意志民族相连。社会主义社会将使每个德意志人成为德意志文化的产物，并赋予其共享文化进步的权利，从而彻底消除民族内部的地方主义。毋庸置疑，这种发展将强化政治民族原则的力量。

另一系列现象也在推动同一趋势。农民大众深受传统束缚，他们珍视祖传家当，憎恶一切新事物。这种对旧时代价值的眷恋也产生政治影响：成为其教权思想、地方爱国主义和王朝忠诚的根源。我们在考察维系奥地利存续的力量时已看到其重要性——那些无法挣脱数百年传统枷锁的农民，正是这个国家的支柱之一。当社会主义生产方式一方面将群众纳入民族文化共同体从而强化其民族意识时，另一方面也摧毁了阻碍民族原则彻底实现的旧时代意识形态。因此它不仅增强了民族原则的驱动力，更扫清了其前进道路上的障碍。

然而这一切只是为民族原则的胜利铺路。唯有在资本主义堤坝溃决后，席卷所有传统意识形态的理性主义洪流才能真正实现这一胜利。在资本主义向社会主义过渡的伟大时代，当一切旧事物被摧毁、旧权威被推翻、甚至旧财产关系被废除时，沿袭的传统将失去神圣光环。此时群众才会学会推翻旧制度，在其废墟上建造符合自身需求的新大厦。这种群众意识的革命将因社会主义社会的日常实践而巩固——这种实践首次赋予群众决定自身命运的权力，通过自由协商与决议规划未来，使人类文化发展变成人们自觉商议、决策和践行的行动。社会主义教育将使其成为可能：它让每个个体吸收全民族乃至全人类的文化成果，从而彻底摆脱狭隘地域传统的束缚，拓宽视野，使其能够自主设定目标并明智选择实现手段。因此对社会主义社会的人们而言，古代人为目的划定的国界将不再神圣。此时所有民族的群众才会成熟到能面对这个问题——这个在 19 世纪仅属于知识精英的问题，即内在共同体与外在权力关系的问题，它体现为民族与国家的对立。随着民族内部狭隘地域联系弱化而民族文化共同体紧密包容所有同胞，民族共同体将成为确凿不变的事实；而外在权力将被理解为必须适应人类目标的工具。于是外在权力适应内在共同体的原则——民族原则的核心思想——将在他们心中觉醒。

就其内容而言，民族原则意味着外在权力应当凝聚并服务于内在共同体。但只有当劳动方式与劳动关系的变革使违背该原则的传统国家形态变得难以忍受时，这一原则才会作为动因真正生效。历史上资产阶级因传统小国不再符合其需求而高举民族原则旗帜时便是如此。当社会生产从资本主义形态转向社会主义形态改变了人们的精神世界、摧毁其旧文化价值、使其能够思考国家"自然"疆界问题时，历史必将重演。

当群众将自由民族共同体视为目标时，社会主义也为其指明实现路径——因为社会主义必然以民主为基础。这样的民主共同体仍将迫使少数服从多数意志：不论是通过直接强制，还是间接剥夺其参与劳动过程与分配的权利。但它绝不可能强行包容不愿归属的整个民族。当充分享有民族文化、拥有立法与自治权利且武装起来的民族大众——这样的民族怎会屈服于非自愿加入的共同体枷锁？一切国家权力皆以武力为后盾。但借助精密机制，现代民军仍如昔日的骑士军队与雇佣兵，只是个人、家族或阶级的权力工具。而社会主义社会民主共同体的军队由高度文明的成员组成：他们在车间不再听命于异己权力，在国家享有全面参与立法行政的权利——这样的军队不再是独立权力，而是武装的人民本身。民族异族统治的可能性由此彻底消失。

然而我们社会的民族国家不仅建立在某些民族无力实现理想民族国家的基础上，也不仅因为许多民族的多数群体受旧意识形态影响、未被民族文化共同体吸纳而反对民族统一自由理念；更因现代国家同时是经济区域这一事实阻碍着民族原则的纯粹实现——它难道不该力求涵盖能形成相对独立经济区的领域吗？若社会主义共同体为纯粹贯彻民族划界原则，仅圈定不顾生产条件的小型经济区，劳动效能岂不会下降？

在此我们必须首先明确：唯有社会主义才能彻底实现国

际分工。简单商品生产通过在小范围内（一座城市及其辐射区域）推行劳动分工，极大提升了人类劳动效率。资本主义继而将分工扩展至大型经济区，再次大幅提高劳动生产率。它还为国际分工奠定了基础。古典经济学由此提出理论：当每个经济区的居民只生产本地条件优越的商品，并通过交换获取其他必需品时，所有经济区的劳动效能与财富都将增长。这一理论无可辩驳。然而资本主义社会既未实现、也永不可能实现自由贸易与国际分工。因为资本主义经济政策的目标并非最大化劳动效能，而是最大化利润；它不通过优化生产资本分配来提高效率，而是通过加速闲置资本回流生产领域、持续扩张销售市场与投资范围来实现目标。只有当国际分工要求与资本主义经济政策偶然吻合时（如英国曾长期如此），资本主义社会才会实现贸易自由。而在生产资料不再作为资本存在的社会主义社会，资本主义经济政策将完全失去意义。社会主义社会因此能真正实现国际分工及相应的经济区内部分配。当然这不会一蹴而就——若某国通过关税保护培育钢铁工业，而非利用他国富矿进行自由贸易，社会主义社会也无法立即关停现有高炉与钢厂。但随着劳动力与生产设备的逐年增长，新劳动力和生产资料将始终流向本国条件优越的产业，并通过交换获取他国产品。如此不出数十年，社会主义共同体就能完成古典经济学主张的国际分工。

由此，实现民族原则的最大障碍得以清除。即使最小民族也能组建独立经济体：大民族生产多样商品时，小民族可集中力量专精少数品类，通过交换获取其他商品，从而以小型规模享有大规模生产优势。连自然资源最贫瘠的民族也能建立独立经济单位——李嘉图已证明：在国际分工中，条件最差的经济区也有其使命——生产他国相对优势最小的商品，用以交换他区产品。国际分工将使整个人类文明结成有机整体，正因如此，所有民族的政治自由与统一才成为可能。在要求各共同体自给自足的社会，纯粹的民族原则无法实现——小民族与资源匮乏民族必然丧失自由。而当国际分工涵盖所有民族时，阻碍人类政治版图与历史文化共同体相适应的主要藩篱便将崩塌。

社会主义社会中的人口流动也呈现全新特征。受资本主义竞争法则盲目支配、几乎不受理性规约的个人迁徙将消失，取而代之的是社会主义共同体有组织的迁移调控。它们将在增加劳动力可提升效率的地区吸引移民，在人口过剩导致收益递减的地区引导外迁。通过这种社会调控，每个民族首次真正掌握自身语言疆界的决定权，社会性人口流动再难违背民族意志突破民族原则。

民族原则的实现与社会主义胜利紧密相连绝非偶然。氏族共产主义时代，共同体（至少最初）具有民族同一性。即便某民族被征服，也仍保留政治组织，仅需向战胜者纳贡。直到古老民族共同体瓦解为狭隘地域集团，民族的政治分裂才开始。而随着阶级分化——民族成员与附庸的区隔——民族异族统治才成为可能：统治阶级与被统治阶级的对立，呈现为历史民族对无历史民族的支配。当社会生产采取资本主义商品生产形式后，政治割据逐渐消退——大经济区的分工需求在无数小邦废墟上建立起大型民族国家。同一发展进程也使民族异族统治难以维系：无历史民族觉醒，同样追求民族国家的实现。最终，社会生产脱去资本主义外壳：此时民族文化共同体才真正形成，民族内部的地方主义彻底消失，任何民族对他族的统治皆不可能；此时分工涵盖全人类，人类按自由民族划分政治版图再无阻碍。人类政治结构的演变映射其民族文化存在，而后者又受劳动方式与劳动关系发展决定：政治割据与异族统治，是一个民族内部分化为正式成员与附庸、且分裂为狭隘地域集团的时代特征，其经济基础是定居农业、生产资料私有制与领主制；民族原则则是社会生产时代中，统一自治民族的国家建构原则。19世纪大型民族国家的建立，仅是民族原则纯粹实现时代的先声，正如现代资本主义拓展文化共同体是社会主义实现民族文化共同体的前奏，亦如资本主义形态的社会生产是全社会协作生产的序章。

社会主义承诺实现所有民族对政治统一与自由的渴望，德意志民族亦不例外。因此德国工人既不参与泛德意志主义者的幼稚游戏，也不涉足敌视工人的帝国主义行径。他们明白在与资产阶级的阶级斗争中，也包含着争取民族政治统一的斗争。德国工人以沉着必胜的信念——与轻浮的泛德意志冒险家截然不同——向民族吟诵诗人的箴言：

"忍耐吧！终将到来那一天，
统一的帐篷将覆盖德意志全境！"

但民族原则既源于社会生产进步与国际分工的发展，便很快会遭遇自身局限。

资本主义社会中，日益紧密的交往关系已将各国联结起来，亟需建立普遍适用的交往规则——超越单一国家疆界的法律体系。随着资本主义经济发展、现代大国崛起及欧洲列强海外殖民扩张强化国际交往，国际法应运而生。国家最初通过条约规范关系：在传统盟约与和约之外，新增陆海战法规条约；经济关系也逐渐通过国际条约协调。由此形成现代国际法基础的庞大约束体系：内河与海洋航行条约、商贸关税条约、铁路运输条约、邮政电报条约、度量衡条约等。很快国际法更突破直接经济利益的范畴：如今国际条约已规范卫生防疫（特别是传染病防治）、打击人口贩卖与奴隶贸易；还尝试通过条约协调民法与诉讼法统一。这些条约中更诞生了全新机制——国际事务局。当条约需奠定共同行政活动基础时，国家便创设共同机构，由这些根据国际授权常设的部门履行条约规定的职责。此类机构包括：国际卫生委员会、各国财政监督国际委员会、国际河流委员会（被授予本属主权国家的权力，以致国家理论试图将其构建为特殊政治实体

——"河流国家"）。其中最重要的是所谓"行政共同体"的国际机构，自 1860 年代兴起，以向所有国家开放加入的条约为基础。例如：万国邮政联盟办事处、国际电报联盟、保护工业产权国际局、保护文学艺术作品国家联盟、打击奴隶贸易国家联合会、国际运输中央局、常设糖业委员会等。部分机构已获司法权（如卫生与河流委员会、邮政联盟与铁路共同体办事处），1899 年更设立海牙常设仲裁法院。

尽管这些机制尚不完善，却蕴含着新社会组织的强大萌芽。国家间交往关系已紧密到国内法与国家机关无法满足需求的程度。发展正推动着超越国内法并约束国家自身的法律体系诞生，创造着行动不受国界限制的机构。当前国际条约与事务局虽满足这一需求，却存在内在矛盾：国际法共同体虽具章程与机构，却未形成法人实体；我们拥有章程，却不知制定并保障其实施的总体意志；我们设立国际机构，却不明其应隶属的实体。

社会主义社会中，共同体间条约与国际机构必将迅猛增长。国际分工的实施首先将迫使各共同体加强交往联系。当今日由无数个体决策行为构成的社会进程转为由各共同体自觉调控时，国际协调的范围与必要性也将空前扩大（例如大规模人口迁移必须依据国际条约）。最后，由于现今仅影响个别商人或移民的预期落空与计算失误，届时将直接冲击整个社会，社会主义社会必须计划性调控国际交往关系。试想若某社会主义共同体专精某商品生产以期国际交换，却遭遇贸易预期落空将导致何等后果！若缺乏国际性的商品交换与流通管理，国际分工根本无从实现。

因此，未来的社会终将不再满足于国家条约和行政共同体。它不会满足于那些缺乏有组织的集体意志保障的章程，也不会满足于那些不属于任何法人实体的机构。社会最终必将把国际法共同体构建为法人实体，并为其配备常设代表机构。这一转变很可能发生在各民族共同体设立国际事务局之日——届时各共同体将把相互间商品交换的最高管理权，进而间接把每个共同体生产的最高管理权委托给该机构。正如资本主义商品生产的发展将中世纪分散的领主领地和城市联结成现代国家，社会主义社会的国际分工也将在各民族共同体之上创造出一种新型社会组织——一个"国家之上的国家，"各民族共同体都将融入其中。因此，"欧洲合众国"不再是梦幻构想，而是一场各民族早已开启的、且正被日益显现的力量所加速的运动的必然归宿。

我们已看到社会主义必然导向民族原则的实现。但当社会主义社会在民族共同体之上逐步建立起联邦国家，使各民族共同体重新融入其中时，民族原则就转化为民族自治——作为国家建构原则的民族原则转变为作为国家宪制原则的民族原则。社会主义的民族原则，是民族原则与民族自治在更高层面的统一。

社会主义的民族原则因而能兼收资产阶级民族原则与民族自治的全部优势。通过将民族组织为共同体，它赋予民族自我立法权、自治权、对生产资料和劳动成果的支配权以及武装力量。而通过将民族纳入法人化的国际法共同体，它又确保民族能超越领土疆界行使权力。例如假设社会主义社会能通过减少德国境内的劳动者数量来提高德国劳动效率，同时通过增加南俄地区的劳动者数量来提升该地效率，那么它就会设法将部分德国人口迁往南俄。但德国绝不会在确保文化自主权之前将儿女送往东方。因此德国移民将以公法团体而非个体的形式加入乌克兰共同体。当各民族领土共同体联合为国际共同体时，通过有计划的殖民，民族共同体内部就会形成外语人群团体——这些团体在某些方面与其本民族领土共同体存在法律关联，在另一些方面则与其定居地的异族共同体存在法律关联。因此社会主义社会无疑将呈现民族人群团体与领土共同体交错并存的斑斓图景；它既不同于我们这个时代中央集权-原子化的国家宪制，也不同于同样结构复杂的中世纪社会。

我们无意在此描绘未来社会的幻想图景。我们关于它的所有论断，都源自对其本质的冷静推演。社会主义生产方式对人类的重塑，必然导致人类按民族共同体进行组织；国际分工必然推动民族共同体联合为更高级的社会形态。所有民族联合起来共同驾驭自然，而整体又划分为享有自主发展权

和民族文化自由享有权的民族共同体——这就是社会主义
的民族原则。

VII. 奥地利社会民主党的纲领与策略

31. 社会民主工党的民族纲领

现代社会主义最初诞生于西欧大型民族国家。这些民族的社会结构和政治地位，首先决定了社会主义对民族问题的立场。

这些国家的工人阶级用理性主义的价值取向对抗保守阶级的民族主义价值观，用"将全体人民发展为民族"的理想取代"保持民族特性"的理想。因此，从积极方面说，工人阶级的政策是进化论式的民族政策；从消极方面说，则是对保守民族政策的拒绝，即文化世界主义（参见第 12 节）。但由于"将全体人民发展为民族"必须通过民族内部的阶级斗争而非与其他民族的斗争来实现，工人阶级并未意识到其政策中的民族内涵。相反，工人阶级对其政策的消极面——拒绝民族主义价值观、民族主义历史书写和保守民族政策——有着更清醒的认识。因此，文化世界主义是法国、英国和德意志帝国工人阶级斗争的基本情感基调。

这些民族都是历史悠久的民族。这些民族的工人阶级在与本民族有产阶级的斗争中，看不到自己与阶级敌人同属一个民族文化共同体；他们更清楚地看到，其他民族的工人是自己的劳动伙伴、苦难同伴和斗争战友。因此，民族差异在他们眼中逐渐淡化。他们由此复兴了古老的人道主义思想，形成了朴素世界主义的基本情感（参见第 20 节）。这种情感逐渐升华为自觉的国际主义思想，即认识到每个民族工人阶级的进步都取决于所有民族无产阶级的进步。人道主义理念被"各民族工人利益休戚相关"的认知所取代。

这种认知当然也催生了行动：每个民族的工人都在可能的范围内支持其他民族（在这里即其他国家）工人的斗争。然而，国际主义思想在这里不能成为国家建构的纲领——因为这里已经存在无可争议的民族国家。工人阶级看不到民族国家的积极面——他们不认为这是"自然"的国家，不认为这是内在共同体的外在权力组织——只看到其消极面：将其视为阶级国家，视为有产阶级的权力工具。同样，国际主义思想在这里也不能凝聚为国家宪制纲领。民族教育已经存在，无需争取。因此工人阶级意识不到其中的积极因素，不把教育视为建立民族文化共同体的手段，只看到其消极面：将高等教育视为特权，将国民教育视为有产阶级的权力工具。这里也不会产生"工人阶级是否要争取在政府和法庭使用民族语言"的问题，因为民族语言在行政管理中的主导地位无可争议。工人们再次只看到现象的消极面：问题不在于官方语言，而在于有产阶级把政府机构变成了奴役和剥削工人的工具。

直到与帝国主义对抗时，大型民族国家工人的国际主义才获得一些确定性。当然，这里直接涉及的并非本民族与其他民族的关系，而是本国与其他国家的关系。但当帝国主义试图实现民族主义的统治理念时，工人们就用民族自由理念与之对抗。政治民族原则成为工人阶级的意识形态，因为民族主义原则已成为资本主义扩张政策的斗争工具。因此，在欧洲工人支持布尔人争取自由和政治独立的热情中，在谴责英国压迫印度人的行动中，甚至在公正看待义和团起义的态度里，我们看到了这种对抗。当资产阶级追求由单一民族统治的大型民族国家时，工人阶级接过了资产阶级"自由民族国家"的旧理念。

以上就是大型民族国家无产阶级国际主义的要素：其基本情感是文化世界主义；其核心内容是对各民族工人团结互助的认知；通过与帝国主义的斗争，它获得了日益明确的内涵——这种斗争使每个民族的自由和自决成为所有民族工人的共同诉求。所有这些要素在旧"国际"的民族政策中都已显现。国家宪制、民族学校、公共生活中民族语言使用等问题在那里根本不会出现。只有当社会主义从民族国家扩展到多民族国家，从历史悠久的民族延伸到无历史的民族时，工人阶级才面临这些问题。工人阶级必须找到这些问题的答案。社会主义理论必须研究那些影响千百万工人和数千名工人代表的因素，这些因素最终将决定答案的形态。如果说今天我们已不满足于国际主义的旧表述，如果说我们力求更全面、更深入地研究工人阶级与民族问题的关系，试图从国际主义的普遍思想中推导出具体的民族纲领，那么从根本上说，这是因为资本主义生产方式以及由此产生的工人阶级社会主义意识正在从一个国家传播到另一个国家。奥地利社会民主党最早探索了工人阶级对具体民族问题的特有立场。今天，在俄罗斯帝国，国际主义也正在争取具体内容的确定性。

我们之前已经谈到，在奥地利，一部分人天真的世界主义和另一部分人天真的民族主义如何逐渐转变为自觉的国际主义。观察这一过程最初如何在党报和工人集会中以模糊措辞表达出来，是颇有意味的。

例如近年来，我们无数次听到奥地利德国裔社会民主党人声称，工人也是"优秀的德意志人。"然而，当我说某人是优秀的德意志人时，首先仅意味着他属于德意志文化共同体，受德意志文化塑造，并因此与其他德意志同胞形成性格共同体。从这个意义上说，工人们并非优秀的德意志人。因为在阶级社会中，民族苦难恰恰表现为：广大劳动群众几乎完全被排除在民族文化共同体之外；有产阶级不仅占有工人阶级创造的物质财富，还独占建立在无产阶级劳动基础上的民族文化。如果有人试图说服工人相信他们现在已经是优秀的德意志人，那是在掩盖阶级对立，粉饰工人被剥削的处境，美化工人阶级的苦难。恰恰相反！正因为工人现在根本不可能成为优秀的德意志人，所以我们才追求建立一种能让所有劳动者共享民族文化、从而结成民族文化共同体的社会制度。

工人们现在不是优秀的德意志人，但我们的斗争正是要使他们成为优秀的德意志人！

对此可能有人会反驳说，那些表述并非此意。他们并非主张工人阶级现在已经完全融入民族文化共同体，而只是想表明工人阶级对民族问题的政治立场，想表达工人也具有"民族性。"那么请注意：有产阶级的政治是保守的民族政治；工人阶级的政治是进化论的民族政治。在奥地利，有产阶级的政治是民族强权政治；而工人阶级的政治则是民族自治政治。有产阶级期待资本主义帝国主义最终解决民族问题，为他们建立一个由本民族统治异族的民族国家；而工人阶级则期待无产阶级社会主义终结民族斗争，将每个民族统一为自治共同体，同时纳入作为最高社会组织的国际法共同体。我们看到，在每一点上，工人阶级的民族政策都与统治阶级和有产阶级的民族政策相对立。那么说工人"也具有民族性"还有意义吗？用同一个词来指称两种在每一点上都相互对立的意志方向是否恰当？现在所谓的工人阶级民族政策，难道不就是其传统国际政策的具体化吗？

因此，这些近年来流行的说辞内在价值很低。但如果我们正确解读它们的出现，就会发现这标志着工人阶级发展的一大进步——从天真的世界主义向自觉的国际主义的演进。过去人们告诉工人，我们是德意志人还是捷克人并不重要，我们都是人类；后来又教导说，我们说什么语言无关紧要，我们都是被剥削的斗争者。人们逐渐意识到，不能通过将某个利益群体的诉求淹没在更大整体中、将其概念消解在更宽泛概念里的方式来压制这些诉求。如今我们明白，要阐明德国工人的国际政策，必须证明德国工人若不促进其他所有民族工人的利益，就无法为自己的利益而斗争。我们并非无视工人的民族差异，而是要展示每个民族的工人为何都有独特利益，为何要满足其他民族工人的文化需求。但是，从世界主义到国际主义的发展，不能仅靠理论上的阐述和论证来完成；新思想必须逐步征服成千上万个人的意识，战胜他们头脑中的旧观念。在新旧思想争夺数十万人头脑的斗争中，会产生各种混乱局面，个人和政党经常会出现认识模糊——政党的整体意志正是由这些个人的意志决定的。在这样的过渡时期，内在的模糊性往往表现为内容空洞的说辞和自相矛盾的表述。当人们说社会民主党人也是"优秀的德意志人"、他们"也具有民族性"时，是想表明社会民主党不会忽视民族差异和民族斗争的经验事实，对民族问题也有明确回答。因此，某些党员同志偏爱这类说辞，可以帮助我们理解一个重大的历史进程。

尽管自觉的国际主义在党员个体意识中才刚刚开始取代天真的世界主义，但理论上它早已取得胜利。这一胜利体现在 1899 年布尔诺全党代表大会通过的民族纲领中：

"鉴于奥地利的民族纷争正在阻碍各民族的各项政治进

步与文化发展；鉴于这些纷争首要归因于我国公共制度的政治落后性；特别是鉴于延续民族斗争是统治阶级维系其统治、压制人民真实利益诉求的重要手段，

党代会声明：

按照平等权利、平等待遇和理性原则最终解决奥地利的民族与语言问题，首先是一项文化诉求，因而符合无产阶级的根本利益；

唯有建立在普遍、平等、直接选举权基础上的真正民主共同体才能实现这一目标——必须废除国家及各邦国的一切封建特权，因为只有在这样的共同体中，作为真正维系国家与社会的中坚力量的劳动阶级才能获得话语权；

只有在平等权利基础上避免任何压迫，才能实现奥地利所有民族的特性培育与发展，因此必须首要反对官僚式的国家中央集权以及各邦国的封建特权。

在此前提下——且唯有在此前提下——奥地利才可能以如下指导原则取代民族纷争，建立民族秩序：

1. 将奥地利改造为民主的民族联邦制国家。

2. 以按民族界限划分的自治体取代历史上的王室领地，其立法与行政由通过普遍、平等、直接选举产生的民族议会负责。

3. 同一民族的所有自治区域共同组成统一的民族联盟，全权自主处理本民族事务。

4. 少数民族权利由帝国议会专门立法保障。

5. 我们不承认任何民族特权，因而反对确立官方语言的要求；中介语言的使用范围由帝国议会确定。

作为奥地利国际社会民主党的决策机构，党代会坚信基于这些指导原则能够实现各民族和解；

我们庄严宣告：

承认每个民族享有生存与发展的权利；

但各民族唯有通过紧密团结而非彼此倾轧才能实现文化进步，特别是各族语言的工人阶级为了每个民族的利益与整体利益，必须坚持国际战斗情谊与兄弟团结，以统一阵线开展政治斗争与工会斗争。"

该纲领最显著的缺陷在于：未能将奥地利的民族问题置

于更宏观的语境中加以把握。社会民主党的民族纲领必须从工人阶级的社会地位出发推导具体诉求，必须将奥地利具体的民族问题纳入更宏大的社会问题框架。若尝试这样做，就不可避免地要将工人阶级的社会主义政策表述为其真正的民族政策，而其在奥地利的宪政与行政政策仅作为实现这一政策的手段。由此，政治性的民族纲领也将获得更丰富的内容；因为工人阶级不能仅满足于在既有的历史条件下争取为阶级斗争扫清障碍的宪政制度，还必须向各民族阐明：在这场阶级斗争胜利后，将为他们带来怎样的政治格局。社会民主党的民族纲领必须阐明工人阶级对民族原则的立场，而不能回避民族原则问题——这一点在布尔诺党代会上也已显现，当时波兰和鲁塞尼亚工人代表明确声明：实现本民族的政治统一与独立始终是他们斗争的目标。

因此，该决议本质上只是一份关于民族问题的当前行动纲领。其前三项原则较好地阐述了民族自治的思想。更成问题的是关于少数民族权利的第4项原则。最初的草案仅提及对少数民族的"保护，"而非"权利。"与会代表们强烈意识到：这种"保护"实际上仍对应于中央集权-原子化的民族关系安排，尤其是其自由主义变体——即通过宪法保障的"权利"来"保护"公民免受立法和行政权力的侵犯。因此，他们用少数民族的"权利"取代了"保护"。报告人塞利格的总结发言相当清楚地表明：尽管没有明确表述，但人们在此确实必须考虑将少数民族构建为法人团体[152]。如此一来，我们的民族纲领中就出现了一个缺口。我们并未回答少数民族问题，而只是声明应由谁来裁决该问题。人们回避该问题时的谨慎态度是可以理解的；但党不能没有关于少数民族的纲领，毕竟少数民族正是最激烈的民族斗争的焦点。我们认为已表明：工人阶级对此问题的回答只能是要求基于属人原则将少数民族构建为公法团体。若布尔诺会议未能下定决心提出这一要求，不仅因为少数民族问题特别敏感，还可能因为当时人们只了解完全脱离国家行政管理的纯粹属人原则。属人原则的支持者设想各民族完全独立于公共行政之外构建，类似于宗教团体。斯洛文尼亚社会民主党在其纲领草案中明确声明："领土区域仅具有纯粹的行政性质，对民族关系毫无影响。"直到布尔诺党代会后，鲁道夫·施普林格（Rudolf Springer）的《奥地利各民族为国家的斗争》才问世，该书首次阐明：如何在不放弃少数民族自治的前提下，将地方行政管理权直接交到

[152] "昨日已有同志指出，'保护'一词未能充分涵盖应赋予少数民族的全部内容。问题不仅在于为少数民族的文化活动与发展提供保护使其免受多数民族压制，更在于必须确保少数民族获得特定权利。因为我们并非要废除现有的地方自治体系。少数民族对基层行政管理具有特殊利益诉求，必须明确规定其在最小行政单元内处理最直接公共事务时享有的权利。"（《奥地利社会民主党布尔诺全党代表大会会议记录（Verhandlungen des Gesamtparteitages der Sozialdemokratie in Österreich, abgehalten zu Brünn）》，维也纳 1899 年版，第 105 页）。

各民族手中。

纲领的第 5 项原则在我们看来较不重要。中介语言是国家的一种需求，工人阶级或许必须允许国家满足这一需求，但它并非无产阶级的需求，社会民主党的纲领无需要求实现它。

如果党在不久的将来被迫重新审议其民族纲领，那么它首先必须将其奥地利的宪政纲领纳入工人阶级的总体社会纲领，并阐明其阶级斗争及其目标的民族内涵；其次，它还必须通过要求少数民族自治来补充宪政纲领本身。若要将我们的研究结果简要概括为纲领形式，大致可表述如下：

一、在资本主义社会中，工人阶级被排除在民族文化共同体之外。统治阶级和有产阶级独占民族文化财富。社会民主工党致力于使作为全体人民劳动产物的民族文化成为全民共同财富，从而将所有同胞凝聚成民族文化共同体，真正实现作为文化共同体的民族。

当工人阶级为争取更高工资和更短工时斗争时，当它力图改革教育制度使无产阶级子女也能接触本民族文化瑰宝时，当它要求完全的新闻自由、结社自由和集会自由时——它就是在为扩大民族文化共同体创造条件。

但工人阶级深知：在资本主义社会内部，劳动者永远无法充分享有民族文化。因此它将夺取政权，将生产资料从私有转为社会公有。唯有建立在公有制与合作生产基础上的社会，才能召唤全体人民共同享用民族文化财富，共同参与民族文化创造。民族必须首先成为劳动共同体，才能成为充分、真实、自我决定的真正文化共同体。

因此，生产资料社会化是工人阶级民族政策的目标，阶级斗争是其实现手段。

二、在这场斗争中，每个民族的工人都面临着本民族有产阶级这个不可调和的敌人。而每个民族工人的经济、政治和文化进步，都取决于其他所有民族无产阶级的进步。因此，每个民族的工人阶级唯有在与所有民族有产阶级的斗争中，在与各国工人阶级的紧密联盟中，才能实现经济政治解放、融入本民族文化共同体。

三、在奥地利，中央集权-原子化的宪制阻碍着这种阶级斗争。这种制度迫使所有民族争夺国家权力。有产阶级滥用这种权力斗争，将阶级矛盾与竞争伪装成民族冲突；从而掩盖阶级对立，驱使被剥削压迫民族的广大群众为其统治利益服务。无论是表现为国家中央集权还是邦国联邦制，这种宪制对各族工人而言都不可容忍。各族工人阶级要求建立新宪制——通过为每个民族划定法定权力范围来终结民族权力斗争，保障各族文化自由发展，使各族工人能够争取本民族文化权益。因此社会民主工党要求按以下原则彻底改造奥地利：

1. 将奥地利改组为民主的民族联邦制国家；
2. 以按民族划分的自治体取代历史形成的王室领地，其立法行政由普选产生的民族议会负责；
3. 同一民族的所有自治区域组成统一民族联盟，全权自主处理本民族事务；
4. 各自治区域内的少数民族应组建为公法团体，自主管理少数民族教育，并在行政司法机构中为其同胞提供法律协助。

四、工人阶级只能在历史给定的国家框架内开展阶级斗争。它拒绝将民族问题的解决寄托于难以预料的帝国主义世界变革——因为帝国主义胜利意味着资本主义邻国工人阶级的失败，且在奥地利本土将引发激烈民族冲突，延缓所有民族的阶级斗争与文化发展。

工人阶级期待无产阶级社会主义——而非资本主义帝国主义——来实现各民族的统一与自由。与既往所有新社会制度一样，社会主义社会秩序将彻底改变共同体的构建与划界原则。它将摧毁那些维系着封建主义与早期资本主义遗留的民族国家的旧力量，把人类组织为按民族划分的共同体

——这些共同体占有生产资料，自由自觉地推动本民族文化发展。

同时，社会主义社会将实行国际分工，因而也会将独立的民族共同体联结为众多国际行政联盟，这些联盟最终将成为法人化的国际法共同体的机构。如此，社会主义社会将逐步把民族共同体作为自治单元，整合进一个新型的国际大共同体中。国际社会民主党的终极民族目标是：使全人类联合起来共同驾驭自然，同时将人类组织为享有民族文化成果、自主推动本民族文化发展的自治民族共同体。

32. 政治组织

社会民主党的民族纲领是所有民族具有阶级觉悟的工人的共同财富。正因如此，奥地利各民族的工人才可能组织在统一的政党中。不过，这个国际性的工人政党在奥地利并非按地域划分，而是按民族划分；奥地利社会民主党由德意志、捷克、波兰、鲁塞尼亚、南斯拉夫和意大利社会民主工党组成。这种组织结构并非某个理论家的构想，也不是维姆贝格党代会强行规定的；相反，1897 年的党代会之所以必须实行这种组织方式，是为了防止非德意志民族的年轻社会民主党与当时尚属统一的政党日渐疏远，最终彻底脱离。维姆伯格党代会的成果不是分裂，而是各民族社会民主工党的有机联合。

为何国际性政党必须划分为民族团体？首先需要摒弃这样一种观念：即我们在党内给予每个民族工人自治权，是因为我们在国家层面追求民族自治。在党内讨论中，这种假想的论据并不少见。例如，捷克同志就以布尔诺纲领为依据，要求在工会组织中也实现民族自治。然而，这种论据并不具有说服力。因为国家、政党和工会这些不同的社会组织，需要不同的组织原则。因此，奥地利国际社会民主党之所以必须划分为民族团体，不能以该党在国家层面追求民族自治来解释。

党的这种划分首先源于党在宣传中必须使用不同的民族语言。它必须用每个民族的语言在集会、报刊和组织中向该民族工人发声。因此，党需要为每个民族的工人配备专门的演说家、组织者和作家。这样一来，党的机体自然就按语言——即按民族——划分为不同团体。组织章程只是将党内日常生活中不可避免的事实确立为规则，即党划分为民族团体。

此外！每个民族都分为不同的政党，这些政党体现了该民族不同的社会结构和文化发展。尽管整个工人阶级用同样的手段追求同样的目标，但不同民族的工人面对的是不同的政党。因此，不同民族的工人也肩负着不同的斗争任务。捷克工人面对的政党与德意志工人截然不同，因此也必须进行完全不同的斗争。于是，无产阶级大军在实际政治斗争中确实按战斗者的民族划分为不同团体；组织章程也必须使形式上的划分与实际区分相适应。

但在这背后还有更深层的原因。社会主义被每个民族接受时，都会与该民族的传统意识形态发生冲突，而正是通过与这些意识形态的斗争，社会主义才与该民族的整个历史联系起来。因此，德意志同志与波兰或意大利同志的社会主义思想体系尽管大体一致，但在细节上仍存在差异。于是，每个民族内部都形成了一个更紧密的社会主义文化共同体，进而形成了一个民族的社会主义性格共同体，它既与整个民族的性格共同体截然不同，也与整个社会主义的性格总和泾渭分明。不同民族的同志在思想、情绪和气质上并不完全相同，因此在具体情况下也不会做出完全相同的决定。这又导致了无产阶级队伍的实际划分。组织章程只是将党内这些不同的内部共同体确立为组织的特殊组成部分，从而与实际区分相适应。

由此可见，即使所有民族工人的斗争目标和斗争手段相同，即使不必担心党内各民族工人之间的权力斗争，将党划分为民族团体也是最合适的组织原则。

然而，以上所述仅涉及组织划分的形式原则。关键在于如何分配各民族团体与全党之间的职能。当维姆贝格党代会决定按民族划分党组织时，人们设想的职能分配无疑是：奥地利社会民主党仍应保持统一，只是内部划分为民族团体。按此设想，各民族团体与全党的关系，原则上应与大型民族国家中地方团体与政党的关系无本质区别。但近年来，另一种观念逐渐占据上风。各民族的社民党团体越来越被视为独立政党，而全党则被视为独立政党的联盟。这些政党通常协同行动。但当出现意见分歧时，少数派无需服从多数派，各党可自主行动——哪怕与其他民族的同志对立。例如在1905年布尔诺市议会选举中，这种观念导致德意志同志与捷克同志争夺议席，德意志工人联合资产阶级对抗捷克工人与资产阶级。但凡关注近年来奥地利党发展的人都不会怀疑：我们正面临抉择——是要一个统一的、按民族划分的政党，还是要一个松散的独立民族政党联盟？

有人可能认为，1897年党代会已对第二种选择作出决定。事实上，如果真如涅梅茨同志当时所言，党代会只想建立"由不同民族组成的奥地利社会民主党统一政党，"那么它并未完全完成任务。因为党代会只实现了全党的联盟；它设立了统一机构：全党代表大会、全党代表会议和常设中央执行委员会。但党代会未能实现各地区、选区和邦国中按民族划分的同志们的联合。不过，1899年的下次党代会决定迈出第一步，实现地方和选区同志们的有机联合。它决议：

"在所有选区，只要地域条件并非完全不可行，同志们的选举组织就不应按民族划分，而应共同统一进行。"

"1897 年维也纳党代会决定的按民族划分社会民主党的组织方式，创造了全新的组织形式。为确保在涉及普遍利益——尤其是政治事务——的问题上采取统一共同行动，亟需进一步完善该组织形式。因此党代会决定：所有邦国、选区和地方组织中，各民族团体必须相互派代表参与，以实现政治组织的共同统一运作。"

显然，即使这些规定也不足以构建真正统一的政党。因为在此情况下，各组织仍以对等地位相互协商；统一政党（过去两年的历史已充分证明）不能缺少在各选区和地方常设的决策机构——其权限范围内的决定应约束所有同志，无论其民族属性。事实上，1903 年维也纳党代会上，某个维也纳选区组织已提议加强选区内各民族团体的联系。但党代会未采纳该提议，仅重申了布尔诺决议。因此奥地利社会民主党的组织充满矛盾：在党的最高层——全党代表大会和代表会议——我们有统一机构，通过多数表决作出约束所有民族同志的决定；而在地方、选区和邦国层面，我们只有独立的民族组织，它们各自为政、对等协商，缺乏常设的共同机构。若我们要发展为统一政党，就需要在各级党组织中设立共同机构，通过多数表决对涉及全选区或地方党组织的事务作出约束性决定；若发展为松散的独立民族政党联盟，那么多数表决原则在全党代表会议和代表大会上也难以维持。事实上，已有媒体提议取消全党代表大会。如果让民族团体在各自土壤中扎根生长，恐怕很难让它们在顶层长期联合。

但若因此认为党的发展取决于未来党代会是否改进或补充旧的组织规定，就大错特错了。恰恰相反：如果党能实现民族团体的紧密团结，自然会找到合适的组织形式。而如果民族团体成为具有独立政策的政党，再完善的组织章程也无法阻止党的瓦解。

奥地利社会民主党的发展不取决于其组织规定；也不是纲领问题——因为除少数民族问题上的某些分歧（即使在各民族团体内部也存在意见分歧）外，所有民族工人对纲领是一致的。奥地利工人党能否保持为统一的、按民族划分的政党，抑或沦为松散的独立民族政党联盟，根本上取决于全党及各民族团体如何基于共同纲领应对具体的日常民族问题——因而这是民族策略问题。当奥地利社会民主党着手制定针对国内民族权力斗争的策略时，所关涉的正是党的团结统一。

33. 工会中的民族问题

工会运动的历史折射着资本主义发展的轨迹。当每座城市仍是拥有独立商品与劳动力市场的自治社会单元时，当小手工业者的视野尚未超越城市边界时，工人们便组建地方性行会组织——18世纪英国的"行业俱乐部"即属此类。但随着城市日益融入资本主义大经济区的运行体系，随着资本与劳动力的流动将整个经济区统一为单一劳动力市场，随着大工业工人因经济周期而辗转迁徙、借助交通与报业发展加深与全国同行的联系并逐渐懂得自身进步取决于整个经济区内同行的进步——地方组织便越来越难以满足需求。最初出现的是松散的地方行会联盟，这些由各地协会组成的联合体既无统一代表机构也无常设官员，每年由不同地方协会（即"主管分会"）轮值处理共同事务[153]。这些联盟逐渐演变为具有统一章程、统一政策和共同金库的大型全国性协会，昔日独立的地方组织则沦为权力有限的基层支部。奥地利工会组织同样经历了从地方协会、邦国协会到全国联盟（地方与邦国协会的联合），再发展为统一全国协会的历程。

将各民族工人集结于统一全国协会的工会集权化进程，最终也将民族问题摆上工会议程——因为正是迫使工会采取中央集权组织的资本主义发展，同时唤醒了工人的民族意识与民族情感。这种关联在1896年第二届工会代表大会上已显露无遗：大会同时面临推行中央集权的全国统一组织与

---

[153] 西德尼·韦伯与比阿特丽斯·韦伯（S. u. B. Webb）：《英国工会理论与实践（Theorie und Praxis der englischen Gewerkvereine）》，斯图加特1898年版，第1页及以下，第64页及以下。

工会运动最高领导机构民族分化的问题。1897 年"捷克-斯拉夫工会委员会"在布拉格成立，却未能阻挡统一全国组织对地方及邦国协会松散联盟的胜利。于是资本主义发展一方面催生了各行业工会的国际联合，另一方面却导致工会运动最高领导层的民族分裂。工会整体运动的组织架构由此与各行业工会形成对立：前者民族分化，后者国际联合。起初整体运动似将顺应大型行业总会的原则：1904 年布拉格工会委员会眼看就要并入以"奥地利工会委员会"为代表的国际整体运动。但随着 1904 年圣诞节布尔诺捷克党代会的召开，逆流开始涌动。部分捷克工会活动家自此明确提出工会运动内部的"民族自治"主张：每个民族工人应设独立自治的工会委员会；全国工会委员会由各民族工会委员会代表组成；各行业工会也须相应调整架构。为此要建立民族工会与民族联盟；保留国际性全国总会的，也须确保各民族工人无论居住地均在组织内享有完全自治权——自主管理本民族文字的行业报刊，自选编辑、书记与专职代表，自主决定仅涉及本民族同行的罢工事宜[154]。1905 年 12 月维也纳工会特别代表大会以 197,202 票对 2,364 票否决该方案（另有 30,686 名会员代表弃权）。部分捷克工会成员拒绝服从决议，将组织形式的争论带入每个行业工会，退出国际性全国总会并另建捷克对

---

[154] 参见 1905 年 10 月 15 日布尔诺联合会议上布拉格工会委员会的声明。——争议材料汇编于《奥地利工会特别代表大会会议记录》（维也纳 1905 年版）。

抗组织。

为佐证反国际工会运动的合理性，捷克工会活动家指出某些全国总会无视捷克工人的语言需求——例如为捷克语地区的分会向当局提交德文章程，或寄送德语入会申请表。更激烈的情绪则源自工会邦国书记国际会议的代表权问题——此事本身无足轻重。捷克同志对此类代表权问题的过度重视，几乎透着小资产阶级的民族心态：由于缺乏严肃的民族斗争目标，便通过虚浮的代表权满足妄自尊大，借空洞示威发泄怨愤。

但若将捷克同志追求工会运动内部民族自治的诉求简单归因于小资产阶级民族思维，则有失公允。我们必须避免将捷克运动的直接诱因与表现形式同深层动因混为一谈。

探究根源时，首先须注意到多语言国家的每个实质性与地域性矛盾都可能呈现为民族矛盾。例如当波希米亚捷克语区的冶金工人主张降低会费，而其他工业区同行认为应提高会费时；当俄斯特拉发矿区矿工要求工会总部迁至当地，而其他矿区同志希望总部留在德语区时——这些与民族权力斗争无关的地域矛盾，即便在民族单一的工会中也难以避免。

但在奥地利这个数十年来公共生活充斥着民族斗争喧嚣的国度，任何涉及不同民族群体的争端都会被视作民族矛盾，并受到民族权力斗争意识形态的滋养。因此，即便是工会内部的利益冲突或意见分歧，也常常披上民族外衣。这类矛盾绝不能成为工会民族分裂的理由——正如萨克森省或巴伐利亚王国的同志不能因多数派拒绝任命带薪书记就退出行业组织，捷克工业区的同志若被拒绝设立特别秘书处，同样无权破坏全国性组织；正如东普鲁士或莱茵-威斯特法伦的同志在会费表决中成为少数派时无权分裂德国工会组织，捷克同志遭遇同样情况也不应退出全国总会。没有少数服从多数的纪律，任何工会斗争或民主组织都无法运行——当少数派由与多数派不同民族的同志组成时，这项义务依然存在。因此，地域性与实质性的矛盾虽不能为工会的民族分裂提供正当性，却能解释其成因。因为当工会成员经历过对手分属不同民族的利益之争或观点交锋——这种被感知和定性为民族斗争的较量后，他们对工会内部的民族论述就会变得敏感。

当全国性工会大规模吸纳不同民族工人时，民族议题也必然在工会运动中浮现。我们知道奥地利最发达的工业区多位于德意志民族聚居地，因此德意志工人最先加入工会并掌握多数工会领导权实属必然。当大批捷克工人加入组织时，他们面对的是德意志族的工会代表。对于在车间受德意志资本家剥削、被德意志职员驱使、又遭德意志官僚、法官和军官统治的捷克工人而言，工会的德意志领导层难道不正是他们所憎恨的民族压迫的延续吗？

有人可能反驳说工会是民主自治组织，每个成员平等参与集体决策，不存在统治也就没有异族统治。但别忘了民主不仅在于制度更在于精神！训练有素的工会成员懂得如何在组织中贯彻意志，自然不会感到被统治。但每年新吸纳的、尚未成熟的工人们，却将庞大的全国性工会视为许诺经济利益的统治机构——他们不理解其运作机制，将集体意志视为异己力量。若他们将工会代表看作统治者，那么"领袖"的异族身份自然被感知为民族压迫的体现。奥地利工会的民族争议恰在其快速扩张期爆发——正是成千上万工会新成员涌入的年份，这绝非偶然。若要公允，就必须承认民族分化诉求并非源自那些带头同志的恶意或愚昧，而是反映了部分捷克无产阶级——特别是近年新吸纳及待吸纳的、尚未接受工会训练的工人们的情感和思想[155]。

工会内部民族自治诉求还受另一系列因素强化。工会架构影响着其与政党的关系。当工人群众兼具社会民主党人与工会成员双重身份时，党政关系便紧密相连。虽然党和工会都会形成特定的代表与干部群体，但只有在民主不完善、代

---

[155] 其他国家早有类似经验。苏格兰与爱尔兰许多行业的工人曾长期拒绝加入英格兰工会，因不愿"受英格兰统治。"直至1889年后，英格兰各大工会才成功将活动范围扩展至苏格兰与爱尔兰。参见韦伯前引书第73页及以下。

表支配组织之处，党政对立才可能发生；当代表意志完全体现无产阶级群众的委托意志时，党政就不可能对立——因为组织政党对抗阶级国家与组建工会直面资产阶级的，本是同一批劳动群众。在奥地利，党政统一程度曾远超其他国家。但近年来我们却看到党政背道而驰的发展趋势：党分裂为自治的民族团体且渐行渐远，日益成为独立政党；而工会运动中地方与邦国组织却正融入国际性的全国总会。党政分野与工会联合形成鲜明对比。在奥地利这个政治组织仅涵盖无产阶级核心队伍、而广大同志仅加入工会的国度，工会曾是党的强大实体——工会是质料，政党是形式，但这形式并非黑格尔式的无本质形式，而是康德式的"内容的法则。"随着政治组织与工会组织的逆向发展，这种状态难以为继。捷克社民党日益成为独立政党，但由于捷克同志没有独立工会组织而隶属于国际性全国总会，作为独立政党的捷克社民党便失去了群众组织基础，成为无躯体的灵魂、无质料的形式。因此，随着奥地利社民党日益分化为独立民族政党，工会内部推行民族自治的诉求必然兴起。如今推动这场运动的，不再只是那些将德意志代表领导的全国总会视为民族压迫工具的新成员，更包括捷克工人阶级的核心队伍——那些思想与抱负完全被政治工人运动浸润的同志们。

诚然，工会运动的组织原则必然与政党不同。当党章将党划分为民族团体时，它实质是将党内的紧密共同体确立为组织的基本单元。而工会自有其组织法则——按职业、工种和产业类别划分。正如我们所见，在党内德意志人、捷克人、波兰人自然区隔，党章必须顺应这一事实；但在工会中，裁缝必须与鞋匠分离，金属工人必须与木工分立。党内实行民族自治，并不能证明工会运动可以或应当效仿。然而不可否认，在奥地利这样党政关系紧密的国度，党的组织形态必然影响工会架构。当前奥地利工人运动似乎正陷入矛盾：工会组织起来的工人群众本应是党的躯体，这些工会成员不分民族联合在全国性组织中；而党却逐渐分化为若干独立的民族政党。一个统一的国际性工会组织，如何能同时作为六个经常相互斗争的民族工人政党（它们时而协作、时而并行、时而对抗）的基础？一个躯体怎能容纳六个灵魂？一种内容怎能服从六种形式？若党保持原貌——仍是统一政党（尽管划分为民族团体），党政与工会架构便无矛盾；但若奥地利社民党分裂为六个独立政党，工人运动就只剩两条路：要么工会组织顺应政治工人运动需求，统一行业工会瓦解为独立的民族组织，使各民族工会运动成为该民族工人政党的躯体；要么工会保持国际性组织，但势必解除与政治工人运动的紧密联系，届时六个社民党之外将存在一个统一的国际工会组织。

奥地利工人将选择哪条道路？我们首先应从工会需求的角度探讨。研究的出发点应是各民族工人经济利益的休戚与共。当捷克罢工破坏者背后袭击时，德意志工人无法争取更高工资；当捷克工人的低工资迫使资本流向捷克语区时，他们也无法维持既得薪资水平。在资本家相互竞争的范围内（即统一经济区内），每个民族工人的进步都与其他民族工人息息相关。早在地方行会时期工人就认识到这点，因此通过自愿捐款相互支援罢工。但这种无序援助显然不足，建立共同战争基金势在必行。于是诞生了大型全国性工会——它们在法律允许范围内覆盖整个经济区，拥有统一金库，从全经济区同行工人的共同财产中拨款支援薪资斗争中的同志。

工会不仅通过罢工扭转失业的职能，还通过失业救济改变失业的经济功能（第20节）。失业救济同样只有具备统一财政的大型中央工会才能实施。工会活动范围越小，对地方危机、生产突然转移或个别企业停产就越敏感；活动范围有限的工会，轻微的地方事件就能使其无力救济失业者。其他补助亦然——提供差旅、疾病、丧葬、意外等补助的工会，必须像保险公司那样尽可能扩大覆盖范围。

因此工会组织的第一铁律是财政集权。整个经济区内同行会费必须汇入统一账户，用于罢工补助、失业救济及其他救助目的。虽多次尝试在财政集权同时，不将工会政策领导权交给中央执行机构，而保留地方团体自治权（即自主制定工会政策的权利），但这些尝试均告失败。韦伯夫妇基于丰富经验的判断极具启发性："分会资金汇入总会共同账户，并由全体会员平等缴费，必然意味着任何地方分会无权将整个组织拖入战争。财政集权要求战斗性组织实行管理集权。最深刻认识到这点的行业工会，被证明效率最高也最稳定。在资金集中却保留地方机构权力的地方……结果总是软弱、矛盾建议和财政崩溃[156]。"

不可或缺的财政集权，必然要求统一管理和统一工会政策。

英国工人同样历经艰辛才认识到这点。他们虽主张国家层面发展地方自治，却难免犯下将政治诉求机械移植到工会的错误。但通过惨痛教训，他们最终懂得工会组织原则与国家宪制存在本质差异。如今奥地利工人正经历相同历程。他们追求国家层面的民族自治，但必须避免将适合国家强制组织的架构强加于无产阶级战斗组织。

由此我们首先划定了工会活动中必须排除民族自治的领域——即工会的国际经济职能。我们需要财政统一、管理统一、政策统一的国际性全国总会。

但工会职能不止于此。它还必须致力于教育会员，通过讲座、系列课程和培训传授民族文化知识。这里就涉及工会的民族差异化职能，也为工会内部民族自治提供了空间。当德意志与捷克工人在同一地点共事时，各族工会成员当然可

---

[156] 韦伯前引书第 83 页。

以自主组织教育活动。为此不仅需要专门的民族地方团体，甚至在统一地方团体内设立民族教育分部也足矣。

至此尚无困难：国际经济职能由国际性工会承担，民族教育任务则由工会内部自治实现。真正的难题始于国际经济职能需要差异化民族手段时。工会必须用各族母语进行口头和书面宣传，需要为每个民族创办专业报刊、培养演说家和组织者。这就产生问题：捷克专业报刊应作为总组织喉舌，还是仅表达捷克同志意志？捷克语区工会代表的委任权应归属总会还是捷克工会成员？统一管理和统一工会政策的必要性在此绝对排斥民族自治。若奥地利工人还要重蹈某些英国工会的覆辙[157]，那将极为可悲。统一财政与政策的铁律断然否定了工会行政自治的可能性。国际性工会的编辑、干部和专职代表必须且永远是其机构成员，由总会任命并对总会负责。但另一方面，由国际工会任命派驻波希米亚捷克语区的带薪干部，若没有捷克工会同志的密切配合就无法有效工作，也只有后者能切实监督他们。因此工会自身利益要求：干部任免权专属总会，但其工作需受当地民族团体监督。各全国总会落实此原则的方式不尽相同——具体取决于会员规模、财力及语言区分布。大型工会最容易实现这点：将工作区域尽可能按民族界限划分为宣传区、大区和分区；若有

---

[157] 关于英格兰机械工、石匠、砖匠实行工会内部自治原则的经验，参见韦伯前引书第 83 页及以下。

幸能为全部或部分宣传区配备专职干部，这些由总会任命的干部接受总会指令；选区宣传委员会由地方团体选举产生，虽无权罢免干部，但可下达指令并监督。若干部因总会指令与监督委员会要求冲突而无法执行，或总会管理层信任干部而选区委员会不信任，则只有全国工会代表大会——总会的议会——有权裁决。

同理，各工会报刊编辑由总组织任命并接受其指示；但同时设立仅由该报刊目标民族同志选举产生的出版委员会。若出版委员会对报刊不满，而受总会指令约束的编辑无法满足其要求，委员会可向总组织议会申诉。如此既保障工会管理与政策统一，又确保各民族团体对本地工会活动的影响力。长期来看，任何遭民族团体持续不满的工会干部都难以留任。这种组织架构也难免摩擦，但这些摩擦并非源于民族矛盾的特殊性，而是整体利益与群体利益间的普遍冲突[158]。

---

[158] 尽管无产阶级利益具有整体一致性，此类矛盾仍存在。例如所有矿工（乃至全体奥地利工人）本就与俄斯特拉发矿区矿工的高工资存在利害关系，因而都希望该地区有更多优秀工会鼓动者与组织者。但矿工总组织可能认为在特定时期将工会精锐力量调往其他矿区更有利，而俄斯特拉发矿工对直接地方利益的感知远强于整体利益（尽管后者间接也是其利益），故希望总会全力支援本区。从逻辑上说，全体工人利益一致；但从心理上看，由于直接地方利益总比需长期才能显现的真实整体利益更强烈，多方利益冲突在所难免。

我们绝无意向每家工会强推此类组织原则。制定工会章程模板并非本文目标。我们旨在从工会斗争自身条件出发，推导出每家工会为兼顾民族差异与统一斗争所必需的方法。由此提出以下要求：国际经济职能统一管理！文化教育职能民族自治！而在需运用差异化民族手段实现国际经济目标时，则实行国际统一管理配合民族监督！前文勾勒的工会架构仅为示例，旨在使抽象原则具象化。各家工会自当依据具体工作条件，以不同方式落实这些原则。

这些原则不仅适用于单个行业工会，也适用于工会整体架构。工会整体运动的机构是工会委员会与工会代表大会。它们保障组织统一发展，调解行业工会间边界纠纷，协调重大斗争中的互助，指导新兴弱小组织，并代表整体工会运动应对国家与雇主联盟。这些纯属国际经济职能，无需民族自治。不仅如此——自治根本不可行。既然我们认定每个行业都需要财政集权、管理统一、政策统一的国际性工会，就不能让这类工会受制于两个自治的工会委员会，或服从两个自治代表大会的决议。工会最高领导层的民族自治与各行业组织的国际联合，构成不可调和的矛盾。奥地利工会运动只能接受一个代表大会立法，一个委员会领导。

但在运用差异化民族手段实施统一管理时，差异化民族监督确有必要。只有捷克工会成员能阅读工会委员会的捷克语出版物，自然也只有他们能监督这些刊物。工会委员会捷克机关报编辑必须由委员会或代表大会任命，否则它将不再是整体运动的喉舌，而只是其中某个民族团体的机关报。但若允许捷克代表选举特别出版委员会来监督整体运动的捷克语机关报，显然更为妥当。当受代表大会与工会委员会指令约束的捷克编辑无法满足出版委员会要求时，争议双方可提交代表大会裁决。

工会委员会将工作领域划分为若干尽可能按民族界定的宣传区。各区的机构是由委员会任命的带薪邦国工会书记，以及由当地工会团体选举产生的邦国工会委员会。国际经济职能由委员会下属机构按指令执行；此处邦国委员会仅行使监督权。而在纯地方事务（不含薪资斗争）中，邦国委员会可自治。例如捷克波希米亚邦国委员会无权自主决定薪资斗争，仅负责监督书记活动并向代表大会及委员会汇报；但可自主安排宣传工作、讲师调配及工会教育。多语言宣传区的此类事务也可交由邦国委员会的民族分部处理。

最后在各地，所有工会构成统一整体。它们通过"全体会议"代表，或在大城市组建"工会联盟。"全体会议关于国际经济事务的决议，约束当地全体工会成员不分民族。而差异化民族事务（如讲座活动、工人学校等）则由民族分部决定，成员来自民族地方团体及混合语言团体的民族教育分部。

同样，这份关于工会整体组织架构的纲要也并非要向工会工作者提出具体建议——我们并无此意——而只是生动展示统一工会组织如何能融合国际统一管理、民族监督与民族自治的原则。

正如我们试图证明的，这些原则根植于工会运动自身的条件。工会无法实现完全的民族自治。即便在国家层面，我们也不主张每个民族在所有国家事务领域都获得完全自治。没有社会民主党人会要求每个民族聚居区成为独立关税区，或让各民族自主制定民法与诉讼法。但我们确实要求每个民族在国家框架内自主管理教育与文化事务，独立推动本民族文化发展。在工会内部，我们同样主张在这些领域赋予各民族充分自治权。各民族工会成员可自主管理讲座、图书馆与教育活动；在这些事务上，民族地方团体、混合团体的民族教育分部、全国总会中的民族地区组织、全体会议（工会联盟）及邦国工会委员会的民族分部均可完全自治。

诚然，工会活动中能实行民族自治的范围有限。这是因为工会主要服务于经济斗争，仅能投入少量力量直接开展教育培训。但工会斗争间接产生的社会教育效应更为重要：通过争取更高工资、缩短工时、打破车间专制、增强工人自信，工会使工人们有能力争取共享民族文化。我们追求民族自治，始终将其作为无产阶级阶级斗争的手段；若将其视为目的本身，或为空洞的民族自治形式强加违背工会斗争条件的组织架构，就是在阻碍工人阶级的社会进步，阻碍全体人民形成民族文化共同体的进程，就是在推行反民族的政策。我们构建最符合工会斗争需求的组织架构，正是以进化论的民族政策对抗形式主义的民族政治。

若从工会斗争利益（这与各民族工人的真正民族利益一致）出发决定工会民族问题，发展将导向更紧密的集权而非分裂。工会可授予各民族自主管理培训课程与图书馆的权利，可赋予各民族监督本民族语言出版物与口头宣传的特殊权利，但必须坚持经济斗争由统一机构领导，共同斗争资金由整体组织支配。

然而决定工会组织问题的终究是人。工会成员并非纯粹工会利益的化身，而是"充满矛盾的个体，"浸染着所处环境的文化、民族与政治情绪。我们看到捷克同志争取工会民族自治的斗争，源于捷克工人阶级社会政治生活中的现实动力，其力量不容低估。这些力量会强大到阻碍奥地利统一工会组织的构建吗？

我们认为，其中一股力量在于：尚未成熟的捷克工人将行业组织的德意志领导视为民族压迫。但随着资本主义快速扩张至捷克语区，一方面催生了捷克资产阶级与官僚阶层，使剥削与压迫不再以异族统治的面目出现，从而降低捷克工人对工会异族领导的敏感度；另一方面促使大批捷克工人加入工会，逐渐理解并参与工会管理机制，不再视工会为统治机构而是共同管理的协作体。因此，资本主义发展及随之而来的工人教育将破除"工会内民族压迫"的幻象。

从这个角度看，奥地利工会组织并无长期威胁。而当前的危机，我们越能妥善满足捷克工人的语言需求，就越容易克服。

更严峻的危机来自政治组织发展对工会的冲击。即便工会组织形式完美适应多语言国家的需求，这种危险也无法消除。国际性、中央集权的工会组织，绝无可能同时成为六个独立政党的基础！当德意志与捷克社会民主党人同属一党时，他们能在工会推选最合适人选担任要职，捷克工会成员可委任德意志人领导组织，德意志人亦可托付捷克人。但若奥地利社民党分裂为若干独立的民族工人政党，各自对民族时政问题立场相左，民族斗争就必然蔓延至工会内部、每个地方团体和每间车间——每次选举、章程修订或地方团体成立都会引爆民族争端。在此情形下，将奥地利工人力量整合进统一领导的严密工会组织还可能实现吗？

当然还存在最后出路：使工会与政治工人运动彻底分离。但工会中立化在奥地利不仅面临其他国家的普遍反对理由，更存在特殊考量。这里任何实质性或地域性矛盾都可能演变为民族斗争而不可调和。唯有充满社民主义精神的工会干部

——那些能穿透民族表象发现社会矛盾本质、致力于解决工人内部民族问题、推动无产阶级形成阶级自觉的社会民主党人——才能克服这种危险。而这项重要使命，只有统一的社民党能够胜任：它懂得使群众远离资产阶级民族权力斗争，摆脱民族斗争意识形态的束缚。被民族仇恨煽动、浸染小资产阶级民族意识形态的工人，根本不可能在工会组织中进行理性平和的协作。

由此我们得出清晰结论：唯有不分民族地将奥地利工人阶级力量整合进统一领导的全国性组织，才符合工会斗争需求。阻碍此类组织的建立与发展，就是在为工会斗争设置障碍。而国际性工会组织要顺利发展、克服民族难题，前提是奥地利所有民族工人能在同一政党中找到政治代表。但奥地利社民党能否保持统一，又取决于其对民族时政问题的立场与民族策略。政党的策略抉择同样决定着工会组织的未来。如果我们采取破坏党的统一、使工人受制于民族权力斗争情绪与观念的路线，就无力阻止工会的民族分裂。奥地利工人将为此付出数百万克朗的工资损失与数万小时的超额劳动。形式主义的民族政治不仅会阻碍工人阶级争取更高民族文化份额的斗争，更将延缓工人阶层融入民族文化共同体、全体人民发展为民族的进程。

34. 社会民主党的策略

社会民主党肩负双重使命。其一在于唤醒无产阶级沉睡的力量，将潜在能量转化为现实动能。这项使命通过启迪无产阶级的阶级意识来实现——把工人群体朦胧的怨愤与被剥削者的革命本能，升华为对阶级对立的清晰认知，将群众培养成目标明确的阶级斗争力量。如此，散乱的无产阶级便凝聚为具有统一意志的整体，成为一股势力。社会民主党的社会教育活动，奠定了无产阶级力量的基础。

其二则在于运用这种通过社会教育从阶级本能中锻造出的力量，投入社会力量的角逐，以无产阶级利益重塑国家与社会，最终夺取政权，从而开启社会制度的变革。这是社会民主党的政治任务。

在资本主义发展的第一阶段，社会教育与政治活动合二为一。工人阶级仅占人口的少数，社会民主党也只是工人阶级中的一小部分。此时工人政党唯一的任务就是批判阶级国家与阶级社会。借此，社会民主党将无产阶级群众培养出革命觉悟与明确的革命意志。这种社会教育活动同时也履行了政治职能：统治阶级对无产阶级革命运动的恐惧，迫使他们向工人阶级作出初步让步。

到了资本主义发展的第二阶段，工人阶级虽未成为人口多数，却已是数量最庞大的阶级。社会民主党对资产阶级政党已构成威胁。资产阶级政党不得不争取工人选票，为避免工人选民倒向社会民主党，它们必须支持工人阶级的部分诉求。资产阶级政党并非铁板一块，而是因所代表的阶级利益与意识形态而分化。此时社会民主党尚无力独自为无产阶级争取让步，但其力量已足以将最敌视无产阶级的资产阶级政党排除在统治集团之外，并帮助那些愿意满足无产阶级具体诉求（如政治改革、劳动保护法等）的资产阶级政党获胜。因此，社会民主党在议会表决中支持这些政党，与它们结成联盟或集团，甚至共同组成执政多数派并派遣代表进入政府。于是在资本主义第二阶段，政治修正主义策略应运而生，其目的在于尽可能有效、成功地运用无产阶级已获得的力量。

但工人阶级无法容忍这种政治。他们反对的不是某个政党，而是阶级国家与整个资本主义社会。剥削的现实驱使他们反抗，即便国家通过法律略微改善了某个工人阶层的处境。工人在军营、衙门和法庭中认识到资产阶级国家的阶级本质，即便民主政府稍稍缓和了对待工人的行政手段。一场罢工中，激愤的年轻人破坏"神圣财产，"便将矛盾暴露无遗——资本主义阶级国家不能放弃对资本主义财产的保护，工人阶级却无法理解打碎几扇玻璃窗竟需以人命偿还。当社会民主党不再与所有资产阶级政党对立，反而像其他政党那样时而与这个政治集团结盟，时而与那个派系合作，甚至参与执政多数派、进入政府时，工人群众便将其视同资产阶级政党，将其看作资本主义国家机器的一部分，要其为阶级国家官员对工人的所有不公、法律对工人阶级的一切压迫、劳动人民在资本主义社会遭受的剥削与苦难承担连带责任。无产阶级革命本能发展为清晰阶级意识的过程由此停滞：资产阶级政党因与社会民主党结盟向工人阶级作出某些让步，更容易争夺工人选票；广大群众厌恶这种看似不是争夺阶级遗产的伟大斗争、而是为个别利益集团蝇头小利讨价还价的政治把戏，陷入彻底的政治冷漠；最优秀、最有行动力的人则因社会民主党不再表达革命立场、不再体现革命意志，转而投向无政府主义与反议会工团主义的怀抱。

政治修正主义为求最大限度利用社会民主党的力量，反而堵塞了这股力量的源泉——它阻碍了无产阶级形成自觉阶级。正如社会民主党政治任务（运用力量）的条件催生了政治修正主义，其社会教育任务（培植力量）的条件则孕育了不妥协策略的倾向。在资本主义这一发展阶段，这两种倾向都不可能消亡。修正主义总会改头换面卷土重来，又总会被不妥协立场击败。两种倾向的斗争与党的策略摇摆，体现了无产阶级政党在资本主义国家中"力量运用条件"与"力量培植条件"的矛盾——究其根本，这种矛盾根植于工人阶级既不得不生活在资本主义阶级国家中，又无法忍受这一现实的困境。

这些困境唯有到资本主义发展的第三阶段才能被克服。此时无产阶级已构成人口的绝对多数。资产阶级已感受到无产阶级夺取政权的威胁。资产阶级各党派紧密联合对抗社会民主党——昔日分歧与威胁其利润、地租和垄断收益的危险相比已微不足道。于是，在资本主义发展的最高阶段，社会民主党如同在初始阶段那样，重新展开反对整个有产阶级、反对整个国家权力机器的斗争。政治活动与社会教育活动在此再次合流。这一阶级斗争阶段以工人阶级夺取政权告终[159]。

[159] 关于无产阶级策略受资本主义生产方式发展阶段制约的"三阶段论"这一精妙概括，我们援引自鲁道夫·希法亭（Rudolf Hilferdings）的杰出论文《议会政治与阶级斗争（Parlamentarismus und Klassenstreik）》（《新时代（Neue Zeit）》第 23 卷第 2 期第 804 页起）。

当然，社会民主党对国家及资产阶级政党的立场，不仅取决于资本主义社会的发展阶段，还受其他因素影响——尤其是无产阶级所处的国家宪法体制，以及该民族传统政治意识形态的特性。若试图仅凭单一因素完全解释某国无产阶级运动的独特性，显然有失偏颇；但若不愿放弃对社会现象的科学考察，就绝不能回避将现实运动分解为各构成要素的分析方法。

以德意志帝国为例：在第二阶段，修正主义策略之所以未能得逞，正是因为工人阶级的政治无权地位使其无从生根。而如今，北德地区已进入第三阶段——工人数量庞大且增长迅猛，阶级意识空前觉醒，任何对工人阶级的政治让步都将直接威胁统治阶级的霸权、容克地主的租金与卡特尔巨头的垄断利润。只要普鲁士工人未能充分平等参与立法，就不可能推行修正主义政策；而有产阶层也绝不敢赋予这种权利，因为基于普选制产生的普鲁士议会，在不远的将来必将出现社会民主党占多数的局面。

要理解奥地利社会民主党的策略问题，必须认识到该国已进入资本主义发展的第二阶段。所有资产阶级政党都不得不争取无产阶级选票，因而也必须支持工人阶级的某些诉求。社会民主党在议会中已成为可观力量；一旦其票数足以决定资产阶级各派系间的胜负，就会面临多年来困扰法意社会民主党的难题。

但在无产阶级斗争新条件改变群众与国家关系之前，它已先改变了社会民主党对民族权力斗争的态度。政治修正主义在奥地利的首要表现形态就是民族修正主义。虽然尚未形成党内派系，但作为奥地利无产阶级代表们意识中相互角力的思想倾向，它已开始发挥作用。

在发展初期，奥地利社会民主党未曾参与民族权力斗争。但随着工人政党力量增长，当它愈益成为工人阶级全部利益

当政治修正主义在德国尚有生存空间时，工人阶级正遭受《反社会党人法》的压迫；如今它之所以失去可能，是因为斗争焦点已从无产阶级的个别诉求转向国家政权本身。英国则恰恰相反：经济上已进入第三阶段，政治上却仍停留在第二阶段。由于英国工人群众仍追随资产阶级政党，有产阶级的统治尚未受到威胁，斗争仅围绕无产阶级的经济社会政策诉求展开。而法国与意大利无论在经济还是政治层面，都仍保持着第二阶段的特征。

（包括民族利益）的代表，其议会席位愈多，对议会内党派格局与权力分配的责任愈大时，就愈深地卷入民族权力斗争。一旦如此，各族社会民主党人在为本族工人阶级争取民族利益时，便将本族资产阶级政党视为盟友，将他族所有政党当作敌人。起初，某族社会民主党人会在选举中反对不满足其民族诉求的他族同志；继而与本族资产阶级政党联手对抗他族的资产阶级与工人阶级；最终甚至与本族资产阶级联合执政，共同统治地方上的少数民族。政治斗争中的分野不再是划分为民族团体的阶级，而是由阶级政党组成的民族集团。阶级矛盾区分民族内部的政党，但阶级利益与意识形态的共性不再联结各族同志。

这种政策不过是修正主义政策的特例。既然修正主义本质在于社会民主党不再与资产阶级国家及所有资产阶级政党对立，而是与部分资产阶级政党结盟共同统治，那么民族修正主义就是各族社会民主党与本族资产阶级联合，开展针对他族的权力斗争乃至共同统治。

民族修正主义最初兴起于昔日"无历史"民族的社会民主党内部。它承袭了支配这些民族年轻无产阶级情绪的朴素民族主义。由于这些仍完全或主要由被压迫阶级构成的民族缺乏重要民族权利，该思潮得以强化。当成千上万捷克工人不得不在德意志工业区谋生却找不到捷克语小学；当捷克人口占多数的城市因富豪选举制被德意志资产阶级统治，后者拒绝为捷克工人子弟开设市民学校；当捷克工人在衙门和法庭无法用母语维权时——捷克工人政党自然要为满足本族无产阶级的民族需求而斗争。由此它参与民族权力斗争，民族斗争意识形态渗入工人阶级。很快社会民主党不仅关注无产阶级的民族诉求（如基础教育和市民学校），还介入中学与大学问题；不仅争取官方往来语言权利，还要求内部行政用语权。在民族权力斗争中，捷克资产阶级政党成为天然盟友，他族所有政党则是天然敌人。由于民族问题在奥地利始终是核心议题，所有政治问题都被赋予民族意义，整个捷克民族很快呈现为偶尔分裂为阶级派系的统一政治体。

民族修正主义逐渐也渗入到古老历史民族的无产阶级中。它在这里与德意志工人对外来廉价劳工和罢工破坏者的本能憎恨相结合。资产阶级分子——尤其是那些从资产阶级民主派转变为无产阶级民主派的有影响力的知识分子——的民族主义滋养了它。但其最强大的驱动力，是对"无历史"民族社会民主党修正主义政策的反动。

"无历史"民族的觉醒表现为这些民族政治力量的持续增长。从无产阶级立场看，这种现象绝非憾事。因为当劳动人民被排除在时代文化之外且在政治上无权时，那些没有统治阶级的民族才是无文化和无力量的：因此，"无历史"民族的力量增长反映了底层阶级的社会和政治崛起。但对于那些直观而非概念性地理解现象、以民族而非社会标准进行评判的朴素民众以及受民族权力斗争意识形态影响的人来说，这种关联并不明晰。其他民族的力量增长，在他们看来就是本民族的力量削弱。德意志工人看到他们的捷克同志不仅没有置身于捷克民族的权力斗争之外，反而有意识地促进捷克民族的力量扩张。这难道不会刺激德意志工人起而效尤吗？他们难道不会决心站在德意志一方参与民族权力斗争，与德意志资产阶级政党联合捍卫德意志民族的既得利益吗？

最终，在所有民族中，修正主义倾向都因资产阶级意识形态的影响而加强。每个时代占统治地位的思想都是统治阶级的思想。无产阶级也无法摆脱资产阶级民族意识形态的力量。资产阶级政党深谙如何利用这一点。他们试图通过指责社会民主党漠视民族命运、背叛民族，来使那些受资产阶级民族主义影响的无产阶级群体远离阶级斗争。这种指控是资产阶级在政治阶级斗争中对抗无产阶级的最危险武器。如果我们决定参与民族权力斗争，难道不能夺走资产阶级手中最有力的武器吗？民族修正主义策略难道不是服务于社会民主党的最重要任务——使工人阶级脱离所有资产阶级政党，将无产阶级构建为阶级——吗？

然而，正如民族修正主义必然从奥地利政治权力关系中产生一样，反对它的对抗倾向也必然会出现。因为修正主义策略危及无产阶级的力量。

首先，民族修正主义破坏了党的统一。如果德意志同志和捷克同志一样参与本民族的权力斗争，与本民族的资产阶级对手合作对抗其他民族，在民族斗争战场上各自为战甚至相互对抗，那么德意志和捷克社会民主党人就不再共存于一个政党框架内。而党分裂为独立的民族工人政党，意味着工人阶级力量的重大损失。奥地利社会民主党的巨大声望，很大程度上源于它克服了所有资产阶级政党都未能解决民族难题。它的力量尤其依赖于所有民族无产阶级的统一行动，以及它能够随时以同一民族的工人对抗该民族的资产阶级政党。别忘了，我们曾在维也纳、格拉茨、布尔诺和赖兴贝格击败德意志的反选举权者，在布拉格击败捷克的反选举权者，在的里雅斯特击败意大利的反选举权者！不要以为独立的民族政党也能联合起来采取统一行动！在奥地利，每一个政治、经济和社会政策问题都具有民族意义。一个完全受资产阶级民族权力斗争情绪和思想支配的捷克社会民主党，能在要求捷克民族作出诸多民族牺牲的选举改革斗争中履行自己的职责吗？

　　但民族修正主义不仅破坏党的统一——正如我们所知——它还破坏了工会运动的统一，很可能也破坏了合作社运动的统一。当德国社会民主党内的民族修正主义者谴责捷克同志破坏工会的政策时，他们实际上是在反对自身政策必然导致的后果！民族修正主义将无产阶级的经济斗争束缚在与其斗争条件不相适应的形式中，削弱了工人阶级的经济力量，迫使工人阶级承受沉重的经济牺牲。

然而民族修正主义不仅阻碍无产阶级合理运用已争取到的力量，更抑制了新力量的积累进程。

民族发展现象并非独立于社会政治发展之外，而是以特殊形态反映着国家与社会的发展。若社会民主党试图从民族权力斗争的视角评判民族现象，就难免频繁与其自身的社会政治诉求产生矛盾。

民主是多数人的统治。当我们的民族权力建立在少数人特权之上时，我们该如何抉择？

无产阶级反对一切财阀统治。当我们的民族权力依赖大地主和资产阶级特权时，我们该如何裁决？

工人阶级谴责那种将人对土地的支配权掩盖为地主对无地者统治的法律秩序。我们又该如何评判本民族原住民对外来移民的支配？

每个国家工人阶级的进步都取决于其他民族无产阶级的发展。我们应当促进其他民族工人的文化发展，还是将其视为本民族权力的削弱而加以反对？

无产阶级谴责"民族特权，正如谴责出身、性别、财产和血统特权。"但所有民族权力斗争的终极目标，却是维护或夺取本民族对其他民族的统治权。

由此，修正主义策略使社会民主党陷入奇特处境。它参与民族权力斗争，却永远无法像资产阶级政党那样走得那么远——后者立足于经济剥削与政治压迫，因而能够主张民族强权。当社会民主党与资产阶级政党结盟争取政治社会改革时，它总是作为同盟中最激进、最果敢的推动力量出现；但当社会民主党人为民族权力斗争与资产阶级同胞联合时，它却成了联盟中最温和的党派。资产阶级政党显得比它更激进，总能提出更极端的要求。社会民主党本欲在其旗帜下集结社会中最革命的阶级——那些"戴着镣铐的激进者；"但就其在几乎始终主导政治生活的重大问题上几乎完全妥协的表现而言，它与其他政党别无二致，仅以温和审慎作为区别特征。

如果我们的民族政策与资产阶级的区别仅在于温和程度，那么我们与民族主义政党之间就不再存在质的差异，而只有量的不同；那么在具体个案中，我们在民族权力斗争中究竟能追随资产阶级多远，我们的道路究竟在何处与资产阶级民族主义者分道扬镳，将永远成为悬而未决的问题。正是如此，民族修正主义导致了摇摆不定、畏首畏尾的策略，形成了一种最不适合群众政党的斗争方式——而这个政党本应肩负为受剥削被压迫者夺取世界财富的使命。

由此可见，民族修正主义对党具有腐蚀性。与之针锋相对的必然是一种坚持国际主义原则的策略——这种斗争方式使无产阶级群众远离民族权力斗争，却并不回避民族问题的解决；它将社会民主党民族纲领的原则与资产阶级的民族权力斗争对立起来，从而逐步使我们纲领的要求成为群众坚定不移的信念。

例如，当捷克资产阶级提出捷克语作为内部官方语言的要求时，德国和捷克的社会民主党人将指出：这个问题的解决既不关乎两个民族的外部强大，也不影响其文化发展；争夺内部官方语言的斗争与工人阶级利益无关，只是掩盖了知识分子内部的竞争；无论使用何种语言，官僚行政对工人阶级而言都是异族统治，唯有以民主自治取代官僚管理，才能解决民族问题。

当德国资产阶级要求在波希米亚划分行政区和司法管辖区时，捷克社会民主党人将直面捷克资产阶级。他们将用"民族分裂"这一更为严厉的指控，回击"国土分裂"的无稽指责，并证明语言区的法律划分是民族自治的必要前提。而德国社会民主党人将质问德国资产阶级：为何在施泰尔马克和蒂罗尔拒绝给予少数群体的权利，却在波希米亚自身竭力争取？他们将表明：若不能在法律划定的民族聚居区实行民主地方自治，民族分界就毫无价值；他们要求民族分界应成为民族自治的基础，而非压迫少数民族的工具。

当涉及少数民族权利争议时，德国和捷克社会民主党人将谴责本民族资产阶级：只要他们还在压迫境内的异族少数群体，就无权抱怨本族少数群体在外的无权地位。他们将控诉那些哀叹少数民族流失导致本族人口减少、却漠视资本主义剥削扼杀民族发展的资产阶级；揭示压迫外来移民实质是地主对无地者统治的延续，而每个民族无产阶级的进步都仰赖其他民族工人阶级的发展；最终证明唯有将各民族构建为自治实体，才能和平解决少数民族难题，造福所有民族。

如此，我们将通过揭示有产阶层将阶级斗争和竞争伪装成民族权力斗争，来暴露民族斗争的社会根源；通过论证只有无产阶级的阶级斗争才能为所有民族争得自由自治，只有社会主义才能实现民族文化共同体、贯彻民族原则，来彰显阶级斗争的民族内涵。通常我们还能通过一致表决巩固无产阶级团结。即便出现捷克同志支持捷克资产阶级、德国社会民主党人支持德国资产阶级的情况，只要事先讨论已清晰表明：无产阶级政策难以完全统一，根源在于中央集权-原子化的国家体制难以容忍；不同民族无产者的分歧，与整个工人阶级同各国有产阶层间的巨大鸿沟相比，简直微不足道——这种分歧就不会危及无产阶级运动的统一。

这样的政策能增强无产阶级力量：确保党的统一，保障工会和合作社顺利发展；迫使资产阶级政党对我们的民族纲领表态，从而为实行民族自治创造条件；使"民族争吵远不如政治、经济和社会政策更能决定民族发展与文化进步"的观念深入人心，进而推动民主和社会改革，为卡特尔巨头、大地主和行会分子反工人的经济政策设置重重障碍。

坚持原则的政策不仅能促进无产阶级阶级意识的发展，更为工人阶级未来力量的壮大奠定基础。如今我们不再是与其他政党无异的民族政党——我们的民族政策与资产阶级民族政策存在质的（而非仅是量的）差异。这种原则性政策必将赢得工人群众的拥护，因为它契合无产阶级的革命精神。在民族斗争领域，我们不再是最温和的，而成为最激进的政党。唯有我们能够、也唯有我们愿意为每个民族争取文化共同体的扩展；唯有我们致力于将全体人民纳入民族文化共同体；唯有我们能为每个民族确保政治统一与自由。

正如政治修正主义在资本主义发展第二阶段无法根除、必须不断被革命的不妥协策略所战胜那样，在奥地利当前发展阶段，只要民族自治尚未实现，民族修正主义就不会消亡。民族修正主义与原则性国际策略的对抗，源于工人阶级既受制于中央集权-原子化的国家体制，又无法忍受这种体制。关键在于，坚持原则的同志必须时刻保持足够的力量与行动力，以阻止民族修正主义倾向破坏无产阶级运动的统一。

我们无法通过回避民族问题或掩盖内部意见分歧来确

保奥地利社会民主党的统一。相反，必须通过深入讨论澄清观点，使广大党员了解悬而未决的争议问题，并号召他们作出决断。唯有如此，我们才能逐步实现各民族社会民主党人的相互理解。

首先，我们应要求将少数民族构建为公法实体，以此填补民族纲领的空白。其次，必须要求议会代表和党报党刊恪守原则性国际策略。当行动统一由此得到保障后，还需相应调整政治组织：在存在多民族组织的每个地区、选区和邦国，建立由各民族组织按党员比例代表组成的联合机构。这些联合机构关于选举、示威等政党行动的决议，对所有党员具有跨民族约束力，同时保持各民族组织的自治权。最后，必须确保工会运动的统一集中发展和消费合作社的国际联合。若能在此基础上达成共识，就完成了 1897 年和 1899 年党代会开创的事业——奥地利无产阶级将融合为受共同意志支配的强大整体，这个整体不仅不会阻碍各民族组成部分的发展，反而会大力促进其成长。

倘若共识未能达成，民族修正主义真将党撕裂为若干完全独立的民族工人政党，这种分裂也只是暂时的。一旦民族修正主义政策的危害显现，各社会民主党内反对修正主义的运动必将迅速壮大。

工会运动者将成为这场反修正主义运动的主力军。他们将很快发现：党的分裂必然导致工会的瓦解。与之联合的，首先是那些秉承无产阶级革命精神、绝不能容忍革命的社会民主党沦为与资产阶级政党别无二致（仅以政治家风度的温和程度作区分）的民族政党的人；其次是清醒认识到民族修正主义只能为少数工人群体争取民族利益，却会削弱整个无产阶级力量、阻碍全民族文化发展的务实者；最后是洞悉奥地利琐碎民族斗争不过是当代文明国家共同经历的社会大变革中微不足道伴生现象的有识之士。这股力量将因奥地利逐步走向民族自治、因资本主义发展第三阶段临近导致的阶级矛盾激化、更因国际无产阶级思想对奥地利工人的影响而不断增强。倘若当伦敦、柏林、巴黎、罗马的国际主义思想在反帝斗争中日益明确之时，奥地利社会民主党却沉溺于民族权力斗争的意识形态，那么即使形式上未被开除，我们在精神上也已自我放逐于无产阶级国际共同体之外。

然而对于奥地利工人阶级而言，无产阶级运动的统一能否得以维系，抑或党和工会终将分裂、各民族的碎片必须经过艰苦斗争才能重新聚合，绝非无关紧要之事。

我们毫不怀疑，绝大多数组织起来的德裔党员同志都渴望维护党和工会的统一。愿这些同志谨记：民族修正主义必将导致无产阶级运动的分裂！但近年来，民族修正主义在奥地利德裔社会民主党内部也日益抬头。它最初表现为党内报刊对民族问题模棱两可的评判，表现为某些含混不清的措辞。

随后它使许多同志相信：捷克工人阶级争取民族权利的斗争与德裔社会民主党无关；于是我们的党报起初对这些斗争置若罔闻，个别德裔同志甚至已公开反对。当德裔与捷克裔社会民主党人完全分道扬镳时，若某次公开选举中城市的德裔少数群体不再受捷克裔多数决议约束，并退出（无论战术正确与否的）大多数党员同志通过的行动方案，便显得顺理成章了。这条道路的终点已在此前的市镇选举中显现——德裔工人与德裔资产阶级联手对抗捷克裔工人和捷克资产阶级。我们理解这种现象，但绝不能苟同。可见：德裔社会民主党内部也存在奉行此种策略的同志，而这种策略已在捷克裔社会民主党中占据上风。党内斗争绝非德裔与捷克裔的对立，而是民族修正主义策略与原则性国际策略的交锋——这场斗争必须在社会民主党每个民族派系内部见分晓。若不能肃清我们自己队伍中的民族修正主义，就无力批判那些分裂党和工会的捷克裔同志！德裔社会民主党若要捍卫党和工会的统一，就必须以原则性国际策略对抗个别捷克裔同志的民族修正主义策略。

这种政策或许会暂时危及某些议席。但若议席只能以削弱工人阶级经济政治力量为代价换取，便毫无价值。而源于革命精神、促进阶级利益、彰显阶级道德的政策，必将赢得无产阶级群众的拥护。

只要我们理解无产阶级阶级斗争在民族发展进程中的

历史使命，就无需畏惧那些污蔑我们漠视民族利益、甚至背叛民族的诽谤性批判。

自氏族共产主义解体以来，民族就被划分为"民族同胞"与"民族附庸，"裂解为松散联结的地方性小圈子。唯有社会生产的发展，才能将整个民族重新凝聚为统一的文化共同体。我们通过资本主义社会内部的阶级斗争来拓展民族文化共同体，最终打破社会生产的资本主义外壳，从而实现统一自治的民族教育、劳动与文化共同体——这正是我们为这一发展进程服务的途径。

"民族同胞"对"民族附庸"的统治，使无历史的民族臣服于历史民族的异族支配。民族裂解为狭隘地方性圈子的现象，构成了民族国家分裂与政治割据的基础。唯有社会生产的发展才能孕育民族原则——即要求内部共同体成为外部权力基础的诉求。我们通过将民族原则确立为资本主义社会内部的国家宪法准则（在尚不能作为建国准则之处），最终通过解放社会生产的资本主义形式，确保每个民族生存于统一自由的共同体中，从而赢得民族原则的彻底胜利——这正是我们为这一发展进程服务的途径。

我们通过领导无产阶级反抗阶级国家与阶级社会，履行着自己的民族使命。作为无产阶级阶级斗争要求的原则性国际政策，因而也是实现我们民族政策的手段。我们必须将所有民族的无产者联合成受统一意志支配的强大整体，才能使我们民族的文化瑰宝成为全民族的财富，才能为我们的民族赢得统一与自由。

索引

300, 301, 316, 317, 318,
319, 320, 323, 324, 326,
327, 329, 332, 333, 341,
342, 346, 351, 354, 362,
367, 370, 383, 384, 385,
388, 393, 396, 398, 400,
411, 414, 423, 439, 536,
543, 546, 562

剥削, 34, 35, 49, 54,
55, 57, 64, 66, 69, 70, 71,
72, 82, 84, 91, 92, 93, 94,
96, 99, 100, 132, 147, 150,
152, 162, 169, 170, 203,
215, 223, 225, 240, 257,
271, 284, 292, 297, 304,
309, 310, 313, 343, 344,
345, 354, 355, 357, 364,
365, 401, 402, 404, 405,
407, 409, 411, 412, 424,
433, 439, 443, 448, 449,
450, 458, 464, 468, 469,
477, 479, 481, 483, 488,
498, 516, 518, 520, 526,
537, 548, 551, 552, 561,
563

部落, 5, 12, 17, 21, 22,
25, 26, 27, 28, 29, 30, 31,

32, 33, 35, 36, 37, 38, 62,
73, 113, 117, 129, 130, 131,
157, 159, 164, 170, 180,
480, 486, 490

德意志, 1, 2, 4, 22, 24,
29, 34, 35, 36, 37, 38, 39,
41, 42, 43, 44, 45, 46, 47,
48, 49, 52, 53, 57, 58, 59,
60, 61, 62, 64, 65, 66, 67,
70, 72, 73, 77, 78, 79, 80,
81, 82, 84, 92, 103, 114,
115, 128, 129, 130, 133,
135, 140, 141, 142, 143,
146, 147, 153, 154, 155,
157, 158, 159, 161, 163,
164, 165, 168, 169, 170,
171, 175, 176, 180, 181,
182, 183, 184, 185, 186,
187, 188, 190, 193, 196,
197, 198, 199, 206, 207,
208, 209, 210, 212, 214,
215, 223, 224, 225, 227,
230, 232, 235, 236, 241,
242, 243, 244, 245, 246,
248, 249, 250, 251, 252,
253, 254, 255, 256, 257,
258, 260, 261, 263, 266,

357, 358, 364, 365, 366,
370, 371, 372, 373, 374,
377, 378, 382, 383, 384,
385, 390, 391, 395, 397,
399, 411, 421, 424, 425,
427, 434, 435, 439, 446,
447, 448, 449, 450, 451,
452, 453, 458, 459, 460,
464, 466, 469, 470, 471,
472, 473, 474, 475, 476,
477, 478, 479, 480, 481,
482, 483, 484, 485, 486,
495, 498, 499, 500, 501,
502, 503, 504, 510, 515,
516, 517, 518, 519, 522,
523, 524, 525, 526, 527,
528, 529, 530, 531, 533,
534, 536, 537, 538, 540,
542, 543, 546, 547, 548,
549, 550, 551, 552, 553,
554, 555, 556, 557, 558,
559, 560, 562, 563, 564,
565, 566, 567

共同体, 1, 4, 6, 10, 19,
21, 22, 23, 24, 25, 26, 28,
29, 30, 31, 32, 34, 36, 38,
41, 42, 44, 45, 47, 48, 49,

50, 51, 55, 57, 67, 69, 70,
73, 75, 77, 80, 81, 82, 84,
87, 88, 89, 90, 91, 92, 93,
101, 102, 103, 106, 107,
108, 110, 111, 112, 114,
116, 117, 118, 120, 121,
122, 123, 124, 125, 127,
128, 129, 130, 131, 132,
133, 134, 136, 138, 141,
153, 155, 156, 157, 158,
159, 167, 176, 178, 182,
183, 209, 249, 268, 282,
285, 294, 311, 313, 315,
337, 339, 349, 359, 360,
362, 363, 365, 366, 367,
369, 370, 371, 372, 374,
375, 376, 408, 419, 425,
428, 435, 438, 443, 446,
451, 500, 502, 503, 504,
505, 506, 508, 509, 511,
512, 513, 514, 515, 516,
518, 519, 521, 525, 526,
527, 528, 530, 539, 548,
550, 563, 564, 566, 568

贵族, 40, 42, 47, 51,
52, 69, 72, 73, 74, 75, 77,
78, 79, 80, 102, 163, 164,

306, 307, 308, 309, 310,
311, 312, 313, 314, 315,
316, 317, 319, 326, 328,
331, 332, 334, 335, 336,
337, 338, 339, 343, 344,
345, 352, 353, 354, 355,
357, 358, 360, 361, 363,
364, 365, 366, 367, 371,
372, 373, 374, 377, 378,
380, 381, 382, 383, 384,
385, 386, 387, 388, 390,
391, 395, 396, 397, 398,
399, 400, 401, 405, 406,
407, 408, 409, 413, 415,
416, 417, 418, 419, 420,
421, 424, 425, 427, 428,
429, 430, 431, 433, 434,
435, 439, 440, 443, 446,
448, 449, 450, 451, 452,
453, 456, 458, 460, 464,
466, 468, 469, 470, 471,
473, 475, 476, 477, 478,
479, 480, 481, 482, 483,
484, 486, 488, 489, 494,
495, 496, 497, 498, 499,
500, 501, 502, 503, 505,
506, 509, 510, 513, 515,

516, 517, 518, 519, 521,
522, 523, 524, 525, 526,
527, 528, 529, 530, 531,
536, 538, 539, 542, 547,
548, 550, 551, 552, 553,
555, 556, 557, 558, 559,
560, 561, 562, 563, 564,
565, 566, 567, 568

捷克, 114, 115, 124,
168, 178, 185, 197, 198,
199, 200, 201, 202, 203,
204, 205, 207, 208, 209,
210, 212, 213, 214, 216,
217, 223, 224, 225, 226,
227, 228, 229, 230, 231,
232, 233, 234, 235, 237,
238, 239, 241, 242, 243,
244, 245, 246, 247, 248,
249, 250, 251, 252, 253,
254, 255, 256, 257, 258,
260, 261, 262, 264, 266,
268, 273, 274, 275, 277,
278, 279, 280, 281, 282,
283, 284, 285, 287, 290,
291, 292, 294, 300, 301,
302, 304, 305, 307, 308,
310, 317, 318, 319, 322,

402, 502, 509, 512

鲁塞尼亚, 209, 230, 231, 232, 233, 234, 264, 272, 274, 275, 316, 328, 330, 356, 374, 379, 380, 400, 408, 422, 423, 430, 439, 440, 442, 444, 445, 454, 455, 456, 500, 523, 528

罗马, 1, 3, 21, 25, 30, 32, 33, 38, 39, 65, 66, 143, 146, 153, 163, 165, 166, 180, 181, 186, 188, 193, 196, 209, 231, 232, 233, 234, 264, 270, 277, 295, 330, 364, 400, 408, 422, 423, 424, 430, 431, 439, 440, 488, 489, 490, 566

罗马尼亚, 166, 209, 231, 232, 233, 234, 264, 277, 295, 330, 364, 400, 408, 422, 423, 424, 430, 431, 439, 440, 488, 489, 490

马扎尔, 35, 157, 164, 209, 228, 264, 266, 275,

276, 277, 325, 400, 401, 404, 405, 406, 407, 408, 409, 413, 414, 418, 422, 423, 424, 426, 427, 428, 429, 430, 431, 434, 439, 468

民主, II, III, V, 89, 90, 92, 100, 101, 105, 124, 146, 147, 150, 155, 156, 159, 245, 265, 281, 289, 292, 295, 298, 306, 307, 311, 312, 313, 314, 317, 349, 353, 354, 357, 369, 391, 395, 396, 397, 399, 426, 427, 432, 435, 436, 437, 443, 449, 453, 454, 455, 456, 480, 482, 484, 494, 506, 515, 518, 520, 521, 522, 523, 524, 525, 527, 528, 529, 531, 532, 533, 537, 538, 547, 549, 550, 551, 552, 553, 554, 555, 556, 557, 558, 559, 560, 561, 562, 563, 564, 565, 566

民族, II, III, V, XII, 1, 2, 3, 4, 5, 6, 8, 9, 10, 12, 13,

14, 16, 17, 18, 19, 20, 21,
22, 23, 24, 25, 26, 27, 28,
29, 30, 31, 32, 33, 35, 36,
37, 38, 39, 41, 42, 43, 44,
45, 46, 47, 48, 49, 50, 52,
56, 57, 59, 60, 62, 63, 64,
65, 67, 69, 70, 73, 75, 77,
80, 81, 82, 84, 86, 87, 88,
89, 90, 91, 92, 93, 94, 100,
101, 102, 103, 104, 105,
107, 108, 109, 110, 111,
112, 114, 115, 116, 117,
118, 119, 120, 121, 122,
123, 124, 125, 126, 127,
128, 129, 130, 131, 132,
133, 134, 135, 136, 137,
138, 139, 140, 141, 142,
143, 144, 145, 146, 147,
148, 150, 151, 152, 153,
154, 155, 156, 157, 158,
159, 161, 162, 163, 164,
165, 166, 167, 168, 169,
170, 171, 175, 176, 177,
178, 179, 180, 181, 182,
183, 184, 191, 196, 197,
198, 199, 200, 201, 202,
203, 204, 205, 207, 208,

209, 210, 212, 213, 214,
215, 216, 217, 223, 224,
225, 226, 227, 228, 229,
230, 231, 232, 233, 234,
235, 236, 237, 241, 242,
243, 245, 246, 247, 248,
249, 250, 251, 252, 253,
255, 256, 257, 258, 260,
261, 262, 263, 265, 266,
267, 268, 269, 272, 273,
274, 275, 277, 278, 279,
280, 281, 282, 283, 284,
285, 286, 287, 288, 289,
290, 291, 292, 293, 294,
295, 296, 297, 298, 300,
303, 304, 305, 306, 307,
308, 309, 310, 311, 314,
315, 316, 317, 318, 319,
320, 321, 322, 323, 324,
325, 326, 327, 328, 329,
330, 331, 332, 334, 335,
336, 337, 338, 339, 340,
341, 343, 344, 345, 346,
347, 348, 349, 350, 351,
352, 353, 354, 355, 356,
357, 359, 360, 361, 362,
363, 364, 366, 367, 368,

548, 550, 563, 564, 568

无产阶级, 53, 66, 84, 93, 94, 111, 124, 148, 150, 154, 156, 158, 159, 226, 245, 246, 248, 274, 280, 295, 297, 298, 303, 304, 306, 307, 309, 310, 311, 313, 314, 315, 316, 338, 363, 367, 372, 374, 436, 448, 449, 450, 453, 466, 478, 481, 500, 501, 502, 516, 517, 518, 519, 521, 525, 526, 527, 530, 538, 539, 542, 547, 550, 551, 552, 553, 555, 556, 557, 558, 559, 560, 562, 563, 564, 565, 566, 567, 568

无历史民族, 183, 201, 208, 209, 214, 216, 227, 230, 231, 235, 237, 264, 265, 266, 269, 285, 286, 290, 296, 307, 328, 330, 356, 364, 365, 369, 373, 392, 399, 408, 422, 424, 428, 442, 448, 449, 489, 490, 509

修正主义, 155, 552, 553, 555, 556, 557, 558, 559, 560, 561, 562, 564, 565, 566

议会, 1, 42, 44, 55, 92, 185, 189, 192, 193, 194, 201, 207, 208, 228, 267, 268, 271, 272, 273, 274, 276, 278, 280, 283, 284, 289, 290, 294, 305, 313, 346, 347, 350, 351, 352, 355, 356, 377, 379, 383, 384, 386, 389, 390, 391, 392, 393, 394, 396, 397, 398, 400, 401, 402, 404, 405, 406, 407, 408, 409, 414, 417, 423, 424, 425, 426, 427, 435, 450, 480, 495, 522, 527, 531, 544, 552, 553, 555, 556, 565

犹太, 2, 5, 109, 115, 233, 235, 256, 257, 261, 327, 345, 357, 358, 359, 360, 361, 362, 363, 364, 365, 366, 367, 368, 369, 370, 371, 372, 373, 374,

506, 507, 508, 509, 510,
512, 517, 518, 519, 525,
526, 527, 533, 534, 548,
551, 552, 553, 555, 563,
564, 566, 568

自然共同体, 10, 21,
22, 23, 24, 28, 30, 36, 112,
114, 115, 116, 128, 359,
375, 376

自治, 117, 166, 183,
194, 243, 247, 249, 270,
275, 282, 283, 295, 311,
312, 313, 314, 315, 316,
317, 323, 325, 345, 346,
347, 349, 350, 351, 352,
353, 354, 355, 356, 357,
367, 371, 374, 377, 378,
380, 388, 390, 391, 392,
396, 397, 398, 399, 400,
425, 428, 429, 430, 433,
434, 436, 437, 438, 441,
443, 444, 445, 451, 452,
453, 454, 455, 481, 491,
499, 500, 501, 502, 506,
509, 513, 519, 522, 523,
525, 527, 528, 529, 533,
535, 536, 538, 540, 541,

542, 543, 545, 546, 547,
548, 562, 563, 564, 565,
566, 568

KARL-MARX
VERLAG

卡尔·马克思出版社